베짜는 하느님

<개정판 중쇄>

베짜는 하느님

풀어쓴 기독교 신학

지은이/ 홍정수
펴낸이/ 김준우
초판 펴낸날/ 1991년 4월 15일
개정판 펴낸날/ 2002년 4월 5일
개정판 중쇄 펴낸날 / 2015년 2월 1일
펴낸곳/ 도서출판 한국기독교연구소
등록번호/ 제8-195호(1996년 9월 3일)
경기도 고양시 일산동구 무궁화로 43-50, 1322호 (우 410-837)
전화 031-929-5731, 5732(Fax)
E-mail: honestjesus@hanmail.net
Homepage: http://www.historicaljesus.co.kr.
표지 디자인 / 김보령
인쇄처/ 조명문화사 (전화 498-3018)
보급처/ 하늘유통 (전화 031-947-7777, Fax 031-947-9753)

God the Weaver Copyright ⓒ Jeong Soo Hong

이 책의 저작권은 한국기독교연구소가 소유합니다. 저작권법에 따라 국내에서 보호받는 저작물이므로 무단전재와 무단복제를 금합니다.

ISBN 89-87427-33-1 04230

값 16,000원

파본은 교환해 드립니다.

베짜는 하느님

풀어쓴 기독교 신학

<개정판 중쇄>

홍 정 수 지음

2015

한국기독교연구소

God the Weaver

Christian Message for the Postmodern Korean

by
Jeong Soo Hong Ph.D.

Revised edition, 2015

이 책은 강릉옥토교회(담임 이상기 목사)의
출판비 후원으로 간행되었습니다.

Korean Institute of the Christian Studies

개정판 중쇄 서문

이민자들의 땅에서 다시 만나는 예수

    삶의 자리는 모든 생명체들에게 늘 중요한 필수적 요인으로 작용하는 것으로 보입니다. 다람쥐, 허밍버드, 야자수만이 아니라 사람들을 봐도 그렇게 보입니다. 삶의 자리에 따라 모습들이 많이 다릅니다. 고향 혹은 조국을 떠나 살아보지 않은 사람들은 애써 생각해야 비로소 알 수 있는 일이지만, 여기, 이민자들의 땅 Los Angeles(천사의 도시)에서 사는 사람들은 저절로 곧 느낌으로 이걸 알게 됩니다: 자리와 삶의 모습은 깊이 연루돼 있다. 그러나 앞서가시는 하느님 덕분에 이민자들의 땅에서 긴 세월 보내면서도 예수를 길동무로 계속 만날 수 있다는 게 그냥 신기하고 놀라울 뿐입니다.

    어떤 중년 나이의 제자가 최근에 짓궂게 물었습니다: "교수님 신학이 교수님을 행복하게 하나요?" 저에게는 너무 쉬운 질문이라, 웃으면서 "그렇다"고 대답했지요. 그 장면은 지나갔어도 이민자 생활 20년 동안 한 번도 제 머리 속을 떠나지 않는 질문이 바로 이것이지요: 나는 누구인가? 나에게 예수는 무엇을 주는가? "교회"라는 이름으로 내가 매주일 만나는 이민자들에게 나는 무엇을 주고 있는가?

    내 나라라고 믿었던 한국이 아니라, 남들의 땅, 그들의 나라에 얹혀 살고 있는 우리 이민자 가족들을 생각하면서 저의 예수 메모 압축 파일을 나눕니다.

　오늘날 재미(在美) 유대인들 중 지성이 살아 있는 이들, 특히 진보 성향의 랍비들은, 그 옛날 예수처럼, 오늘 우리들 세상에는 적어도 두 신(神)이 있음을 잘 알고 있답니다. 그리고 그들은 강한, 폭력적 신(예컨대, 히틀러)이 아니라 "연약한 신"(고전 1:25)을 선택하여, 예배한다지요. 왜? 내가 세상의 강한 신을 선택하고, 그 신을 예배하게 된다면, 내 인간성을 나 스스로가 말살하는 게 되기 때문이라는 것입니다! 내가 나를 돕지 않으면 누가 나를 도우며 구원할 수 있을까요? 히틀러라는 역사적 악마를 경험한 후 유대인들은 자기네들 신의 참 얼굴을 다시 알게 되었다 합니다.

　구체적인 혹은 막연한 희망으로 대안적 기회의 땅을 찾아온 이민자들, 그 중에서 성공한 사람들은 한인촌을 떠나, "그들 촌"에 섞여 살지만, 그렇지 못한 대부분의 사람들은 "차라리 돌아갈까? 아니, 너무 늦었지!"를 날마다 뇌까리면서 숱한 밤을 맞습니다. 이들에게 갈릴리 예수는 무엇이란 말입니까? 한 마디로 말한다면, 저의 갈릴리 예수는 이민자들에게 존감(尊感)의 지렛대입니다.

　우리가 사는 지금 이 세상에 만일 두 신이 공존한다면, 저의 어떤 낭패들은 저의 사적(私的) 낭패가 아니라 신의 고통일 뿐입니다. 갈릴리 예수를 통해 이것을 배우고, 또 재확인합니다. 즉 예수 선생님께서 "나는 누구인가?"를 대답하는, 세상의 길과는 다른 한 길을 오늘도 저에게 깨우쳐 주신다는 말입니다. 나는 어떤 신을 예배하는가? 이것은 저, 그리고 이민자들 모두에게 아주 심각한 질문이지만, 한편, 명확한 대답을 할 수 있는 아주 가벼운(마 11:30) 항목이라 할 수 있습니다. 이보다 더 귀한 하늘 은혜가 또 있을까요? 그리고 나는 내가 선택한 그 신을 예배하기 위하여 얼마나 진지하게 헌신하고 있는가를 계속 묻도록 깨우쳐 주십니다. 이 질문을 잉태하고 살아가는 한, 제가 어찌 사람이기를 중지할 수 있을까요?

끝으로, 내가 선택한 그 신의 속성은 무엇인가를 묻도록 예수께서는 늘 도전해 주십니다. 여기 이민자들 중 신 하나쯤 예배하지 않는 이들은 아마도 없을 겁니다. 그러나 저는 묻습니다. 우리 혹은 당신의 신, 그 신은 진리 혹은 정의밖에 모르는 낡은 신인가? 아니면, 아름다움이라는 더 깊은 경지를 아는 예수의 신인가? 저는 이 질문을 주일마다 우리 교회 식구들에게 되묻습니다. 이 질문이 그들의 사람성을 보호해 주고, 그들 자신의 대답이 그들의 존감을 확인하게 해 줄 수 있기 때문입니다. 예수는 우리 이민자들에게, 만능의 대답은 아니지만, 여전히 유효한 중대 질문입니다. 그리고 이 질문에 대답하는 한 탁월한 모범이기도 합니다.

누가복음에 드러나 있는 더러운 예수(눅 7:34; 15:25), 요한복음에 숨겨져 있는 진리의 유한한 선생, 그래서 보혜사께서 오시면 "모든 진리"를 깨우쳐 줄 것을 예고하시는 예수(요 16:13), 그 예수는 지구촌 구석구석에서 몰려든 난민촌 Los Angeles의 이민자들 우리가 마땅히 예배할 신의 속성은 "아름다움"이라고 저에게 늘 말해 주고 있습니다. 오늘 그리고 날마다, 미디어를 통해 우리가 접하게 되는 이 세상에는 진리 혹은 정의라는 이름으로 각종 폭력과 대응폭력이 난무하고 있기에, 새롭게 만나는 갈릴리 예수와 그가 예배한 신의 속성은 그 어느 때보다, 그리고 그 어디서보다 더욱 생명처럼 소중합니다. 우리 마을 한가운데서, 그리고 지구촌 여기저기서 투쟁과 피흘림은 오늘도 무섭게 벌어지고 있는데, "자기 땅" 없이 살고 있는 이민자 중 하나인 저의 눈에는, 지금 치열하게 싸우고 있는 당사자들 중 어느 편이 이기든, 이민자인 제 삶의 세계에는 큰 변화가 없습니다. 양측 모두가 한결같이 진리와 정의라는 낡은 코드로 이 세상을 다스리고 있기 때문입니다. 결국 승자는 상대방을, 그리고 우리 이민자들을, 비진리와 비정의라는 이름으로 억압할 수 있기 때문입니다(요한계시록이 그 전형적 사례). 상대방에게 사탄의 자식, 테러분자, 범죄자, 종북, 혹은 불법 체류자라고 "딱지(이름)"만 붙이게 되면, 그 상대에게 무슨 짓을 해도 좋다는 명령 코드 속에 우리 모두가 편안히 살고 있지요. 비디오나 게임을 통해 너무나도 우리가 친숙해져 있는 이 세상 코드입니다.

다시 말합니다. 예수의 삶과 가르침의 핵심은, 어쩌면 말로는 아직 충분히 전개되지 못하고 있었다고 할 수 있지만, 사람을 상대로 딱지질하는 일체의 이분법은 거짓 신의 명령이라고 밝히 말하는 것이지요. 그래서 저는 예수의 신의 으뜸 속성은 생명(더 나아가 만유)에 대한 무차별적 존중(과 돌봄)이라고 봅니다. 분단의 땅에 비하여 피아(彼我)가 훨씬 더 복합적인 이 이민자들의 땅은, 예수의 이런 가르침을 체감하고 실천하기에 훨씬 더 유리한 자리로 저에게는 체험됩니다. 소위 잘 난 사람들(갈 2:2, 6)은 우리 한인촌에는 살지 않습니다. 여기 한인촌에서는 사람의 탈(모양)을 쓰고 있다는 바로 그 하나의 이유로 상대방을 사람 취급하지(경청하고, 돕고, 함께 나아가기) 않으면 아무도 사람일 수가 없습니다. 이 새로운 코드에 동참한다면, 우리가 바로 당당히 하늘 자녀임을 여기서 확인하게 됩니다. 갈릴리 예수를 만나기 매우 좋은 자리입니다. 이는 저에게 큰 위안입니다. 그렇게 살면 이제 비로소 "너는 사람이야!" 하는 하늘 음성을 들으며 하루를 시작하고 또한 그 하루를 마감할 수 있게 됩니다. 이 얼마나 귀한 존감(尊感)의 충만입니까!

2015년 1월 12일
아사달을 밟으며 홍정수

개정판 머리말

옛날을 즐겁게 회상할 수 있는 사람은 행복합니다. 하느님 이야기를 즐겁게 들려줄 수 있는 사람은 행복합니다. 옛날을 회상하면서 즐겁지는 않아도 값진 시도였다고 말할 수 있는 사람은 행복합니다. 하느님 이야기를 들려주며 가슴 답답한 고통을 느끼면서도 그것이 자신의 소명이라고 느끼는 사람은 행복합니다. 그래서 저는 제가 행복한 사람의 하나라 믿습니다.

40여 년이 지났습니다. "놀러가자"는 친구들의 말을 듣고 4월 어느 수요일 저녁, 무심히 따라나섰다가 결국 '돌아올 수 없는 다리'를 건너고 만 시간 말입니다. 그 때 이후, 예수는 제가 이 세상에서 가장 잘 아는 사람이 되었습니다. 그 예수가 의문을 던져 주었기에 신학생이 되어야 했으며, 그 예수가 일거리를 주었기에 목사가 되기도 하였습니다.

그러나 1980년대를 서울 한복판에서 산다는 것, 그것도 조국의 민주화와 통일을 앞당겨 보겠다고 목숨을 거는 대학생들과 더불어 진리를 논하며 신학을 한다는 것, 그리고 뭔가 새로운 것이 필요함을 의식하는 많은 진지한 기독교인들(도시 혹은 시골의 목회자님들, 목회자 부인들, 장로님들, 일반 신도들)과 기독교에는 아무 관심도 없는 한국인들(민방위 훈련대원들)에게 예수 이야기를 (다시) 전할 기회를 얻었었다는 것은 잊을 수 없는 평생의 큰 특권이었습니다. 이 책은 그런 대화에 참여하려는 저의 작은 시도와 그 결실이었습니다.

그런데 한 가지 모르는 게 있었습니다. 하느님 이야기, 예수 이야기를 한다는 건 언제든 위험할 수 있다는 점이었습니다. 이 책은, 자랑스럽게도, 감리교 목사직에서 "파문," 그리고 나아가 감리교신학대학 교수직에서 "해임"이라는 영광을 저에게 안겨 주었습니다. 당시 저는 예수 이야기를 "알아들을 수 있는 말로 다시 한다"는 게 그렇게 위험한 줄 미처 몰랐습니다. 그래서 지금 저에게는, 일정한 청중이 있을 당시, 좀 더 선명하게 했어야 했다는 후회가 남아 있습니다. 때문에 12년 전에 집필되기 시작한 이 책을 그냥 다시 내는 게 무척 망설여졌습니다. 하느님께서 저에게 맡겨주신 소명을 다하기 위해서는 지금이라도 기독교 이야기(조직신학)를 철저히 다시 써야 한다는 의무감 때문입니다. 오늘날 합리주의와 자본주의는, 그 옛날 히브리인들을 괴롭혔던 가나안 문화와 바알 신보다 더 강력하게, 더 교묘하게, 더 은근하게, 믿음의 식구들을 괴롭히고 있습니다. 하나는 좌편에서 다른 하나는 우편에서.

그러나 뜻하지 않게 닥친 유민(流民) 생활은, 긴 세월 동안, 동면하는 개구리처럼, 살아 호흡하는 일 하나로 만족하게 만들었습니다. 그러다가 이역, L.A.에서도 종종 "기독교에 대한 말 되는 이야기" 책을 찾는 사람들을 만나게 되었고, 이 책은 바로 그런 이들을 위해 다시 발행됩니다. 그래서 첫판에 실었던 몇 가지 자료들은 제외하고, 극히 부분적인 수정만 가하였습니다.

또 이 자리를 빌어, 지난 8년간 저를 지켜준 L.A.의 한아름교회 교우들께 깊은 감사를 드립니다.

2002년 부활절에

초판 머리말

저는 이 책으로서 교수생활 10년을 정리하고자 합니다. 그런데 수많은 학생들과 평신도신학 교실의 수강생들, 그리고 대학원 과정의 목회자들의 성난 얼굴들이 먼저 생각납니다. 그래서 이 책은 그들에게 드리는 저의 공개적 해명서가 되었으면 하는 마음이 간절합니다. 저도 제 나름으로는 진지한 그리스도인이 되려고 애쓰고 있기 때문입니다. 또 이 책은 그리스도인이 되고자 하는 사람들과 그리스도인이 되었으나 아직도 자기 자신과 하느님 그리고 세계를 그리스도의 방식으로 이해하지 못하고 있는 사람들을 위해 씌어졌습니다.

한편, 가급적 우리 주변의 이야기들, 나의 개인적인 이야기들을 많이 사용하여 기독교의 진리를 풀어 가려고 애썼습니다. 이렇게 생활 이야기를 많이 사용한 것은, 별로 타당성도 없는 세계적 석학들의 진부한 서적들을 인용하는 것보다는 훨씬 좋은 것 같아서였습니다. 이런 이야기들은 우리들에게 친근해서 좋을 뿐 아니라, 예수님 자신이 워낙 "이야기꾼"이셨기 때문에 신학적으로도 타당하다고 생각합니다.

제가 여러분들과 나누고 싶은 이야기들은 30년 전, 태백산맥의 깊은 산골짜기에서 예기치 않게 만난 예수님과의 긴긴 대화입니다. 그 예수님이 오늘의 저를 만들었다고 고백하는 것은 그리 어려운 일이 아닙니다. 상상력이 가장 풍부했던 저의 젊은 날, 교과서 이외에 제가 읽은 거의 유일한 책이 바로 그분의 이야기 책, 신약성서였기 때문입니다. 그 때 이후로 저는 예수님께서 내주시는 숙제를 푸느라고 참으로 많은 번민을 했습니다. 그 숙제를 풀다 보니 어느새 신학생이 되고 또 목사가 되었던 것입니다. 그 과정은 길고 고독한 투쟁의 연속이었지만 때로는 동해의 밤바다 위로 훔치듯 떠오르는 보름달을 바라보는 것처럼 조용한 기쁨이기도 했습니다. 이제 그런 아픔과 기쁨을 오늘의 한국을 함께 살아가는 여러분들과 나누고자 합니다.

이 책은 「세계신학연구원」(현재, 『한국기독교연구소』)을 문 열면서 계간 『세계의 신학』(구 『한몸』)에 계획적으로 연재했던 자료들을 토대로 하였습니다. 그리고 이 책에는 단 하나의 염원이 숨겨져 있습니다: 한 점 자기기만 없이 오늘 우리가 그리스도인이 될 수 있음을 보여 주려는 것. 무엇보다 먼저 자기 자신의 지성에 정직한 그리스도인이 되고자 했습니다. 우리들이 정직하게 만날 수 있는 예수님, 그분만으로도 저는 우리가 그리스도인이 되어 우리의 생을 멋지게 살아갈 수 있다고 확신하기 때문에, "억지로 믿어야 하는" 예수 이야기는 가급적 생략하였습니다. 하느님의 특공대원의 선두에 서서 우리들의 "친구"가 되고자 하셨던 그분의 전우애(戰友愛)를 그리려 하였습니다. 아무쪼록 압제와 분열의 나라 한반도에서, 우리 주님께서 몸소 가셨던 "제5 전선"으로 여러분들을 초대합니다. 우리가 그분의 상생(相生) 대열에 가담하여, "하늘에서 이루어진 뜻, 이 땅에서도 이루어지이다"고 함께 기도드릴 수 있게 될 때 그분이 얼마나 기뻐하실까 생각하면 저의 가슴은 뛴답니다.

이 책이 나오도록 저를 도와주신 가족들, 선생님들, 친구들, 학생들, 동녘교회 교우들, 연구원 식구들께 감사를 드립니다. 특히 많은 일거리에도 불구하고 저희 연구원의 출판물을 우선적으로 간행해 주시는 도서출판 朝明文化社 여러분들께 깊은 감사를 드립니다.

        1991년, "꽃샘 폭설" 한가운데서, 홍정수

목 차

제I편 포스트모던 시대/사회의 신앙과 하느님

1장 시작하는 이야기: 왜 23

    1. 왜 "베짜는 하느님"인가 / 24
    2. 왜 "포스트모던"인가 / 28

2장 신앙은 감격 32

    1. 신앙은 시대착오인가 / 32
    2. 신앙은 일종의 병인가 / 36
    3. 종교는 어떻게 발생하는가 / 41
    4. 신앙은 일상생활과 별개의 것인가 / 48
    5. 신앙은 이성과 상반되는가 / 53
    6. 신앙의 확실성은 어디서 오는가 / 60
    7. 신학은 왜 필요한가 / 62

3장 후회하시는 하느님 66

    1. "하느님은 계신가?" / 66
    2. "몸도, 부분도, 감정도 없는" 죽은 하느님 / 71
    3. "전능"하시나 마음씨 고약한 하느님 / 77

4. 무엇을 창조하신 하느님인가 / 81
   5. "하늘"에 계신 우리 "아버지" / 87
   6. 예정론과 운명론 - 하느님은 전지하신가 / 92
   7. 악의 존재 - 사랑의 부재냐 한계냐 / 98

제Ⅱ편 한국인이 만나는 제5 운동의 예수

4장 제5 운동의 예수 105

   1. 나는 이렇게 만났다 / 105
   2. 예수의 때와 땅 / 110
   3. 스승의 죽음을 뒤따라 / 115
   4. 요나를 사랑한 술꾼 / 120
   5. 제5 운동 — 더러운 예수 / 125
   6. 점잖은 사람? / 135

5장 고향이 버린 설교자 140

   1. 기도하는 사람 / 140
   2. 기적을 행하는 설교자 / 145
     (1) 기적이란 무엇인가 / 146
     (2) 병을 고쳤으나 의사는 아니었다 / 153
   3. 탄식하는 설교자 / 162
     (1) 정치의식 / 162
     (2) 고향이 버린 설교자 / 163
     (3) 통하지 않는 세상 / 164

(4) 구애자의 유적 / 166
  4. 세 개의 십자가 / 168
   (1) 예수가 만일 병이나 교통사고로 죽었다면 / 168
   (2) 그는 여전히 나의 메시아이다 / 169
   (3) 우편 십자가: 교권주의(敎權主義) / 170
   (4) 좌편 십자가: 이데올로기 / 172
   (5) 가운데 서 있는 십자가: 상생(相生)의 길 / 174

6장 묻혀 있는 예수: 상생(相生)의 신학 175

  1. 새 시대와 우리의 과제 / 175
  2. 한국 사상 속의 상생(相生) 전통 / 179
   (1) 원효의 화쟁(和諍) 사상 / 181
   (2) 민족운동가 박은식의 대동(大同) 사상 / 183
   (3) 증산의 해원상생(解冤相生) 사상 / 187
   (4) 소태산의 일원상(一圓相) 사상 / 192
  3. 예수 운동 속의 상생(相生) 주지(主旨) / 196
   (1) 예수의 상황 / 197
   (2) 4개 노선의 민족주의 신앙 운동 / 197
   (3) 예수는 제5 노선 / 199
  4. 상생 공동체로서의 한국 교회의 과제 / 203

7장 죽음과 부활: 이 세상에서의 이야기 206

  1. 죽음은 누구에게나 똑같은 것이 아니다 / 207
   (1) 돌아감, 안식, 해방으로서의 죽음 / 210

(2) 눈감지 못하는 죽음 / 214

2. 예수의 죽음 - 한 설교자의 '언어행위'로서의 죽음 / 218

3. 제2의 해방: 예수의 부활 / 223

　　(1) 다시 살아남 / 224

　　(2) 부활의 주체 - 하느님 / 227

　　(3) 예수 자신의 부활절 메시지 - 열쇠 / 228

4. 역사 속에서 일어나는 부활 / 230

　　(1) 부활의 육체성과 사실성 / 231

　　(2) 부활 - 후천개벽 / 233

5. 나의 신체가 부활하는가 / 236

6. 한국교회들의 부활이야기 / 238

　　(1) 감리교 예문 / 238

　　(2) 장로교(통합측) 예문 / 239

　　(3) 일반적 고찰 / 240

7. 죽음에 대한 재고 / 241

제III편　새 역사의 성령과 상생(相生)의 영성

8장 새 역사를 짓는 바람 ································ 245

1. 무당에게 팔린 나 / 246

2. 성령의 유혹과 '가난'의 재발견 / 249

3. 성령(은사)의 진정성 척도 / 259

　　(1) 바울 문서 - 공동체성 / 261

　　(2) 요한 문서 - 예수의 육(肉) / 262

    4. 성령의 은사는 초자연적인가 / 267

    5. 성령을 받으라? / 275

9장 교회(1): 한반도가 기다리는 제3 교회 279

    1. 신앙의 다양성과 특수성 / 280

        (1) 한국인의 민간 신앙 / 280

        (2) 절에 간다/교회에 나간다 / 282

    2. 교회의 반석 - '베드로' 신화 / 285

    3. 교회의 탄생 - 부활·성령 강림의 사건 / 290

        (1) 누가복음 기자의 신앙 / 290

        (2) 요한복음 기자의 신앙 / 294

    4. 한반도가 기다리는 제3 교회 / 295

        (1) 라너의 제3 교회 / 296

        (2) 뷜만의 제3 교회 / 298

        (3) 한반도의 제3 교회 / 299

10장 교회(2): 3·4·3·4 교회론 305

    1. 교회의 3 구성 요소 / 306

    2. 성직자와 평신도 / 310

    3. 성찬식의 다양한 이해 / 312

        (1) 변체설(變體說) / 316

        (2) 쯔빙글리 / 316

        (3) 루터 / 316

        (4) 칼빈 / 317

(5) 변의설(變意說)과 리마 문서 / 317

4. 다시 생각해 보는 성찬식 / 321

5. *3 · 4 · 3 · 4* 교회론 / 324

   (1) 4 기능 / 325

   (2) 삼위일체론적 교회상(敎會像) / 326

   (3) 참 교회의 4 표지 / 327

6. 세상 속의 교회 / 329

7. 제3 선교론 – 문화 선교 /330

11장 두려움 없는 종말과 소망 332

1. 출발점 / 332

2. 모던(근대) 신학자들의 불투명성 / 335

   (1) 쉴라이에르마허 – 플라톤주의자 / 336

   (2) 쿨만 – 자칭 바울주의자 / 338

   (3) 파넨버그 – 플라톤과 더불어 바울 / 341

3. 예수의 '죽음'과 '세상 끝' / 345

4. 과정 신학자들의 모험 / 352

   (1) 만물의 시간성과 무아성(無我性) / 354

   (2) 죽는 영혼, 거듭나는 육체 / 358

5. 사랑의 최후 승리와 영생을 믿나이다 / 363

   (1) 희망의 생물학: 성(性) / 367

   (2) 세계 변혁에의 참여와 불멸 / 369

   (3) 영성 – 객관적 불멸의 신학적 차원 / 370

6. 진실한 소망과 욕망의 투영 / 372

12장 상생(相生)의 영성 376

   1. 출발하는 이야기 / 376

   2. 별난 사람의 기질과 영성: '영성'의 역사 / 379

   3. 전근대적/근대적 영성의 전형과 그 반성 / 385

   4. 불의한 땅에서 만난 하느님 - 해방의 영성 / 391

     (1) 세계(속세)적 영성 / 393

     (2) 가난한 자들과의 연대/투쟁 / 395

     (3) 공동체적, 정치적 영성 / 398

   5. 포스트모던/한국적 영성 - 상생(相生)의 영성 / 400

     (1) 포스트모던/한국이라는 자리 / 400

     (2) 암탉의 영성 / 405

   6. 마라나다! / 411

참고문헌.. 413

God the Weaver:
Christian Message for the Postmodern Korean

1. Introduction: Why?
2. Faith Begins with Wonder
3. God with Regret
4. The 5th Movement of Jesus
5. Homeless Preacher
6. Hidden Jesus in Korean Tradition:
   A Theology of Life-Sharing
7. Death and Resurrection in History
8. The Wind Reforming History (the Holy Spirit)
9. The 3rd Church for the Korean
10. 3·4·3·4 Doctrine of the Church
11. Life – Everlasting in History
12. A Spirituality of Life-Sharing
13. World-theology as the Future of Theology

by Jeong Soo Hong, Ph.D.
jesusacademy@hotmail.com

Seoul: Korean Institute for the Christian Studies

제 I 편

포스트모던 시대/사회의 신앙과 하느님

1장

시작하는 이야기: 왜

"질문에 답하는 방식은 셋이 있다."

- 신학생들의 전승

모교인 감리교신학대학에서 교수 생활하기 이미 10년(1991년 기준), 나는 그 동안 오늘을 살아가고 있는 평범한 한국인들이 기독교의 가르침을 제대로 파악할 수는 없을까 하는 일념으로 신학을 해 왔다. 어떤 학생들은 나에게서 실망하고 목회자의 꿈을 버렸는가 하면, 많은 학생들은 새 마음으로 그리스도께 충성을 다짐했다. 나는 그것을 보고 고통스러웠고 또 기쁘기도 하였다. 때때로 목회자들과의 격렬한 논쟁 때문에 실망하고 좌절한 나머지 욥(고통과 고독의 사람)과 요나(복종과 저항 속에서 갈등하는 사람)를 동시에 친구로 삼아야 했던 적도 있다. 그러는 중에 나는 나도 모르게 하나의 시각을 형성하기에 이르렀고, 이 새로운 시각에 의하여 포스트모던(근대 이후) 시대를 살아가는 한국인들이 기쁜 마음으로 그리스도 예수를 사랑할 수 있으리라는 확신에 이르게 되었다. 그러나 확신이 있는 곳에는 언제나 위험도 있는 법이다.

그래서 많이 망설였지만, "완성"을 기다릴 수는 없기에 미완의 작품 하나를 한국의 기독교인들, 그리고 특별히 기독교를 등지게 된 일반인들에게 보낸다.

나의 독자들에게 들려주고 싶은 이야기 하나가 있다. 이 이야기는 미국의 신학생들 사이에 하나의 경구처럼 전해내려 오는 것이다. 주제는 어떤 신학생이 일류 신학생이냐 하는 것이다. 이름난 신학대학에 입학한 신학생이라고 하여 모두가 일류 신학생이 되는 것은 아니라는 것이다. "이웃을 사랑하라"는 설교를 감동적으로 듣고 나서 "아멘"으로 응답하면, 그는 형편이 어떠하든 삼류 신학생이다. 그리고 같은 설교를 듣고 "어떻게" 하고 그 실천 방안을 물어 오는 신학생은 이류 신학생이다. 그러나 "도대체, 왜?" 하고 근원적 질문을 던지는 신학생은 일류 신학생이다. 왜냐하면, 신학을 학문하는 자세로 연구해 나가려면, "도대체, 왜?" 하는 근본 질문을 던질 줄 알아야 하기 때문이라는 것이다. 정직한 비판 정신, 그것이 없이는 신학생이 될 수 없다. 그러나 이런 자세가 어디 신학생에게만 필요하랴?

나는 우리 대학의 신입생을 대하는 모든 첫 수업 시간에 이 이야기를 들려준다. 이제는 이 책을 읽는 독자들에게 똑같은 이야기를 들려주고 싶다. "왜?"를 묻는 것은 죄가 아니다. 혹 죄가 된다고 하더라도 하느님께서 참아 주시지 못할 만큼 중한 죄는 아닐 것이다.

1. 왜 "베짜는 하느님"인가

"얘, 너 바다 봤니?"
"아니."

"바다는 굉장히 커."
"얼마나 큰데?"
"글쎄, 굉장히 크다니까."
"체, 제까짓 게 커 봐야, 우리 집 뒷산에 있는 삼(麻)밭보다 크랴!"

태백산맥의 중허리에 있는 어느 시골 초등학교 때 우리 반 아이들이 하던 얘기다. 나는 바닷가에서 태어나고 자라났지만, 바다까지는 기차로 불과 1시간밖에 걸리지 않는 곳에 위치한 그 초등학교 학생들 중에는 바다 구경을 아직 못한 아이들이 많았었다. 그래서 우리는 바다 구경을 한 아이들과 하지 못한 아이들끼리 나뉘어 입씨름을 했었다. 그런데 한 아이가 느닷없이 엉뚱한 말을 해버린 것이다. "바다? 제 까짓게 아무리 커 봐야 우리 집 뒷산에 있는 삼밭보다 크랴!" 강원도 산골짜기에 있는 비탈 밭에는 메밀이나 삼이 많이 심겨져 있다. 그리고 농번기가 끝나면, 남자들은 새끼를 꼬고 멍석을 짜며, 아낙들은 길쌈을 하여 베를 짰다. 우리네 농부들은 휴가철도 없이 일 년 사시사철 부지런히 일했다. 고달프기는 했지만, 그게 운명이려니 생각하면서 기쁘게 살려고 애썼다. 나는 이런 농가의 풍경을 보면서 자라났다. 그러나 "베" 하면, 먼저 생각나는 것은 삼밭과 바다를 비교하던 초등학교 때 우리 반 아이들의 얼굴이다.

"베를 짠다"는 것은 바로 그 부지런한 시골 농부 아낙의 일거리였다. 삼을 삶아, 껍질을 벗겨서, 이빨이나 손톱까지 동원하여 가늘게 다듬은 다음, 그것을 꼬아 실을 만든다. 그리고 베틀에다가 먼저 씨줄을 걸은 뒤, 북을 좌우로 놀려 날줄을 엮어나간다. 시간이 지나면 옷을 만들 수 있는 천이 된다. 익숙한 아낙네들의 북 놀리는 솜씨는 대단하다. 손과 북과 발의 3박자가 기계처럼 질서정연하게 움직인다.

성서의 세계도 베를 짜서 옷을 만들어 입는 문화였음이 확실하다(출애굽기 28:32; 35:35; 사사기 16:13 등 참조). 욥기의 저자는 부지런한 여인이 가지고 노는(일하는) 북처럼, 자기의 남은 날이 재빨리 지나간다고 탄식하기도 했다(7:6). 그러나 성서 속에는 베를 짜는 농부의 아낙의 수고에 대한 신앙적 평가가 나타나지 않는다. 따라서 성서가 "베짜는 여인"의 상을 하느님의 활동 묘사에 적응했으리라고 기대하는 것은 엄청난 무리이다. 목축업을 했던 유대인들, 그들에게 있어서 하느님은 "양치는 하느님"이요, 전쟁을 자주 치러야 했던 사막의 사람들, 그들에게 있어서 하느님은 "만군(萬軍)의 하느님"이셨다.

그러나 한국인들에게 있어서 하느님은 "베짜는 하느님"이시다. 하느님이 여인이라서 베를 짠다는 것은 아니다. 하느님을 "아버지"라고 말할 때도 그가 남성이라서 그렇게 칭하는 것이 아님과 같다. 그러나 하느님에 대한 거의 대부분의 기독교 이미지들이 남성적임에 반하여, 한국인들이 일찍부터 여성적 뉘앙스를 지니고 있는 "베짜는 하느님"상을 간직하고 있었다는 것은 대단히 의미심장하다. 기록에 의하면, 한국인들에게 "베짜는 하느님"상이 부각된 것은 동학(東學)의 2대 교주 최시형을 통해서였다. 동학의 1대 교주 최제우에 비하여는 무식한 사람 최시형, 그는 그러나 동학을 조직화하고, 운동화 시키며, 민중화시키는 데 혁혁한 공을 세운 활동가였다. 비록 학식은 없었으나, 아니 학식이 없었기에, 그는 한국의 농민들 속에서 새로운 통찰력을 얻었고, 그것을 통해서 전통적인 하느님 관념을 크게 혁신할 수 있었다

> 그 동안 해월 신사(최시형)는 계속 쫓겨 다니면서도 가는 곳마다 과일나무를 심고, 명석을 짜고, 짚신을 삼고, 새끼를 꼬는 등 잠시도 쉬는 일이 없었다. … 해월 신사는 포덕 26년(1885년) 9월 상주

에서 한울님이 베를 짠다는 천주직포설(天主織布設)을 말씀하면서, 어린이나 부녀를 막론하고 모든 사람을 한울같이 섬기도록 강조하였다.1)

이것을 보면, 최시형 신사는 농촌의 부녀자들이 알아들을 수 있는 말로 하느님을 설명하려 했음과 동시에, 아낙의 일을 하느님의 일이라고 선포함으로써, 그들의 지위를 격상시키고자 애썼던 여성 해방 자였음을 알 수 있다. 우리는 이것을 통해서, 개신교가 한국에 들어오기 시작한 그 뜻 깊은 시간, 한반도의 "때"[최시형은 시(時)를 강조하여, 자기 동지들에게도 시자(時字)가 들어가는 새 이름을 지어 주었다)에 한국인을 사랑하고 계시던 하느님께서 당신 자신의 새 얼굴을 친히 드러내었다고 생각할 수 있겠다.

이 개념이 이교도들인 동학에게서 나왔으니 이단적이 아니냐고 시비할 필요는 없다. 그런 걱정을 하는 사람들은, 그들이 본디 천주교가 이미 사용하고 있던 동일한 하느님, "천주"께서 베를 짜고 계신다고 선언했음을 기억한다면 다소나마 마음이 놓이지 않을까 생각된다.

그러면 우리 기독교인이 왜 "베짜는 하느님"을 믿는다는 말인가? 베를 짠다는 것이 우리들에게는 무엇을 의미하는 것인가? 이 상징적 개념은 매우 풍부한 의미를 그 속에 함축하고 있다. 베를 짠다는 것은, 부지런한 한국 농부의 아낙들의 일이며, 전쟁 준비가 아니라 평화적인 일상생활을 보살피는 배려(섭리)에서 나온 일이다. 따라서 그것은 단순한 노동이 아니다. 여인의 노동이요, 평화를 짓는 일이다. 나아가 씨줄과 날줄을 하나씩 하나씩 짜 맞추어 천을 짠다는 것은, 세계적으로 볼

---

1) 천도교중앙본부, 『천도교개관』 (1988), pp. 16-17, 『천도교운동사』 (1990), pp. 38-39.

때, 역사와 심판을 또한 의미한다. 제대로 된 역사는 하느님과 인간, 인간과 인간이 서로 씨줄과 날줄이 되어 하나의 튼튼한 옷감을 엮어 나가지만, 제대로 되지 못한 행실로는 결코 "옷"을 만들 수가 없다고 했다 (이사야 59:6).

따라서 "베짜는 하느님"은 가난하고 부지런한 한국의 농부들, 특히 여인들을 사랑하시고 귀히 여기시는 신이시며, 성서적으로 말해 역사를 다스리시는 "섭리의 하느님"이시다. 그리고 "베를 짜는" 여인들처럼 우리 하느님의 사랑은 "가엾고 순수하시다"(존 웨슬리). 그리하여 아이들도 노인들도, 남자들도 여인들도 하느님께서 친히 준비하시는 "옷"을 입고 복되게 살아갈 수 있다. 이런 의미에서 우리는 하느님의 상을 감히 "베짜는 하느님"으로 그려본다.

2. 왜 "포스트모던"인가

나는 나의 신학 앞에 어떤 특징적인, 제한적인 접두어를 붙이기를 거부한다. 예컨대, 과정신학, 한국적 신학, 해방신학, 선험적 신학 등의 이름을 붙일 수도 있지만, 나는 그저 우리 시대에 필요한 "기독교" 신학을 하고 싶을 뿐이다. 그러나 1990년부터 서서히 시작된 한국 감리교회의 종교재판 극 와중에 일부 사람들이 고맙게도 이름 없는 나의 신학에 멋진 이름 하나를 붙여주었다. 그게 바로 "포스트모던"(post-modern) 신학이다.

사실 그 예상치도 못하였던 종교재판 극이 발생하고 나서야, 비로소 포스트모던 신학에 대한 나의 관심이 본격화되었다. 그런데 알고 보니, 그 "포스트모던"이라는 말은 당시까지만 해도 본고장에서도 아직 표준화되어 있지 않던 말이었다. 사정은 지금도 크게 달라지지 않았다. 따라서 받아들일 수밖에 없는 이 이름(포스트모던)에 대한 내 나름의 정의를 이 서두에서 간략히 하고 넘어가는 게 순서일 것 같다.

이 말은 1960년대부터 미국의 건축학에서 먼저 사용되기 시작하여, 예술계에 주로 사용되다가, 1984년경부터야 미국의 기독교 신학계에서 주목을 받기 시작하였다. 신학계에서 엉성하게나마 이 말이 정의되기 시작한 것은 1990년 전후라 할 수 있다. 그러나 지금도 이 말은 신학자들마다 달리 사용하고 있어, 아직 독점적 주인이 없다고 할 수 있다. 누구든 일정한 범위를 벗어나지만 않는다면, 나름대로 이 말의 주인이 될 수 있다.

"포스트-모던"이라는 말은 두 말, 곧 "이후(포스트)"와 "근대"(모던)의 겹말이다. 따라서 포스트모던은 근대의 신학하기를 "넘어"서면서도 여전히 그것을 "계승"한다는 양면성을 지니고 있다. 따라서 신학하기에 있어 "근대"(철학적으로는 17세기 이후, 본격 신학하기로는 19세기 이후)를 어떻게 이해하며, 그것을 어떤 점에서 넘어서고 또 어떤 점에서 계승할 것이냐에 따라 포스트모던 신학은 그 방식과 내용을 달리할 수 있다. 그런데 나의 생각은 이렇다.

"계승할" 근대의 신학 하기는 철저한 비판 정신이다. 철저히, 철저히 자신 앞에 주어진 모든 자료들을 인간의 경험의 빛에서 비판한다. 하느님의 이야기라고는 하지만, 인간과 상관없이 존재하는 이야기, 우리가 경험할 수 없는 이야기, 서로 모순되는 이야기를 비판한다. 하느님을 위한 하느님 이야기가 아니라, 사람들이 하는, 사람들을 위한 하느님 이야기, 앞뒤와 상호간에 모순이 없어 우리가 이해하고 실천하고 또 책임질 수 있는 하느님 이야기를 찾아내기 위한 비판적 작업이다. 오늘의 사람들이 경험하고 살아낼 수 있는 하느님 이야기를 찾아내려던 이 작업은 17세기부터 조금씩 시작되다가, 19세기에 들어와서야 본격화되었다. 나는 "근대"의 이 비판적 작업은 우리가 중단하거나 피할 수 있는 일이 아니라 계승할 미완의 과제라고 생각한다.

한편, 내가 "넘어서려는" 근대 신학과 수행하려는 포스트모던 신학은 다음과 같은 점에서 다르다. 포스트모던 신학은, 근대 신학과는 달리, (1) 우리 자신의 이성(理性)의 한계를 이미 철저히 경험한 이후의 신학이다. 인간 세계에 주어진 일체의 절대를 거부한다(상대적으로만 인정한다). 인간의 이성은 "보편타당성"을 지향할 수는 있어도, 포착하지는 못한다. 사회적 정황과 역사적 정황이 이를 거부하기 때문이다. 이와 긴밀하게 연관된 국면인데, (2) 우리가 사용하는 가장 이상적이고도 유일한 언어(상위 언어)는 과학의 언어(언어의 진실성을 경험과 관찰을 통하여 검증하는 실증주의)가 더 이상 아님을 인정한다. 즉 시의 언어, 예술의 언어, 종교의 언어, 특히 이야기(충분히 독립된 의미 단위를 이루고 있는, 논증이 아니라 해설하는 이야기, 곧 스토리)는 과학적이지 못하지만, 여전히 그 나름의 충분한 진리/가치를 간직하고 있다. 역시 이와 연관된 것인데, (3) 동일한 수준, 정도의 가치/진리를 지닌 둘 이상의 (서로 다른) 종교가 동시에 존재할 수 있다. 역사상의 모든 종교들을 충분히 살아보고 검토하지 않고는, 아무도 자신의 종교를 "절대 종교"(헤겔)라 주장하지 못한다. 끝으로, 역시 위에 지적한 점의 연장인데, (4) 개인(개체성)은 더 이상 철저히 고립되고 독립적인 원자론적 편린(片鱗)이 아니라, 상호연관성 속에 있음을 발견하였다. 그러므로 포스트모던 신학에서 본다면, 내가 사랑하고 미워하는 모든 사람들과의 일체의 상호작용이 죽으면, 나 또한 죽는다. 따라서 한국 사회에서 종종 거론되어 왔던 전통적 신학 쟁점의 하나, 곧 개인구원이냐 사회구원이냐 하는 문제는 처음부터 잘못 설정된 문제일 뿐이다.

그런 의미에서, 이 책은 비판 없이 전개하던 신화적, 타율적 중세 신학과 아울러, 개체성과 과학성을 표준으로 삼던 근대 신학을 함께 넘어서되, 철저히 우리의 삶의 세계와 의미 있게 연루된 이야기 방식으로 기독교 조직신학을 풀어쓰려는 한 시도이다.

2장

신앙은 감격

"당신의 모든 것, 내게는 신비였네!"

― 아직도 우리가 부르는 노래 중에서

1. 신앙은 시대착오적인가[1]

그럴지도 모른다. 나는 어린 시절을 한국의 구습에 젖은 동해안의 어느 마을에서 보냈다. 아버님이 장손은 아니셨지만, 큰댁에 머물고 있는 터라 툭하면 제사를 지냈다. 친척들이 다 모이고, 남자들은 조상님께 절을 한다. 그 때마다 어린 나는 곤욕을 치렀다. 절을 하기 싫어했기 때문이다. 기독교 신앙 때문은 아니었다. 당시는 종교, 특히 기독교가 뭔지 전혀 몰랐고, 초등학교도 들어가기 전이었다. 그냥 싫었다. 알지도 못하는 조상님께, 그것도 그들의 "영혼"이 살아 있다고 하여 절을 한다는 것이 내겐 몹시 못마땅했다. 초등학교에 들어가서는 "미신"이란

---

[1] 바로 이 제목의 저서가 있다. 참조하라. Robert McAfee Brown, *Is Faith Obsolete?* (Philadelphia: Westminster, 1974).

단어도 알게 되었고, 그게 미신이 아니었을까 하는 생각도 했다. 지금은 해석하기에 따라 미신이 아닐 수도 있다고 믿지만, 어린 시절의 나는 아마추어 실증주의자였다. 알 수도 없는 영혼(조상)에게 절을 한다는 것은 시대착오적인 미신이라고 생각하였다.

미신이라는 단어는 형식적으로는 우리가 비록 쉽게 규정할 수 있을지 모르나, 구체적으로 특정 관습이 미신인지 아닌지를 논한다는 것은 대단히 어려운 일이다. 나의 친척들의 절대다수에게는 근거도 있고 의미도 있어 보이는 죽은 사람들의 영혼들에 대한 제사 행위가 내게는 근거도 의미도 없어 보였던 것처럼 말이다.

난 어려서 겁이 많았다. 누구나 그랬겠지만, 여름날 학교를 오가다가 소나기를 만나게 되는 경우가 있다. 하늘이 캄캄해지고, 천둥, 번개가 지나가면, 시원한 비가 내린다. 비, 소리, 빛-이 여름 소나기 현상 중 내가 제일 무서워한 것은 소리(천둥)였다. 번개 불빛에는(아마 너무 순식간이라) 놀라지 않으나, 천둥이 우르릉 꽝꽝하면 가로수 나무 밑으로 숨어 들어가게 된다. 아무도 가르쳐 주지 않은 무서움이었을까? 그러나 자연(과학) 시간에 배웠다. 정작 무서운 것은 소리가 아니고 빛이라고. 소리를 들었을 때는 이미 안심해도 좋다는 합리적 설명을 들었다. 빛이 소리보다 훨씬 빠르며, 소리는 빛의 부수적 작용이다. 따라서 소리를 들었다는 것은 내가 아직 살아 있다는 증거일 뿐이다. 이 사실을 알고 나서는 천둥이 전혀 무섭지 않았다. 물론 큰 나무 밑으로 피하는 것이 오히려 위험하다는 것도 배웠다. 이 얼마나 고마운 "합리적 지식"인가!

이 이야기는 앞의 제사 이야기와 어떤 연관이 있을까? 하나는 종교적 일이요, 다른 하나는 자연과학의 일이다. 그러나 우리 삶의 한 부분이라는 데서는 두 이야기가 만난다. 나아가 합리적 설명이 가능한 경우, 기존의 행동 방식, 관습은 바뀔 수도 있다는 점에서 서로 통한다. 제사 문제도 보는 시각과 이해의 방식에 따라서 "불합리한" 미신이 될 수도 있고 또 합리적인 인간의 관행이 될 수도 있다. 죽은 영혼이 굶주리지 아니하도록 잘 돌보아주기 위해 없는 살림을 털어 상다리가 부러지도록 제사상을 차려야 하고, 그들의 마음을 달래어 복을 받기 위해 절을 한다고 믿는다면, 이 같은 믿음은 어린 시절에 천둥을 무서워하며, 나무 밑으로 피신해 가던 어리석음(미신)과 같을 것이다. 그러나 고인이 된 선조들의 은덕을 기리고, 존경심을 표하며, 이 기회가 고향을 떠나 흩어졌던 가족들이 한 자리에서 만나게 되는 계기를 마련한다고 믿는다면, 누가 이것을 탓할 수 있으랴!

그러나 한편으로 우주 과학 시대에 접어든 오늘, 아직도 종교를 정하고 신앙을 가진다는 것은 왠지 시대착오적인 오류 같은 생각이 들지 않는가? 적당한 이유를 꼬집어 내지는 못한다고 하더라도, 상당히 많은 사람들 특히 청년층이 오늘날 교회가 설파하고 있는 기독교 신앙은 어딘가 미신적이라고 느끼고 있는 게 사실 아닌가?

어느 교회에서 청년부 모임이 있었다. 그들은 모임이 끝나자 곧장 다방이나 카페로 도망가듯 몰려갔다. 얼마 후 그 이유를 물었다. 그랬더니 뜻밖에도 그들은 이렇게 대답했다. "교회 나오는 청년들, 어딘가 나사가 빠진 것 같아요." 남·녀 청년들이 똑같이 이 같은 느낌을 말했다. 즉 그들은 부모님들 때문에, 또는 개인적인 이유 때문에 교회에 나오긴 하지만, 기독 청년과는 연애하고 싶지 않단다. 이유인즉 "나사가 빠진 것" 같아서, 어딘가 이상하고 말이 안통하며, 생각이 비현실적이거나 우격다짐이기 때문에 그러하단다. 이런 청년들이 사실은 교회의 "모범생"이겠지만, 직감으로 뭔가를 깨달아 아는 현명한(?) 젊은이는 교회엔

다녀도 기독 청년과 운명을 나누려 하지는 않는다.

이 사실은 교회 밖에 있는 다수의 청년들도 오늘날의 기독교 신앙, 기독교의 사고방식에는 미신적 요소가 많다고 느끼고 있음을 말해 주고 있다. 그렇다. 오늘날의 기독교 신앙과 관행 속에는 합리적 사고를 원하는 청년들의 눈에 미신이라고 판단될 만한 시대착오적 요소들이 많이 있다. 우리는 이것을 솔직히 시인하고, 기독교 전통의 의미를 새로이 설명해 주어야 한다.

어른들이 유교적 관습 때문에 제사를 고집한다면, 많은 젊은이들이 할 수 없이 그것을 따라는 갈 것이다. 그러나 그 어른들이 원하는 "의미 전달"의 사건은 일어나지 못할 것이다. 즉 어느 시기까지는 과거의 습관에 매여 근거 없는 일을 계속 반복할 수 있겠지만, 어린아이가 자연 시간에 천둥의 비밀을 알아버리듯 철이 들고나면 사람은 과거의 부당한 습관을 벗어 던진다. 어쩌면 우리 시대의 젊은이들이 멀지 않은 장래에 기독교를 송두리째 벗어 던질지도 모른다. 만일 기독교가 계속하여 미신적 해석을 고집하는 데 반해 젊은이들은 자기들의 신앙의 "충분한 근거"를 요구하게 된다면, 이 같은 불행은 피할 수 없을 것이다.

즉 문자적으로 해석되거나 과거의 세계관에 얽매인 오늘날의 한국 기독교 신앙에는 미신적 요소가 많이 있다. 그러나 기독교 신앙은 스스로 자신의 "탈"(모습, 자기규정)을 바꿀 수 있다. 아니 우리는 그러기를 희망한다. 과거에 모세, 예레미야, 이사야, 예수, 바울, 어거스틴, 토마스, 루터 등에 의해서 유대-기독교 신앙이 부단히 자신의 탈을 바꿀 수 있었듯이 말이다.

천둥번개가 칠 때는 나무 밑으로 피하는 게 위험하다. 그러나 대개는 그렇게 행동한다. 아무리 많은 사람이 그리하더라도, 그것이 오히려 위험하다는 것은 확실하다. 그리고 이 사실이 충분히 밝혀지면 사람들은 달리 행동할 것이다. 이 사실을 사람들에게 알리는 일이 하나의 "운동"처럼 일어났으면 좋겠다. 그리고 우리는 바로 이런 모험적 운동을 지금 시작하려는 것이다.

2. 신앙은 일종의 병인가

우리 주변에서는 가끔씩 살인 사건이 일어난다. 그 중에는 종교와 관계된 것들도 있다. 예를 들면, 산에 있는 기도원에서 금식을 잘못해서라든가 안수 기도를 잘못해서 사고가 생기는 경우다. 우리나라의 매스컴은 1980년대 초에 이 문제를 특집으로 내보냈고, 그 뒤 정부 당국은 산에 있는 기도원을 일제히 조사하였다. 이 조사단은 정부 기관 대표, 교회 대표, 그리고 정신과 의사로 구성되어 있었다. 조사 결과 매스컴의 보도처럼 불행한 사고가 자주 발생한다면 법적 제재를 가할 생각이었다. 국민의 생명과 재산을 보호해야 할 의무가 있는 정부 당국은 "종교의 자유"라는 지고한 인간 권리와의 충돌 가능성에도 불구하고 은밀히 이 문제를 심층 조사하였다. 그러나 조사 결과, 아무런 조치도 취하지 않기로 합의를 보았다. 왜 그랬을까? 매스컴이 거짓 보도를 한 때문이었을까? 실제로 기도원에서는 불행한 사태가 발생하지 아니하기 때문이었던가? 아니다. 매스컴의 보도는 옳았다. 실제로 가끔씩 불행한 사고가 발생하며, 사고가 발생할 환경적 요인도 많이 있었다. 그러나 아무런 조치도 취하지 않기로 했다. 아니 취할 조치가 아직은 없었다. 현재의 대한민국의 실정으로는 기도원을 폐쇄한 후의 후유증을 감당할 수 없었기 때문이다. 즉 산에는 광신적 종교인들이 많았고, 이같이 정신적 고통을 앓고 있는 이들을 무턱대고 가정으로, 사회 속으로 송환한다는 것은 문제를 가중시킬 뿐이라는 정신과 의사의 권고를 따르기로 한 것이다.

물론 산에 가서 기도하는 모든 종교인이 다 정신 질환을 앓고 있다는 얘기는 아니다. 따지고 보면 어디 온전한 사람이 있으랴? 누가 감히 나는 신체적으로도 정신적으로도 "장애자"가 아니라고 장담하랴? 미국에 있는 한국 교포들은 자기들끼리 모이면, "우리들 중 70%는 정신병자야!" 하면서 때로는 심각한 자기 걱정에 빠지곤 한다. 그러나 그런 일반적인 의미에서가 아니라, 예로부터 종교를 갖는다는 것, 신앙인이 된다고 하는 것, 그것 자체는 "유아기의 무력감"에서 연유한 정신 질환의 일종이라고 하는 주장이 있어 왔다. 그리고 오늘날의 한국 교회, 특히 가정과 교회 생활을 등지면서까지 그 어디엔 가에 자기를 몰두시켜 버리려는 광신자들의 경우는 특수한 의미에서 가히 "정신 질환"을 앓고 있다고 할 수 있을 것이다.

아니, 정신 질환까지는 아니더라도, 철학자 니체가 말했듯이, 신앙은 "노예 의지"를 지니고 있는 사람, 정신력이 약한 사람, 미성숙한 사람의 증후라고 말할 수 있는 근거가 충분히 있다. 심리학자 프로이트(Sigmund Freud, 1856-1939)는 신앙이란 소위 원망사고(願望思考, wishful thinking)에서 나온 환상(illusion)이라 했다. 냉혹한 현실, 고통스런 현실, 실패와 죽음 따위에 직면하여 자신을 가눌 수 없는 미숙한 의지박약아들이 "살아남기 위해" 궁여지책으로-어린 시절의 보호자 아버지를 모방하여-만들어낸 것이 신앙이란 것이다. 그러나 여기서 말하는 정신 질환이나 환상을 도덕적 기만이나 오류로 여겨서는 안 된다. 인간이 살아가기 위해서 하는 노력, 스스로를 보호하기 위해서 꾸미는 방책을 모두 비난한다는 것은 좀 잔인한 일이 아닐까? 초인(superman) 사상을 부르짖었던 철학자 니체(Friedrich Nietzsche, 1844-1900)의 눈에는 이 같은 신앙인이 비겁자로 보일 것이 틀림없다. 그러나 그도 이런 신앙인을 가리켜 부도덕한 사람이라고 매도하지는 않을 것이다. 프로이트도 신앙인이 되는 것이 건강한 사람이 되는 것보다는 못하지만, 자신을 방어하지 못하여 정신분열증에 걸리는 것보다는 낫다고 생각하였다.

미국의 한 도시에서 한인들을 상대로 잠시 목회할 때의 일이다. 이웃 교회의 설교 요청을 받고, 나는 평범한 설교를 했다. 그러나 그 교회는 다소 광신적인 전통의 교회였다. 헌금 시간이 끝났을 때, 사회를 보던 전도사가 헌금 봉투에 쓰인 기도문을 읽어 주었다:

> 하느님, 당신이 생명의 주님이시거늘, 이 죄인이 그것도 모르고 인간의 손에 생명을 맡길 뻔했나이다. 이제 생명보험에 들 돈을 당신께 맡기오니, 저의 생명을 지켜 주시옵소서.

그는 자동차를 타면서도 보험 들기를 거부했다. 그게 왠지 불신앙 같아서였다. 그래서 하느님께 보험을 들었다. 이 얼마나 멋진 생각이며, 갸륵한 신앙인가! 그러나 난 왠지 이 신자가 하느님께 무거운 짐을 지우는 것 같았다. 신을 의지하는 소박한 마음, 누가 이것을 신앙이 아니라 하리요? 그러나 따지고 보면, 인간의 욕심이나 자기 무력감의 은폐 및 투영이 아닐까? 그가 세상의 보험회사가 아니라 하느님을 선택한 것은 단지 좀 더 "안심"하기 위해서였다. 사실 인생살이는 어디를 가도 안전이 없거늘……

이런 경우, 이 신자의 신앙은—합리주의자가 뭐라고 비판하든—커다란 힘을 지닌다. 신앙이 없는 사람에 비해 그는 신념을 가지고 위험한 나날의 이국 생활을 비교적 잘 살아갈 수 있다. 이것을 이상하게 여길 필요는 없다. 근거가 어디에 있든, 신념이 있는 이는—그것이 망상임이 탄로 나고, 주인공이 그것을 시인하게 될 때까지는—신념이 없는 사람에 비해 잘 살아가게 된다. 이 "환상"의 힘은 그 사람이 간절히 원한다고 하는 바로 그 사실에서 기인되기 때문이다.

또 철학적 신학자 포이에르바하(Ludwig Andreas Feuerbach, 1804-1872)는 신앙인들이 믿는다고 말하는 신(관념)도 따지고 보면 "인간의 욕심의 투영(投影, projection)"이라고 했다 아마 "천국"이나 "극락"의 개념은 다분히 그러할 것이다.

어떤 목사님이 천국에 대한 설교를 준비하다가 자기 교인들의 생각을 알아보려고, 심방(방문)에 나섰다. "형제는 천국에 대해 어떻게 생각하십니까?" "자매는 천국에 대해 어떻게 생각하십니까?" 하고 물으면서 목사님은 교인들을 만나보았다. 그 날 저녁 그 목사님은 결심하였다. 천국에 대해서는 설교하지 않기로. 이유인즉, 행복한 어느 주부는, "천국요? 그게 아무리 좋다 한들 지금의 우리 남편과 두 아이가 있는 이 가정보다 더 좋을라구요?" 했다. 육교 밑에서 구두 수선을 하는 한 노인은, "뭔지 모르지만 이 지겨운 생활보다야 낫겠지요. 속히 왔으면 좋겠어요." 했단다. 그렇다. 신앙에는 분명히 이런 원망사고의 요소가 있고, 그것은 "현실"을 변혁할 충분한, 실제적 힘이 없는 사람들이 스스로 살아남기 위해 자위하는 한 방편임이 분명하다. 이게 좀 도가 심하면 "현실 감각"을 상실하게 된다. 그리고 현실 감각의 상실은 정신 질환의 최초의 증상이라 하니, 신앙은 어쩌면 하나의 병이거나 병에 가까운 증상인지도 모른다. 그래서 신앙인이 된다는 것은 왠지 쑥스럽다. "내가 왜? 아니 뭐가 모자라서 신앙을 가져? 아니 뭐가 모자라면 모자라는 대로 씩씩하게 살아갈 것이지, 신은 무슨 신이람." 누가 이런 생각을 가지고 살아가는 무수한 일상인들을 가리켜 "불신앙인", 곧 "죄인"이라 하리요? (전통적으로 기독교는 불신앙이 최대의 죄라 했다.)

성서의 천국 이야기 속에서도 이 같은 경향은 얼마든지 볼 수 있다 (놀랍게도). 구약성서 중 이사야 예언서 65장 17절 이하가 그러한 예의 하나이다. 거기에는 "새 하늘과 새 땅"이 전개되는 이사야 예언자의 꿈이 그려져 있다. 새 하늘과 새 땅이란 요즘 말로 하면 "천당"이다. 그런데 그 천당이란 게 왜 그리 시시한지? 자기가 지은 집에서 거주하고, 자기가 지은 농작물을 먹고 살며, 맹수들의 위협을 받지 않으면서 유유자적하는 것이 고작이다. 영생은 없다. 스포츠도 예술도 없다. 음악도 없다. 경쟁이 없으니 교만도 물론 없다. 그런데 이사야 예언자는 그런 꿈을 꾸며 살았다. 다 같이 생각해 보자. 이런 것이 글자 그대로의 천당이라면, 권력과 돈이 조금만, 아니 "겨자씨" 만큼만 있어도 이스라엘인들이 꿈꾸던 천당보다 더 행복한 삶을 누릴 수 있지 않을까? 이 예언자는 자기 민족이 당하는 고통, 곧 전쟁과 난리로 인하여 집을 잃으며, 노동을 하여도 그 수고의 소산을 누리지 못하는 쓰라림을 탄식하면서, 그런 소박한 꿈을 꾸었던 것이다.

아마 이 같은 이사야의 설교를 들은 칼 마르크스(Karl Marx, 1818-1883)는, "그래, 그것은 민중의 탄식이나, 민중의 아편이기도 하지."라고 했을 것이 분명하다. 마르크스는 종교가 밑바닥 인생의 애환을, 고통을 알고, 그래서 그들의 "탄식"을 대변한다는 점을 시인했다[유럽의 신(新)공산주의자들은 이 점을 중시하면서, 종교의 적극적 기능을 모색해 왔다]. 그러나 이러한 "원망사고," "환상"은 비참한 "현실"을 변화시키는 힘이 없기에 잘못된 처방이라고 그는 규탄했다.

위에서 이야기한 우리의 모범 신자처럼, 이국땅에서 불안정하게 살아가고 있는 아픔과 허망함을 신앙이 가르쳐 준다. 그러나 "하느님께

보험 드는" 그런 신앙은 불안한 현실을 실제로 바꿔놓지는 못한다. 이런 경우를 보면서 마르크스는 "신앙이란 병이 아니라 약이다. 그런데 잘못 처방된 약이다"라고 말한 셈이다. 일시적인 마취제, 그것이 종교의 위선이라고, 독소라고 마르크스는 믿었다. 그래서 그는 프로이트처럼, 인간이 제 정신으로 살면서, 자기 힘으로, 능동적으로 불행을 극복하게 되기를 희망했고, 이 일을 위해서는 "종교 비판"이 반드시 완수되어야 한다고 믿었다.

종교 또는 신앙은 병일 수도 있고 약일 수도 있다. 그러나 현대인은, 적어도 "어른"이 되고자 하는 현대인은 감기에 걸려도 약을 먹지 않는다. 수많은 감기약이 선전 광고와는 달리 사실상 치료약이 아님을 알기 때문이다. 거짓된 약을 먹기보다는 차라리 며칠 앓기를 선택하는 이 현대인들을 가리켜 거짓 종교인들은 미련한 자들이라 말할지 모른다.

3. 종교는 어떻게 발생하는가

"종교가 무엇이냐?" 하고 그 본질에 대해서 묻는다면, 역사마다 사람마다 다르게 대답할 것이다. 이 세상에 존재하는 것들 속에 어떤 변치 않는 알맹이 곧 본질이라는 게 도대체 존재하는지 우리는 잘 모른다. 엄격히 보면 모든 것은 조금씩 변하고 있기 때문이다. 특히 인간의 신앙, 종교는 역사와 더불어 꾸준히 변해 왔다. (이것은 종교가 살아 있는 경우를 말한다. 죽은 종교도 있다.) 처음 유대교와 기독교, 처음의 기독교와 오늘의 기독교, 처음 힌두교와 불교, 처음 불교와 오늘의 한국 불교 등의 관계를 잠시만 생각해 봐도 인간의 사회 운동(현상)의 하나인 종교가 끊임없이 변천해 온 것을 쉽게 알 수 있다. 그래서 어떤 사람들은 종교의 알맹이를 알아보려고 문명의 풍파에 시달리지 않은 원시인들을 찾아가서 연구하려 든다. 인류학이나 고고학의 도움을 받으면서 말이다.

불행하게도 우린 인류학자도 고고학자도 아니다. 나아가 우리의 관심은 옛 사람들의 종교가 아니라 우리 자신의 신앙, 우리가 종교인이 되는 과정, 우리 역사 속에서 (새로운) 종교가 탄생하는 이유를 알아보고 싶을 뿐이다. 그것을 통해서 우리는 오늘날 우리가 종교인이 된다는 것이 무엇을 의미하는지, 즉 정신병이나 미신에 사로잡히는 것을 뜻하는 것은 아닌지, 아니라면 과연 왜 아닌지를 알아보려 할 뿐이다.

따라서 우리의 질문과 대답의 자료들은 원시인이 아니고 현대인으로서의 한국인, 곧 우리와 우리들 주변의 인간 경험들이다. 이 경험을 토대로 무한한 상상력을 발휘하면서 모험을 떠나자.

우선 종교의 '본질'에 관한 질문은 뒤로 미루고, 다음과 같은 잠정적인 정의를 내리자. '신앙'이라는 말은 주로 신앙 대상과의 개인적인 관계에 초점을 맞추어 사용하고, '종교'라는 말은 사회적, 공동체적 현상(운동)에 초점을 두고 사용하기로 한다. 이러한 구별은 매우 독특한 것이기는 하지만, 오늘날의 한국인의 일상적인 화법(話法)에 잘 들어맞을 뿐더러, 때로는 유용하기 때문이다. 즉 우리는 어떤 사람이 분명히 "신앙"을 가지고 있음에도 불구하고 구체적이고도 특정한 "종교"에는 속하지 않고 있는 경우를 얼마든지 생각할 수 있다.

그렇다면 우리의 이야기 주제는 "어떻게 '신앙'이 발생하며, 또 어떻게 거기서부터 '종교'라는 사회 현상, 사회 운동이 탄생하는가?"이다. 이것은 우리가 "어떻게 이 시대에 신(神)을 경험할 수 있는가?" 하는 질문과는 전혀 다르다. 서양인들은 불교라는 종교를 알기 전까지는 종교 경험과 신 경험을 동일시했었다. 그러나 이제는 신(개념) 없는 종교 경험도 가능함을 누구나 알게 되었다.

그러면 이제 우리 상상의 날개를 활짝 펴고 날아보자.
"우물 안의 개구리"라는 말이 있다. 사람들이 우물 안의 개구리들처럼 우물 안에서 태어나고, 거기서 놀다가, 거기서 죽는다고 가정하자. 그리고 불행하게도 이 우물에 뚜껑이 덮여 있어서 "밖"의 세계와의 교신이 일체 허락되지 아니한다고 가정하자. 우리의 질문은, 이런 경우에 이 우물 안에 살고 있는 개구리들 중 어느 하나가 어느 날 갑자기, "아, 답답해. 저 뚜껑을 넘어, 넓고 새로운 세계로 이동해 가자"라고 스스로 절규할 수 있겠는가 하는 것이다.

상상력이 인간에게 있다는 것은 위대하다. 저 유명한 아인쉬타인(Albert Einstein, 1879-1955)이 상대성 원리를 발견한 것도 바로 이 상상력 덕분이었다. 그리고 "상상할 수 있는 모든 것은 우리가 실현할 수 있다"는 미국의 어느 오락 센터의 주제가처럼 인간의 상상력은 위대하다. 그러나 상상력이 아무리 뛰어나다고 할지라도 우리의 우물 안의 개구리들이 "스스로", 즉 외부 세계(예컨대, E.T.)의 도움이 전혀 없이, 어느 날 갑자기 탈출하고 싶은 파격적인 충동에 빠질 수 있겠는가?

근대 철학의 아버지 데카르트(Réne Descartes, 1596-1650)는 사람은 나면서부터 신(神) 관념을 가지고 있다고 보았다. 그렇다면 우리의 우물 안의 개구리들은 점점 성장하면서 자기의 내면적 음성을 듣고, 어느 날 갑자기 탈출 소동을 벌일 수 있을 것이다. 왜냐하면 개념상 신(神)은 적어도 우리의 기존 세계, 갇힌 세계에 속해 있지 않기 때문에 [신학자들은 신의 이 같은 성격을 가리켜 '전적 타자(他者)'라고 부른다], 신을 알고 있는 존재들은 모두 언젠가는 기존 세계, 곧 우물을 탈출하려는 자기-초월의 충동에 사로잡히게 되어 있다. 사람들에게 그런 성향이 있다고

2장. 신앙은 감격 43

생각하는 학자들은 그것을 가리켜 인간의 보편적인 "종교성"이라고 이름 한다. 그러나 우리는 데카르트의 생각을 추종하고 싶지는 않다. 우리들 주변에는 아무리 나이가 들었어도, 아무리 진지한 대화를 가졌어도, 종교나 신에 대하여는 여전히 관심조차 두지 않는 많은 사람들이 있다. 따라서 아무리 붙박이 종교성 같은 것이 사람들에게 내재해 있다고 하더라도, 어떤 계기(契機)가 외부로부터 주어지지 않는다면 신앙과 종교는 탄생하지 않는다고 보아야 할 것이다.

데카르트에 의하면 사람이 신 개념을 갖게 되는 데는 아무런 계기가 필요 없다. 그러나 현대의 다른 철학자들·신학자들의 주장에 의하면, 우물 안에 갇힌 개구리처럼 완전하게 폐쇄된 생활을 하는 사람은 스스로 자기의 세계를 탈출하고 싶은 충동을 느끼지 못한다. 어떤 계기가 반드시 필요하다. 그런데 이 계기에 대해서는 두 다른 견해가 있다. 그 첫째는 이미 위에서 말한 바와 같이, 포이에르바하나 프로이트가 말하는 원망사고(願望思考) 이론 또는 투영(投影) 이론이다. 이 이론에 의하면, 인간이 처음에 신앙을 갖게 되는 것은 어떤 적극적인 사건이 있어서가 아니라 좌절된 욕망 때문이라는 것이다. 이 땅에서 자신의 욕망을 실현할 수 없는 약자들이 "하늘"이라는 가상의 세계에다 그 욕망을 투영시킨다는 것이다. 이것은 매우 강력한 설득력을 지니고 있다. 그러나 당시 시카고 대학의 (지금은 은퇴한) 조직신학 교수 길키(Langdon Gilkey)에 의하면, 인간이 신앙을 갖게 되는 것은 어떤 적극적인 감격을 받고, 그것에 대해 이끌리는 "응답"의 행위이다. 그래서 그는 자신의 입장을 "응답론"(responding theory)이라고 했다(미국, 애틀란타의 Emory 대학에서 있었던 신학 강좌에서 한 말). 무신론자 포이에르바하의 입장보다는 평신도 신학자였던 길키의 입장을 따르고 싶다. 우리의 개구리 이야기가 옳다면, 인간에게 욕구불만이 생긴다는 것 자체는 이미 외부로부터의 어떤 적극적인 자극의 선재(先在)를 암시하기 때문이다. 그러나 여기서 우리가 주목해야 할 것은 외부의 자극 또는 유혹에 대하여 모든 사람들이 같은 반응을 보이는 것은 결코 아니라는 점이다. 즉 신앙이란 밖에서 주어지는 사건과 나 자신의 적극적인 응답이 합치될 때 비로소 탄생한다.

이런 것을 한 번 생각해 보자. 부자를 부러워하는 가난한 자, 새처럼 하늘을 날고 싶어 하는 미치광이(?) 청년, 바깥세상으로 나가려 하는 우물 안의 개구리. 이 경우들의 공통점은 하나같이 기존의 세계를 벗어나려고 한다는 점, 그래서 기존 세계에 익숙해 있는 사람들로부터 이단자들이 된다는 점이다. 어떤 사람들은, 부자가 되기를 꿈꾸는 가난한 자의 경우는 종교의 창세기와 비교될 수 없는, 매우 단순하고 용이한 사례가 아니냐고 말할 것이다. 그러나 그것조차도 그렇게 자연스런, 용이한 경우는 결코 아니다. 모세가 종살이하던 자기 백성을 해방시키려 했을 때를 생각해 보라. 그가 가장 힘들어했던 사건은 홍해라는 장애물이 아니라, 종살이에 익숙하여 더 이상 해방을 원하지 않게 된 바로 그 백성의 그릇된 자기-이해, 고정관념이었다. 가난이 싫지만 정말로 부자가 되고자 하는 사람들은 자기-변혁의 용기를 지닌 소수의 사람들뿐인 경우가 역사 속에는 있었다.

더 나아가, 새가 되고 싶어 했던 청년의 꿈은 보통 사람들에게는 불가능한 꿈이었다. 날아가는 새를 보지 못한 사람이 어디 있으리요. 그러나 새를 보고, 나도 날겠다고 생각한 사람은 역사의 한 때 완전한 이단자였다. 그리고 그 이단자가 바꾸어 놓은 새 세상에서 지금 우리는 그 낯설었던 세계에 대해 거의 아무 생각 없이 살아가고 있다. 라이트 형제들과 린드버그는 저들의 욕구불만을 저 세상이 아니라 이 세상에서 해결한 사람들이 되었다.

"새"도 날아다니지 않는 닫힌 세계에 갇혀 있는 개구리의 경우는 그 어느 경우보다 심각했을 것이다. 어느 개구리에게 "바깥세상"에 대한 유혹적인 감격이 찾아왔다면 그것은 아주 비밀스런(낯선) 어떤 사건이 그에게 닥친 것이 분명하다. 어떤 외부의 침입자가 없었다면 그런 놀라운 일은 결코 일어나지 않았을 것이다.

우리가 이런 이야기를 통해서 알 수 있는 것은 인간에게 어떤 종교성이 있을지도 모르지만, 현실적으로 한 인간이 신앙을 갖게 되기까지는 그의 외부에서의 어떤 자극이 필요하다는 것이다. 그리고 그런 경우라고 할지라도, 인간은 수동적으로 앉아서 구경만 하는 객(客)의 자리가 아니라 주체적인 결단을 통하여 적극적으로 응답할 때 비로소 "신앙"이라는 것이 생긴다고 할 수 있다. 그리고 인간의 이런 반응들은 곧잘 왜곡되어, 인간을 기만하기도 한다.

우리는 신앙을 탄생시킨 외부로부터의 사건과의 만남을 "뿌리 경험"[2]이라고 부르고자 한다. 만일 우리에게 신앙이 생겨났다면, 그것은 우리가 우리의 생활 전체와 생애 전체를 변혁시키는 놀라운 감격 사건을 맞았다는 사실을 뜻한다. 이렇게 어떤 사건이 그 순간만이 아니라 우리를 "지속적으로, 전폭적으로 변혁시키는 힘"을 지니고 있다면, 그 사건은 우리의 삶의 의미와 희망의 뿌리(근원)를 형성하고 있는 셈이다. 따라서 신앙은 바로 뿌리 경험에서부터 생겨난다고 한 마디로 말할 수 있다. 그리고 이 같은 우리의 생각이 옳다면 모든 신앙인이 한결같이 약자나 병자나 실패자는 아니라는 논리가 성립된다.

---

2) 이 개념은 다음의 저서에서 배운 것이다. 그러나 동일하지는 않다. Emil L. Fackenheim, *God's Presence in History* (New York: Harper & Row, 1972). 참조

그렇다면, 우리의 다음 질문은 이렇다: 예기치 않았던 외부의 자극과 유혹에 빠진다는 그 자체로써 종교가 탄생하는가? 이에 대한 우리의 대답은 "아니오"이다. 다시 한 번 개구리의 세계를 생각해 보자.

어떤 개구리가 아주 우연히, 이상하게도 바늘같이 작은 구멍을 통해 흘러 들어오는 빛을 보았다거나, 전혀 들어보지 못한 소리가 새어 들어오는 것을 경험했다고 하자. 이 사건을 처음으로 경험한(당한) 개구리는 우선 흥분에 빠질 테지만, 곧이어 "저 밖에는 무엇이 있기에?" 하는 새로운 생각 때문에 자신의 기존의 생활 질서(삶의 세계)를 바꾸게 될 것이다. 저 밖에는 무엇이? 아무리 생각해봐도 추측할 수 없다. 그러나 안다. 다른 세계가 있다는 것을. 그는 이 예기치 않은 사건 때문에 "어쩔 수 없이"(사실은 자유로운 결단이었지만, 그 감격은 충격적으로 다가왔고, 그것이 그를 사로잡은 것이다. 따라서 우리는 조금도 과장 없이 얼마든지 이런 표현을 사용할 수가 있다) 모험을 감행한다. "밖"으로 나가 본다. 그리고는 이런 세계가 있었다는 사실 자체에 대해 다시금 흥분한다. "전혀" 새로운 세계라고 느끼면서, 자기가 있던 세계로 돌아온다. 그리고 동료들에게 자기의 여행 이야기를 시작한다. 많은 개구리들이 "쟤, 미쳤어!"라고 한다. 어떤 개구리는 "네 말이 맞을지도 모르지만 여기가 어때서? 우리의 생이 길지도 않으니 힘든 모험을 하지 말고 그냥 지내자."고 한다. "저 밖"에 대해서는 도무지 상상도 할 수 없기 때문에 "유혹"이 되지도 못한다. 그러나 어떤 개구리는 "난 널 믿어. 나도 한 번 해볼 꺼야" 하고 새로운 길을 가기로 결심한다. 이 개구리는 그의 이야기에 "감동"을 받은 것이다. 즉 처음 개구리의 이야기에 감동을 받고, 그의 세계에 동참하려는 자가 생겨난 것이다. 이 때 비로소 하나의 사회 운동이 시작된다. 비로소 종교가 탄생한다. 외부 세계의 자극, 긍정적인 반응(만남)의 사건, 이 경험 이야기의 전달, 그 이야기를 듣고 감동하여 같은 경험 세계에 동참하는 자들의 이어짐. 그리고 그 후에도 반복되는 "처음 경험의 이야기"가 계속하여 감동을 준다면 그 동안 그 종교는 살아 있게 된다. 단지 그 동안만. 그러나 아무도 그 이야기를 믿어 주지 않거나 처음에는 유효했던 이야기가 곧 힘을 상실하게 되면, 종교는 탄생하지 않거나 탄생했다가도 곧 사라지고 만다. 하나의 사회운동으로서의 종교는 그 종교의 뿌리 경험 이야기에 감격하는 사람들의 이어짐에 의하여서만 그 생명을 유지하기 때문이다.

4. 신앙은 일상생활과 별개의 것인가

사람에게는 늘 어떤 결핍감, 부족감이 있게 마련이다. 우리는 이러한 욕구를 다양한 방법으로 충족시키려 하며, "만족"을 추구한다. 아무도 만족을 추구하려는 생명체의 본능, 즉 본질적인 행위를 그 자체로서 비난할 수 없다. 종교의 기능의 하나가 이 같은 욕구의 충족이라고 할 수 있다. 이것은 가끔씩 볼 수 있는 교회의 부흥회 선전문만 보아도 잘 알 수 있다. 그 중에 재미있는 선전문은 "I found it!"(나는 찾았네)라는 것이다. 미국에 가면 자동차 뒷범퍼에서 흔히 볼 수 있는 선전문이다. "당신은 아직도 갈증하며 찾고 있나요? 나는 이미 그것을 찾았습니다. 나와 함께 갑시다." 그런 뜻이다. 이 선전문은 우리나라에서도 가끔씩 사용되고 있으며, 이와 비슷한 것이 바로 "문제 해결자, 예수," 또는 노골적으로 "예수, 만병통치약"이라는 것들이다.

기차를 타고 여행을 한다. 창밖에는 잘 정리된 시골 풍경이 전개된다. 속사정이야 다르겠지만, 지극히 아름다운 모습에 이것이 평화인가 싶어진다. 그런데 그런 생각을 하다가 문득 직업병에 걸려든다. "아, 저 마을엔 아직 교회가 없군. 교회를 하나 개척해야 되겠는걸……" 그럴 때마다 나는 놀라 자문한다. "나는 누구인가? 나는 저들을 사랑하는가? 목사이기 때문에 그 직을 수행하려 하는가? 예수 장사(?)를 하려는 태도는 아닌가? 복음이라고? 저렇게 잘 사는 사람들에게 굳이 '약 사시오!'라고 해야 할까? 병 주고, 약 주듯."

죽음이 임박하여서는 누구나 약해진다. 죽음 같은 한계 상황에 서면 사람은 대개 지푸라기라도 잡으려 한다. 그래서 곧잘 신앙인이 된다. 이럴 때 용기 있는 무신론자는 그를 가리켜 비겁한 자기 기만자라고 비난할 것이다. 그래서 우리는 전쟁, 재난, 질병, 죽음, 실패 따위의 절박한 한계 상황이 아닌, 문제가 있는 상황이라고 특별히 말할 수 없는 평범한 일상생활의 하루하루는 신앙과 무슨 관계가 있을까를 묻게 된다. 즉 어떤 문제가 발생한 다음에서야 신앙이라는 것이 비로소 필요한가 하는 질문이다. "건강한 자에겐 의원이 쓸 데 없느니라"(마가 2:17)고 말씀하신 예수의 생각이 옳다면, 우리에게 신앙이 필요할 때는 바로 우리가 병들어 있을 때가 아닐까?

그렇다면, 종교란 자기 문제를 스스로 해결하지 못하는 약자들이 초인간적인 타자의 힘을 빌어 문제를 해결하려는 거짓된 방식이란 말인가? 정상적인 사람의 일상생활 속에서는 설 자리가 없는 것이 신앙이요 종교라면, 현대의 "어른"(세속화된 성인)은 자존심 상해서라도 신앙과 종교를 거부할 것이다. 그것은 그에게 문제가 없어서가 아니라 단지 비겁해지고 싶지 않아서이다. 그런데 우리 주변에서 볼 수 있는 현상, 곧 일상적인 사회생활 속에서 신앙인이나 비 신앙인이 똑같이 생각하고, 똑같이 행동하는 모습은, 바로 우리에게 있어서는 신앙과 일상생활이

거의 전적으로 별개의 것임을 말해 주고 있다.

우리나라에서 기독교(불교도 마찬가지다) 인구는 날로 늘어가고 있다. 그러나 한국 사회 현실은 늘 그대로 있다. 왜? 신앙과 일상생활은 별개의 것이라고 믿고 있고 또 그렇게 살아가기 때문이 아닐까?[3] 우리네 옛 사람들도 특별한 문제의 상황에서는 무당이나 점쟁이를 찾아가지만, 일단 그 문제가 해결되고 나면 일상적인 삶으로 돌아가서 그것을 잊고, 그것과 상관없이 살아갔었다. 이것은 어쩌면 자연스럽고 또 당연한 일인지도 모른다. 그러나 적어도 기독교 신앙의 이해에서 보면, 이러한 관계는 커다란 오류이다.

우리는 "뿌리 경험"의 사건이 다른 사람들에게 계속하여 감격·감동을 주는 한에서만 그 종교가 생존할 수 있다고 했다. 그렇다면, 그 뿌리 경험 이야기가 우리의 평범한 일상생활 속에서 아무런 작용을 못할 경우, 그 종교는 사실상 중대한 의미에서 이미 죽은 것이라고 말할 수 있다. 그렇다면 "살아 있는" 종교의 경우에는 그 관계가 어떠해야 하겠는가?

사람들의 삶에서 가끔씩 "생의 전환점"을 만나게 된다. 이런 전환점은 순간의 사건일 수가 있지만 그 사건의 파급 효과는 지속적이고, 삶의

---

[3] 그런데 21세기에 들어오면서 사정은 달라지고 있다. 유럽의 백인들이 주도하던 세계 기독교 무대의 중심은 유색인종으로 이동하였으며 미국의 기독교 인구는 놀라운 속도로 감소하고 있고, 한국이 서서히 그 뒤를 잇고 있다는 보고가 나오고 있다. 또 기독교인들 일반의 사회적 실천 빈곤은, 이 책의 초판 발행 이후 계속 관심을 가지고 지켜본 결과, 우리가 지금 알고 있는 기독교 버전 자체 내에 심각한 한계가 있음을 발견하였다. 즉 우리의 실천 없음은 기독교 신자 개개인의 문제 이상의 문제라는 말이다. 필자의 소신으로는, 세계 기독교의 건강한 미래는 바로 이 문제와 직결되어 있다. 그런데 이 문제는 어느 누구 한 사람이 풀어낼 수 없는 큰 숙제이다.

전폭에까지 미치게 된다. 그래서 이를 두고 "생의 전환점"이라 말하게 된다. 또 이것을 이렇게 이해할 수도 있을 것이다. 드라마나 영화에는 대개 극적인 사건이 있다. 그리고 거기서 우리는 이 결정적인 한 사건이 전체 드라마나 영화 속에서 갖는 의미 관계를 극명하게 보는 수가 있다. 주인공의 숨겨졌던 정체가 드러나는 장면 같은 것이다. 이 장면을 놓치면 우리는 그 영화나 드라마 전체를 이해하지 못한다. 이 결정적 단서 사건의 빛에서 드라마나 영화 전체를 다시 생각해야 비로소 작품 하나가 제대로 이해되기 때문이다.

이렇듯 생의 전환점이나 드라마의 단서 사건은 생의 한가운데서, 드라마의 한가운데서(물론 "처음"이나 "끝"에서도 일어나지만 그 극이 막을 내린 다음에 일어나지는 않는다) 발생하더라도 시간을 거슬러 올라가 처음의 일, 시간을 따라 내려가 최후의 일까지 조명해 주는 놀라운 역할을 하게 된다.

이렇게 보면 한 순간의 경험이 오히려 삶 전체의 방향을 정해주고, 의미를 설정해 준다는 것은 전혀 신기한 일이 아니다. 뿌리 경험과 그 전후의 전체 삶의 관계도 바로 이런 것이라고 생각한다. 그것이 나의 삶의 방향과 의미를 설정해 주었다면, 그것은 곧 나의 삶의 세계를 변혁시키는, 살아 있는 힘이라는 얘기가 아닌가? 이 사건이 있기까지의 나는 다른 세계(옛 세계)에서 편안히 살 수 있었다. 그러나 이 사건 때문에 발생한 새 세계에 대한 유혹으로 인해 이제 나는 나날의 삶의 진로를 수정해 나간다. 물론 새 세계와 옛 세계는 간단하게 뒤바뀌지 않는다. 그래서 어쩌면 없을 수도 있었던 새로운 갈등을 진하게 경험하게 된다. 이런 갈등을 바울이라는 예수의 사도는 "영과 육의 투쟁"이라고 했다. 즉 새 세계의 삶을 영(spirit)이라 하고, 옛 세계의 삶을 육(flesh)이라고 말한 것이다. 이런 갈등은 일상생활 속에서 지속되는 남은 싸움이며,

뿌리 경험을 한 처음 사람에게도 남아 있는 수가 있었다. 고타마의 종교 경험과 예수의 그것에서 우리는 그 좋은 예를 본다. 두 사람은 새로운 세계를 경험하고 나서, 단순한 해방의 환희가 아니라 오히려 깊은 갈등에 빠지는 경험을 했다고 전해지고 있다. 그래서 그들은 잠시 자기들의 내면세계로 도망쳐 갔다. 아니 옛 세계와 새 세계의 격전장(激戰場)으로 돌입해 갔다. 그러나 두 사람은 모두 새 세계를 받아들이기로 다시 한 번 결심을 굳혔으며, 자기들의 이야기를 다른 사람들에게도 전하기 시작했다. 그리고 그 결과를 우리들은 "기독교"라고, 또 "불교"라고 부른다.

그렇다면 뿌리 경험 사건이 순간에 일어났음에도 불구하고 삶의 전체 세계를 부단히 조명해 주고, 거기에 방향을 부여해 주는 지속적인 힘을 발휘하고 있다고 말할 수밖에 없다. 삶의 특수한 단편, 어떤 한계 상황과만 연결되지 않는다. 크고 작은 숱한 결단의 때마다 이 뿌리 경험은 자기 구실을 한다. 그래야 그 종교가 살아 있는 종교요, 그래야 그의 신앙이 참으로 세계 변혁의 힘이 된다. 다시 말해, 모든 종교인들이 특별한 문제아는 아니다. 신앙이란 문제의 상황에만 작용하지 아니한다.

예배 의식의 역할도 바로 이런 맥락에서 이해할 수 있다. 즉 그것은 그 종교의 뿌리 경험을 간직하고, 또 그 힘이 오늘의 일상의 삶에 영향을 미치게 하여 부단히 새 세계가 건설되기를 목표한다. 그리고 만일 어떤 종교가 그것의 과거 역사로부터 물려받은 "뿌리"를 잃게 되었는데도 여전히 살아 있다면, 과거의 종교는 죽고 그것은 이미 새(다른) 종교가 된 것이다. 그러면 우리의 종교는 어떠한가?

5. 신앙은 이성과 상반 되는가

"왜 믿는가?" 이런 질문을 해보자. 이 질문을 묻기에 앞서, 신앙 행위의 일반적 정의를 생각해 보자. 혼돈을 조금이라도 줄여야 하기 때문이다. 종교마다, 그것을 논하는 사람마다, "신앙"이란 말을 참으로 다양하게 사용해 왔다. 그렇다고 아무런 예비적인 정의도 없이 말을 계속할 수는 없다. 그것은 목적지 없는 여행과 같아질 것이다. 그래서 우리는 이 서론에서 단지 예비적인, 형식적인 정의를 내리는 데 만족하기로 한다. 즉 신앙이란 어떤 사람이 자기의 전부를 걸겠다고 자유로이 결단을 하는 행위, 그리고 그 같은 행위로 인하여 맺어지는 그 대상과의 관계라고 넓게 생각하자. 여기서 그 대상이 신이냐 아니냐, 우상이냐 참 신이냐 하는 "참과 거짓"에 대한 판단은 그만두기로 하자. 여러 가지 유형의 종교와 그에 따르는 신앙의 다양성을 일단은 인정하는 것이 좋을 것 같다. 나아가 신앙이 근본적으로 하나의 "행위"냐 "관계"냐 하는 전문적인 질문도 뒤로 미루자. 왜냐하면, 살아 있는 두 인격체의 상호관계는 정적인 것이 아니라 동적인 것이요, 동적이라 함은 엄격히 말해 사건적인 성격, 행동적인 성질을 그 안에 내포하기 때문이다. 즉 두 인격체 사이의 관계와 같이, 신앙이란 것도 한 번 맺어지면 자동적으로 죽을 때까지 지속되는, 그런 고정적인 관계가 아니라 늘 새로이 정립되어야 하는 역동적 관계이다.

왜 믿는가? 이 질문에 대해 터툴리안(Tertullian, 160-225경, 북아프리카)이라고 하는 고대 교회의 사상가(교부)는 "나는 불합리하기 때문에 믿는다"고 말했다. 합리적인 것은 이해의 문제요 지식의 영역이지 신앙의 영역은 아니기 때문이다. 그리고 보면, 터툴리안의 논리―이것도 하나의 논리이다―는 신앙의 핵심을 찌른 것처럼 보인다. 그러나 이 같은 논리는 신앙을 갖지 않은 사람들, 교회 밖에 있는 사람들에겐 아무런 설득력이 없다. 우리가 만일 그렇게 말한다면, 그들은 우리를 향해 "당신은 믿고 싶으냐? 믿어라. 그러나 나는 믿고 싶지 않다!"라고 대답할 것이다.

　기독교가 선교(宣敎 :자기들의 가르침을 타인에게 널리 보급함)하는 종교가 아니라면 "서로 좋을 대로 하자!"는 식의 태도를 견지할 수도 있을 것이다. 기독교인들끼리 모여서, "세상 사람들이 뭐라던 무슨 상관이야. 우린 믿는다"고 말하면서 태연할 수 있다. 그러나 불교처럼 기독교도 선교하는 종교다. 남들에게 자기들의 이야기를 "전해 줄" 의무를 안고 있다. 따라서 터툴리안—훌륭한 철학자이기도 했다—이 그런 말을 한 것은 사실이지만, 거기에는 그만한 이유가 있었던 것이다.

　그는 그 당시의 특정 철학자들(영지주의자라는 이원론자들, 이들은 기독교를 거부했다)을 향하여, "너희들이 불합리하다고 주장하지만, 내게는 믿을 만한 이유가 있다. 그러나 영지주의라는 거짓된 철학을 버리지 않는 한 나는 너희 같은 사람들에게는 선교할 수 없다."고 말한 셈이다. 결국 터툴리안은 자신의 신앙의 불합리성을 주장한 것이 아니라, 집요한 노력에도 불구하고 남의 말에 귀 기울이려 하지 않는 자들을 행하여 "당신들은 아니다"라고 최후 선언을 한 셈이다. 결코 기독교 신앙 자체가 불합리하고, "그래서" 믿는다고 말한 것은 아니다. 신약성경 베드로전서 3장 15절에는 이런 말이 있다: "여러분이 가진 희망에 대하여 설명을 요구하는 사람에게는 언제나 누구에게나 답변할 수 있도록 준비해 두시오." "설명을 요구하는 사람"이 억지를 부린다면, 굳이 답변할 필요가 없을 것이다. 터툴리안의 경우처럼. 그러나 정말로 알고자 하는 마음으로 설명을 요구하는 사람들을 향해서도, "신앙이란 그냥 믿는 거요. 따지려 드는 것은 마귀의 꾐에 빠지는 거요. 우리가 믿을 수 없으니까 믿는 거요." 한다면, 그것은 기독교 신앙의 커다란 곡해이다. 그리고 바로 여기서 "설명을 요구 한다"는 것은 신앙과 이성의 관계 문제에 해당한다.

한편, 어떤 사람들은 "성경이니까, 또 교회의 가르침이니까 나는 믿는다"라고 할 것이다. 위의 신앙이 지적 태만을 위장한 신앙이라면, 이런 신앙은 "권위주의적," "타율적" 신앙이라고 할 수 있다. 성경이나 교회라고 하는 나 자신의 외부의, 형식적 권위에 얽매여 있는 신앙이다. 그런 경우 우리의 신앙의 근거는 나의 경험, 나의 이야기가 아니라 저 "밖" 어딘가에 있게 된다.

그러나 이렇게 말한다고 하여 모든 권위주의적 요소가 나쁘다고 말하는 것은 아니다. 단지 언젠가는 그런 단계를 넘어서야 한다는 것을 강조하고 싶을 뿐이다. 그래서 어떤 사람들은 권위와 권위주의를 구별하려고 애쓰기도 한다. 권위주의는 거부할 수 있지만 권위 자체를 거부할 수는 없다는 것이다. 즉 전혀 억압적이 아닌 권위, 자율성을 파괴하지 않는 권위도 있다는 것이다. 예컨대, 이런 생각을 해 보자. 아이들은 어른들의 말을 믿고 그냥 받아들임으로써 상당히 많은 것을 배운다. 그리고 이 배움은 우리의 실생활의 구석구석을 차지한다. 가족 간의 예의, 식사 방식, 사회생활 방식, 주거 방식, 그리고 언어와 사고방식까지 배운다. 무엇이 좋고 무엇이 나쁜 지도 배운다. 그러나 그러다가 어른이 되기 시작하면서 그는 "비판적" 안목을 갖게 된다. 어른에 대한 존경심, 사회의 관습, 문화의 기대치 등등에 대해서 "다른" 생각을 하기 시작한다. 이제는 어른들이나 남들의 말이 아니라 스스로의 판단에 의존하게 된다. 그러나 이 같은 어른 됨, 비판력의 행사는 가만히 따지고 보면 어른들의 말씀, 기존 문화에 힘입은 바가 매우 크다. 이들의 도움이 없었다면, 아이는 결코 어른이 되지 못했을 것이다. 그러나 아이가 자라

2장. 신앙은 감격 *55*

어른이 되어, 충분히 비판적인, 독립적인 인격체가 되었다고 하여 그가 어렸을 때 배운 것들을 모두 거부해야 한다는 것은 결코 아니다. 어른들은 아이들을 스스로 옳고 그른 것을 판단할 수 있는 어른으로 성숙시킬 책임이 있으며, 그러는 과정에서 자라나는 사람은 언젠가는 "스스로" 판단하는 법을 배워야 한다는 말이다. 바로 그 어른들의 도움으로. 따라서 어떠한 권위의 도움도 없이는 아이가 자라 어른이 될 수 없다. 어느 정도의 성장에 이르기까지는. 어느 정도 연구 진전이 있기까지는. 어느 정도의 숙련공이 되기까지는 우리는 대개 선배와 선생님들의 가르침을 "그냥" 받아들여야 한다. 어린아이가 일체의 권위를 거부하고 자기의 경험에만 의존하려 한다면, 그는 어른이 되기 전에 죽든지, 죽을 때가 되어서야 비로소 자신의 인생 실패를 인정하게 될 것이다. 즉 너무 늦게.

그러고 보면, 성경이나 교회라는 "권위에의 승복"이 신앙이라고 이해했던 중세 사람들의 신앙 이해를 무조건 그릇되었다고 비난해서는 안 된다. 우리의 이야기 초점은 단지 인류가 지금은 그 때처럼 "미숙"하지는 않다고 하는 점이다. 따라서 어느 종교에 가담한 지 10년이 지났는데도 "설명을 요구하는 사람들에게 답변할 준비"가 되어 있지 아니하다면, 그 때 우리의 신앙은 중세기적, 미숙한 상태에 머물러 있는 것이 된다. 그러므로 불합리성에 바탕을 둔 신앙이나 나 자신의 이성 "밖의" 권위에 바탕을 둔 신앙도 결국 바람직하지는 못하다.

그렇다면, 반대로 신앙이란 지식과 같은 것인가? 이렇게 생각하는 사람들도 언제나 역사 속에 있었다. 어떤 사람들은 신앙은, 지식은 지식이되 특별한 지식, 모든 사람들에게 주어지는 지식이 아니라 특수한 사람들에게만 주어지는 "신령한" 지식이라고 믿었다. 이른바 인간의 이성이나 자연이 가르쳐 준 지식이 아니라, 신이나 점쟁이가, 또는 운명이나 꿈이 가르쳐 준 초인간적 지식이라는 것이다. 이 사람들은 그래서 지식을 둘로 구분하였다: 보통 지식과 특수 지식, 자연 지식과 초자연 지식이다. 타락한 보통 인간은 자연과 이성에 의해서 찾을 수 있는 자연 지식만으로 살아가고, "구원받은" 특별한 사람들은 신의 계시(감추인 것의 드러남)에 의해서, 성경이 가르쳐 주는 지식에 의해서 살아간다고 생각하였다. 그러나 초자연 지식도(일반적, 세속적 지식은 아니라 할지라도) 성질상 지식이라면, 어떻게 해서든 그것이 일단 확보되면, 우리의 신앙은 확실한 인식에 도달하게 된다. 지식이란 주어진 자료에 근거하여 내리는 확실한 판단이기 때문이다. 이 같은 생각은 언뜻 보기에 매우 훌륭해 보이겠지만 사실은 신앙의 성격을 근본적으로 왜곡시킨다. 어떤 종류가 되었든 신앙이 지식과 동일시된다면 신앙은 이미 인간의 자발적인 결단의 행위가 되지 못한다. 지식의 영역에는 검증확인이 가능하기 때문에 불확실성과 결단, 의심의 여지가 전혀 없다. 따라서 "자유로운 결단"이 그 영역에서는 불가능하다. 비가 내리는 날, "나는 지금 비가 내리고 있다고 **믿는다**"고 말한다면 그것은 말의 오용이요, 개념이나 생각의 혼돈이다. 그러나 같은 날에, "내일도 비가 내릴 것이라고 **믿는다**"고 말한다면 그 경우는 사정이 달라진다. 내일의 일은 아무도 확률 이상으로는 모르기 때문이다. (정확한 비유는 아니지만) 미래의 일은 지식의 영역이 되지 못한다. 따라서 여러 가지 가능성을 놓고 각자가 선택할 수밖에 없는 자유의 영역이다. 즉 지식은 확실한 인식, 경험적 인식의 영역이나 신앙은 불확실성의 영역, 자유의 영역, 희망의 영역이라는 말이다.

아무리 특수하더라도 신앙을 하나의 지식이라고 생각하는 것은, 그러므로, 신앙이 지니고 있는 독특한 성격을 거부하는 셈이다. 신앙은 외부의 자극, 유혹, 만남에 대한 나의 "자유로운" 결단(응답)이지, 아직 지식은 아니다. 붉은 단풍을 보고도 붉다고 말하지 아니할, 그 사실을 믿지 아니할 "자유"는 내게 없다. 그것을 보았다는 것은 이미 인식, 지식의 영역으로 들어간 것이요, 거기서는 다만 사실에 대한 인정이 가능할 뿐이다. 이렇게 본다면, 소위 "종교적" 경험이나 신비의 경험이나 기도의 응답의 경험들을 들먹이면서, "나는 확실히 믿는다"고 말하는 것은 언어의 혼란이다. 그런 경우는, "이러이러한 일이 발생하였고, 나는 그 **사실**을 안다"고 말해야 한다. 어떤 경우든 객관적인 경험의 사건은 지식(앎)의 영역이지 신앙의 영역은 아니다. 신앙은 따라서 경험에서 시작된, 출발된 하나의 커다란 도약이다.

그렇다면, 신앙은 이성(理性)과 무슨 상관이 있는가? 이제는 "이성"이란 말을 정의해 보자. 이 말 역시 시대마다 다르게 사용되어 온 매우 어려운 단어 중의 하나이다. 그러나 우리의 욕구는 이 단어의 엄격한 정의에 있기보다는, 신앙의 행위와 인간의 사고·비판하는 행위와의 관계에 있기 때문에, 가장 넓은 정의를 따르기로 한다. 즉 이해를 목적으로 생각하는 인간의 능력을 가리킨다고 보자. 그렇다면 이제는 신앙과 이성의 상호관계, 한계성을 풀어나가기 위해서 결혼이라는 인간의 삶의 한 단면을 생각해 보자.

결혼은 어느 정도의 경험과 지식에 바탕을 두되, 어느 단계가 지나면 지금까지의 모든 것(앎)의 영역을 "뛰어넘어" 나의 전부를 걸고 새로운 미래를 향하여 모험에 들어갈 때 성립된다. 반면에 서로 계속 만나지만 결단하지 못하는 예를 얼마든지 본다. 상대방의 미래를 믿을 수 없기 때문이다(아니면 자기 자신의 내일을 모르기 때문일 수도 있다). 즉 결혼이라고 하는 인생의 단계는 상대방을 만나는 그 사건만으로는 성립되지 않는다. 계속 만나되 결단함이 없이는 결혼하지 못하듯, "뿌리 경험"과의 만남만으로는 숙성한 신앙이 생기지 않는다. 나아가, 결혼하려는 자는 할 수 있는 한 최대한 상대방을 "알려고" 한다. 의미를 추구하는 인간이라면 누구나 자기 자신의 행위, 곧 사랑의 행위를 이해하고 싶어 하게 되며, 또 그러기 위해서는 내가 누구를 사랑하는지를 알고 싶어 하게 된다. 물론 안다고 상대방을 자동적으로 더 온전히 사랑하게 되지는 않는다. 안다는 것과 그 앞에 나를 내맡기는 것은 반드시 일치하지 않는다(그래서, 성경을 보면 마귀가 예수의 정체를 잘 알고 있으나 사랑하지 않은 반면, 여인들은 예수의 정체를 잘 알지 못하였으나 매우 사랑했다는 기록이 있다). 끝으로, 일단 결혼하고 나면, 서로를 "더욱 깊이" 알게 된다는 사실도 유의할 필요가 있다(물론 이 새로운 앎이 이혼을 낳기도 하는데, 이것은 신앙생활을 하던 사람이 그 종교를 더 깊이 알고 나서, 그 종교를 떠나는 경우와 비교할 수 있을 것이다).

이와 마찬가지로, 이성을 지니고 살아가는 성숙한 신앙인이라면 자기 자신의 결단 행위를 이해하기 위하여 이성의 도움을 필요로 하게 된다. 이미 자기가 신앙하는 바를 이해하고자 하기 때문이다. 그리고 그의 종교가 선교하는 종교라면, 그는 자기의 신앙을 타인에게 "설명"해 주기 위해서 또한 이성의 도움을 받게 된다. "밖"에 있는 사람들도 이해할 수 있도록 나의 믿는 바를 "재표현"(representation: 이것은 나의 스승 S. M. Ogden 교수가 즐겨 쓰던 말이다)해야 하기 때문이다. 그럼에도 불구하고, 기독교인이 이성의 사용을 거부한다면, 그것은 자신의 신앙의 근거가 미약하다는 것을 아는 데서 나온 공포 때문이거나 선교에 관심이 없는 무책임한 신앙인일 것이다. 또 신앙인이 이성의 사용을 중지한다면, 그것은 자신의 성숙을 포기하는 비겁이다. 그러나 반대로, 인간이 인간답게 사는 데는 이성만으로도 충분하다고 생각한다면, 그것은 그가 자기-한계를 모르는 오만한 이성의 소유자임을 입증하는 것이다.

6. 신앙의 확실성은 어디서 오는가

우리의 이야기는 신앙권(faith circle) 밖에서 시작하여 이제 신앙권 안으로 들어왔다. 그리고 우리의 이야기는 도처에서 결단, 도약, 불확실성, 모험을 만나야 했다. 그래서 우리는 이런 생각을 하게 된다. 신앙은 과연 인생의 불확실성을 극복해 주지 못하는가? "수고하고 무거운 짐 진" 인생, 신앙 안에서 "쉼"을 얻을까 했더니, 오히려 더 심한 요동을 겪고 있지는 않은가?

평소에는 그렇게 신념에 차 보였던 예수라는 청년도 정작 결정적인 순간에는 "공포와 불안을 느꼈고," 마침내 아무것도 이해하지 못하는 어리석은 제자들을 향해, "내 마음이 괴로워 견딜 수 없다"(마가 14:34-35)고 절규해야 했다. 옛말(불가)에 종교에 이르면 안심입명(安心立命)을 얻는다 했거늘, 태산이 요동해도 마음에 흔들림이 없으니, 하늘의 뜻이 나의 뜻이 되었도다 했거늘, 왜 아직도 번민이? 그렇다면 이 예수 청년은 경지에 이르지 못한 탓이었을까? 이 예수의 번민은 우리들에게 무엇을 말해 주고 있는가?

예수에게도 뭔가가 불확실했던 것은 분명하다. 그래서 그는 고통스럽게 기도했다. 그러나 그의 번민은 자기가 만난 신의 존재를 믿지 못해서는 아니었다. 단지 어느 것이 신의 뜻인지, 어느 것이 지금 그 자신이 실천해야 하는 길인지, 알 수가 없었던 것이다. 즉 신앙 때문에, 그리고 신앙 안에서도 "결단"해야 할 문제는 얼마든지 많다는 것을 그는 보여 주고 있다. 왜 모든 불확실성의 구름이 사라지지 못하고 최후를 맞는 예수의 마음속에까지 짙게 깔려 있었을까? 걱정하지 말라. 그 때의 그에게는 오히려 신앙이 있었기 때문에 남들은 이해도 못할 심각한 불확실성에 직면해 있었던 것이다. 따라서 어떤 종류의 회의(懷疑), 의심은 신앙과 공존할 수 있다는 것을 알 수 있다.

반대로, 어거스틴(Augustine, 354-430, 북아프리카 태생)이라는 성자는 회의주의자도 적어도 한 가지 종류의 신앙은 가지고 있다는 점을 지적한 바 있다. 회의주의자들은 이렇게 생각한다. 인생살이는 덧없으며, 날마다 변화하는 이 세상에서는 어디를 가도 변치 않는 확고한 진리를 만나지 못한다. 회의주의자는 이렇게 "모든 것"을 의심한다. 모든 것이 불확실하기 때문이다. 그러나 그가 "의심하고 있다"는 사실까지도 불확실할까? 그가 이 사실도 부정한다면, 그런 회의주의자는 자기를 가리켜 회의주의자라고 말할 수 없을 것이다. 그 경우 그는 자기 자신에 대해서도 잘 모르기 때문에 아무런 말도 못하고 그냥 침묵해야만 한다. 그가 입을 열어 "세상만사 불확실하다"고 말한다면, 그것은 역설적으로 그 자신의 신념(세상살이를 의심할 수밖에 없다고 하는 판단)을 밝힌 것일 뿐이다. 따라서 어거스틴은 회의주의란 논리적 모순이라고 보았다. 그리고 그는 말하기를 "나는 의심한다. 고로 나는 (확실히) 존재한다"고 했다.

이제 우리가 알 수 있는 것은 회의주의자들에게도 신념은 있으며, 반대로 신앙인들에게도 결단으로써 돌파해야 하는 불확실성의 벽이 있다는 점이다. 그런데 신앙과 공존해 있는 불확실성은 철학자들이 생각하는 것처럼 인간의 유한성에서 오는 것이 아니다. 그것은 신앙의 성격 자체에서 오는 것이다. 즉 자유의 영역에 있는 모든 것들은 늘 불확실성과 공존해야 한다. 그렇다면 신앙인인 내가 아직도 무엇인가에 대해 회의에 빠져 있다고 하더라도, 그것은 부끄러운 것도 잘못된 것도 아니다. 그 때 우리의 신앙은 불확실성을 거짓되이 제거해 준다기보다 오히려 그것에 과감히 맞설 수 있는 "존재에의 용기"4)(Paul Tillich의 신앙 개념)를 준다. 그래서 우리는 신앙은 존재 그 자체와 자유 그 자체에서 오는 불확실성을 받아들이는 용기이기도 하다고 말할 수 있다. 신앙은 결코 자기-기만에 빠지지 않는다.

7. 신학은 왜 필요한가

어느 날 청년 예수는 자기의 가르침에 놀라는 동포들 앞에 서게 되었다. 이들(유대인들)은 "이 사람이 배우지도 않았는데 어떻게 저런 학식이 있을까?" 하고 수군거렸다(요한 7:15). 믿으려 들지 아니하는 사람들, 마음을 닫고 있는 사람들에게는 예수 자신도 달리 할 말이 없었다. "겉모양을 보고 판단하지 말고, 옳게 판단하라"고만 대꾸했다(요한 7:24).

옳게 혹은 공정하게(공동번역) 판단하기를 우리에게 부탁하는 예수 앞에서, 우리가 어찌 스스로 생각하고, 스스로 판단하기를 두려워하랴. 그러나 불행하게도 우리는 우리 자신들의 판단력에 자신을 잃은 지 오래다.

어느 날 E여대 앞의 육교 위, 아마추어 장님 점쟁이 앞에 여대생들이 쭈그리고 앉았다. 대학원 진학과 시집갈 걱정을 덜어 보려는 생각 때문이었다. 그들은 소위 일류 대학이란 곳을 내일모레면 졸업하게 되지만, 자기들의 이성을 믿을 수 없었던 것이다. 자신의 이성, 판단력을 믿지 못해 안타까운 사람들이 어찌 이들뿐이랴! 우리 모두는 누군가 권위 있는 사람이 우리의 부담을 덜어 주기를 바란다. 그래서 어느 종교나

---

4) Paul Tillich, *The Courage To Be* (New Haven: Yale University, 1952).

자유를 추구한다고 하지만 실제로는 많은 신앙인들이 권위주의적, 유아기적 신앙 상태에 머물고 싶어 한다. "용기"가 없기 때문이다. 그러나 덮어둔다고, 뒤로 미룬다고, 남에게 전가시킨다고, 우리의 문제가 사라지기야 하겠는가? 신앙이 있다는 것은 바로 이 같은 불확실성을 긍정하면서, 미래를 향해 용감히 돌파해 나가는 전진이라고 했다. 그러나 용감한 전진이 "무모한" 행위를 뜻할 수는 없다.

"나 죽을 수 있어."
"그래? 어디 한 번 죽어봐!"

친구들의 놀림에 엉터리 자존심을 세우려다가 결국 정말로 물에 빠져 죽었다는 어느 이야기의 주인공, 그는 무모했던 것이지 용감한 자가 결코 아니었다. 자신의 판단을 상실한, 비주체적 인간의 운명은 이런 것이리라. 그러면 우리는 신앙 안에서, 무엇을 생각하고 무엇을 판단해 봐야 하는가? 그리고 그 판단의 형식적 기준은 무엇이란 말인가?

"뿌리 경험"은 긴 교육 과정, 성장 과정에서 점차적으로 만날 수도 있고 순간적으로 찾아올 수도 있다. 그것의 의미나 영향력이 삶 전체에 미치기는 하지만, 삶의 전체가 뿌리 경험(소위 종교 경험)과 동일하지는 않다. 금반지 하나로써 사랑을 알아채고 결혼한 사람이 있다 하자. 그가 지금까지 내게 준 것이 그것만은 아니었으며, 사람에게서 금반지를 받은 것이 그에게서가 처음은 아니었겠지만, 그 날 그 정황에서 그것을 바로 그렇게 건네준 것이 소중하고 단단한 약속의 상징이었다면, 이 사건은 다른 것과 분리되는 독특한 사건이다. 그것은 엄청나게 많은 의미를 농축시켜 스스로 간직하고 있는 그런 사건이 된 것이기 때문이다.

그러나 그 후, 둘 사이의 사랑은 때때로 혼돈에 처하기도 하며 위기를 만나기도 한다. 이 때 마다 그녀는 그 반지의 약속과 신의를 되묻게 된다. 즉 그것이 오늘의 위기 상황과 어떻게 관계되는지를 묻게 된다. 반지를 건네준 그가 아직도 진실하다면, 그것을 배신한 것 같은 오늘의 문제 행위로부터 오는 이 위기에는 어떤 숨겨진 뜻이 있을 것이라고 믿어도 본다. 반대로, 이 위기의 사건이 그의 참 모습이라면 반지를 주면서 했던 약속은 거짓일 것이다.

이와 마찬가지로 우리는 신앙인이지만, 아니 신앙인이기 때문에, 우리가 믿고 있는 내용들 사이에 과연 일관성이 있는지를 검토할 필요를 느끼게 된다. 더 나아가 그 뿌리 경험이 지금의 나의 생활과 무슨 연관이 있는지를 묻지 않을 수 없다. 신앙 내용들 사이의 일관성, 신앙 내용과 나의 오늘의 생활과의 연관성, 적어도 이 두 가지를 묻지 않고도 신앙생활을 한다고 말한다면, 그것은 게으른 신앙인이거나 무책임한 신앙인일 수밖에 없다. "게으르다"는 것은 그가 신앙생활을 진지하게 하지 않기 때문이요, "무책임하다"는 것은 그가 선교에 관심이 없기 때문이다. 그런 신앙은 단지 하나의 습관일 뿐이다. 그리고 우리의 이성의 도움으로 이같이 신앙의 일관성과 연관성을 묻고 대답하는 작업이 바로 신학의 주요 기능이다.

또한 이게 사실이라면, 신학은 늘 새로워질 수밖에 없다. 우리가 종교의 창시자가 아니라 이미 존재해 오던 종교에 뒤늦게 가담하게 되었다면, 거기에는 우리 마음대로 처리할 수 없는 과거의 경험, 과거의 이야기, 주어진 전통(또는 성경)이 있다. 그것은 우리에게 늘 영감을 주는 살아 있는 샘이기는 하지만, 그것과 우리의 오늘의 삶과의 연관성은 늘 변할 수밖에 없다. 우리 자신의 처한 상황이 늘 변하기 때문이다. 우리의 삶의 세계는 고정되어 있지 않고, 달리는 우주선과도 같이 날마다 움직이고 있다. 따라서 신앙의 과거와 오늘의 삶을 다리 놓는 작업(이것을 "해석학"이라고 한다)은 늘 새로워질 수밖에 없다. 다시 말하여 신학이란 곧 상수(常數: 뿌리 경험)와 변수(變數:오늘, 여기)와의 관계이기 때문이다.

어느 외국 드라마에서 있었던 일이다. 이혼한 부인이 전 남편을 찾아왔다. 아직도 서로 그리워하는 마음이 있어서였다. 사랑하고 싶어서였다. 전 남편은 말한다. "난 언제나 그대로요, 내 마음은 조금도 변하지 않았오. 우리 다시 결합합시다." 사랑을 구걸하는 이 남자에게 전 부인은 똑똑히 말해 준다. "바로 그게 문제예요. 당신은 내가 처음 만났을 때와 똑같아요. 어른이 되지 못하고 늘 그대로 있어요. 어린아이 같은 당신을 좋아하지만, 난 이제 어른의 사랑을 하고 싶어요."

이렇듯 우리의 상황에 따라 함께 새로워지지 못하는 신학은 얼마 안 있어서 사람들의 사랑을 잃게 될 것이다.

3장

후회하시는 하느님

"하느님", 그것은 사람이 붙인, 이유 있는 이름이다.

— 카우프만1)

1. "하느님은 계신가?"

신앙이란 인간이 이 세상에서 경험하는 어떤 사건(뿌리 경험)에서 비롯되며, 신앙인은 그 뿌리 경험에서 자신의 "전체"와 연관되는 획기적 변혁을 체험(하기 시작)하는 것이라 했다. 이런 경험, 예기치 않았던 놀라운 사건이 때로는 순간의 일로 그치고 말지만, 때로는 일생을 좌우하는 지속적인 힘이 되기도 한다. 나아가 이 같은 지속적인 힘에 대한 이야기(증언)가 내게만 아니라 다른 사람들에게도 의미를 전달하고, 또 같은

---

1) 이것은 하바드 대학의 카우프만 교수의 기본적인 신념이다. Gordon D. Kaufman; *The Theological Imagination*: *Constructing the Concept of God* (Philadelphia: Westminster, 1981), 제1장 (pp. 21-57), *An Essay on Theological Method* (Missoula: Scholar, 1979), pp. 6-11을 보라.

(혹은 유사한) 경험을 유발시키는 힘을 발휘할 때 하나의 사회 현상으로서의 "종교"가 탄생한다고 했다. (모든 종교가 다 이렇게 탄생한다는 말은 결코 아니다.)

그런데 종교 가운데는 원시 불교처럼 신 없는 종교가 있는가 하면, 유대-기독교처럼 유일신을 믿는 종교도 있다. 한편, 어떤 형태의 종교든 부정하는 무신론자들도 이 세상에는 물론 많다. 그래서 옛날 서양인들이 생각했던 것과는 달리 이제는 종교에 속하는 것과 신을 믿는 것은 동일한 일이 아니며, 신앙인과 무신론자의 구별이 그리 간단하지 않다. 따라서 신 없는 종교를 알고 있는 우리들로서는, 그리고 무신(無神) 시대를 살아가고 있는 우리들로서는 종교까지는 몰라도 꼭 신을, 하느님을 믿어야 하는지 자문하지 않을 수 없게 되었다.

특히 우리 시대의 젊은이들은 민주화나 통일에 전념하면서, 신학이 아니라 민중학(민중 이야기) 또는 통일학을 말해야 하지 않겠는가 하고 정직하게 고민하고 있다. 이들은 더 이상 신을 운운할 필요를 느끼지 못하기 때문이다.

그렇다면, 무신론이나 무신적 종교의 현존만이 아니라 현실의 급박한 압력으로부터 우리에게는 "하느님은 계신가?"라는 질문이 진지하게 제기된다. 그러나 이에 대해서 어떤 사람들은, 인생이 어디서 와서 어디로 가는지도 모르는 주제에, 감히 하느님에 대하여 묻는다는 것은 그 자체로서 얼마나 건방진 일이냐고 반문할지 모르겠다. 신학자들이 줄기차게 하느님은 "알 수 없는 분" 또는 "말로 형용할 수 없는 분"이라고 경고해 오지 않았던가? 그러나 알 수도 없고 말할 수도 없는 신이라면—어떻게 그런 사실은 알게 되었는지 궁금하다—"존재하지 않는다"고 말함이 오히려 정직하지 않느냐고 회의주의 철학자 흄(David Hume, 1711-1766)은 말하고 있다.

3장. 후회하시는 하느님

옛 부터 성서는 "하느님이 어디 있느냐?"고 말하는 사람들을 가리켜 어리석은 자들이라고 했다(시편 14:1; 53:1). 그러나 그 어리석은 자들이 오늘같이 많이 생겨나고 보면, 우리는 "하느님이 계시다"고 큰소리치는 우리 자신이 오히려 이상한 사람 아닌지 반성해 보아야 할 것 같다: 우리는 과연 어리석은 자가 아닌가? 왜 아닌가?

이 유구한 질문, 아무도 답하지 못했던 질문에 대해서 우리가 감히 해답을 내려 하지는 않는다. 단지 "하느님은 어디 계시냐?"고 질문하는 그 질문의 성격을 규정함으로써, 각자가 자기의 해답을 찾도록 도우려 할 뿐이다.

우리가 신의 성격을 무엇으로 규정하든, 신의 존재에 대해서 묻는다는 것은 최소한 우리 자신의 삶 전체와 연관된 결정적인 질문을 묻는 것이다. 그 대답의 긍정부정에 따라서 우리 자신의 삶이 결정적으로 달라질 때에만 우리가 "참으로" 신에 대해서 묻는 것이 된다. 즉 "하느님은 계신가?"라는 질문은 "하느님이라는 분이 이 세상 어딘가에 계신가?"라는 식의 이론적인, 사변적인 질문이 아니라, "당신은 이 사람을 어떻게 생각하십니까?"라고 선볼 때 묻는 질문처럼, 우리의 운명을 좌우하는 실존적 물음이어야 한다(그러나 실존적 측면이 전부란 뜻은 결코 아니다).

두 사람이 뜨거운 여름날 철길을 따라 걷는다. 지루함을 달래기 위해 한 사람이 친구에게 이렇게 말한다: "얘, 이 철길에 끝이 있을까?" "물론이지. 이 세상의 모든 것에는 끝이 있어. 더욱이 물질적인 모든 것은 다 유한하거든. 그러니 당연히 이 철길에도 끝이 있어." 친구가 대답했다. 그러나 "우리가 지금까지 이렇게 오래도록 걸어왔는데도 끝이 없는 것을 보면, 아마 이 철길에는 끝이 없을 꺼야. 난 그렇게 믿어."라고 응수했다. 그래서 두 친구는 지루한 여름 더위를 잊은 듯 열띤 논쟁을 하게 되었다. 두 사람은 똑같이 고집불통이고, 이 둘을 똑같이 설득시킬 수 있는 제3자(객관적 증명)는 없었다. 그러다가 마침내 두 친구는 가장 확실한 합의에 도달했다(증명을 당장은 못하지만) "끝까지 가 보자!"

물론 이 사람들은 "끝"까지 가지 못했다. 그럴 만큼 오래 살 수도 없었지만, 그들이 묻는 끝은 있어도 좋고 없어도 좋았다. 저들은 뜨거운 여름의 지루함을 잠시 잊고 싶었을 뿐이다. 그러나 이 이야기에 나오는 끝은 죽은 다음의 생을 상징한다. 인생의 궁극적 끝을 가리킨다. 그리고 그것에 대해서는 지금 여기서, 우리의 현실 속에서는 답할 수 없다고 학자들은 생각한다. 나아가 "하느님이 계시냐?" 하는 질문도 끝까지 가 보면 안다, 죽어 보면 안다고 답할 수가 있다고 생각하는 사람들이 세상에는 꽤 있는 것 같다. 만일 우리가 질문하는 "하느님은 계신가?"라는 질문이 그렇게 한가한 물음이라면, 즉 그 대답을 "끝"이나 "죽음 이후"로 미루어도 좋을 이론적 질문이라면, "하느님이 어디 계시냐?"고 묻는 무신론자나 "나는 하느님을 믿는다"고 말하는 유신론자나 다 같이 어리석은 자들이다. 그런 물음과 답이라면 우리의 삶의 전체와는 별로 상관없는 "하찮은" 것이기 때문이다.

하느님에 대한 질문은 최소한 적어도 "우리 자신"에 관한 물음을 포함해야 한다. 그것도 아주 중요하고 결정적인 방식으로. 그렇다면 "하느님은 계신가?"라는 질문은 그 형식이 잘못된 물음이라고 할 수 있다. 일반적으로 존재를 묻는 질문은 대개 우리가 그 존재의 주인공의 성격을 "이미" 알고 있는 것으로 가정한다. 그리고 "나와는 상관이 없는 것처럼" 묻게 된다. 그러나 이 세상의 다른 모든 질문이 혹 그렇게 제기될 수 있을지 모르나 적어도 하느님의 존재에 관한 물음은 결코 그렇게 될 수 없다. (실종된 김현아 양의 생사에 관하여 제3자가 한 질문과, 그의 애인이 묻는 질문의 성격을 비교해 보라.) 따라서 우리는 이 질문이 다음과 같이 이해되어야 한다고 본다. ①나는 나의 나됨을 어떻게 이해하는가? 즉 나의 나됨은 전적으로 나의 힘, 자연(물질)의 도움, 인간과 그 문명의 혜택으로 이루어져가고 있는가? 혹은 "뭔가 그 너머"(the beyond)로부터 오는 힘, 또는 선물에 관련되어 있는가? ②나는 "뭔가 그 너머"에 인격적인 이름을 붙이고 싶어 하는가, 혹은 무인격적인 이름을 붙이고 싶어 하는가? 사람들에게 있어서는 큰 고목이나 바위라고 할지라도 일단. "신"으로 여겨지면 그것은 결국엔 인격적—서로 응답하는—성격을 지니게 되고 말며, 또 한 개인이 아무리 인격적 이름을 붙였더라도 실재의 신은 그 이름, 그 성격 (사람 같은 성질)을 훨씬 뛰어넘어 가고 만다. 그러나 형식적으로 보면, 어떤 사람들은 자기가 살아온 문화적 관습에 따라서 "살아 있는" 성질을 지닌 이름, 예컨대 조물주, 하느님, 아버지, 신령님, 용왕님 등등을 붙이고 또 어떤 사람들은 제1원인, 법(法, Dharma), 태극 따위와 같이 생사의 구분과 상관없는 —그런 뜻에서—무인격적인 이름을 붙인다. 즉 하느님의 존재를 묻는 질문은 나의 나됨의 근원에 관한 질문과 그 근원의 성격에 관한 질문을 구성 요소로 간직하고 있는 복합적 물음이며, 그 신의 "이름"은 문화적 상황과 연관되어 있다. 그리고 우리가 여기서 주의할 점은, 사람들이 서로 같은 이름을 사용한다고 하여 그들이 실제로 같은 신을 가리키지도 않으며, 이름이 다르다고 하여 반드시 다른 신을 가리키지도 않는다는 점이다.

인간의 경험은 언제나 상대적이고 한정적인 반면, 우리가 경험하는 이 특별한 경험은 사실은 그 어떤 것에 의해서 발생한 결과만 알 뿐, 그 사건의 주인공(또는 근원)에 대해서는, 그것이 어떤 면으로나 우리를 한없이 능가한다는 것밖에는 모른다. 따라서 따지고 보면, 아무도 자기의 신을 남에게 분명하게 보여줄 수는 없으며, 아무리 위대한 신학자나 종교학자라도 신들을 서로 비교하지는 못한다. 단지 신들을 가리키는(상징화하는) 데 사용하는 인간적 용어들, 그리고 그 같은 상징적 언어를 사용하게 만든 처음의 혹은 결정적인 사건의 배경들을 서로 비교할 수 있을 뿐이다.

그러다 보면 우리는 신에 관한 어떤 용어들은 시대착오적이거나(예, "아버지", "주") 모순적이며(예, 전능하시나 불행을 막지 못하는 신), 그 용어의 출처(예, 자연 질서의 원인이신 하느님 또는 필연적 존재로서의 하느님 개념)가 우리를 전혀 혹은 별로 감동시킬 수 없는 경우가 있음을 발견하게 된다. 따라서 "하느님은 계신가?"라는 질문은, "기독교인은 누구를 하느님이라고 부르는가?" 또 "무엇을 근거로 하느님이란 용어를 발설하는가?"라고 바꾸어야 한다. 적어도 기독교인은 철학자들처럼 일반적인 신 개념을 먼저 설정해 놓고, 거기서 출발하는 방식을 택하지는 않는다.

2. "몸도, 부분도, 감정도 없는" 죽은 하느님

만일 "신은 계신가?" 하고 누군가가 우리에게 묻는다면, "신은 없다"고 잘라 말할 수도 있다. 그렇게 일반적으로 규정될 수 있는 신, 혹은 일반적으로 상정(想定)하는 신은 역사(사건)를 이야기해 오던 '기독교인들의 하느님 이야기 방식'이 아니기 때문이다. 우리에게 신은 없지만, 우리가 "하느님"이란 언어를 사용하게 된 연유를 설명해 줄 수 있는 사건, 단서가 되는 뿌리 경험은 있다. 구약성서의 경우 그것은 출애굽(종살이에서의 해방) 경험이요, 신약성서의 경우 예수 경험이다. 기독교의 하느님이 누군지, 무엇인지를 알려면 예수 경험을 이해해야 한다. 다른 방식으로 하느님을 안다면, 그것은 이미 기독교 신앙이 아니다. 그러나 그 같은 기독교의 하느님 이야기의 내용(제II편 참조)에 접근하기에 앞서, 교회가 역사적으로 하느님을 가리키는 데 사용해 왔던 전통적 언어들 중 주요한 몇 가지를 분석하면서, 우리 시대가 무신론의 충동에 빠지는 간접적 이유를 캐보고, 옛 신앙인들이 그 같은 언어로써 무엇을 가리키려 했었는지 알아보자. 손가락은 밉지만 그것이 가리키려 했던 달은 아직 고울 수 있을지도 모르니까.

무형상무감각(無形像無感覺)의 하느님이라는 개념(사실은 상징)이 무엇을 뜻하는지 생각해 보자.

한국 감리교회의 헌법인 『교리와 장정』에는 이 교회가 믿는 신앙을 교리로써 정리한 부분이 있는데, 그 가운데 「종교 강령」이란 것이 들어 있다. 이것은 감리교 창시자 웨슬리(John Wesley, 1773-1791, 영국 교회 신부)가 자기 교회의 "39개조" 강령을 발췌한 것이며, 그 39개조는 1536년에 발표된 것이다. 그런데 이 「종교 강령」 제1조는 하느님을 "몸도 부분도 감정도 없으시며."[2]라고 선언하고 있다. 언제부터인지 정확히 알 수 없지만, 희랍 철학에 물든 기독교는 성서적 신앙을 재표현하려고 무던히 애쓰는 동안 자기도 모르는 사이에 성서 전통을 위험하리만큼 왜곡시키는 데까지 나아가고 말았다.

구약성서는 철학자들의 신앙 고백서(예컨대, 중세 신학 작품들)가 아니라 생활인의 신앙 고백서였다. 그래서 사변적 개념보다는 자기들의 체험, 느낌을 생동적으로 표현하기 위해 이야기, 시, 비유, 민담 등등의 "그림 언어"들을 많이 사용하였다. 그들에게 있어 하느님 야훼는 그 이

[2) 기독교대한감리회 본부, 『교리와 장정』 1984년판 참조. 현재 번역은 그저 "무형무상하시고……"라고 했다. 이것은 매우 불성실한 번역이다.

름조차 함부로 불러서는 안 된다(출애굽기 20:7)는 신앙, 즉 하느님의 엄위하심(철학적 용어로 표현하면 하느님의 초월성)에 대한 확고한 신앙을 가졌음에도 불구하고, 하느님의 "모양과 형상"을 서슴지 않고 입에 오르내리고 있다. 학자들은 이 같은 언어 사용법을 가리켜 신인동형론(神人同型論: 신과 인간을 같은 수준에 놓고 생각함)이라 부르면서 위험시하고 있지만, 그것은 학자들의 공연한 걱정이 아니었나 생각된다.

어느 불교 학자를 만났다. "당신은 왜 돌 부처님 앞에 가서 절을 하십니까?" 하고 물어 보았다. 지성인이라면 그런 것쯤 거부해야 옳지 않을까 생각했던 것이다. 돌덩이가 부처님이 아니라는 것은 너무나 명백하지 않던가? 그러나 이 젊은 불교학자의 말은 기대와는 달랐다. "나는 그 돌덩이에 절하는 게 아닙니다. 내 마음속에 있는 부처님에게 절하는 것이지요. 그러나 그렇다고 하여 집에 앉아서 내 가슴에다 대고 절을 하면, 내 심성 속의 부처님을 절대화할 위험에 빠지지 않겠습니까? 그것이야말로 우상숭배이지요. 그래서 내 안에 있는 부처님을 상대화하는 확실한 방편과, 만물을 고루 떠받들고 계신 부처님을 또한 확실하게 예배하는 방편으로, 나는 여전히 돌 앞에 이 육체를 끌고 나가 절을 합니다."

어쩌면 깊은 계곡의 바위나 동네 어귀의 고목 앞에 나아가 아들 낳게 해달라고, 또는 바다에 나간 서방님 무사히 돌아오게 해달라고 빌던 우리의 옛 사람들도 비록 "형상" 앞에서 무릎 꿇고 앉았었지만, 그 돌이나 나무는 신 자체가 아니라는 것쯤 알고 있었을 것이다. 마찬가지로 히브리인들이 신에게 사람의 활동이나 모습을 그릴 때 사용하는 언어들(말씀하시다, 듣다, 굽어보다, 팔을 펴다, 행동하시다, 거닐다, 만들다……)을 그대로 사용했다 하여, 저들이 정말로 하느님을 신인동형론적으로, 즉 "사람 같다"고 생각지는 않았을 것이다. 오히려 "뿌리 경험"

에 대한 감격이 상실된 후대의 사람들이 빈(공허한) 말들만 늘어놓게 되었을 때 비로소 신인동형론적 사고의 위험이 발생했을 것이다.

그리고 우리의 신앙 고백들은 바로 이 같은 위험을 너무 많이 의식하다가 오히려 하느님의 생동감, 생명 그 자체를 말살해 버리는 어리석은 실수를 저질렀다고 생각된다. 히브리인들은 하느님의 살아 계심을 표현하기 위해서 어쩔 수 없이 인간 활동에 적용되는 언어들을 하느님께 직접 사용하였다. 그리고 원시 종교인들은 시공간을 넘어서 계신 신께 자기들의 아픔과 소망을 구체적으로 표현하기 위해서 어쩔 수 없이 지정된 장소까지 자기 몸을 이끌고 나아갔었다. 그런데 이제 하느님께 대한 생생한 감동이나 신께 바치는 애절한 소원이 사라진 후, 과거의 신앙 언어들은 철학자들의 사변적 언어로 바뀌고 말았다. 우리 앞에 있는 말, "몸도 부분도 감정도 없는" 하느님이라는 이 16세기적 표현은 영국 교회 특유의 것이 아니다. 1529년에 『소교리문답서』를 낸 루터(Martin Luther, 1483-1546)도 "하느님은 영이시다"(요한 4:24)를 근거로, 하느님은 마음과 뜻은 지니시나 "몸은 없으시다"고 했다. 또한 한국 장로교회의 신앙 고백의 배경이 되고 있는 스코틀랜드 장로교회의 신앙 고백서, 「웨스트민스터 신앙 고백」(1646년 완성, 1649년 채택)에도, 하느님은 "볼 수 없고(디모데전서 1:17), 육체를 가지시지 않고, 어떤 것의 부분이 되시거나(신명기 4:15; 요한 4:24; 누가 24:39), 성정(性情)을 가지시지도 않으신다(사도행전 14:11, 15)"고 했다. 똑같은 표현이다. 언뜻 보기에 지극히 당연해 보이는 이런 말들이 기독교의 하느님 성격 묘사에 사용되면서 성서 속에서 생동감 있게 그려져 있던 하느님은 "죽은" 하느님이 되고 말았다. 몸(육체)이 없고 감정이 없는 생명체를 현대인은 상상도 할 수 없기 때문이다. 우리가 이해할 수 없다고 할지라도 어떤 형태의 "몸" [바울처럼 영체(spiritual body)라고 할지언정]은 있어야 실재하는 존재이며, 그렇지 못할 경우 그 존재는 참으로 존재한다고 말할 수 없다. 그런 것은 단지 인간의 생각 속에만 존재하는 추상적 관념에 불과한 것이다. 또한 감정이 없는 존재는 존재한다고 할지라도 "살아 있는" 존재가 아니다. 반면에 성서의 하느님은 얼마나 감정이 풍부하신가? "나 야훼 너희의 하느님은 질투하는 신이다."(출애굽기 20:5)

그렇다면 왜 기독교의 신앙 고백이 이렇게 "죽은" 하느님, "존재하지 않는"(몸이 없는) 하느님을 선포해야만 했을까? 아무래도 이 수수께끼를 풀려면 오늘날까지도 가톨릭 신학의 교본처럼 여겨지는 중세 신학자 토마스(Thomas Aquinas, 1225-1274)의 얘기를 해야 할 것 같다. 누구나 그러하듯 토마스는 그 시대의 아들이었기 때문에, 그 시대의 방식으로 말할 수밖에 없었다. 그 시대의 방식이란(사실은 오늘날에도 암암리에 크게 영향을 미치고 있다) 희랍 철학자 아리스토텔레스(Aristotle, 384-322 B.C.E.)식으로 생각함을 뜻한다. 이 방식에 의하면 "존재"한다고 하는 것이 질료(matter: 재료, 바탕)와 형상(form, 그런데 겉모양이 아니라 그 사물의 성격, 본질을 규정짓는 틀)의 복합물이 됨을 뜻하며, 모든 복합물은 질료를 지니고 있어서, "변화"될 수 있다. 따라서 존재하는 만물은 크기가 변하던가 위치가 이동하던가 어떤 식으로든 운동을 하게 된다. 또 모든 종류의 운동은 목적지에 도달한 상태와 비교할 때, 미완성 곧 불완전성을 내포한다. 이 같은 원리는 아리스토텔레스와 토마스의 공통된 사고방식이며, "이(문화적) 틀 안에서" 하느님의 지고하심, 곧 완전성을 고백하려고 토마스는 애썼다. 그래서 어떤 의미로든 변화 곧 불완전성의 소지를 제거해야만 했고, 그러다 보니 토마스의 하느님은 어떤 의미에서든 "질료"를 지니는 복합물이 아니라 "단순한" 존재(순수 존재)라고 표현될 수밖에 없었다. 이것은 희랍인의 문법이었다. 결국 토마스의 하느님은—루터는 천사와 하느님은 같은 수준의 "영적" 존재라고 생각했다—"영적인" 의미에서조차도 질료를 지니지 않는, 완전하게 "무형무상"한 신이 되어야 했다. 그리고 그의 논리에 의하면 순수한 질료와 마찬가지로 순수한 형상(신)은 다른 사물이 존재하는, 그런 의미로는 존재하지 않는다. 따라서 우리처럼 덧없는 방식으로 존재하는 존재들이 가상의 존재이거나, 우리와는 전혀 다른 방식으로 존재하시는 신은 "사실상" 존재하지 않는다고 말할 수밖에 없었다.3)

나아가 이런 하느님은 "감정"이 없을 수밖에 없었으니, 은연중에 남성 중심의 사고, 능동태 중심의 사고에 빠져 있던 서구 신학의 한계가 여기서 노출된다. 희랍식의 사유 방식으로는, 능동적 힘이 수동적 힘보다 단연 우위를 차지했다. 하느님은 "자신은 움직이지 않으면서 (완전하니까) 남을 움직이게 하는 존재"라고 말함으로써 하느님의 위엄과 완전성을 표현하려 했다. 한편, "감정"이란 영향을 주는 능력이 아니라 받는 능력을 의미한다. 따라서 완전한 하느님, 더욱이 변화의 소지가 되는 모든 형태의 "질료"가 없는 하느님이 타자로부터 영향을 받는다는 것은 상상도 할 수 없는 논리였다. 결국 하느님은 "무형상무감각"의 죽은 또는 존재하지 않는 신으로 묘사될 수밖에 없었다.

이것은 성서에 (신인동형론의 위험을 무릅쓰고) 그려져 있는 생기 넘치는 감정 풍부한 하느님과 엄청나게 다른 그림이다. 이렇듯 우리의 선배들이 우리들에게 물려 준 교리적 진술 속에는-그 의도에 있어서는 충분히 수긍이 가지만-그 논리적 과정과 귀결은 도저히 받아들일 수 없는 요소들이 있다.

이 같은 죽은(뿌리 경험을 재생산하는 힘을 상실한) 언어들을 과감

---

3) 그의 하느님, 그리고 모든 서양 신학자들의 하느님은 엄밀한 의미에서 "여기에는" 또는 "아직은" 존재하지 아니하는 신이다. 곧 서구 신학은 일종의 무신론이다.

히 재해석하지 아니하는 한 아무도 정직하고 진지하게 그리스도인이 되지 못할 것이다.

3. "전능"하시나 마음씨 고약한 하느님

서방 기독교에 속하는 (거의) 모든 그리스도인들은 「사도신경(使徒信經)」을 따라 "전능(全能)하시어" 천지를 창조하신 하느님을 믿는다고 고백한다. 그러나 전능하신 하느님이란 말의 뜻을 참으로 이해하는 가장 확실한 길은, 이 말의 뜻을 이론적으로 연구하는 것이 아니라 우리가 직접 어떤 사건을 겪게 되고, 그 사건 속에서 신을 경험한 다음, 그 신을 (찬양의 목적이든 증언·전도의 목적이든) 기술하고자 할 때 문득 "전능하신 하느님"이란 말을 생각해 내고, 거의 반사적으로 그 말을 발설하게 되는 그런 경우이다. 이렇게 자기가 어떤 말을 요긴하게 사용해 보고 나면, 그 말의 뜻이 "아, 이거구나!" 하고 새롭게 인식할 수 있다.

여기서 우리가 그런 실험을 유도해 낼 수는 없지만, 히브리인들은 그리고 후대의 신앙인들은 어떤 상황에서 "전능하신" 하느님이란 말을 발설하게 되었을까를 생각하면서, 상상의 여행을 떠나고자 한다.

"아 답답해. 미친놈의 세상!" 누구나 살다 보면 한두 번씩은 이런 경험을 하게 된다. 가난한 노동자, 억울한 농부만이 아니라 남부러울 것 없어 보이는 가진 자들도 (제정신이 남아 있다면) 이런 답답함을 체험한다. 그 때 그가, 어떤 종교인이 "전능하신" 하느님이란 신앙 고백을 올리는 것을 들었다면, 그는 얼마나 흥분할까? 그는 생각할 것이다. 전능하신 하느님이 나의 신이 된다면, 그래서 나도 전능자와 유사하게 될 수 있다면…… 생각만 해도 신난다. 아직도 영혼을 사는 악마 메피스토펠레스가 존재한다면, 나는 그 악마에게 나의 영혼을 (열 개가 있다면 열 개 모두) 팔아버리고 남은 세상 "내 마음대로" (전능하게) 사는 것을 선택하겠다. 서슴지 않고.

미운 사람도 만나야 하고, 사랑하는 사람의 고통을 참아내야 하며, 억울한 일 당해도 하소연조차 못하는 인생살이, 우리 마음먹은 대로 한 번 살 수 있다면…… 아, 그런 세상은 과연 어떨까? 물론 논리적으로 말하면, 그 경우 그런 능력은 나 혼자만 가져야 한다. 누군가 다른 사람도 그런 힘을 가졌다면, 그리고 그 사람의 마음이 내 마음과 다르다면, 난 결국 내 마음대로 못할테니까.

그런데, 종교인들은 종종 신이야말로 전능하니까, 자기가 마음먹으면 무엇이나 다 할 수 있다고 생각하고 또 그렇게 믿는다. 그리고 그것이 무한한 신과 유한한 인간의 중요한 차이라고 생각한다. 일제시대의 한국인에게는 "힘"을 갈망하는 신앙인들이 많았으며, 서양의 허무주의 철학자 니체(Friedrich Nietzsche, 1844-1900)는 삶을 "권력에 이르려는 의지"라고 보았다. 우리가 신에게 생명처럼 소중한 돈(옛 사람들은 역시 생명처럼 소중한 가축)을 바치는 이유도 따지고 보면 힘의 한계에 부딪힌 인간들이 자기들의 한계를 돌파하기 위해 신의 능력을 사려는 것이라고 볼 수 있을지 모르겠다.

루터는 『소교리문답』에서 하느님은 글자 그대로 전능하다고 믿었던 것 같다. ① "나는 전능한 하느님이라. 너는 내 앞에서 행하여 완전하라"(창세기 17:1). ② "대저 하느님의 모든 말씀은 능치 못하심이 없느니라"(누가 1:37). ③ "하느님으로서는 다 할 수 있느니라"(마태 19:26). 이런 구절을 인용하고 있다. 또한 장로교의 창시자 칼빈(John Calvin, 1509-1564)도 문자 그대로 하느님의 전능을 믿었다. 그는 심지어 이 세상에서 일어나는 악한 일도 궁극적으로는 하느님이 그 원인이라고까지 생각했다. 하느님께서 마음만 먹으면 "다" 하실 수 있다면, 이 세상에서 일어나는 모든 일은 하느님의 뜻(그리고 힘)대로 일어나는 것이다. 정말로 그러해야 한다. 그리고 그렇다고 믿어 왔다. 수많은 기독교인들이.

그러나 현대인은 이 세상의 참혹한 비극, 유대인 학살이나 광주 학살 사건을 겪으면서 하느님의 전능성을 부인하든가 아예 하느님의 존재 자체를 부정할 수밖에 없는 처지에 이르렀다. 옛날처럼 이 억울한 불의의 사건 속에서, 그 배후에 숨겨져 있는 거룩한 신의 뜻을 찾으려 애쓰지 않는다. 현대인은 정직하게 현실을 보고 싶어 한다.

그렇다면, "전능하신" 하느님이란 무엇을 뜻하는가? 과연? 다시 한 번 토마스의 생각에서부터 시작하자. 그에 의하면, 하느님이란 사람이 생각할 수 있는 모든 것을 할 수 있다는 의미에서 전능하지는 않으시다. 하느님은 죄지을 수도, 죽을 수도, 변화될 수도 없다. 그러나 이것은 하느님의 힘 없음, 또한 힘 모자람 때문이 아니라, 하느님의 성질(본성)과 모순되기 때문이다. 즉 힘의 유무는 힘의 주체의 본성에 의해서 제한되며, 이것은 제한이 아니라 만물의 기본 법칙이다. 우리는 닭보다 지혜롭고 힘이 세지만, 달걀을 낳을 수는 없다. 우리는 선한 사람을 증오할 수 있으나, 하느님은 그렇게 하시지 못한다. 따라서 하느님의 전능성은 "하느님께서" 하실 수 있는 모든 것이 우리보다 뛰어나시며, 그것이 우리에게 "유익함"을 준다는 것, 즉 하느님이 자비로우신 분임을 뜻하는 기독교인들의 어법(語法)에 불과하다.

성서는 결코 하느님의 힘, 하느님의 본성을 그가 우리에게 베푸시는 자비(그의 활동하심 또는 우리의 경험)와 별도로(사변적으로, 이론적으로)는 논의하지 않는다. 성서 처음에 등장하는 "전능하신" 하느님 이야기는 99세 된 아브라함에게 계약(공동체성+약속) 재확인과 그 이행—

이것은 그에게는 엄청난 자비였다—의 굳은 의지를 보이시는 하느님(창세기 17:1; 28:3; 35:11), 또는 인간에게 복을 베푸시는 하느님(창세기 43:14; 48:3; 49:25)을 가리킬 때였다. 결코 "하느님은 모든 것을 하실 수 있다"는 사변적 명제를 정립하지 않았다. 마태복음서에 나오는 "하느님께서는 무슨 일이든 하실 수 있다"(19:26)는 말도 그 문맥에서 보면 이렇다: 함부로 이혼해서도 안 된다. 어린이와 같아야 한다. 부자는 그 가진 재산을 다 팔아 구제해야 한다. 그래야 "하늘 나라"에 들어간다. 예수께서 이렇게 설교하시자, 남성 제자들은 이구동성으로 "그러면 구원받을 사람이 어디 있겠습니까?"라고 의문을 던진다. 그래서 예수께서 답변하신 말씀이다: "사람"은 못해도 "하느님"은 능히 하실 수 있다!

이것은 답답한 세상살이에 찌들린 인간들이 자기의 문제를 회피하기 위해 탄식하면서 불러보는 "전능하신" 하느님 이야기가 결코 아니다. "전능하신" 하느님 고백은 언제나 구체적인 경험(그것은 자비의 경험)을 배경으로 올려졌었다. 그리고 구체적인 경험은 언제나 상대적이고, 그래서 시시때때로 그것과는 상반되는 경우의 경험을 만나게 된다. 이럴 때에야 비로소 종교인은 자기가 올린 신앙고백을 사변적으로, 이론적으로 반성하게 된다: 하느님의 "손이 짧아졌는가?"(참조. 민수기 11:23) 하느님은 "졸거나 주무시는가?"(참조. 시편 121:3)

이에 대한 현대인의 경험은 "하느님께서도 못하실 일이 있다"는 고백이다. 그렇지 않다면, 이 땅에서 "눈감지 못하는 죽음"(한 맺힌 죽음)을 죽는 숱한 사람들의 사건을 도무지 이해할 수 없다. 그것을 이해할 수 있는 유일한 길이 있다면, 하느님은 힘에 있어서는 무한하시나 자비와 사랑에 있어서는 인색한, 마음씨 고약한 노인이라고 이해하는 것뿐이다. 그런데 이것은 "전능"에 대한 신앙인의 본래적 고백과는 상반된다. 오히려 우리는 하느님은 우리가 함부로 생각해 온 것보다는 훨씬 더 제한적인 힘을 행사하고 계신다고 말해야 할 것이다.

지배자적 야심을 가진 후대의 인간들이 무근거하게 하느님의 전능을 문자적으로 고백해 오다가 뒤늦게 어쩔 수 없이 하느님의 힘의 제한—이유야 어떠하든—을 시인하게 된 것과는 달리, 성서는 일찍부터 이 점을 알고 있었다. 인간들을 향하신 수차에 걸친 사랑의 권고가 아무 소용도 없는 것을 뒤늦게 알아차린 하느님은 사람 지으셨음을 "후회하시고 한탄하시었다"고 했다(창세기 6:6, 우리 번역은 완곡어법을 씀). 이해하기는 어렵지만, 성서는 "전능하신" 하느님께서도 마음대로 안 되는 일에 부닥쳐 고민하신다고 증언했다.

하느님의 후회는 홍수심판 이후에도 계속되고 있다. "사람은 어려서부터 악한 마음을 품게 마련, 다시는 사람 때문에 땅을 저주하지 않으리라"(창세기 8:21). 물론 이런 신인동형론적 언어가 하느님 자신의 "본성"을 가리키는가 하는 형이상학적 질문에 대해서는 아무도 답할 수 없을지 모른다. 그러나 확실한 것은 성서의 하느님 체험은 지배자 야망에 시달리는 현대인이 부러워하는 그런 문자적 "전능자" 하느님 체험은 결코 아니었다는 것이다. 그리고 이 같은 하느님 체험이 "이 세상에서" 일어난 것이고 보면, 우리가 유의해야 할 것은 전능하시어 "천지를 창조하신 하느님"에 대한 이야기는 곧 신앙인의 "세계" 경험이라는 점이다.

4. 무엇을 창조하신 하느님인가

성서가 원래 하느님의 전능성을 발설하게 된 배경에는 고목(古木)이 된 아브라함에게 새로운 가족과 민족 공동체 형성이라고 하는 놀라운 축복의 사건이 있었음을 지적하였다. 그리고 그 후에도 사려 깊은 신앙인들은 하느님의 전능이란 무엇이든 할 수 있는 폭군적 힘을 뜻하는 것이 아니라 하느님의 자비를 뜻한다는 것을 알고 있었다. 그리고 성서 속의 옛 신앙인들과 오늘을 사는 정직한 사람들은 (그 이유를 이해하지는 못한다 할지라도) 이 세상이 하느님 "맘대로" 되는 세상이 아니기에 하느님 자신까지도 후회와 탄식을 경험한다고 고백하게 되었다.

그럼에도 불구하고 기독교가 사용해 온 어떤 언어들은, 하느님은 마음만 먹으면 무엇이든 다 할 수 있는 "우주적 전제군주"[4](Charles Hartshorne, 1897- ?)로 그리고 있어서 혼돈은 일어날 수밖에 없다. 사도신경이 "천지를 창조하신" 하느님을 고백하였을 때, 신앙인들이 그 천지를 어떻게 생각하였을까 상상해 보라. 아마 니케아신경 식으로 상상했음직하다. 325년, 니케아에서 열린 기독교 협의회는 "모든 것을 통치하시는 아버지, 보이는 것과 보이지 않는 모든 것을 만드신 이"를 고백하고 있다. 이것은 구약성서가 한결같이 고백해 오던 전능하시사 "고마우신" 하느님이란 이해와 큰 차이가 난다. 그들은 그 고마우신 하느님도 이 세상이 마음먹은 대로 되지 않음 때문에 마음 고생하심을 알고 있었으나, 이제 전능성이 신의 통치권과 동일시되고, 천지가 오늘날의 자연과학자들이 연구하는, 우리와 상관없이 엄연히 현존하는 자연계(+ 천사들의 세계)를 의미하는 것으로 이해되면서부터 기독교 하느님의 "천지창조" 개념은 빗나가고 말았다. 종교는 사이비 과학으로 둔갑해 버렸고, 그래서 바다를 "끝"까지 항해하려던 사람, 하늘을 새처럼 날아가고 싶어 하던 사람, 지구(땅-그것은 하느님께서 고정시켜 놓으셨다)가 움직인다고 주장하던 사람, 생물이 진화한다고 말하던 사람, 달을

---

4) Charles Hartshorne and Schubert M. Ogden, *The Credibility of 'God'* (New Concord: Muskingum College, 1967), p. 21.

여행하겠다고 나서는 사람 등등이 모두 종교적 이단자로 규정되는 웃지 못할 일이 생겨났다.5)

그렇다면, 유대-기독교 신앙인들이 천지창조를 이야기했을 때, 그들의 가슴속에는 무엇이 들어 있었을까를 한 번 생각해 보자. 우선, 그것이 적어도 다음과 같은 질문에 대한 답변은 아니었음을 확실히 해 두자.

어느 철학 세미나 시간에 있었던 일이다. 한 학생이 우주의 기원에 대해 질문을 던졌다. 그러자 자연과학도는 "대폭발"(Big Bang)이란 가설이 있다고 했다. 신학도는 신이 창초했다고 믿는다고 말했다. 질문을 던진 철학도는 "역시 불가지론(不可知論)이구먼" 했다. "대폭발은 왜 생겨났으며, 신은 또 왜 생겨났지? 그런 설명들은 대답이 아니라 질문을 한 단계 더 소급시킨 것일 뿐이야." 오래 전부터 희랍의 철학자들, 특히 소크라테스(Socrates, 470-399 B.C.E.) 이전의 자연철학자들은 우주의 기원에 대해 질문했다. 고대 동양인도 그런 질문을 했고, 태극이니 음양이니 이기(理氣)니 하고 그 나름으로 논구했다. 이들 철학자들의 관심이 오늘날의 자연과학자들의 그것과는 달랐다고 보아야 할 것 같다. 질문의 형태는 비슷하지만, 자연과학자들이 무엇이라 말하든 철학자들이 계속 존재의 신비를 묻고 있는 것을 보면 분명 다른 데가 있었다.

그리고 천지창조 신앙은 과학자의 질문과도 철학자의 질문과도 상관이 없다. 그것은 단지 평범한 생활인의 질문에 대답할 수 있을 뿐이다. 우리는 때로 이런 말을 하지 않던가? "하늘이 무너져도, 땅이 꺼져도…… 사실 하늘의 태양이나 서울의 한강과 남산은 그대로 있건만, 비

---

5) 이 같은 오류는 지금도 "창조과학회"를 통해 계속되고 있다.

행기 테러범의 억울한 희생자가 된 유가족이나 단돈 몇 천 원 때문에 분신자살한 노동자의 어머니는 그들이 지금까지 "고정"되어 있다고 의식·무의식중에 믿어왔던 "하늘과 땅"이 송두리째 사라져버렸음을 경험한다.

　신앙인들이 말했던 하느님이 창조하신 "하늘과 땅"은 바로 이 같은 "삶의 세계(lived world)"6)를 가리킨다고 보아야 한다. 또 암울했던 일제 치하에서 우리 민족이 "아, 신천지가 개(開)하도다!"라고 소망하며 기다렸던 그런 하늘과 땅 말이다. 어떤 사람들은 자기가 만든 하늘과 땅에서 살지만, 같은 하늘 땅 밑에서 또 다른 사람들은 지옥(땅밑)에서 살듯이 살아가고 있지 않은가? 한 땅의 긴긴 종살이에서 해방된 민족 유대인들은 하느님이 주신 "가나안" 땅에 거주하면서 자기들의 삶과 그것의 환경—그것이 편해서가 결코 아니었다—이 전적으로 "신의 선물"이라고 느낄 수밖에 없었다. 그들의 세계, 가나안 땅은, 저 밖에 있는 누구에게나 똑같이 보이는 중립적 세계와는 달리 관심의 세계였다. 내가 함께 고통을 느끼고, 희열을 느끼는 세계였다. 이 세계는 현실의 세계보다 작을 수도 있고 클 수도 있다. 공간적으로 우리의 관심이 제한되어 있다면, 우리의 세계는 중립적 세계의 공간보다는 아주 작다. 그러나 삶의 세계에는 환상과 꿈이 있고, 그 세계 속에서는 이미 죽은 자도 아직 살

---

　6) 이것은 독일의 철학자 훗설(Edmund Husserl, 1895-1938)의 전문용어이다. 그는 사람이 자기 자신을 발견하는 구체적 세계, 실제의 일상생활이 영위되는 배경, 맥락을 이렇게 불렀다. 그러나 우리는 그의 개념에 집착하지는 않는다. 훗설의 현상학에 대하여 잘 정리된 책은 다음이 있다. David Stewart and Algis Mickunas, *Exploring Phenomenology* (Chicago: American Library Association, 1974), 특히 pp. 45-47을 보라. 현상학을 신학에 본격적으로 응용한 신학자는 Vanderbilt 대학의 에드워드 팔리 교수이다. Edward Farley, *Ecclesial Man* (Philadelphia: Fortress, 1975), *Ecclesial Reflection* (Philadelphia: Fortress, 1982).

아 있으며, 미래도 현실처럼 작용하기에 또한 매우 풍부한 세계라고 할 수가 있다. 각자의 세계가 있고, 공동체마다의 세계가 있다. 그런데 그 세계가 신의 선물로 체험될 때, 종교인은 "전능하시어 천지를 창조하신 하느님"께 찬양을 올리게 되며, 그 세계가 무너질 때, 곧 하늘과 땅이 무너져 내릴 때, 다시 그 전능하신 하느님을 부르며 새 하늘과 새 땅을 달라고 애원하게 된다. 사람은 그렇게 삶을 이어나간다.

한편, 이 같은 삶의 세계, 관심의 세계의 창조에서 한 걸음 전진하여, 천지창조 신앙은 하느님의 보편적 사랑, 우주적 사랑을 표현하기에 이르렀다. 이스라엘 백성이 처음에 발견한 신은 자기들의 부족 수호신이었다. "아브라함과 이삭과 야곱"의 하느님이셨다. 그 신은 산에 살면서 능하신 팔로 이스라엘을 편들어 주는 전쟁 신이셨다. 출애굽 해방 사건과 다윗의 통일왕국 시대의 경험은 바로 이것의 절정이었다. 그러나 이스라엘 백성이 나라와 성전을 잃고 이국 땅, 이교도의 신이 지배하는 나라[7]에서 설움 많은 유배 생활을 하면서, 낯선 땅에도 계신 하느님, 온 천하를 두루 사랑하시는 공정하신 하느님을 깨닫게 되었다. 하느님은 나누어 싸우는 편들 중 어느 한 편의 편대장이 아니라 모두를 공정하게 사랑(똑같은 형식은 결코 아님. 사랑은 구체적이고, 그래서 상대에 따라 달라야 한다. 마치 병에 따라 약 처방이 다르듯)하심을 고백하게 되었다. 이것이 "천지" 창조 신앙의 제2단계라 말할 수 있다(창세기 1-11장의 이야기는 나중에 덧붙여진 것이요, 성질이 다른 작품이다).

그러나 이 같은 하느님의 보편적, 우주적 사랑을 발견한 유대인이 창세기를 쓰던 뒤뜰에서는 "지배자적 욕심" 곧 제국주의적-배타적 민

---

[7] 유대인들이 처음에는 자기들이 이방 신, 특히 바알을 섬긴 죄로 유배당하고 있다고 믿었으나, 전혀 신들이 아닌 것들을 섬기는 바벨론 제국의 흥왕을 목격하고는 엄청난 심리적 충격을 입었다. 창세기는 바로 이 민족적 충격을 신학적으로 승화시킨 대서사시라 할 수 있다.

족의식이 은근히 발동하고 있었다고 우리는 비판해야 한다. 마치 한 집안의 족보를 다시 정리하다가 자기 집안의 위대성을 과시하려고(혹은 긍지를 되살리려고), 그 족보의 서두에 온 세계의 시작과 온 민족의 시작과 온 성씨의 시작이 이렇다고 덧붙였다고 하자. 또는 단군 신화를 다시 쓰면서, 그 서두에 온 세계 민족의 태동 이야기를 덧붙였다고 하자. 그러면 그 같은 후대의 첨가물은 그 이야기의 직계 후손들에게는 긍정적 반응을 얻을지 몰라도, 그 "밖에" 있는 사람들에게는 매우 기분 나쁜 이야기가 되는 경우와 같다.

우리는 마치 우리 자신이 아브라함의 후손인 듯이 성서를 편한 마음으로 읽지만, 그것은 뭔가 잘못된 것이다. 우리는 한국인이다. 창세기는 이스라엘 민족의 서사시이다. 이것을 그들이 믿어 왔던 그들의 부족신(部族神)이 온 우주의 신이심을 발견한 결과로 믿는다면, 신앙의 위대한 성숙으로 받아들일 수 있다. 그러나 창세기가 본래 유대 민족을 위해 쓰여 진 이야기임을 우리는 잊지 말아야 할 것이다.

끝으로, 그렇게 지고하신 하느님께서 흙으로 사람을 지으셨다는 이야기, 그리고 사람에게 필요한 모든 "물질" 세계를 만드셨다는 천지창조 신앙고백은 유대-기독교 신앙의 독특한 삶의 자세를 말해 준다. 육체, 성, 물질, 그런 것들은 대개 "속된" 영역에 속한다고 옛 종교인들은 믿어왔다(아직도 기독교인 중 상당히 많은 이들이 그렇게 믿거나 생활하고 있다). 심지어 희랍 철학자들도 하느님은 너무나 지고하시어, 더러운 물질세계에는 손도 댈 수 없는 분이라고 생각하였다. 그러나 유대-기독교인은 이 속된 "물질" 세계가 하느님의 작품임을 서슴지 않고 고백한다. 성서 어디에도 하느님께 저 세상, 저 보이지 않는 어떤 "4차원"의 세계를 창조하신 것에 대해 찬양을 올리는 곳은 없다. 천지창조는 우리가 실제로 생활하는 "하늘과 땅"이 하느님의 선물임을, 그리고 그 하느님의 사랑이 우주적임을, 그리고 그분의 사랑이 (우리가 함부로 더럽다하는) "물질"을 통해서 구체적으로 드러나심을 고백하는 신앙인의 어법이다.

5. "하늘"에 계신 우리 "아버지"

> "하늘 높은 곳에서 굽어보십시오.
> 당신께서 사시는 거룩하고 화려한 집에서 굽어보십시오.
> 당신의 열성과 권능은 어찌 되었습니까?
> 억지로 무심한 체하지 마십시오.
> 당신이야말로 우리의 아버지이십니다.
> 아브라함은 우리를 모른다 하고,
> 이스라엘은 우리를 외면하여도,
> 당신, 야훼께서 우리의 아버지이십니다.
> 우리는 예전부터 당신을
> '우리를 구원하시는 이'라고 불러 왔습니다"(이사야 63:15-16).

유대교와 기독교에서는 물론이요, 우리의 옛사람들도 하느님은 "하늘에 계신 아버지"라고 고백해 왔다. 그리고 이 같은 표현은 마침내 예수님께서 가르쳐 주신 기도(주기도)에서 고정되었다. 그런데 이 낯익은 신앙인의 언어가 오늘날에 와서는 문젯거리가 되고 있다. "하늘"이라는 말이 그렇고, "아버지"라는 말이 또한 그러하다(물론 아직 한국 기독교인의 대다수에게는 문제라는 의식이 없어 보이지만). 그러면 왜 문제가 되는지 그리고 이 관용어의 올바른 의미는 무엇인지를 한 번 생각해 보자.

　우리는 위에서 "천지"를 뿌리 경험에서 다시 생각해 보았다. 그리고 우리의 선조들이 자기들의 어법을 사전식으로 정의해 두지는 않았지만, "온 세상이 캄캄해졌다", "하늘이 무너졌다……땅이 꺼졌다", "신천지가 개(開)하도다" 등등의 표현을 사용했던 것을 생각하면, 그들이 출애굽 해방의 경험을 염두에 두고 "천지" 창조를 노래했던 이스라엘 민족 서사시를 (우주의 과학적 기원에 대해 묻고 답하려는 과학자들에 비해) 보다 잘 이해하리라고 우리는 확신한다. 그러고 보면, "하늘"이라는 말은 비록 푸른 창공에서 비롯된 언어이지만, 신앙 공동체의 맥락에서는 삶의 세계의 지붕 또는 (오히려) 지반, 곧 "근원"을 뜻하는 상징적 표현임을 알 수 있다. 즉 어디까지나 인간의 경험 세계와 연관되어 있는 하늘이었다. 따라서 "하늘에 계신 아버지"도 근본에 있어서는 "땅에 있는 인간에게 자비를 베푸시는 구원자"라는 뜻이었지, 인간 세계(땅)와 다른 곳, "영적" 세계, 저 세상, "하늘 나라"에 계신 신령한 분을 뜻하지는 아니했다. 하느님은 언제나 인간이 경험할 수 있는 세계와 연관된 하느님이었다. 그런데 언제부터인지 하느님 계신 "하늘"은 인간세계와는 "질적으로 다른 세계"를 가리키게 되었다(아마 땅에 대한 소망, 즉 나라 잃은 유대 민족이 다시 독립국으로 살아갈 수 있으리라는 희망을 상실하고도, 그러면서도 희망을 온전히 포기할 수는 없는 딜레마에 빠졌을 때, 바벨론의 이교 사고방식인 "하늘"을 배웠을 것이다. 이 세상에서 못 이룬 꿈, 저 세상에서라도 이루리라는 비참한 최후의 희망을 품게 되었을 것이다. 이때쯤부터 하늘은 인간의 하늘이 아니라 하느님의 하늘, 죽음 이후의 하늘로 오해되었을 것이다). 그러면서 하느님의 나라는 "땅"을 잃게 되었다. 땅 없는 하늘이 된 것이다. 성서를 기록한 이스라엘 민족의 본래의 경험(아브라함과 모세와 다윗의 이야기)에는 하늘이 결코 땅과 대립되거나 분리되어 있지 아니했음에도 불구하고.

이사야서가 "하늘 높은 곳에 계신 아버지"를 부르는 기도를 올리는 대목은 이 사실을 생생하게 전해 주고 있다. 이 기도의 앞에는 "그들은 그의 종 모세의 시절을 생각하며 말하였다"(이사야 63:11)고 밝히고 있다. 즉 "하늘 아버지"는 결코 죽음 이후의 세계, 저 세상, 4차원이라고 흔히 이름 하는 신령 세계에 계신 신을 일컫지 않는다. 차라리 "땅에 계신" 하느님이라고 말해야 옳을지도 모르겠다. 만일 인간세계를 "땅"으로 상징할 수 있다면, 하느님은 땅을 지으시고, 그 위에 인간을 두시고 거기 사는 인간을 사랑하시는 분이시기 때문이다.

그러면 하느님 "아버지"는, 하느님 "어머니"라고 불러도 좋은가? 한국인들은 "하늘 아버지"라는 말을 하늘-신, 땅-신, 인간-신[天地人]을 총칭하는 것으로 사용해 왔던 것 같다. 하늘-신은 남성, 땅-신은 여성이었다. 따라서 총칭적으로 말하는 (하늘 아버지)신이 반드시 남성을 뜻하지는 않았다. 그러나 서구의 기독교는 요즘 여성해방신학의 등장으로 인하여 그야말로 하늘이 흔들리는 경험을 하고 있다.

극히 최근에 이르기까지 주목을 받지 못하였던 한 여성신학자 스탠튼(Elizabeth Cady Stanton)은 일찍이 1895년에 『여성의 성서』(*Woman's Bible*)라는 책을 만들었다. 그는 아마, 성서가 사람을 해방(구원)하는 책이 아니라 억압하는 책일 수도 있음을 가장 분명하게 말해 준 최초의 사람일 것이다. 즉 우리가 단지 해석을 잘못하는 게 아니라, 성서 자체가 여성을 무시하는 성차별 문화, 가부장적 사회의 산물이라는 것이다.[8]

---

8) 이 점에서 성서를 무비판적인 "규범"으로 채택하고 있는 (남성)해방신학자들 절대다수는 여성해방신학으로부터 많은 것을 배워야 하며, 고급 문화를 지켜 온 한국 민족은 이들 여성신학의 방법 중에서 배울 것이 많다.

그래서 어떤 이들은 하느님 "아버지"가 아니라 하느님 "어머니"라고 부르던가, "하느님 아버지-어머니", 또는 "하느님 어버이"라고 불러야 한다고 말한다. 만일 "아버지"란 단어가 남성 중심의 문화적 편견의 소산이라면, 이 같은 여성신학자들의 주장은 매우 타당한 것이라 할 수 있다. "하늘"에 계신 하느님이 후기 유대교의 영향으로 "저 세상"에 계신 하느님으로 오해될 수밖에 없다면, 그것을 땅에 계신 하느님으로 바꾸어야 하는 논리와 똑같다. 그러나 "하늘"의 뜻을 바르게 이해하고 사용할 수만 있다면 옛 어법을 구태여 바꿀 필요가 없을 것이다. 이와 마찬가지로, "아버지"란 말이 본래 하느님의 성(性)을 가리키는 말이 아니었다면 그 뜻을 바르게 이해할 것을 전제로 옛 어법을 계속 지켜나갈 수도 있을 것이다(바꾸는 것도 좋긴 하지만, 우리가 새롭게 채택한 단어도 우리의 후대가 보면 여전히 문화적 편견의 찌꺼기에 불과할 것이다).

그러면 "아버지"는 하느님의 성과 관련되어 있는가? 아니, 인격(人格)과 관련이 있는가?

하느님은 근본적으로 "사람"이 아니다. 불교에서는 최고의 존재(?)가 법(法)이니 불성(佛性)이니 심지어 무(無)라고 이름되어 있어서, 그들의 신(?)이 사람과 유사한 어떤 성질, 소위 인격(人格)과는 상관없음을 쉽게 짐작할 수 있다. 그러나 유대-기독교에서는—그리고 동양문화에서도—언제나 신에게 인격을 부여해 왔다. 이 때문에 많은 사람들이 하느님을 "하늘 높은 곳에 계신 수염 달린 노인이라고 생각하면서, 죽어 "저 세상"에 가면 (영적)눈으로 그 노인을 만나볼 수 있으리라고 믿었다. 아, 이 얼마나 불행한 일인가!

신의 형상에 대해서 일체의 상상을 불허했던 유대인의 제2 계명은 생각할수록 흥미 있다. 인간이 "신의 형상"임에도 불구하고, 하느님은 형상 두기를 거부한다고 했다. 불교에서는 인간 언어의 유희를 송두리째 거부하기 위해 저들의 신을 아예 "무(無)"라고 칭했다고 말할 수 있다. 그럼에도 불구하고 인간은 신을 한정·고정시키고 싶어 하며, 아버지란 말이 인간의 이 같은 욕심을 부채질한 것이 사실이다.

신은-그 이름이 인격적이든 무인격적 혹은 초인격적이든-인간의 신, 인간이 발견한 신이기에 어쩔 수 없이 인격성을 띠게 되고, 인간은 신인동형론적으로 말하며, 의인법을 쓰게 된다. 인간이 이 세상에서 자기 자신보다 위대한 존재를 발견했다면(예컨대, 컴퓨터) 인간은 신을 "위대한 컴퓨터"라고 말할 수 있었을 것이다.9) 이런 의미에서 인간이 자기중심적으로 신의 이름까지 말한다는 것이 유치하다고 비판받을 수 있을지언정 어리석다고 비난받을 수는 없다. 사람은 무엇을 참으로 사랑하면, 참으로 고맙게 느끼면, 그 대상이 무엇이든 그것에게 자기와 유사한 성질(인격)을 부여하게 된다. 어쩔 수 없이. 즉 그것과 대화하게 된다.10)

그렇듯이, 사람이 아닌 신에게 인격을 부여하는 인간은 마침내 그것도 모자라 "아버지"라는 또 하나의 한정어를 붙이게 되었다. 그러나 인간이 신을 아버지라고 부르게 됨은 신이 어머니나 형제가 아니라 꼭 아버지 역할을 맡기 때문에 그를 "한정"하려는 것은 본래 아니었다. 단지 자기들이 경험한 한 특성을 강하게 부각시키고 싶었고, 그것을 가리키는 데는—저들의 문화적 맥락에서는—"아버지"가 가장 적합하다고

---

9) Martin Buber, *I and Thou* (New York: Charles Scribner's Sons, 1958), pp. 6ff. 사람이 아닌 것도 우리와 인격적 관계를 가질 수 있다는 점을 시적으로 묘사했다.

10) Paul Tillich, 『신의 존재론적 탐구』, 『기독교와 세계 종교』 (정진홍역, 기독교서회, 1969), pp. 107-113. 틸리히는 부버의 사상을 수용하면서, 신의 "인격성"의 이면을 밝히고 있다.

믿었던 것뿐이다. 즉 이사야서가 말해 주듯, 능하고 자비로우신 "구원자"(해방자)를 상징하려 한 것이다.

이 "아버지"는 현대인이 경험하듯 언제나 집 밖에서, 자기 일에나 몰두하면서, "돈"으로 자기 역할을 다 한 것으로 착각하면서도, 이미 무너져버린 가장의 권위를 휘두르려고 집에 와서는 식구들에게 큰소리나 처대는 고약하고 가련한 아버지를 뜻하지 않았다. 그러나 아버지라는 단어를 그냥 두고는, 예수님의 탕자 비유에 나오는 그 "가엾고 순수한 사랑"(웨슬리의 신관념의 핵심)의 하느님을 생각해 낼 수 없다면, 어쩔 수 없이 바꾸어야 할 것이다. 다음과 같은 일이 발생하기 전에.

"자, 어린이 여러분, 하느님은 우리 모두의 아버지이십니다."

이 말을 들은 한 교회학교 어린이가 갑자기 밖으로 뛰쳐나갔다. 울고 있는 그 어린이에게 교사는 물었다: "얘, 왜 그러니, 어디 아프니?" "아니예요. 난 아버지가 싫어요. 아버지는 종일 술만 먹다가, 저녁에 집에 오면 불쌍한 우리 엄마를 마구 때려요. 난 아버지가 없는 세상에서 살고 싶어요."

6. 예정론과 운명론 – 하느님은 전지하신가

그 아들들이 아직 태어나지도 않았고, 따라서 선이나 악을 행하기도 전에 하느님께서는 리브가에게 "형[에서]이 동생[이삭]을 섬기게 될 것이다"라고 말씀하셨습니다. 그러나 하느님께서는 사람의 선행을 보시고 불러 주시는 것이 아니라 당신의 뜻대로 불러 주시며 선택의 원리에 의해서 당신의 계획을 이루십니다. …… 그렇다고 하느님이 공정하지 못하다고 말할 수 있겠습니까? 절대로 그럴 수 없습니다. …… 하느님의 선택을 받고 안 받는 것은 인간의 의지나 노력에 달려 있는 것이 아니라 오직 하느님의 자비에 달려 있는 것입니다. …… "그렇다면 어찌하여 하느님께서 사람을 책망하십니까? 누가 능히 하느님의 뜻을 거역할 수 있습니까?"라고 말할 사람도 있을 것입니다. 그러나 사람이 무엇이기에 감히 하느님께 따지고 드는 것입니까?(로마서 9:11-19)

어떤 사람들에겐 엄청난 위로가 되는 이 구절, 그러나 어떤 사람들에겐 "하느님의 불공정"(14절)을 암시하는 이 문제의 구절은 도대체 무엇을 말하려는 것인가?

많은 신앙 깊은 이들, 특히 어거스틴(Augustine, 354-430)과 칼빈은 이 성경 구절을 근거로 소위 예정론, 특히 이중예정론의 교리를 만들어냈다. 그러나 가톨릭과 감리교는 예정론은 받아들이나 이중예정론은 부정했으며, 하느님의 뜻의 전능성은 믿으나 인간의 자유의지 또한 믿는다고 고백해 왔다. 그러면 현대를 사는 우리 자신은—자기의 속한 종파가 무엇이든—이런 이야기들을 어떻게 이해해야 할까? 이 문제의 수수께끼를 우리는 역시 그 같은 언어를 발설할 수밖에 없었던 인간의 배경 경험을 상상해 봄으로써 풀어나가고자 한다.

먼저 이 구절의 문자적 의미, 그리고 예정론이란 "교리" 탄생의 역사적 배경을 생각하면서, 그것이 현대인에게는 도저히 납득될 수 없는 논리임을 파헤쳐 보자.

이 구절의 문자적 의미는 하느님의 뜻(의지)의 무조건적, 무제약적 작용 곧 문자적 "전능"을 뜻한다. 인간의 노력은 물론이요 인간의 존재(탄생) 자체와도 무관하게 그리고 그것에 선행(先行)하여 작용하시는 하느님의 주권(통치권)을 가리킨다. 그래서 세상만사는 하느님의 영원 전부터의 비밀스런 뜻의 공개라는 해석이다. 세상만사와 인간의 운명은, 적어도 하느님의 뜻 안에서는 처음부터 아니 영원 전부터 일정하게 결정되어 있다는 것이다. 그리고 불행하게도 그 뜻 가운데는 모두가 선택을 받는 게 아니라 더러는 선택에서 제외된다. 하느님의 선택에서 제외된 즉 버림받은 사람들은 하느님께 능히 항변함직하다. 이 성경 구절을 쓴 사람(바울 사도?)은 적어도 이 점을 분명히 알고 있었다. 처음부터 불행한 운명을 정해 놓고, 나중에 가서 책임을 묻는(심판하시는) 하느님은 모순이라는 것이다. 그런데 이 얘기를 쓴 저자에 의하면 "그런 것 따질" 자격이 피조물에게는 없다는 것이다(19절). 왜? 선택받은 운 좋은 사람은 감지덕지하겠지만, 만일 나와 내 사랑하는 이가 하느님의 영원한 계획에 의해서 저주받은 자로 태어났다면, 왜 항변하지 못한단 말인가? 차라리 태어나지 않기를 얼마나 바라겠는가?

    그뿐이 아니다. 내가 운이 좋아 선택받은 자로 태어났다고 하자. 그래서 "저항할 수 없는"(전능하신) 하느님의 뜻(은총)에 이끌리어(안전은 하겠지만) 나와 내 사랑하는 이가 불가피하게 "천국"에 들어간다고 하자. 그게 정말 고마울까? 왜? 인간의 자부심과 자존심은 어디로 갔는가? 인간이 그렇게 공짜로 천국에 가도 되는 것인가?

    "탕자의 비유"(누가 15:11-32) 속의 탕자는 이 집요한 인간의 자존심을 잘 말해 주고 있다. 실패한 아들은 아들의 "자격"을 상실했기에 이제 "품꾼"의 자격으로 재물이 많은 아버지께로 돌아간다(19절). 그런데 인간의 마지막 자존심을 저 자비로우신 아버지는 꺾어버리셨지만(?), 인간은 인간이기에 대가를 지불하고 싶어 한다. 아버지 집에서 "노동"(일) 하고 싶어 한다. 이것을 타락한 인간의 교만이라고 보는 것은 너무 잔인하고 일방적인 처사이다. 어린아이도 장애자도 "자기 몫"을 담당하고 싶어 한다. 그들을 사랑한다면, 그들에게 당당히 자기 몫을 담당하도록 기회를 주고, 힘을 주어야 한다. 그렇게 하지 못하는 사람은 어린아이나 장애자의 존재의 권리를 송두리째 거부하는 잔인한 행위를 하는 것이다. 적어도 성숙한 현대인은 그렇게 느끼고, 그렇게 산다. 이것은 죄가 아니다. 교만이 아니다. 인간의, 아니 모든 태어난 존재들의 숭고한 자존심이다. 즉 운명을 예정함이 사실이라면 선택받지 못한 자나 선택받은 자나 다 같이 억울하고 불쌍하다. 그 때 인간은 모두 인간으로서의 자기 몫을 담당할 기회를 박탈당한, 하느님의 괴뢰(꼭두각시)이기 때문이다. 따라서 바울의 이야기가 문자적인 기독교의 진리(교리)라면, 현대인은 그런 하느님의 자녀 되기를 당당히 거부할 것이다. 또 거부해야 마땅하다. 우리는 인간이기에 인간답게 살아야 한다. 우리는 하느님의 괴뢰라고 할지라도 괴뢰로서는 살 수가 없다.

사도 바울은 놀라우신 하느님의 자비를 말하려다 부질없는 사변적 논리로 빠진 것이다. 인간이 헤아릴 수 없는 하느님의 크신 사랑의 신비를 신비인 채로 남겨두었더라면 훨씬 좋았을 것이다. 우리는 성서학자들이 이 대목을 어떻게 해석하든 상관없이, 사도 바울의 진의는 하느님의 사랑의 능력을 말하려던 것이지 인간의 운명론(결정론)을 말하려던 것이 아니었다고 확신한다. 만일 그가 하느님을 인간의 운명을 미리 결정해 놓는 폭군으로 그리고 있다면, 우리는 바울을 거부할 것이다. 갈릴리에서 희생된 피와 실로암의 억울한 18명의 죽음에 대해 예수께서는 결코 그 같은 철학적 운명론으로 답변하지 않았다(누가 13:1-5). 하느님은 누구의 불행도 원치 않으시며, 불행을 미리 정해 놓는(예정) 따위의

3장. 후회하시는 하느님

치졸한 장난은 결코 하지 않으신다.

그러면 왜 기독교 사상가들은 예정론이라는 "교리"를 만들었는가? 어거스틴의 경우는 바울과 마찬가지로 인간이 아니라 하느님의 은총이 인간 구원의 주체와 근원이라는 것을 말하고 싶어서였다. 루터의 경우는 "믿음(이것도 선물이다)으로 구원 받는다"는 그 자신의 체험적 신앙을 좀 더 논리적으로 발전시키려 했던 것뿐이다. 루터의 경우는 특히 구원의 근거가 교회의 권위나 인간 자신의 율법 준수적 노력이 아니라 하느님 자신의 선물이라고 판단함으로써 비로소 귀신처럼 그를 괴롭히던 구원의 불확실성의 고통을 극복할 수 있었던 것이다. 그는 교회와 자기 자신은 믿을 수 없었으나 하느님의 자비만은 확신할 수가 있었던 것이다. 그 후 종교개혁자들은, 하느님이 온 세상을 통치하는 것이 피조물에게 유익하며(쯔빙글리 Zwingli, 1484-1531), 하느님 자신께도 "영광"스러운 일(부처 Bucer, 1491-1551)이라고 생각하게 되었다. 이중예정론11)으로까지 밀고 나간 칼빈의 경우도 그의 관심은 결코 인간 운명 결정론에 있었던 것이 아니라 그의 지으신 세상을 홀로 통치하심이 창조자 "하느님의 영광"에 마땅하다고 믿었기 때문이었다. 즉 어느 누구도 예정론 교리로써 미리 결정된 인간의 운명을 선포하려는 데에 일차적 목적을 두지는 않았다.

그러면 왜 우리는 하느님의 예정을 아직도 고백하는가? 그것은 하느님께서 우리의 운명을 미리 정해 놓으셨고, 우리가 모르는 우리의 미래까지도 그분은 아신다는 문자적인 하느님의 전지성에서 비롯된 것이

---

11) 일반적인 기독교 예정론은 하느님의 선택(구원)에 관심을 두었었으나, 후대에는 선택과 버림(유기)이라는 이중예정론으로 나아갔다. 특히 캘빈이 그러했다.

결코 아니다. 인간이 어찌 그 같은 (하느님의)속사정까지 알 수 있으리요?

나는 내 인생을 돌아본다. 그러노라면 새옹지마의 옛 이야기가 나의 이야기라고 믿고 싶어진다. 어떤 때는 초등학교 선생님이 되려고 강릉사범 병설중학교에 힘들게 입학한지 1년 만에 집안이 어려워져 중학교 2학년 과정을 완전히 집에서 쉴 수밖에 없었던 운명적 공백이 오늘의 나를 만들었다고 생각한다. 책가방을 들고 학교 다니는 친구들이 그렇게 부러웠던 나의 어린 시절의 1년의 한은 결국 미래를 알지 못하는 인간의 유한성에서 비롯되었다. 그 때의 사건을 토정 선생(토정비결)은 "북망산천에 떼집을 지음(죽음)"이라고 했지만, 하느님은 나보다 "앞서 가시고 계셨다". 하느님은 보다 아름다운 미래를 아무도 몰래 나를 위해 준비하고 계셨던 것이다. 나는 그 후 하늘밑에선 제일 높은 동네에 있는 철암고등공민학교를 거쳐서, 결국 전혀 다른 길을 가게 되었다. 때로는 그 때 좌절된 나의 꿈이 나를 슬프게 하지만, 나의 나됨은 나보다 앞서 가시는 (난 그 때 교회를 전혀 몰랐다) 고마우신 하느님 덕분이라고 고백하게 된다.

그러나 그렇다고 이 사실이 나의 미래를 하느님께서 미리 아시고 정해 놓으셨다고 말할 근거는 되지 못한다. 하느님께서는 늘 좋은 것을 예비하시는 분이시기는 하지만, 나의 미래를 결정해 둠으로써 나를 바보로 만드시지는 않으신다. 하느님은 나를 사랑하시고, 내게 선한 소망을 두고 계시지만, 그 하느님의 뜻(운명이 아니라 하느님 자신의 소망)에 복종하고 않고는 언제나 내가 결정한다. 그 결정의 능력 자체는 하느님의 선물이지만, 그것으로써 내가 어떻게 무엇을 할지는 전적으로 내게 달렸다. 그래서 내가 인간으로 사는 것은 힘들고 또 그만큼 보람이 있다. 나의 미래는 하느님까지도 아직은 열어 두셨다. 그리고 이 사실이 내가 인간다워지는 기회를 제공하나, 나를 사랑하시는 하느님을 슬프게 할 기회도 된다. 하느님은 이 같은 인간 섭리 방식12)을 스스로 선택하셨다. 결국 이렇게 말할 수 있다. 오늘도 신앙인들이 하느님의 예정을 고백한다면, 그것은 사실상 자신의 삶을 지키시고, 인도해 주시는 "섭리(보호·배려)"를 고백하는 것이다.

7. 악의 존재 - 사랑의 부재냐 한계냐

하느님, 인간을 이 땅에 보내시고, 계속하여 보호하시고, 완성시켜 나가시는 하느님을 믿는 신앙인들을 가장 괴롭히는 문제의 하나는 이 세상에 악이 존재한다고 하는 사실이다. 하느님께서 모든 능력을 가지셨을 뿐 아니라 모두를 사랑하시며 모든 것의 과거 현재 미래를 아신다고 한다면, 우리는 그 하느님을 용납치 않든지, 이 세상에 악이 존재함을 부정하든지, 둘 중의 하나를 선택해야 한다. 아니면 하느님의 지식과 능력과 사랑을 달리 이해해야 한다. 다른 길은 없다. 이것을 조직신학자 오그덴(Schubert M. Ogden, 1928-)은 "삼중함정"(trilemma)13)이라고 이름한다. 즉 하느님을 부정하거나 악의 현존을 부정하는 딜레마는 사실상 하느님의 속성, 즉 전지전능과 사랑이라는 또 다른 딜레마를 안고 있어

---

12) 하느님은 인간을 기계로 만드실 수도 있었을 것이다. 그러나 자유를 행사하면서도 죄짓지 못하는 인간으로 만드실 가능성은 하느님께도 없었다. 이것을 철학자들은 "공존불가능성"(incompatibility)의 원리라고 한다. Charles Hartshorne, *Insights and Oversights of Great Thinkers* (Albany: SUNY, 1983), pp. 29, 57, 296.

13) Schubert M. Ogden, "Evil and Belief in God", *Perkins Journal of Theology* (Dallas: SMU), Summer, 1978, p. 31.

서, 사실상 ① 악의 현존, ② 하느님의 전지전능, ③ 하느님의 사랑-셋 중의 어느 하나를 부정해야 하는 함정에 놓여 있다고 그는 분석한다.

쉽게 설명하면 이렇다. 하느님께서 능력(지식까지 포함하여)이 모자라 악으로 가득 찬 이 세상을 버려두시던가, 능력은 있는데 마음씨가 고약하여 구경만 하고 계시던가, 아니면 세상에 존재하는 악(그것은 어떻게 정의되든 아무도 원치 않는 일, 피해야 할 일이다)은 사람 눈에 일시적으로 그렇게 보이는 것일 뿐 사실상 선이라고 우겨야 한다. 어느 것이 성서의 이야기와 우리 자신의 경험에 다 같이 일치할까?

이에 대한 기독교인들의 고전적인 답변은 ① 곧 악의 현존을 부정하는 것이었다. 어거스틴에게서 확립된 이 전통은 대단히 경건한 답변이었다. 인간은 모두 아담 안에서 죄를 지었기 때문에, 인간이 이 세상에서 당하는 모든 악은 당연한 형벌일 뿐이다. 아무도, 즉 하느님까지도 (만일 자비로우시다면) 원치 아니하실 끔찍한 악이란 사실상 존재하지 않는다. 나아가 인간이 당하는 불행 중 가장 큰 불행은 신앙을 상실하는 것인데, 이 세상에서 당하는 불행은 단지 덧없는 것들, 시간적인 것들, 속된 것들의 상실이고, 그래서 오히려 신앙의 깊은 경지에 이르게 한다고 보았다. 오늘날 많은 목사님들도 그렇게 설교하신다.

며칠 전 백일잔치에서, "생명을 주신 자비로우신 하느님"을 찬양하게 만든 아기가 백일해를 앓다가 갑자기 죽었을 때에, 목사님이 슬픈 가슴에 하늘과 땅이 무너지는 이 가정에 찾아가서, "하느님은 더 크게 축복하실 것입니다. 죄 많은 세상에서 일찍 그 영혼을 데려가신 것은 숨은 자비입니다."라고 말한다고 하자. 대부분의 경우 이런 거짓 위로가 먹혀 들어간다. 그것은 그 젊은 부부가 죽은 아이보다는 자기 자신들이 살아남아 있는 것을 더 슬퍼하는 경우가 많기 때문이다. 이런 경우

대부분은 목사님도 답할 수 없는 질문을 억누른다. "그러면 죽은 그 아기는 무엇입니까? 우리 남은 자에겐 기회가 있어서 더 큰 축복을 받는다고 합시다. 그렇다면 생명을 사랑하시는 전능자라는 말은 우리 불쌍한 아기에게는 무엇을 뜻합니까?"

이렇게 상투적인 교회의 언어는 많은 경우 슬픔을 달래는 역할을 해냈다. 그러나 더 이상은 아닐 것이다. 현대인은 그런 논리로 위로 받지 못한다. 이 같은 논리는 악의 비극성을 무시한다. 토마스의 말대로 악은 "존재의 결핍"(privation of being, 비존재)이지 적극적으로 존재하는 게 아니다. 아니면, 사람 눈에 보이는 악은 형벌이든지, 죽어서 가는 저 세상에서의(초자연적) 축복을 위해 치르는 교육(훈련)에 불과하다.

그러나 현대인은 묻는다. 2차 대전 때 독일의 가스실에서 죽어간 어린아이의 죽음도 형벌이나 교육인가? 누구를 위한? 광주에서 살해된 젊은 넋들은 또 무엇인가?

우리는 이미 위에서 ③번, 곧 "사랑"을 부정하는 고약한 기독교인들의 논리를 비판했다. 하느님은 자비를 베풀고 싶은 사람들에게만 베푸시기 때문에, 죄 많은 인간들이 자기들 죄 때문에 억울해 보이는 참극에 처해진다고 하더라도 감히 따질 자격이 없다는 논리는, 오히려 하느님의 창조주 되심을 무시하는 것이다. 하느님은 그런 엉터리는 아니다. 혹 사람이 자기 자식을 죽이는 재미로 낳을 수 있을까? 하물며 하느님이랴! 그런 하느님이 계신다 하더라도, 인간은 결코 그에게 절하지 않으리라. 인간은 적어도 인간을 사랑하는 신에게 예배를 바칠 것이기 때문이다. 한편, 다른 죄인들은 버려두시는데, "나"라는 죄인만은 구해 주셨다는 그런 논리를 어찌 신앙의 이름으로 전개할 수 있으랴! 이 같은 논리는 유대인의 그릇된 선민의식과도 같다. 기독교인들은 자기들을 용서해 주시는 하느님을 믿는다고 말하면서 그 하느님께서 "선한 자와 악한 자에게 똑같이 비를 내려 주신다"(마태 5:45)는 사실을 애써 부정해 왔으며, 그래서 그들은 자신을 못 박는 자들을 향해, "아버지, 저 사람들을 용서하여 주십시오! 그들은 자기가 하는 일을 모르고 있습니다."(누가 23:34)라고 기도하신 누가복음(여기에만 있다)의 예수를 조롱하고 있다.

남는 것은 ②번의 부정이다, 하느님의 전지전능을 부정하는 것이다. 그런데 우리는 위에서 이미 하느님의 전능과 천지창조의 경험이 어디서 유래했는지 생각해 보았다. 그것은 우주의 신비를 풀려는 철학자의 사변이 아니라 평범한 일상인들의 역사적 경험에서 비롯된 것이라고 했다. 그렇다면 우리가 하느님의 "전능"을 부정한다 하여, 성서의 증언을 거부하는 오류를 범하지는 않는다. 오히려 그 반대이다. 성서의 숱한 이야기들은 그 때마다의 신앙적 경험을 토대로 고백된 것이지, 세상만사 빈틈없이 하느님 뜻대로 일어난다는 식의 추상적 일반화는 아니다. 성서는 오히려 인간 때문에(피조물 때문에) 하느님 자신이 고통당하심을 증언하고 있다. 성서가 만일 이 하느님의 고통을 인식하지 못하였다면 결코 (후대에 나온) 부활과 영생을 말하지 아니했을 것이다. 부활과 영생(나중에 생각해 본다)은 필요가 없기 때문이다. 하느님의 뜻대로 되는 세상인데, 왜 "새로운" 세상이 필요했겠는가? 하느님께.

문자적으로 말하면, 하느님의 능력은 상대적[14]이다. 하느님께서 우리를 심판하시어 천하를 싹 쓸어버릴 수는 있지만, 인간의 "마음"을 하느님 마음대로 돌이킬 수는 없다. 그것은 독재자가 전 국민을 살해할 수 있을지는 몰라도 전 국민의 마음을 강제로 살 수는 없음과 같다. 사

---

14) 이 말은 하느님의 "절대성", 곧 피조물에 대한 우위성을 부정하는 말이 아니라, 하느님의 힘이 일방적인 폭력이기보다는 "설득"을 통해서 작용함을 가리킨다. 이것은 과정철학의 전문용어이다. 참조하라. Charles Hartshorne, *The Divine Relativity* (New Haven: Yale University, 1948, 1978).

람의 마음이란 그렇게 움직이지 않는다. 심지어 우리가 돌 하나를 우리 마음대로 옮겨 놓을 수는 있어도 그 돌의 저항을 받지 않을 수는 없다. 돌은 자기 몸무게만큼 우리에게 저항한다. 그래서 "힘이 든다." 존재하는 모든 것은 존재하는 모든 것들을 대항하여 저항하는 힘을 지니고 있다. 못난 자식을 사랑해야 하는 부모는 이 논리를 이해할 수 있을 것이다. 아직 복중에 있을 때 유산시켜 버릴 수는 있다. 아니, 태어난 후라도 살해할 수는 있다. 그러나 그들을 살려 두고는 마음대로 처리할 수가 없다. 이 같은 것은 인간의 힘이 유한하기 때문이 아니라, 만유의 존재와 힘의 기본 법칙이다.15)

이렇게 생각하고 보면, 성서의 이야기와 현실의 비극적 체험은 충분히 이해할 수 있다. 비극은 하느님의 사랑의 부재가 아니라 사랑의 한계, 곧 모든 힘이 지니는 근본적인 상대성 때문이라고 할 수 있다. 그러나 이 같은 논리는 이미 철학자의 사변이다. 그래서 성서와 오늘의 인간의 정직한 신(그리고 세계) 경험은 일치하게도 하느님의 사랑의 힘이 한계를 노출시키고 있다는 진실에 이르렀고, 그리고 이 크나큰 슬픔은 하느님을 사랑하고 세계를 사랑하는 모든 이들이 하느님과 함께 극복해야 할 공동의 과제라고 말하고 싶다. 악은 엄연히 실재한다. 그러나 하느님도 그것 때문에 탄식하고 계신다.

---

15) 과정철학자들은 이것을 하느님의 존재 방식의 "사회성" 또는 상대성이라고 한다. 그러나 하느님의 상대성은 다른 피조물에 비해 훨씬 "탁월"하시기에, 우리는 여전히 그의 힘이 "절대적"이라고 말할 수 있다. 그러나 하느님의 절대성은 이제 그 의미가 많이 달라졌다. 위 책 참조.

제II편

한국인이 만나는 제5 운동의 예수

4장

제5 운동의 예수

한 마리의 제비가 봄을 가져오지는 못해도
봄이 오고 있음을 알려 줄 수는 있을 것이다

1. 나는 이렇게 만났다

 나는 며칠 전 내가 섬기는 작은 교회에서 30여 명의 교우들과 더불어 생애 처음으로 생일잔치를 가졌다. 지나고 나서야 감격스러웠다. 생일이 무더운 여름철이라서 그러했었는지, 우리 집 습관이 그러했었는지는 잘 모르겠지만 식구들이 아닌 사람들과 더불어, 그것도 생일 케익을 앞에 두고 생일 축하 잔치를 벌인 기억은 내겐 한 번도 없었다. 나는 환갑이 넘어서야 그런 일을 하리라 다짐했었는데……
 내가 태어나던 여름, 6·25가 터지기 몇 해 전, 그러니까 강원도의 어느 동해 여름은 좌우의 분열이 마을뿐 아니라 집안에서까지 치열하던 때였었다고 한다. 집안 어른은 공산주의자였고, 아버지는 그분을 쫓아가지 못하고 고민하시다가 마침내 "민주" 경찰에 들어가게 되었다.

그러나 지금보다 더 잔인하게 당시의 경찰은 사람들로부터 욕을 먹는 게 업이었다고 한다. 그러기를 약 7년, 아버지는 어쩌면 생애 처음이었을 안정된(?) 직업을 박차고 유랑의 길에 오르셨다. 그 덕에 나는 "고향"이란 단어가 주는 그 어떠한 감정도 아직 느끼지 못하며 살아가고 있다.

초등학교를 네 군데나 옮겨 다녀야 했었으니, 집안 사정은 뻔한 노릇. 우리 집은 하나뿐인 사내자식에게 안정된 직업을 물려주기 위해 초등학교 교사가 되는 길을 모색했다. 그래서 나는 강릉사범 병설중학교의 마지막(5·16 군사정권은 각 도에 하나씩의 사범학교만 인정했다) 입학생이 되었다. 그러니까 유학 초년생의 어느 날, 하숙집 친구 녀석의 고집 때문에 강릉에 있는 어느 감리교회에 끌려가게 되었다. 이름도 기억나지 않는 그 녀석은 다른 중학교에 다니고 있었는데, 지금 생각해보면 말세론에 미친 녀석이었다. 곧 지구의 종말이 온다며, 신앙을 가져야 살아남는다고 저녁 식사 때마다 설교를 했다(그 해, 곧 종말이 온다던 그 해에 종말은 오지 않았으나 동해에 큰 해일이 일어났었다). 나는 한 번쯤 성의를 보이자고 결심했다. 중학생들을 상대로 하는 저녁 집회에 참석하게 되었다. 50-60명의 중학생들이 마루바닥에 앉아서 어느 선생님의 설교를 듣고 있었다. 그런데…… 그 선생은 (지금은 이해가 된다) 다른 교회를 열심히 비판하는 게 아닌가? 저럴 수가? 같은 하느님을 믿으면서 다른 교회를 욕하다니…… 몹쓸 단체이구나. 나는 그 자리에서 신발을 찾아 신고 (설교 도중에) 집으로 와 버렸다. 다시는 교회에 가지 말아야지…… 하면서.

그러나 그게 마음대로 되는 것이 아니라는 것을 먼 훗날에야 알게 되었다. 처음 세워진 철암고등공민학교(중학과정)의 3학년이 된 4월 둘째 수요일 저녁 식사 때, 지금은 이름도 잘 기억나지 않는 고마운 친구 녀석 네 명이 밖에서 내 이름을 불러댔다. "정수야, 놀러가자." 그 학교에 다닌 지는 두 달도 채 안 되었었지만, 기분은 "졸업반"의 그것이었다. 즉 "친구 따라 강남 간다"는 말처럼, 이때는 친구가 가자고 하면 어떤 곳에도 가는 시기였다. 게다가 "놀러간다니" 얼마나 신나던가. 기억이 생생하다. 밥도 다 먹지 못한 채 수저를 내팽개치고 그들을 따라갔다. 그런데…… 그들이 가는 곳은 철암장로교회였다. 나쁜 놈들. 나를 속이다니…… 나는 속으로 괘씸하게 생각했다. 그 녀석들의 말이, 지난 주일에 이곳에 왔었는데 "재미" 있었다는 것이었다. 정말 재미있었다. 아니 흥미 있었다.

"놀러" 교회를 갔던 그들은 다시는 교회에 나가지 않았다(지금은 모르겠다). 그러나 나는 남았다. 그 교회의 중등부는 자기들 자랑을 하지 않았다. 사실 그럴 필요도 없었다. 그 마을엔 교회가 하나밖에 없었으니까. 내가 계속 그 교회에 "놀러가게" 된 것은 아주 작고 단순한 이유 때문이었다.

태백산 깊은 곳에 있는 강원도 철암, 그 곳은 광산촌이었다. 광산촌에는 인구이동이 극도로 심했다. 3개월마다 철새처럼 이동하는 사람들이 그 곳엔 많았다. 결국 "신용"거래는 없었다. 거의가 "현금"거래였다. 믿을 게 돈밖에 없었다. 사람들은 사람들을 알려고도 하지 않았다. 일과 돈, 그것이 전부였다. 그 곳은 살러 오는 곳이 아니라 빚을 갚기 위한 돈, 또는 밑천을 삼을 돈을 벌러 오는 곳이었다. 그런 사람들이 모여 사는 곳에서 내가 만난 중등부 학생들이 신기하게 느껴질 수밖에 없었다. 관심과 친절, 그것은 작은 것이 아니라 매우 진귀한 것이었고, 나는 그 날 저녁 그 골짜기에서 그것을 발견하였다. 예배 시간에 무엇을 들었는지는 전혀 기억이 나지 않는다. 그러나 그 때 내가 만난 학생들은 "별난" 사람들이었다. (나는 이런 진귀한 사람들에 대해서 나를 교회로 끌고 갔던 친구들이 흥미를 느끼지 못했다는 사실이 이해되지 않는다. 지금까지도.) 나는 즉각 결심했다. 이곳은 다른 세상이다. 무엇이 이들을 이렇게 만들었는지 그 비밀을 알아보리라……

그래서 나는 예수를 만나기 시작했다. 교회라면 다시는 가지 않겠다던 나의 처음 경험의 인상이 작용할 틈도 없었다. 난 그저 졸업 기분에 들떠 놀러간 것뿐이었다. 그랬다가 "뜻밖의 일"에 말려든 것이다.

그렇다고 교회 생활이 용이했던 것은 아니다. 워낙 노래를 못하는 나로서는 찬송가를 부르는 것이 큰 부담이 되었다. 게다가 찬송가를 사서 들고 다닐 만큼 여유 있는 신자들은 그 교회에 얼마 없었다. 대부분이 남이 부르는 노래를 적당히 흉내 내는 것이었고, 더러는 무곡 찬송가를 들고 다녔다. 처음에는 찬송가란 그냥 그렇게 가사만 보고 외워 부르는 것인 줄 알았다. 시작할 때와 끝날 때는 같은 노래를 많이 불러서, 곧 몇 곡이 익숙해졌다.

"이 천지간 만물들아……." "주여 복을 비옵나니…….."

그런데 남들은 찬송가 외에 자그마한 책을 하나 더 들고 다니고 있었다. 알고 보니 성경책이었다. 노래책은 그렇지 아니했는데 성경책은 몹시 갖고 싶었다.

서점에 가서 알아보니 신약성경이 한 권에 20원이었다. 지금도 어쩌다 볼 수 있는 보급용 신약전서였다. 내 주머니에는 10원 뿐이었다. 나는 주인에게 사정을 했다. 10원밖에 없으니 외상으로 달라고……. 그 주인아저씨는 자기가 그 교회의 집사라고 말하면서 알지도 못하는 내게 신약전서 한 권을 내 주었다.

나는 집에 와서 열심히 읽었다. 아니 매우 노력하였다. 내가 만난 이상한 사람들의 비밀이 거기에 들어 있을 것 같아서였다. 그런데…….
사람 이름이 이상하여 혀가 잘 돌아가지도 않았고, …… 낳고 …… 낳고 …… 낳고가 너무 많이 나왔다. 정말 신약전서는 왜 그렇게 배열되었는지 지금도 모르겠다. 다른 책부터 앞에 있었더라면 좀 더 많은 신자들이 생겨나지 않았을까? 그러나 성령의 지혜가 나보다 뛰어나리라고 항복하는 수밖에 없었다.

그 작은 성경 책 한 권, 그것은 내가 "교과서" 이외에 읽어본 거의 유일한 젊은 날의 책이었다. 그 당시, 그 동네의 시중에는 학생들이 읽을 수 있는 것이 없었다. 아니 있었는지도 모르지만, 먹고살기 어려운 사람들에게 만화 책 하나, 시집 하나, 소설 책 한 권도 꿈같이 먼 나라의 이야기였다. 그런 문화는 "서울"(달나라보다 더 멀었던 도시) 사람들의 것이었다.

결국 교과서 이외에 내가 "책"을 통해 배운 것은 모두 성경책에서 얻은 것이 되고 말았다. 그러니 아는 게 있어야 유혹을 받지 않겠는가? 다른 문화, 다른 종교, 다른 위인들은 나의 젊은 날엔 없었다. 덕분에 신앙과 상관없이도 나는 예수의 사람이 되어가고 있었다. 그리고 교회에 다닌 경력은 짧았지만 성경 퀴즈 대회에서는 언제나 일등을 했다. 이것은 자랑이 아니라 슬픈 운명이었다.

나를 "놀러가자"고 유인했던 그 친구들, 그리고 내게 "다른 세계"가 있다는 것을 말없이 보여 준 그 학생들이 보고 싶다. 그리고 이런 운명 때문에, 내가 어느 날 종교를 혹 바꾼다고 할지라도 '나의 세계를 형성해 준 성경 책'에서 나는 결코 벗어나지 못할 것이다. 그리고 내가 만난 예수님에게서.

2. 예수의 때와 땅

그러면 예수라는 사람은 어떤 때에 어떤 땅에서 태어났는가? 사람은 아무도 자기의 때와 땅을 선택하여 태어나지 못한다. 그래서 그것은 위로부터 주어진 것이라고 말하기도 한다. 팔자니 운명이니 하는 말도 따지고 보면 다 그런 얘기다. 내가 선택하지 않았건만 나를 지배하는 힘-우리는 그 힘 앞에서 때로는 저항하고 때로는 찬미한다. 예수의 경우는 어느 모로 보나 찬미거리보다는 원망거리와 저항해야 될 이유가 많은 때와 땅이었다.

사람들은 누구나 이렇게 위로부터 주어지는 때와 땅의 기운에 영향을 받는다. 그 영향에 어떻게 응답하느냐에 있어서는 차이가 날 수 있지만, 아무도 외딴 섬처럼 단독자로서, 하늘에서 떨어진 완성품처럼 그 때와 땅에서 뚝 떨어져서 살아가지는 못한다. 때를 잘 타고나야 한다는 말은 그런 뜻에서 일리가 있다(결정론적 운명론에 빠지지만 않는다면). 그가 세계 제일의 강대국에서 정치인으로 태어났다면 오늘 인류는 그를 벌써 잊어버렸을 것이다.

구두쇠의 나라 스위스를 방문한 적이 있다. 형식상 사회주의 국가는 아니지만 사실상 사회주의 국가인 그 곳에 계신 한인 목사님 한 분이 이렇게 말해 주었다. 스위스의 젊은이들은 일터가 있고 사랑의 짝이 있으면 더 이상 바라는 것이 없다고. 그들은 하느님이나 종교 따위엔 긍정도 부정도 않는다고 했다. 관심이 아예 없으니까. UN 본부를 두고 있는 나라, 그러나 세금 내기 싫어서 UN에 가입하지 않는 구두쇠의 나라가 자기네 국민들을 위해서는 잘 해주는 모양이다.

만일 예수라는 사람이 그런 때, 그런 땅에서 태어났다면, 어쩌면 별수 없었을지 모른다. 그저 남에게 피해를 끼치지 않으면서, 정직하고 열심히 일하여 자기의 분복(分福)을 누리며 모범적인 시민의 하나로서 생을 마쳤을 것이다. 그런데 그가 태어난 때와 땅은 그를 그렇게 버려두지 않았다. 물론 그 때, 그 땅에 예수만 태어난 것은 아니다(전설은 그 무렵의 갓난아기들을 헤롯이 모조리 처형했다고 하지만). 그러나 그는 자기가 태어난 때와 땅의 탄식을 들었고, 그것 때문에 괴로워하다가 마침내 일을 저지르고 말았다. 어떻게 그런 길을 걷게 되었는지 하나하나 풀어가 보자.

그의 조상들은 자기들을 어떻게 이해하고 있었는가?

제 선조는 떠돌며 사는 아람인이었습니다. 그는 얼마 안 되는 사람을 거느리고 이집트로 내려가서 거기에 몸 붙여 살았습니다. 그러나 그는 거기서 불어나고 크고 강한 민족이 되었습니다. 그래서 이집트인들은 우리를 억누르고 괴롭혔습니다. 우리를 사정없이 부렸습니다. 우리가 우리 선조들의 하느님 야훼께 부르짖었더니 야훼께서는 우리의 아우성을 들으시고 우리의 비참과 괴로움과 억눌림을 보셨습니다. 그리고 야훼께서는 …… 우리를 이집트에서 구출해 내셨습니다(신명기 26:5-8).

고통스런 일이 생길 때마다 예수의 조상들은 이 이야기를 반복하면서 위로 받기도 하고 소망을 다지기도 했다. 그러나 그들이 실제로 "크고 강대한 민족"은 아니었다. 구약성서의 같은 책은 이렇게 말하고 있다: "야훼께서 너희를 택하신 것은 너희가 어느 민족들보다 수효가 많아서 거기에 마음이 끌리셨기 때문이 아니다. …… 다만 너희를 사랑하시고 너희 선조들에게 맹세하신 그 맹세를 지키시려고 …… 너희를 이끌어내신 것이다"(신명기 7:7-8). 나아가 해방된 민족 이스라엘이 선물로 받은 땅은 "젖과 꿀이 흐르는 땅"(신명기 26:9)이 아니었다. 외적의 침입이 연속되었고, 흉년이 주기적으로 찾아오는 척박한 땅이었다. 그 뿐이 아니다. "이집트로부터의 해방"은 예수 당시 사람들에게는 이미 신화가 되어버린 지 오래였다.

예수의 조상들은 셈(노아의 아들) 혹은 나홀(아브라함의 할아버지)의 계통으로 알려진 팔레스타인 북서방 유목민(아람인)이라고 했다. 그리고 그들은 꿈의 땅에서 살다가 이집트로 내려가게 되었고, 거기서 학대를 받다가 야훼의 도우심으로 꿈의 땅에 돌아오게 되었다. 그러나 그들은 주변의 강대국에 비하여 언제나 지나친 열세에 놓여 있었고, 그래도 살아남을 수 있었던 것은 한반도의 조선처럼 강대국들이 서로 맞부딪쳐 싸우지 않을 속셈으로 완충지대를 하나 허용하려 했기 때문일 것이다.

하느님의 능하신 팔로 세우신 이스라엘 왕국은 전성기(다윗 왕 시기, 기원전 1000년경에 즉위)를 맞이하자마자 분열의 비극을 맛보았고, 분열된 왕국 이스라엘은 동방제국의 하나인 앗수르에 의해 기원전 723년경에 무너지고, 남아 있던 남왕국 유다는 기원전 587년경에 바벨론이라는 신생국에 의해서 무너졌다. 따지고 보면 겨우 500년 간의 짧은 세월 동안만 하느님의 능하신 팔이 저들을 지켜 주셨다. 기원전 6세기 말부터 이스라엘민족은 긴긴 식민지의 암굴을 통과해야 했다. 숫자 노름을 좋아하는 일부의 사람들의 생각처럼 400년, 400년 따위의 운명이 들어맞지를 않았다.

예수 당시 이미 그 민족은 600년이란 긴 세월을 나라 잃은 설움 속에서 살아왔었다. 남쪽에는 강대국 이집트가 비교적 항구적으로 버티고 있었다(내란은 계속되었지만). 그러나 북방에는 이스라엘 분열 왕국을 멸망시킨 앗수르 제국을 뒤이어, 기원전 597년 경에는 바벨론 제국이 세계를 제패했다. 그러나 바벨론 제국은 겨우 100년도 못 되어 그 세계 패권(바벨론 자체는 이보다 역사가 길다)을 신생국 페르샤에게 물려주어야 했고, 그 때가 기원전 539년경이었다. 이 무렵을 전후하여 동방의 나라에서는 이미 성현들이 탄생하였다. 기원전 566년경 인도에서는 석가가, 기원전 522년 경 중국에서는 공자가 각각 탄생하였다. 인류의 어둠이 그만큼 짙어졌던 것이었을까? 그러나 예수의 땅 팔레스타인은 아직 어둠이 계속되고 있었다.

신생 제국 페르샤가 바벨론에서 포로 생활로 시달리던 이스라엘 민족을 "고향"으로 돌려보내는 귀환정책을 쓰자, 제2 이사야서는 이렇게 페르샤 왕을 찬양하고 나섰다(때는 538 B.C.E.경):

> 고레스에게 대하여는 이르기를 "그는 나의 목자라, 나의 모든 기쁨을 성취하리라" 하며 …… 나 여호와는 나의 기름부음 받은 [메시아] 고레스의 오른손을 잡고 열국으로 그 앞에 항복하게 하며……
> (이사야 44:28; 45:1).

유다 왕국의 사람들을 기준한다면, 약 50년(이스라엘 왕국을 기준하면 무려 180여 년)만의 귀향이다. 당시의 이방인 왕에게 이렇게 극도의 찬사를 보낸 것을 보면, 그간의 저들의 설움이 얼마나 컸었는지 짐작할 수 있다. 그러나 "귀향" 조치를 받았음에도 압제의 이방 땅에서 "거짓된 안정"을 터득하여 더 이상 떠나지 않으려는 사람들이 있었고, 이것이 하느님과 뜻 있는 민족주의자들을 슬프게 하기도 했다. 약 140년 후, 에스라와 느헤미야가 유다 왕국을 재건할 허락을 받고 페르샤 제국으로부터 귀향한다. 그 때가 기원전 400년경. 이것이 "율법"을 중심한 이스라엘 종교, 소위 "유대교"가 팔레스타인 땅에서 정착된 시발점이었다. 너무도 긴 세월 동안 강대국의 식민지 생활을 하면서 민족적 자존심을 깡그리 박탈당한 민족, 그 민족 앞에서 최초의 서기관(율법학자)으로 알려지고 있는 에스라(당시 제사장)가 "모세의 율법"을 백성에게 호소하였다. "학사(선비) 에스라가 모든 백성 위에 서서 목전에 책(모세의 율법)을 펴니, 책을 펼 때에 모든 백성이 일어서니라. …… 백성이 율법의 말씀을 듣고 다 우니라"(느헤미야 8:6-9). 잃어버렸던 민족의 정체성을 율법을 통하여 비로소 확인하는 순간이었다.

그러나 이 같은 제2의 출애굽도 얼마 가지 못하였다. 약 70년 간의 자치 정부는 새로운 칼, 알렉산더 대왕에 의해서 무참히 잘리고 말았다. 알렉산더는 주변의 강대국들, 이집트까지 순식간에 정복하고 희랍문화를 전 세계에 파급시켰다. 그러나 팔레스타인을 점령한 지 10년이 지났을 무렵 그는 세상을 떠나게 되고(323 B.C.E.), 팔레스타인은 신생 제국들의 열띤 각축장으로 변모해 갔다. 알렉산더의 마케도니아 제국의 손에서 벗어난 이집트 왕 프톨레마이오스는 팔레스타인까지 속국으로 하는데 성공했다. 그러다가 약 120년쯤 후, 알렉산더 제국의 북방을 중심으로 패권을 형성한 시리아의 셀류커스가(家) 왕(안티오커스 III)이 팔레스타인을 점령하게 되었다(198 B.C.E.). 그는 알렉산더 대왕의 정책을 본따서 팔레스타인 땅에도 희랍식 문화정책을 썼다(한반도에는 이때 비로소 위만조선이란 나라가 형성되었다). 그러기를 140년,[1] 이번에는

---

[1] 이 기간 동안 팔레스타인은 줄곧 시리아의 종속국으로 지낸 것이 아니라 하스모네가의 마카비 형제의 종교적·정치적 혁명의 덕분에 기원전 164년 이래로 약 100년 간 어느 정도로는 자치정부의 형태를 유지했다. 그러나 계속하여 시리아(희랍 문화권)의 영향을 받아야 했다.

또 다른 제국 로마에 의한 식민지 신세를 겪게 되니, 때는 기원전 63년이었다.

예수가 태어난 때는 로마의 폼페이우스가 팔레스타인을 지배하기 시작한지 60년이 지난 기원전 7년경이었다. 그가 태어나 보니, 그 땅의 주인은 더 이상 야훼 하느님이 아니었다. 출애굽기 전통 중 하나가 "땅"은 야훼의 것이라는 신앙이었다. 그러나 그 신앙은 처절하게 도전 받고 있었다. 600여 년 간. 나아가 "언어"도 상실되어 버렸다. 알렉산더가 페르샤를 패망시킨 후 얼마 안 되어, 유대인은 히브리어가 아니라 아람어(계통은 같으나 다른 언어임)와 희랍어를 사용하게 되었다(약 기원전 300년경부터). 땅을 빼앗긴지 600년, 민족혼(언어)을 빼앗긴지 300년, 예수라는 한 유대인이 태어났다(엄격히 말하면 그는 남쪽의 유다 왕국 사람이 아니라 북쪽의 갈릴리인이었다). 한국에서는 백제가 건립된 지 15년 만이었다.

3. 스승의 죽음을 뒤따라

> 너희는 내가 호렙에서 온 이스라엘을 위하여 내 종 모세에게 명한 법 곧 율례와 법도를 기억하라. 보라 여호와의 크고 두려운 날이 이르기 전에 내가 선지 엘리야를 너희에게 보내리니, 그가 아비의 마음을 자녀에게로 돌이키게 하리라. 돌이키지 아니하면 두렵건대 내가 와서 저주로 그 땅을 칠까 하노라 하시니라(말라기 4:4-6).

이것은 구약성서의 마지막 책 마지막 구절이다.

엘리야는 분열된 북왕국 이스라엘의 제7대 임금 아합(871-852

B.C.E.) 시대에 활동한 예언자인데, 그는 왕후 이세벨의 음모로 인하여, 야훼종교를 변질시켜 나가고 있던 이방 종교 바알 숭배에 대항하여 혈혈단신으로 맞서 싸우다 승천했다고 전해진다. 그는 예언자들 중의 왕으로 떠받들어졌고, 많은 신화가 그를 둘러싸고 생겨났다. 그러다가 마침내는 그가 장차 도래할 "주의 날"(심판과 구원의 날)의 메시아 전령이라는 묵시문학사상이 싹트게 되었다. 그가 야훼 종교의 순수성 회복을 위한 상징적 투사로 여겨졌기 때문이었으리라.

그런데, 우리의 주인공 예수의 세계 등장의 가장 가까운 배경은 바로 이 같은 묵시문학사상으로 윤색된 엘리야 대망이었다. 600년 간의 긴긴 암흑을 용케도 버티어 온 이스라엘, 그들의 가슴속에는 곧 엘리야가 출현할 것이며 뒤이어 메시아가 도래할 것이라는 사상(기대감)이 깊이깊이 숨어 있었다.

그때 "광야"에서 엘리야의 옷차림을 한 새 예언자가 출현하여, "죄사함을 받는 회개의 세례"를 전파하였다(마가 1:4-8). 그는 독립된 종파를 형성하지는 않았지만, 독자적인 신앙 운동을 해 나갔다. 단식, 금주, 일정한 형식의 기도, 회개에 합당한 정결한 도덕 생활 실천이 그의 운동의 핵심이었다. 그리고 그는 이 같은 운동에 가담하려는 자들에게 상징적인 결단식 혹은 입단식을 치렀다. 이것이 "죄사함"의 세례였다(마가 1:4, 그러나 마태는 "죄사함"이 아니라 "회개"의 세례일 뿐이라고 기록한다. 3장 참조). 그의 세례운동은 상당히 빠른 속도로 퍼져 나갔고, "바리새인과 사두개인"들도 세례를 받았다(마태 3:7). 그리고 요한은 이들을 향해 준엄한 비판을 퍼부었다: "독사의 자식들아!"

그는 경건의 상징이었고, 하느님의 대언자였으며, 어느 모로 보나 권위가 있었다. 많은 사람들은 결국 그를 "엘리야"로 믿게 되었다. 예수도 이것을 긍정하였다(마태 11:14, 그러나 반(反)요한적인 복음서는 이것을 부정한다. 요한 1:21).

이미 30세쯤 된 예수는 민족 회개 운동의 기수인 요한에게 찾아가 "죄 사함을 위한 회개의 세례"를 받기에 이른다. 그런데 거기서 비밀스런 사건이 발생한다. 어두웠던 민족의 운명을 부둥켜안고 고뇌하던 예수는 차가운 물 속에서 올라오면서 깊은 "회심"을 체험한다. 무슨 무슨 "죄를 회개"했다는 것이 아니라 민족의 목양에 대한 사명감에 사로잡히는 전율적 체험을 했다는 말이다. 어찌 보면 "하늘이 열리는" 것 같은 환희였으나, 환희는 순식간에 끝나고 깊고 차가운 회의에 빠지게 된다.

600여 년 간 세계 제국들의 몸종처럼 살아온 내 나라 내 민족, 그들을 위해 내가 무엇을 할 수 있다는 말인가? 정치 지도자가 될 꿈도 꾸어 보았다. 로마의 식민지 정책이 시작되기 전 100년 이상 버티어 온 민족 항쟁의 기수 마카비도 생각해 보았을 것이다. 헐벗고 굶주리는 갈릴리의 동포들을 생각하면서 경제적 혁명의 꿈도 꾸어 보았을 것이다. 자기에게 민족 사명감을 고취시킨 스승 요한의 길도 생각해 보았을 것이다. 민족 회개운동 혹은 "복음" 선포로써 지상천국을 실현한다는 꿈이었다. 예수는 결국 고민에 빠져 얼마 동안 아무것도 하지 못했다. 목표는 확실하다. 600년 내 민족의 한을 풀고, 하느님께서 아직도 우리 선조들에게 하셨던 "맹세"를 기억하고 계심을 보여주어야 한다. 그러나 어떻게… 어떻게… 아무도 동지가 되어줄 것 같지 않았다. 그래서 그는 잠시 은둔 생활을 한다. 자기정립이 필요했다. 사명감 하나로 해결될 만큼 손쉬운 일거리가 그를 부른 것이 아니었기 때문이다.

이 "광야" 시험은 마침내 외부로부터 차단당한다. 그의 스승이 체포되었다는 소식이 들려온 것이다. 이 사실을 성서는 이렇게 보도하고 있다: "요한이 잡힌 후에 예수께서 갈릴리에 오셔서 하느님의 복음을 전파하셨습니다"(마가 1:14). 요한은 "헤롯(당시 유다왕)이 동생 빌립보의 아내 헤로디아와 결혼하였다고 해서, …… '동생의 아내를 데리고 사는 것은 옳지 않습니다' 하고 누차 간하였기 때문에" 체포되어 결국 처형되었다(마가 6:18). 그러나 세례자 요한의 체포와 죽음이 어찌 그런 사적(私的) 비판 때문 만이었겠는가? 그것만은 결코 아니었을 것이다.

모세의 이야기를 생각해 보자. 몇 살이었는지는 모르지만 "세월이 지나" "성년"이 되었을 무렵의 어느 날, 밖에 나가 세상 구경을 하던 모세는 "동족이 고생하는 모습을 보게 되었다. 그 때 마침 이집트인 하나가 동족인 히브리인을 때리는 것을 보고, 그는 이리저리 살펴 사람이 없는 것을 알고 그 이집트인을 쳐죽여 모래 속에 묻어 버렸다"(출애굽기 2:11-12). 압제자의 궁궐에서 자란 청년 모세, 피끓는 동족애—정말 어울리기 어려운 일이었다. 사람은 자기의 계급에 속해 있기를 좋아한다. 적어도 압제자의 계급에 속해 있을 때는. 그러나 모세는 자기의 특권적 계급이 아니라 짓눌리는 계급인 동족 히브리인과 하나가 되고 싶어했다. 그러나 히브리인은 모세의 동족애를 의심할 수밖에 없었다. 그 다음 날, 다투는 히브리인들의 싸움에 간섭하려고 하다가 실패한 모세는 뜨거웠으나 아무것도 이뤄내지 못한 채 미디안 광야로 은둔했다. 나는 누구인가? 나는 무엇을 할 것인가? 고생하는 내 동족을 위해 내가 할 일은 없는가? 그가 하느님을 만나게 된 것은 호렙산 중의 가시덤불 앞에서가 아니라, 자기 가슴속에 타오르고 있는 잠재울 수 없는 동족애와 저 밖에서 들려오는 외면할 수 없는 동족의 탄식 앞에서였을 것이다.

예수, 그는 자기에게 인생의 갈 길을 보여 줄 것만 같았던 스승 세례자 요한의 체포(그것은 곧 처형을 뜻했다) 소식을 듣고 거부해 버릴 수 없는 음성을 듣게 되었다. 차가운 요단강물에서 세례를 받고 올라올 때보다 더 선명하게 그는 한 음성을 들었을 것이다. "내 백성을 돌보라." 모세가 좌절된 동족애에 못이겨 미디안 광야로 도망쳐 은둔하다 들은 음성, 이세벨을 피하여 동굴 속에 숨었다가 침묵 속에서 엘리야가 들었던 음성—그것을 예수가 다시 들었다.2) 요한은 이두매와 구부로 계통의 출신인 헤롯이 로마의 앞잡이가 되어 유대인을 괴롭히고 있던 사실을 마음에 두고 있다가, 법도에 어긋나는 결혼극을 벌이자 이 사건을 틈타 마침내 불을 뿜었던 것이다. "하느님의 정의는 아직도 살아 있습니다" 하고.

스승의 죽음은 죽음으로 끝나지 않았다. 오히려 스승의 죽음은 생전에 다하지 못한 말을 집약시켜 말해 주는 것 같았다. "때가 찼고 하느님 나라가 가까웠으니 회개하고 복음을 믿으라"(마가 1:14-15). 예수는 이제 확신을 가지고 스승의 뒤를 따라나섰다. "죽으면 죽으리라." 그는 자기 스승의 설교를 반복했다(마태 3:2=4:17). 여러 면에서 예수 운동은 요한 운동의 계승이었다. 예수 소문이 전해지자, 헤롯을 포함한 많은 사람들이 "죽은 세례자 요한이 다시 살아난 것이 틀림없다"(마가 6:14)고 생각하며 두려워 떨었다고 했다.

예수는 자기의 스승의 성공이나 승리가 아니라 죽음을 보고 일어났다. 마치 죽는 것이 그 시대를 살아가는 유일한 길임을 발견한 사람처럼.

성결(거룩)의 개념과 실천에 있어서는 스승과 달랐으나, 예수는 같은 설교를 했다. 특히 회개-하느님 나라-복음, 이 기본적인 메시지를 그는 자기의 스승에게서 배웠다. 당시는 "하느님의 말씀" 하면 "율법"이나 "예언"을 연상하던 때였다. 그런데 예수가 자기의 운동을 회개-하느님 나라-복음 운동으로 설정할 수 있었던 것은 결정적으로 요한의 영향이었다. 그뿐이 아니라 예수와 그의 제자들은 요한에게서 "세례"

---

2) 변화산상에서 모세와 엘리야(요한)가 예수의 대화 상대자였다고 하는 성서보도는 결코 꾸며낸 이야기가 아니다.

운동의 방식을 배웠고, 그대로 계승하였다. 더 나아가 요한과 예수 사이를 갈라놓으려고 애쓰는 요한복음서3)는 예수 제자들의 일부(어쩌면 전부?)가 사실상 요한의 제자들이었음을 밝혀 주고 있다:

> 다음 날 요한이 다시 자기 제자 두 사람과 같이 서 있다가 예수께서 지나가시는 것을 보고, "보라, 하느님의 어린양이다" 하고 말했습니다. 그 두 제자는 요한이 하는 말을 듣고 예수를 따라갔습니다. ……그 두 사람 중의 하나는 시몬 베드로의 형제 안드레였습니다 (요한 1:35-40).

이 고맙고 안타까운 스승을 가리켜 예수는 이런 말을 남겼다. "여인이 낳은 사람 중에 세례 요한보다 더 큰 인물은 없다."(마태복음 11:11=누가복음 7:28)

4. 요나를 사랑한 술꾼

사람이 귀한 이유는 많이 있을 것이다. 그 중의 하나는 사람 하나가 사람으로 성숙하기까지는 엄청난 노력과 시간이 들기 때문일지 모르겠다. 나라를 사랑하리라고 다짐하고 몸을 날려 뛰어들 결심을 하는 것, 쉽지는 않지만 순간적으로 가능할지도 모른다. 그러나 그가 순간적으로 해낸 결심을 살아내는 데는 갈등의 긴 세월이 걸린다.

---

3) 여기서는 예수가 요한의 세례를 받지 않는다. 요한복음 1:29-34 참조. 마태도 예수가 요한의 세례를 받은 사실에 대해서 구구한 변명을 늘어놓았다. 마태복음 3:14 참조.

나는 신학이 무엇인지, 기독교가 무엇인지, 목사가 된다는 것이 무엇인지도 모른 채 신학교를 들어오게 되었고, 또 그렇게 신학교를 졸업하였으며, 결국 목사 안수까지 받게 되었다. 그러나 목사 안수를 받았다고 즉시 목사가 되지는 않는다는 것을 나중에서야 알았다. 처음 목사 안수를 받았을 때는 우선 나도 이제 "축도"를 할 수 있구나 하는 제도적 특권이 생각났지만, 안수식을 행하는 전 날은 몹시 망설여졌었다. 한번 목사가 되고 나면 다시는 과거로 되돌아갈 수 없는 노릇, 내가 꼭 목사가 되어야 하나? 다른 방식으로 일할 수는 없을까? 왠지 속박을 당하는 것 같은 느낌 때문에 내심으로 많이 저항했다(지금도 목사 후보생들은 비슷한 망설임을 겪을 줄 안다). 이 같은 내적 저항은 목사 안수를 받고 나서도 긴 세월 계속되었다. 그 이유는 목사가 싫어서라기보다는 신학이라는 학문이 싫어서였다. 가끔씩 사람들은, 내가 전혀 목사 같지 않다는 듯이, "어떻게 목사가 되었소?" 하고 나에게 묻는다. 무슨 계시라도 특별히 받았어야 되지 않겠느냐는 식이다. 어떤 사명을 위한 소명(부르심)이 내게 있었다면, 그것은 신학을 향한 것이 아니라 과학, 특히 물리화학을 향한 것이었다.

지금도 가끔씩 그러하다. 신문이나 TV를 통해서 과학의 발전상을 접하게 되면 나는 저절로 흥분한다. 그것이 내가 해야할 일처럼 느껴지기 때문이다. 그래서 동해안에 있는 어떤 원자력 발전소 옆을 지날 때면 나는 지금도 머물렀다가 가고 싶은 충동을 느낀다.

나는 삼척공업전문학교 화학과 제1회 입학생이었다. 박정희 대통령이 한국의 과학 기술자를 육성하기 위해 국비로 세운 전국 4대 전문학교(5년제)의 하나였다. 나는 거기서 생을 걸고 싶은 학문을 발견했고, 약소국인 조국을 위해서는 원자력 산업이 절대적으로 필요하다고 느꼈었다. 실험실에서 비누, 화약, 아스피린을 만들면서 흥분했던 기억이 지금도 생생하다. 그러나 대학 진학을 법으로 금하고 있었음을 뒤늦게 알게 된 학우들은 하나둘씩 전학을 가야 했고, 나도 뒤늦게 바람이 들었다.

학문의 분야는 아무것이라도 좋으니 나도 "대학"엘 가야겠다. 이런 생각이 나의 운명을 바꾸고 말았다. 당시 진학의 준비도 안 되어 있던 내 형편으로는 등록금이 가장 싼 신학교가 적격이었다. 그러나 아무것도 누구도 "증명"해 보일 수 없는 이상한 학문, 신학은 늘 나를 괴롭혔다. 아무것도 만들어 보여 줄 수가 없었다. 누가 옳은지 증명할 수가 없었다. 이런 신학의 세계가 자연과학에 미쳐 있던 나에겐 "이방" 지대였었다.

목사 안수를 받고, 미국에서 유학 생활을 하고, 박사 학위를 받고 왔어도, 자연과학의 선명성에 대해 허기진 내 마음을 채울 수는 없었다. 그 뿐이랴. 내가 배우고, 믿고, 또 그렇게 살고 싶은 그 "복음"이란 게 사실 많은 사람들이 듣고 싶어하지 않는 혹은 감당할 수 없는 이야기란 것을 체험하면서부터는 더욱 더 두려웠다. 목사라는 특수한 직업, 침묵을 하는 속에서도 하느님을 증언해야만 하는 성스런 직책, 그것은 정말 내가 선택한 것이 아니었다. 내가 가고 싶었던 길이 아니었으며, 내가 감당할 수는 더욱 없는 길이었다. 다른 길은 없었을까? 내가 다시 자연과학으로 돌아갈 수는 없을까? 아 부질 없는 인간의 소망이여.

그러나 나는 몇 년 전부터 운명처럼 지워진 목사의 직책을 힘껏 수행하리라 결심했다(그 결심의 실천은 아직도 잘 안 되고 있지만). 예수가 요나를 사랑했을 것이라는 생각 하나가 내 마음을 바꾸기 시작하였다.

성서에는 표적(과학적인 증거)을 요구하는 그 시대의 사람들(바리새인과 서기관이 대표자로 등장한다)에게 "요나의 표적"밖에는 보여줄 것이 없다고 예수가 답한 것으로 되어 있다(마태 12:38-41; 누가 11:29-30). 그리고 마태(?)는 이것을 "요나가 낮과 밤으로 사흘을 큰 물고기 뱃속에 있었던 것같이 인자(예수)가 낮과 밤으로 사흘을 땅 속에 있을" 죽음과 부활을 가리키는 것으로 해석하고 있으나, 누가는 요나의 말을 듣고 회개한 "니느웨 사람들"을 강조하고 있다. 즉 표적을 구하지 말고, 내 말을 듣고 "회개"하라는 뜻으로 해석했다. 그러나 예수의 본뜻을 유감없이 간직하고 있는 것은 역시 마가복음서이다. "예수께서 마음속으로 깊이 탄식하시며 말씀하셨습니다. '어찌하여 이 세대는 표적을 구하는가! 내가 진정으로 너희에게 말한다. 이 세대에는 아무 표적도 보여주지 않겠다'"(마가 8:12).

표적을 구하는 이 시대의 사람들에게 예수도, 그리고 나도 "보여줄" 표적은 없다. 내가 그렇게 원하던 것, 증거, 증명, 그런 것으로서는 하느님의 살아 계심을 설득시킬 수 없다는 것이 예수의 생각이었다. 그렇다면, "요나의 표적" 이야기는 와전된 것이 분명하다. 즉 평소 예수는 운명에 저항했던 요나, 그러나 아이러니 하게도 하느님의 일을 성취시키고 말았던 요나를 몹시 좋아했을 것이다. 마음을 쉽사리 하느님께로 돌이킬 수 없는 자기 시대의 사람들을 구하고 싶은 일념뿐이었던 예수는, 어떤 "좋은 수가 없을까?" 시시때때로 궁리했을 것이다. 그러면서 그는 자기의 "제자들"(사실은 동지들)과 더불어 밤을 새워가며 술을 마셨을 것이다(통행금지가 없었다면). 하느님의 살아 계심을 보여 줄 수 있는 좋은 수가 없을까? 로마의 압제에서 시달리는 내 동포, 자기들끼리도 갈갈이 찢겨진 불쌍한 내 동포를 위하여 목수 출신인 내가 무엇을 할 수 있을 것인가? 그는 답답한 마음을 달랠 수가 없었다(물론 때로는 기도로써 달랬다). 그래서 예수는 마셨다. 그리고 마침내 "먹보요 술꾼"(마태 11:19 = 누가 7:34)이라는 별명이 붙었고, 예수 자신도 그 사실을 부정하지 않았다.

그는 나실인 같은 유형의 사람이 아니었다. 삼손이나 사무엘처럼 머리를 깍지 않으며, 술을 마시지 않는 것으로써 하느님께 대한 충성의 서약을 삼을 수 있었던 그런 좋은(?) 시절에 탄생하지는 못하였다. 자기 나라가 강대국의 식민지 신세가 된지 600년, 언어를 잃은 지 300년, 그리고 권력의 칼에 의해 자기 스승이 처형된 그 다음날, 엉뚱하게도 "표적"이나 구하고 있는 우매한 동포—그 틈바구니에서 예수는 요나처럼 도망치고 싶었다. 그래서 그는 제자들과 술을 마시면서 요나 얘기를 많이 했고, 제자들은 나중에 자기 선생의 요나 얘기를 엉뚱하게도 부활 사건으로 재해석했던 것이다.

요나를 사랑했던 술꾼 예수—보여 줄 표적이라고는 스승의 뒤를 따르는 것밖엔 없었다. 그리고 우리는 요나의 이름이 "비둘기"를 뜻한다는 우연한 사실에 주목할 수도 있다. 비둘기, 그게 어찌 되었단 말인가? 호세아서 7장 11절에서는 "어리숙한 비둘기"의 신세가 된 에브라임(이스라엘)을 말하고 있고, 시편 74편 19절은 "무기력해진 비둘기"같은 이스라엘을 말해 주고 있다. 요나—비둘기—어리숙한 새, 무기력한 새, 가난한 자들이 제물로 바쳤던 비둘기(누가 2:24). 그 비둘기는 예수가 생의 사명을 발견하기 시작한 세례 사건 때에 "성령"을 상징하여 그의 머리 위에 나타났다고 했다(마가 1:10). 이 모든 상징적 표현들은 결코 우연한 것이 아니며, 또 결코 서로 무관한 일들을 가리키지도 않을 것이다.

예수의 가슴속에는 자기의 동포의 비극적인 운명이 가득 차 있었고,

그는 그의 스승에게서 갈 길을 보았다. 그러나 그의 마음 또 한 구석에서는 이스라엘의 역설적 운명 같은 요나가 자리하고 있었다.

5. 제5 운동 ― 더러운 예수

> 보라. 저 사람은 먹기를 탐하고 술을 즐기는 자요 세리와 죄인의 친구다(마태 11:19 = 누가 7:34)

왜 이렇게 이해되었을까? 위에서 우리는 (성서에서는 어디에도 없지만) 예수가 "술꾼"이 된 것은 비둘기(어리숙하고, 무능력하고 빈곤에 처한 이스라엘, 그리고 예언자 요나, 예수에게 임했던 성령의 상징)와 어떤 연관이 있을 것이라고 생각해 보았다.

여기서는 왜 그가 "세리와 죄인의 친구"가 되어야 했는지를 알아보려 한다. 이것은 세리 마태(예수의 제자가 됨)와 "더러운" 여인들 사건과 관계되어 있음이 분명하다.[4] 따라서 우리의 상상력은 그렇게 높이까지 날아오르지 않아도 된다.

그렇다면, 이 같은 일련의 사건들의 성격은 무엇이며, 그 배후는 무엇인가? 우선 이 사건들을 통해서 분명히 드러난 사실은, 예수는 당시의 사람들의 눈으로 보면 어느 모로나 "정결한" 사람이 아니라 "더러운" 사람이었다는 점을 가리킨다. 거룩한 하느님을 따르기 위해 "세속"과는 구별되게 살아감이 야훼 신앙의 핵심이거늘, 스승 요한의 뒤를 따라 신앙 하나로 나라를 다시 세우겠다는 일념으로 나섰던 청년 예수는

---

[4] 세리 마태, 마태복음 9:9-13과 병행 구절. 더러운 여인들, 누가복음 7:36-50(여기만 있음)과 요한복음 8:3-11(여기만 있음).

왜 처음부터 "빗나가기" 시작했던가? 왜 예수는 더러워지기를 마음먹었던가? 아니 그는 왜 더러워져야만 했던가?

이 사실을 이해하려면 당시에 나라를 다시 세워 보겠다고 다짐하며 살아가던 비슷한 운동 집단들 적어도 넷을 파악하고 있어야 한다. 그렇지 못할 경우 예수를 하늘에서 떨어진 외계인(역사적 맥락과 무관)으로 생각하든지 아니면 다른 운동 집단과 혼동하기가 쉽다.

우리의 이야기는 먼저 제2의 출애굽에 해당하는 제2차 (바벨론으로부터의) 포로 귀환에서부터 시작해야 한다.

북왕국 이스라엘인의 경우 200년 이상, 남왕국 유다인의 경우 100년 이상 (앗수르와) 바벨론 제국의 포로 생활을 했다. 포로 생활은 저들의 신앙 형태가 "성전에서 제사를 드리는 행위"로써는 지탱될 수 없었음을 뜻한다. 정치적 독자성을 잃은 저들은 다른 형태의 신앙을 통해서 정신적 주체성만이라도 유지해야만 했으며, 그것이 일상생활 속에서도 지킬 수 있는 "율법 준수"의 길이라면 더욱 좋았다. 정기적으로 조국을 향해 기도를 드리거나, 음식을 가려먹거나, 동족간의 뜨거운 애정을 나누거나, 일정한 기간의 노동 휴식을 취함, 등등이 바로 그런 방식이었다. 이 같은 율법준수 운동은 종교적이면서도 동시에 정치적이었다. 저들에게 있어서 야훼 신앙의 자유는 정치적 자주독립의 근거요 목적이었기 때문이다.5) 그럼에도 불구하고, 이국에서 생활의 안정을 얻어내는데 성공한 포로들은 귀향 명령에도 불구하고 선뜻 귀환하지 않았다. 제2차 귀향 명령(허락)에 따라 느헤미야(정치 지도자)와 에스라(종교

---

5) 이 모든 종교 활동의 중심지는 "회당"이었다. 율법을 강론하고, 연구하고, 기도하기 위해서 성전을 잃은 유대인들은 회당에 모였었다. 그러나 성전이 재건된 후에도 이 같은 새로운 종교 생활 방식의 중심지인 회당은 남게 되었다.

지도자)가 돌아왔고, 이것이 팔레스타인 땅에서의 새로운 야훼 신앙인 유대교의 시발점이다. 그리고 에스라는 제사장이요 또한 율법학자(서기관)라고 했다.

(1) **사두개파** – 신약성서에는 **서기관**(율법학자)이 자주 등장한다. 최초의 서기관은 에스라라고 할 수 있다(기원전 400년경). 그런데 예루살렘 성전에서 일하는 제사장들은 여럿이었으며, 그들을 돕는 사람도 많이 있었다. 에스라는 이들을 통하여 율법을 생활 속에 정착시키는 운동을 전개했고, 그것은 상당히 성공했다. 그런데 알렉산더가 팔레스타인을 점령한지 얼마 안 되어, 이스라엘 민족은 국어를 바꾸게 되었다. 국제화 시대를 맞이한 삶의 방책의 하나였다고나 할까, 약소민족의 운명이었다고나 할까. 이들은 헬라어(통속 희랍어)와 아람어(셈어 계통이나 히브리어와는 다르다)를 사용하면서 모국어요 율법의 언어인 히브리어를 망각해 버렸다. 그러면서 "율법"은 국민의 것이 아니라 서기관들(전문 지식인)의 것이 되었다. 저들은 서기관들(가르칠 자격을 갖추면 "랍비"라고 불렸다)의 도움이 없이는 율법을 읽을 수도 없게 되었다. 이같은 초기의 서기관 계층과 긴밀한 연관을 맺으며 "예루살렘 성전"을 중심으로 활동하던 제사장 계층의 사람들을 사두개파라고 한다. 그것은 솔로몬의 제사장 사독의 후예라는 뜻이다(제사장 계열간에도 정통성 싸움이 심각했다). 그런데 "사두개파"가 하나의 당파적 종교 운동으로 등장한 것은 이스라엘의 혼란기인 "마카비 혁명" 때였다(기원전 2세기 초반). 하스모네가(家)에 속하는 마카비 형제들이, 안티오커스 4세(시리아 왕. 문화적으로는 알렉산더의 헬라화 정책을 사수)가 예루살렘 성전과 전 국토에 이방 신상을 세우자, 이에 대응하는 강력한 저항 운동을 펴, 일단 성공을 거두었다. 우리는 그 결과로 생겨난 100여 년 간의 이스라

엘 자치 정부를 "하스모네" 왕조라고 부른다(그러나 시시때때로 시리아와 이집트의 영향을 받아야 했다).

나라를 잃은 이스라엘 민족의 내적 지도자들은 어디까지나 종교적 인물들이었고, 이들은 정권이 바뀌더라도 비교적 일정한 지위를 누릴 수 있었다(물론 제사장들은 바뀌지만).6) 그래서 예루살렘 성전과 이해관계가 얽혀 있던 제사장 계급(사두개파)은 대체로 "안정"을 추구하게 되었고, 이 같은 입장을 민족주의 노선에서 거부하고 나서는 새로운 운동들이 자연히 발생하게 되었다. 즉 민족주의 노선에서 출발했던 에스라(서기관+제사장)의 유대교 운동은 200여 년이 지나면서 아직 독립도 되지 못한 상태에서 현실 안정의 노선을 걷게 되었다. 그들 자체가 "기득권"으로 변신한 때문이다. 현상(status quo, 現狀)이 그들의 편이었다. 그들은 율법에 있어서는 모세의 성문법만 지키는 "최소주의"를 견지하면서, 정치적으로는 "최대의" 타협을 지향하였다. 저들은 부활이나 사후 세계를 부정했다. 그것은 모세의 성문법에 없는, 페르샤의 영향의 잔재였기 때문이었다. 따라서 종교적 보수성과 정치적 현실주의가 빚어낸 집단이 사두개파였다고 이해할 수 있다.7) 그러나 저들도 나름대로의 민족운동을 폈던 것이다. 이들에게는 "현실에서의 번영은 곧 신의 축복의 표징이다"라는 굳은 신념이 있었고, 그래서 열심히 일하면서 하느님을 찬양했다. 예수가 "화 있을진저, 부자들이여"(누가 6:24)라고 했

---

6) 원래 식민지 정치란 그런 것이었다. 외세에 빌붙어 사는 계층이 없었다면 이것은 불가능하다. 마케도냐, 시리아, 이집트, 로마 등 제국은 이스라엘을 지배하기 위하여 특정 계층, 주로 종교적 상층 계급을 이용하였다. 공생(共生)의 관계가 생긴 것이다.

7) 종교적 "보수주의자"인 이유는, 부활이나 내세를 믿는 것과는 상관없이 옛 것(원시적인 모세의 율법)에 집착했기 때문이다. 이들의 보수성의 저변에는, 후대에 발전된 교리들이 정통성, 순수성의 면에서 볼 때는 부당할 뿐 아니라 자기들을 지배했던 문화의 잔재라는 정치적·민족주의적 반동도 크게 작용하고 있었다.

을 때 그 부자들은 바로 사두개파들을 가리키고 있었다고 할 수 있다.

거꾸로 된 세상, 비뚤어진 세상에 살면서 "번영"이 신의 축복의 표징이라니, 민족 재건을 부르짖다가 겨우 자기들의 집단적 기득권이나 구축하고 현실에 안주하다니……. 결국 하시딤 운동(Hasidism)은 일어날 수밖에 없었다.

(2) **바리새파** - 서기관들은 율법의 전문가를 가리킬 뿐, 특정 종교 집단이나 정치 집단과 동일시할 수 없다. 그들은 대체로 중상층에 속해 있었다 할 수 있지만, (요즘말로) 민중 지향적인 서기관들도 있었다. 바리새파는 바로 그런 서기관(랍비)들의 지원을 받으면서 "생활 속에서의 율법 실천운동"을 대대적으로 펴나갔다. 그들은 율법을 알고, 그것을 철저히 지키는 것만이 장차 도래할 새 나라의 주인들이 되는 길이라고 굳게 믿었다. 이들은 실천적 신앙을 통해서 지배자 로마 시민들과는 물론 율법을 알지 못하는 무식한 자들(그들은 이들을 "땅의 사람," "암하레츠"라 불렀다. "가난"했기 때문에 그렇게 부르지는 않았다)과의 "구별"을 뜻한다. 세상에다가 자기들이 신앙인임을 보여 주고 싶었던 사람들, 율법의 일점일획까지도 지키고 싶었던 성서주의자들, 사회적으로는 중산층과 그 이하의 작은 상인들, 그래서 자기들의 행실에 대해서 자부심이 대단했던 사람들, 암하레츠들도 존경해 주었던 실세들, 그들 때문에 로마 정부당국도 유대 민족을 함부로 다룰 수 없었던 압력 단체들-이들이 **바리새파**였다.

그런데 이들의 조상은 제3 운동인 에세네파와 마찬가지로 **하시딤 운동**이었다. 잠시 제2, 제3 운동의 뿌리였던 하시딤 운동을 살펴보자.

안티오커스 4세의 헬라화 정책에 대한 정치적 반동이 **마카비 혁명**

이라면, 종교적 반동은 **하시딤 운동**이었다. 하시딤은 히브리어 "헤세드"에서 나왔다. 헤세드는 사랑 또는 거룩을 뜻하며, 그래서 하시딤 운동을 통상 "경건주의 운동"으로 이해한다. "너희 하느님 야훼 그분이야말로 참 하느님이시다. 당신을 사랑하며 당신의 계명을 지키는 사람에게는 천 대에 이르기까지 사랑으로 맺은 계약을 한결같이 지켜 주시는 견실하신 하느님이시다"(신명기 7:9). 계약-계명-율법의 내용은 바로 헤세드(사랑, 은혜)에 있다는 사실에 기반을 둔 신앙 운동이었다.

이들은 마카비가 민족 자주운동을 펴고 있는 동안은 그들과 합세했으나, 자기들의 지위(왕권과 제사장의 결탁)를 유지하기 위하여 시리아와의 피 흘리는 전쟁까지 서슴지 않게 되자, "종교적 순수성"의 명분을 내세워 마카비운동의 지지세력들(사두개파는 당연히 여기에 속한다)과 결별하게 된다. 따라서 민족주의란 이름으로 뭉쳤던 사두개파와 바리새파는 권력을 지켜나가는 방식에 있어서 커다란 차이를 보이고 갈라서게 된다. 그래서 이 두 집단은 늘 갈등에 빠져 있었다. 정치적으로, 경제적으로는 사두개파가 상층을 차지하고 있었으나, 백성의 존경심은 바리새파가 독차지하고 있었다고 할 수 있다.

물론 이들 중에는 전문적 율법 지식을 갖춘 서기관들도 많이 있었다.8) 이러한 사람들은 식민지 정부의 의회 기능을 담당하고 있던 "산헤드린"의 다수(여소야대?)를 차지하고 있었고, 그래서 사두개파들도 바리새파의 눈치를 봐야 할 때가 많았다.

(3) **에세네파** - "율법 준수로써 나라를 재건하자!" 말하자면 이런 정신이 팽배해 있던 상황이 예수가 탄생하기 전 약150여 년 간의 팔레

---

8) 따라서 서기관은 사두개파 사람, 바리새파 사람, 어디에도 속하지 않는 사람 등의 세 부류가 있었다.

스타인의 정신풍토였다. 같은 하시딤 운동에 뿌리를 두고 있으면서도, 종말론적 대망(하느님 나라, 즉 새 세계가 곧 도래한다는 신앙)의 뜨거운 열기 때문에 보다 철저히 분리주의자의 성격을 띠게 된 운동이 에세네파이다. 그 어원은 불확실하나, 어쩌면 하시딤의 근원인 "헤세드"와도 무관하지 않는 것으로 보인다. 그러나 "경건"이나 "순결"을 뜻하는 것으로 풀이되고 있다. 이들은 처음에는 바리새파들처럼 도시에서, 시장에서 살았을지 모른다. 그러나 점차 소박한 생활을 지향하여 농촌과 시골에 정착하다가 마침내는 광야(사막)로 물러났다.9) 이들이 광야로 물러나간 것은 종교적 이유 때문이었다. 곧 다가올 하느님 나라에 들어가기 위해 자신들을 철저히 준비하고 싶어서였다. 도시에서, 시장에서 살면서 율법을 철저히 지킨다는 것은 어렵거나 불가능한 일이었다. 게다가 이들에게는 "빛과 어둠"으로 상징되는 이원론적 사상이 지배적이었기 때문에, "어둠의 자녀들"인 이방 정권과 그 하수인들에게서 깨끗해지는 것이 "빛의 자녀들"이 되는 유일한 길이라고 믿었다.

경제적으로는 공산주의 형식을 지켰다. 사유재산을 포기하며, 중앙의 관리 밑에 맡겼다. 이들은 "부자"라는 것을 치욕으로 느꼈다. 그것은 부유함이 죄라서가 아니라 "더러운 세상"에서 부유해진다는 것이 치욕이기 때문이었다. 그러나 이들이 "계급 없는 사회"를 형성한 것은 아니었다. 그런 면에서 바리새파 운동과는 달랐다. 율법, 특히 안식일법과 정결법을 지키려는 열의에 있어서는 같았으나, 바리새파가 "평신도" 운동이었다면 에세네파는 여전히 "제사장" 중심의 운동이었다. 그리고 4계급이 철저히 구분되어 있었다: 제사장, 레위인, 평회원, 신입회원. 신입회원이 평회원으로 되기 위해서는 엄격한 규율을 거쳐야 했다. 제사

---

9) 소위 "사해 사본"이란 문서가 지시해 주는 "쿰란" 공동체가 바로 에세네파의 본거지이다. 일종의 "신앙촌" 운동의 형태를 지녔다.

장 중심의 분리주의적 경건운동을 폈음에도 불구하고 이들은 "제사" 중심의 종교운동을 계속하지는 않았다. 이 세상에 속한 질서는 (종교적인 것이라 할지라도) 이미 지나가 버리고 말 것이었기 때문이다. 그 대신 이들은 정결 예법을 철저히 보강함과 동시에 모든 종교 의식의 끝에다 "공동식사"의 순서를 가짐으로써 다가올 새 나라의 생활을 준비했다(어쩌면 기독교의 성찬식의 선구일지도 모른다).

철저한 분리주의, 그러나 철저한 평화주의자들이었다. 그런 의미에서 종말론적 대망에 똑같이 사로잡혀 있었으나 이들과는 달리 적극적인, 전투적인 경건 운동을 하는 사람들도 있었다. 그들이 바로 열심당이었다.

(4) **열심당** – 그 기원은 정확히 알 수 없다. 그러나 역사의 무대에 등장한 것은 사도행전 5장 37절에 나오는 "갈릴리 사람 유다"로부터이다. 그는 기원 전 6년경에 로마의 정권에 대항하여 항쟁하였으며, 기원 후 6년에 다시 일어났다. 사도행전이 말하는 "호구 조사"에 대한 사건이 바로 이것이다. 호구 조사라는 단순한 정치적 행정에 대해 무력 항쟁을 일으킨 이들에게는 그 나름의 뚜렷한 종교적 이유가 있었다. 즉 호구 조사는 "땅은 하느님의 것이다"라고 하는 전통적 신앙에 대하여 이방 정부가 정면 도전한 것과 같았기 때문이다. 호구 조사란 단순한 인구 조사가 아니라 결국 "세금"을 거둬들이기 위한 사전 작전이었기 때문이다. 이 같은 "레지스탕스" 운동은 결국 기원 후 74년 마사다 항쟁에서 그 최후를 맞이했다. 마사다라는 유대인의 요새에서 힘에 밀리던 레지스탕스들은 적의 칼에 의한 더러운 죽음을 죽기보다는 깨끗하게 자살하는 방식을 취했다.

우리는 그 어간의 여러 레지스탕스 집단들을 가리켜, "야훼의 질투심"을 대신하여 "열심"을 내어 싸우는 자들10) 이란 뜻에서 "열심당"이라 부른다. 그러나 그들이 조직된 단일 파당을 형성할 수는 없었던 것 같다. 이들은 에세네파가 종말론적 대망을 도피와 은둔의 무기로 삼았던 것과는 달리, "이 세계"의 질서를 종식시킬 혁명의 도구로 삼았다. "하느님 나라가 가까이 다가왔다"는 메시지는 공통적이었지만, 에세네파와 열심당은 그것을 전혀 다르게 실천하고 있었다. 에세네파가 은둔생활을 통하여 자신들을 준비하는 동안, 열심당은 로마의 압제로부터 자기 동족을 조속히 해방시키기 위하여 "칼"을 준비하고 다녔다. 그래서 우리는 성서에 나오는 "가룟 사람 유다"(마태 10:4; 마가 3:19)도 열심당의 일파였을 것이라고 믿는다. "가룟 사람"이란 뜻은 "시카리우스"란 라틴어에서 유래했는데, 자객을 가리킨다. 따라서 예수의 12 제자들 중에는 "열심당원"이라고 하는 시몬11) 외에도 유다가 이 부류에 속해 있었으며, 어쩌면 "하늘에서 불을 내려" 자기의 대적자들을 "태워 버릴" 생각을 했던 야고보와 요한 형제들도 이들과 같은 부류의 사람이었을 것이라 생각된다. 그리고 보면 예수는 "열심당원"이었다고 하는 소리가 나올 법도 하다.12) 그러나 우리가 아무리 뜯어본다 하더라도, 예수를 무력 항쟁의 투사의 하나였다고 믿을 수는 없다. 그런 일은 마사다에서 막을 내린 운동이었다. 그러나 예수 운동은 그 때 이후 더욱 가열차게 행진해 나갔다.

---

10) 우리는 그 고전적 사례를 민수기 25:1-13에서 본다.

11) "가나안 사람" 시몬이란 표현은 아람어를 희랍어로 표기한 것으로서, 같은 뜻이다.

12) 메르겔에 의하면, 라이마루스가 이 같은 소리를 처음으로 발설했다. *The Interpreter's Dictionary of the Bible*의 보완권 참조. 해방신학자 중의 하나인 Hugo Echegaray도 이에 큰 관심을 가지고 있다. *The Practice of Jesus* (Maryknoll: Orbis, 1984), pp. 61f.

위의 배경을 두고, 처음으로 돌아가 보자. 사람들, 특히 바리새파 사람들이 예수를 어떻게 판단하고 있었는지 함께 생각해 보자.

바리새파는 정결을 생활신조로 삼았다. 그런데 이 같은 정결은 종교적인 개념이지만 그것의 구체적 표현은 정치적·사회적 생활을 통해서 드러나게 마련이다. 그런데 예수는 공공연히 정치적으로, 민족주의적으로 더러운 인간의 표상인 "세금 청부업자" 마태를 제자로 삼는가 하면, 그와 "함께 식사"를 하게 되었다. 저럴 수가! 민족재건을 부르짖는 주제에 매판자본의 표상인 악덕 세무 직원을 자기 친구로 삼다니……. 사실 바리새파의 원성은 정당했다. 당시의 세무 직원들은 자기 동족을 착취해야만 잘 살 수 있는 비극적 운명의 직업이었다. 로마 정부가 그들을 그렇게 이용했지만, 유대인이 보기에는 로마 정권보다 더 얄미운 것이 거기에 빌붙어 사는 반민족주의자들이었다. 그래서 유대인들은 세무 직원을 "죄인"으로 간주했다. 이것은 객관적 사실에 근거한 것이다. 그런데 민족재건을 하자던 예수가 이런 자를 끌어들이다니……. 아마 사두개파가 이 광경을 보았더라면 달리 평가했을 것이다. 사두개파는 로마의 식민지가 된 정치적 현실을 긍정하고 들어갔기 때문이다. 그러나 예수가 마태를 제자로 삼은 것은 그가 "쓸 만한 재목"이었기 때문이 아니다. 예수는 그러한 자들이 바로 "의사가 필요한 환자"라고 생각했기 때문이다(마태 9:12 병행). 그렇다고 예수가 사두개파처럼 세무 직원의 부패한 현실을 긍정해 주지는 않았다. 그러나 바리새파처럼 그를 "죄인"이라 여겨 따돌리지도 않았다.

이 때 "세리"와 합석을 한 "죄인들"이 세리의 친구들(같은 직업인)이었는지(세리는 곧 죄인이다), 다른 "불결한" 자들이었는지 확실히 알 수 없다. 그러나 확실한 경우가 있다.

하필이면 바리새파 사람 하나의 집에 예수가 식사 초대를 받았을 때의 일이었다. 이 때 "그 동네의 죄 많은 여인" 하나가 예수에게 엄청난 환대를 했고, 이것은 그 날의 주인 바리새파 사람에게 거부감을 주었다: "이 사람이 참 예언자라면 자기를 만지는 저 여인이 누구며 어떠한 여인인지 알았을 터인데!"(누가 7:39)

예수는 이 여인의 사랑의 행위를 "낭비"라고 비난하지 않았다(참조, 요한 1:1-8). 옥합의 향유를 통째로 부어드리고, 눈물로 발을 적시며 자기 머리카락으로 그것을 닦은 이 "죄 많은 여인"은 정말로 예수를 많이 사랑했다(누가 7:47).

이렇듯 예수는 민족주의자들, 경건주의자들, 도덕주의자들이 "버린 죄인들"을 찾아가 친구가 되어 줌으로써, 저들의 죄가 용서되었음을, 용서될 수 있음을 보여 주었다. 바리새파 사람과 서기관이 끌고 왔다는 "음행하다 잡혀온 여인"(요한 8:3-11)에 대한 예수의 태도도 마찬가지였다. 물론 사랑, 그것이 율법의 핵심이라는 사실은 바리새파도 잘 알고 있었다. 그들은 하시딤 운동의 후예들이었으며, 하시딤의 근원 "헤세드"는 사랑과 정의를 가리키는 말이었기 때문이다. 그런데 "깨끗한" 사랑을 원했던 그들은 예수를 보고 "더러운 자"라고 낙인찍었다. 예수가 생각하고 실천하는 사랑이 바리새파가 보기에는 온통 더러운 것이었기 때문이다. 우리는 어떠할까?

6. 점잖은 사람?

우리가 살아온 문화는 불교적 영향을 많이 받은 유교 문화였다. 지금 세상이 많이 달라지긴 했지만, 교회학교에서 가르치는 예수상을 곰곰이 돌이켜보면 교회 안과 밖의 문화적 풍토가 별로 차이가 나지 않는 것 같다.

우리나라의 옛말에, 양반은 더워도 부채질하지 아니하며, 비가 와도 뛰지 않는다고 했다. 어떤 일이 있어도 양반은 그 지켜야 할 도리를 벗어나지 말아야 한다. 아마 그런 "양반"이 되기 위해서 우리는 점잖은 사람이 되고자 했는지도 모른다. 어른의 말을 잘 듣는 착한 사람, 그런 것이 우리 문화가 길러 내고자 했던 소시민들이었을지도 모른다. 그래서 이 세상이 지금 어떠한지에 대해서는 심각한 반성이 없이, 그저 자기 몫이나 열심히 하며, 위로부터의 명령에 복종하면 좋은 사람이 된다. 그래서 좋은 사람이 되는 데는 "오른뺨을 맞으면 왼뺨을 돌려대라"(마태 5:39)는 예수의 말씀이 아주 확실한 지침을 제공해 준다. 그리하여 한국의 예수는 유교 문화의 점잖은 양반으로 둔갑해 버렸다.

그러나 난 왠지 양반도 점잖은 사람도 되고 싶지 않았다. 아니 그렇게 쑥맥(쓸개 없는 사람)같이 살아보려고 애를 써 보았으나 오히려 역효과였다. 비나 더위에도 흔들림이 없어야 양반이 된다는 것이나, 오른뺨 맞으면 왼뺨까지 돌려 대라는 말이나 내게는 다 곰같이 미련한 짓 아니면 소인(小人) 같은 한심한 윤리였다. 나 같은 평범한 사람은 그저 평범한 일밖에 못한다. 그러나 초등학교 때부터 받은 교육 덕분으로 착하고 좋은 사람이 되려 했고, 그게 교회식으로 해석되면 오른뺨 맞고도 왼뺨 돌려 대는 "바보"가 되는 것이었다. 나는 그렇게 되려고 애를 많이 써 보았다.

그런데 지금 세상은 우리의 선배들이 꿈꾸었던 점잖은 양반의 길을 우리가 걸어가도 좋을 만큼 "정상"이 아니다. 나 자신의 이익쯤이야 혹 양보를 할 수 있을지 몰라도 공공질서가 강자들의 손에 의해서 파괴되고, 약자가 종교가들의 손에 의해서 기 죽여지는 세상을 보면, 어찌 뛰지 않을 수 있으며, 어찌 부채질하지 않을 수 있으랴?

"온유한 사람"이 땅을 차지한다고? 아니 예수는 "나의 마음이 온유하고 겸손하니……"(마태 11:28)라고 했지만, 나는 그의 이런 말이 도무지 납득되지 않았다. 그렇게 믿으려고 노력하다가도 "이게 뭔가 이상하다"는 생각이 든다. 더욱이 우리나라 사람들은 "나는 겸손하다"는 표현을 결코 쓰지 않는다. 그런 딱지야 남이 붙여주는 것이지 어찌 "나는 마음이 겸손하니 ……" 할 수가 있는가? 그런 사람은 겸손한 사람이 아니다. 그렇지 않고서야 그런 말을 감히 할 수 있는가? 그래서 어쩔 수 없이 예수의 이야기를 다시 생각할 수밖에 없었다. 그런데 다시 생각해 보니, 성서에 나타난 예수는 결코 쓸개 빠진 바보는 아니었다. 아 얼마나 다행이었던고! 하마터면 기독교인들이 모두 바보가 되어야 할 뻔했지 않은가? 그러면 예수는 왜 쓸개 빠진 부류의 바보가 아니었던가?

예수는 처형되기 직전, 대제사장의 심문을 받는 과정에서 불손한 태도로 말한다 하여, 대제사장의 사환 중 하나에게 뺨을 맞았다. 그 때 예수는 "내가 한 말에 잘못이 있다면 잘못된 증거를 대라. 그러나 내가 한말이 옳다면 왜 나를 때리느냐?"(요한 18:23)고 항변했다. 즉 다른 쪽 뺨을 돌려대는 속없는 짓은 아니했다.

그러면 그렇지. 나는 예수가 사람이라는 사실이 역시 좋았다. 그는 분명 사람이었다. 사두개파와는 달리 당시의 정치 지도자 헤롯을 가리켜 "여우"라고 비방하기도 했다.[13] 나아가 스승의 뒤를 따라 당시 종교 지도자들에게 사정없이 욕설을 퍼붓기도 했다. 듣기에도 좋은 "복"을

---

13) 누가복음 13:32. 보통은 강하다는 뜻에서 원수들을 "사자"라고 한다. 참고, Echegaray, 앞의 책. p. 63.

선언하기도 했지만, 시시때때로 "화 있을진저!" 하고 저주했다. 그는 결코 점잖은 사람, 얌전한 사람이 아니었다. 만일 점잖은 사람이란 말이 억울한 일을 당하거나 보고도 그저 꾹 참기만 하는 바보를 가리킨다면 말이다. 그러면 왜 예수는 여전히 "온유한 사람"인가?

온유 - 부드러움. 예수의 마음은 과연 부드러우셨단 말인가? 바리새파 사람들에게, 사두개파 사람들에게 그렇게 공격적인 분노를 표한 사람이 왜 여전히 온유할까?14) 이 수수께끼를 풀기 위해 나는 온유의 반대 경우를 생각해 본다. (어떤 말의 뜻을 분명히 알기 원하면 그것과 비슷하거나 반대되는 말과 비교해 보는 것이 좋다.) 그리고 이집트의 황제 바로를 연상한다. 하느님의 사람 모세의 각종 기적을 보고도 도저히 굽혀지지 않는, 그래서 "곧은 목"을 소유했던 사람. 성서의 기록자는 그의 마음을 도저히 이해할 수 없었다. 그래서 결국 "하느님께서 바로의 마음을 강퍅케 하셨다"(출애굽기 9:35)고 화를 내고 있다. 하느님의 운명적인 저주가 아니고서야 그렇게 목이 곧을 수 있으랴?

사람들은 강자에게 약하고, 약자에게 강하다. 그런데 바로는 약자에게는 물론 강자인 하느님께도 강했다. 그래서 그는 목이 곧은 사람의 표징이 되었다. 자기의 유한성을 모르는 사람, 그래서 자기 동료나 이웃이 아무리 하소연을 해도 남의 일처럼 여기어 "도무지 감동되지 않는 사람", 우리는 그런 자들을 강퍅한 사람이라 부른다. 세상에는 그런 사람들이 많이 있다. 권력이나 재력이나 조직의 힘 따위가 전혀 없는 사람이 정당한 호소를 해도 바위처럼 도무지 요지부동인 정치인들을 우리는 얼마든지 본다. "남산 위의 저 소나무"처럼 심장에 철갑을 두른 사람

---

14) Echegaray는 예수의 분노가 열심당과 상통하고 있음을 지적하고 있다. 위의 책. p. 64.

들 말이다.

그런데 예수는 그런 강한 심장, 곧은 목의 사람들에 비하면, 마음이 연약하여 마치 "버들"과도 같았다고 말할 수 있다. 더러운 사람들, 그리고 어린아이처럼 하찮은 사람들의 인생고까지도 그는 귀 기울였다. 오히려 그는 남들이 인간으로 여기지 아니하는 사람들의 소리 없는 절규에 다가섰다. 수양버들처럼 잔잔한 바람에도 그는 움직였다. 예수의 마음을 그래서 성서는 온유했다고 기록하고 있다. 부드럽다는 것은 주위의 영향력에 대해 민감하다는 것 아닐까? 그래서 엉터리 세상에서는 오히려 분노할 줄 아는 사람이라야 온유한 사람이 아닐까?

예수—더러운 사람, 그러나 부드러운 사람.

5장

고향이 버린 설교자

아무도 사랑하지 않는 자만이
기도하지 않은 채 하루를 지낼 수 있다

1. 기도하는 사람

지난 봄 어느 기도원에서 신학생들과 대화의 시간을 나누던 중에 한 학생이 느닷없이 질문을 던졌다: "교수님, 저는 기도를 할 수 없게 되었어요. 어떻게 하면 좋지요?"

그는 신학교에 들어오기 전만 해도 열심히 기도했었는데, 신학을 일년 배우고 나서는 기도할 수가 없게 되었다고 푸념을 터뜨렸다. 사실은 "교수님께 배운 신학이 날 이렇게 만들어 놓았습니다." 하고 고발하고 있었던 것이다.

우리는 신앙이란 우리 자신을 지속적으로, 전체적으로 변혁시켜 주는 뿌리 경험에 대한 긍정적 반응이라고 했다. 그런데 신앙의 시작은 그렇다고 해도, 그렇게 찬양에서 비롯되었다고 해도, 살아가다 보면 우리는 그 때의 감격적 경험이나 소망스런 처지와는 다른 난국에 종종 빠지게 된다. 그럴 때 사람들은 아주 자연스럽게 탄식을 올린다. 탄식, 그것은 아무도 막지 못한다. 그냥 터져 나오는 것이다. 사랑하는 아기가 숨넘어가는 것을 지켜보고 있어야 하는 젊은 엄마의 가슴처럼.

그래서 난 그 신학생에게 이렇게 말했다.

어느 신학자가 하느님이 없다고 말했다거나, 하느님은 우리의 기도와 상관없이 당신 하시고 싶은 일을 행할 것이기에 기도하지 않아도 된다고 말했다 해서 우리가 기도하지 않게 된다면, 우리의 기도는 정말 하찮은 것 또는 사치스런 것이리라고. 이론적으로 이렇게 저렇게 생각해 보는 신학자의 말 때문에 영향을 받을 정도라면, 우리의 기도는 충분히 심각하지 않은 것이다. 즉 우리가 기도하지 아니하더라도 하느님이 우리에게 좋은 것을 주시리라고 믿기에 기도하지 않을 수 있다면, 그것은 우리의 상황이 아직 그렇게 절박하지는 않다는 것이다.

당신은 누구를 몹시 사랑해 본 일이 있는가? 그리고 사랑하는 그 사람의 깊은 고통을 목격한 경험이 있는가? 그런데도 당신은 기도하지 않을 수 있었다는 것인가? 어떻게 … 어떻게 그럴 수 있는가? 아무것도 할 수 없는 안타까움과 설움에 복받쳐 오는 탄식의 소리를 어떻게 외면할 수 있겠는가?

아무도 사랑하지 아니하는 사람만이 기도하지 아니하고 하루를 지낼 수 있다.

그렇다. 기도는 하고 싶어서 하고, 하기 싫어서 안 할 수 있는 그런 사치스런 장난이 아니다. 기도는 인간이 할 수 있는 가장 심오한 행위 중의 하나이다. 인간의 유한성과 그 유한성을 받아들이고 싶어 하지 않는 강한 저항감에 의해서 (간구의) 기도는 탄생한다. 어쩌면 "맘대로 할 수 없는 세상"에 계신 하느님도 탄식하고 계실 것이며, 따라서 기도하실 지도 모른다. 그럼에도 불구하고, 기독교인들은 예수의 이야기를 늘어놓을 때 왠지 모르게 그가 기도하는 사람이었다고 하는 사실을 애써 외면하려 든다. 그는 전지전능하기에 단지 우리에게 "보여 주시기 위해서만" 기도하는 것이라고 생각하기 때문이다. 그러나 성경을 기록한 사람들, 그것을 물려 준 사람들은 예수, 그가 기도하는 사람이었음을 조금도 부끄러워하지 않았다. 그렇다면 우리가 기도하지 않는다는 것은, 그 이유야 어찌되었든 사람처럼 사는 것이 아니리라. 그리고 기도를 잊는다면 예수를 크게 오해하고 말 것이다.

나는 얼마 전 한국의 대학가에서 불길처럼 번지고 있던 "운동권"에 대해서 비상한 관심을 쏟았다. 거기에는 예수도 있고, 베드로와 바울도 있고, 찬양과 설교와 성찬식도 있다, 그리고 성경도 있다. 기성세대와 기득권자들이 내리는 이단(좌파)이라는 정죄가 저들의 불길을 조금도 잠재우지 못한다는 역사적 사실도 엄존한다. 그래서 저들을 생각하면서 그 옛날의 예수와 그 제자들을 생각하지 아니할 수 없었다. 그래서 우리는 기독교를 예수에 의해서 시작된 "제5 운동"이라고 확신하기에 이르렀다. 종교라는 단어보다는 운동이라는 단어가 기독교의 본질을 설명하는 데 훨씬 더 적합하다고 판단되었기 때문이다.

그러나 현상학적으로 매우 유사함에도 불구하고, 예수, 그가 기도하는 사람이었다는 점, 그리고 기도가 예수 운동의 핵심의 하나였다고 하는 사실 때문에 예수를 "운동권"의 기수로 보는 데 한계가 있음을 느낀다. 그러나 모든 운동권 사람들이 기도하지 아니한다는 것은 아니며, 오늘의 한국 사회 운동의 본질이 기도행위 자체를 정죄하고 있지도 않기에(마르크스는 종교 거부 운동이었지만, 오늘날 한국의 운동권들은 종교에 대해 그냥 무관심할 뿐이다), 예수의 기도가 예수를 운동권의 한 기수로 보려는 우리의 관점에 장애물이 되지는 못한다.

그는 기도했고, 진지하게 기도했으며, 기도를 가르쳐 주었고, 본보기의 기도를 물려주었다. 예수 운동은 이와 같은 기도 행위를 떠나서는 이해할 수도 실천할 수도 없다고 나는 확신한다. 그는 "하느님의 뜻"이 실현되지 못한 이방 지대(세상)에서 살아야 했으며, 그것이 그에게 기도를 필요케 하는 상황이었다. 우리가 하늘 나라에서 살아간다면 기도하지 않아도 된다. 적어도 간구의 기도는. 그러나 하느님의 뜻과 대립되는 이 "타락한" 세상에서 살아야 함을 알고 있는 그는 기도하지 않을 수 없었다.

나아가 그는 세상을 사랑하였다. 죄 많은 세상이 아니라, 하느님의 하늘 뜻이 실현될 대상(은총의 그릇)으로서의 세상을 몹시도 사랑하였으며, 그래서 이 세상의 고통 때문에 탄식할 수밖에 없었다. 이것-고통과 고통에 대한 애정 어린 저항-이 기도의 필요조건이라면, 예수 그가 하느님의 "반응하는(영향 받는: '영향 끼치는'의 반대) 사랑"을 믿고 있었다는 것이 그의 기도의 충분조건이었다. 따라서 그의 기도는 단지 인간의 자연스러운 탄식, 유한자의 본능적인 저항에서 나아가 "아버지"께 올리는 부탁(빎)이 될 수 있었다. 그리고 예수의 기도와 그가 가르쳐 준 하느님의 모습은 우리가 통상 말하는 "주(님의) 기도"에 잘 나타나 있다:

> 하늘에 계신 우리 아버지,
> 아버지의 이름을 거룩히 받들게 하옵소서.
> 아버지의 나라가 임하옵소서.

아버지의 뜻이 하늘에서 이루어진 것같이
땅에서도 이루어지옵소서.
오늘 우리에게 필요한 양식을 주옵소서.
우리에게 죄지은 사람들을 우리가 용서한 것같이
우리의 죄를 용서하옵소서.
우리를 유혹에 빠지지 않게 하옵시고 악에서 구원하여 주옵소서.
(나라와 권세와 영광이 영원하도록 아버지의 것이옵니다. 아멘)

나는 예수님이 우리에게 남겨준 이 기도가 예수와 기독교의 본질을 이해하는 데 충분한 단서를 제공한다고 믿는다: 아버지, 나라, 용서, 구원.

그런데 이 같은 기도문은 예수께서 제자들에게 "가르쳐" 주신 것이다(누가 11:1). "원 세상에…… 기도까지 가르쳐 주다니?" 할 사람이 있을지도 모르겠다. 예수의 제자들은 모두 이미 기도생활에 익숙한 유대인들이었으니까. 그런데 제자들은 왜 기도할 줄을 몰랐던가? 기도가 인간의 자연스러운 탄식과 저항이라면, 제자들이 기도할 줄 몰랐다는 사실을 우리는 어떻게 이해할 수 있을까?

제자들만이 아니라 예수께서도 겟세마네 동산에 계셨을 때는 어떻게 기도해야 할지 몰랐다. "아바, 아버지! 아버지께서는 모든 일이 가능하십니다. 내게서 이 잔을 거두어 주옵소서"(마가 14:36 상반). 그렇게 부르짖었지만, 그는 그것이 아버지의 뜻이 아닐지도 모른다는 불안감을 떨쳐 버리지 못했다. 왜? 왜 예수가 어떻게 기도할지 몰라 당황했을까?

당황한 예수는 마침내 "그러나 내 뜻대로 마옵시고 아버지의 뜻대로 하옵소서"라고 절규하였다. 그리고 사람들은 이것이 가장 위대한 기도라고 거짓말을 늘어놓는다. "내 뜻대로 마옵시고……" 이것은 가장 위대한, 가장 원형적인 기도가 아니라 가장 처절한 절망의 표현이다. 내가 바라고 소망하는 것이 유감스럽게도 아버지의 뜻과 모순됨을 느낄 때, 그 때 우리는 기도하지 못하고 그냥 절규할 뿐이다. 즉 제자들이 기도할 수 없었던 것은 자기들의 소망과 스승 예수의 가르침 사이에 어쩌면 커다란 간격이 있음을 어렴풋이 직감했고, 그래서 저들은 "무엇"을 기도해야 할지 알지 못했던 것이다. 겟세마네 동산의 예수처럼.

고통이 있고, 하느님에 대한 신앙이 있어도 때로 인간은 기도하지 못한다. 그 이유는 신앙이 부족해서가 아니라, 사랑이 모자라서가 아니라, 무엇을 구해야 할지 알지 못하기 때문이다. 인간은 얼마나 모순덩어리인가! 처음 인간이 가장 아름답고 선하다고 여기던 그 과실이 죽음의 저주를 가져왔듯이, "인간의" 소망은 때때로 자기 파괴적이다. 그래서 기도의 힘을 믿는 사람일수록 기도를 두려워하게 되는 법이다. 이루어지면 안 되는 기도를 우리가 하느님께 올릴 수 있으니까.

기도하던 사람 예수는 그래서 전형적인 신앙인이었다고 할 수 있다.

2. 기적을 행하는 설교자

예수가 아무리 위대한 사람이었다고 해도 인간이었음에는 틀림없다. 그러나 비 기독교인들이 예수의 신성(神性)을 믿어주지 아니하는 것 이상으로, 기독교인들은 예수의 인간성을 믿지 않으려 한다. 따라서 우리는 제5 운동의 기수였던 예수의 행적(활동 이야기)을 전개하면서 기도에서부터 시작하였다.

많은 사람들이 예수는 신(神)이었기에 단지 본을 보여 주기 위해서만 기도하였다고 생각하려 하나, 그것은 상상도 할 수 없는 억지다. 그런 위선적 방법이 아니더라도 예수는 제자들에게 기도를 가르쳐 줄 수 있었을 테니까. 예수가 보여 주기 위해서만 기도했다고 가르치는 것은 예수를 거짓말쟁이로 만드는 것과 똑같은 짓이며, 우리는 이 같은 심리적 굴곡이 예수의 세례 받음 사건에서도 있었음을 보았다. 해명할 길이 없어 예수는 결국 세례 받지도 세례 주지도 않았다고 기록한 요한복음서의 고민1)이 바로 그런 것이다. 그러나 죄인이 회개하는 표로 받았던 세례와는 달리, 성서는 예수가 기도했다는 사실을 부끄러워하지 않는다. 물론 공관복음서는 처절한 겟세마네 동산의 기도를 생생하게 보도하고 있는 반면, 요한복음서는 베다니(?)에서의 장중한 기도문(유언)(요한 17장)을 담고 있는 게 조금 다르긴 하다. 그러나 요한복음서에 나타난 예수의 기도문에는 여러 번 "구하옵나이다"라는 간절한 청원이 담겨져 있어서, 예수의 인간적 모습, 그가 한 신앙인이기도 하였다는 점을 조금도 흐리게 하지는 않는다(참조; 요한복음은 겟세마네 동산의 예수의 비극적 심정도 달리 표현했다. 12:27).

이것을 확실히 한 다음, 많은 사람들이 예수의 신성을 증명해 준다고 생각하는 그의 "기적" 활동의 몇 가지 표본을 생각해 보자.

(1) 기적이란 무엇인가2)

기적이 있느냐 없느냐 하는 현대식 질문은 뒤로 미루고, 우선 성서

---

1) 최근의 성서학자들에 의하면, 요한복음의 공동체 안에는 세례자 요한파와 예수파의 심각한 갈등이 있었으며, 예수의 수세(水洗) 문제도 이것을 반영한다. 또한 복음서 말미는 다른 누구도 아닌, 예수가 바로 그리스도임을 강조하고 있다.
2) 이 부분은 가톨릭 신학자 Walter Kasper를 참조하였다. 『예수 그리스도』 (박상래 역, 분도출판사, 1977), pp. 148 ff.

에서는 기적이 어떻게 묘사되고 있는지를 살펴보자.

성서 신구약은 기적 이야기를 많이 담고 있다. 신약성서 마가복음서는 예수의 행적을 쓰면서 그 절반을 기적에 관한 보도로 채우고 있다.

현대 과학의 영향을 받은 일부 신학자들이 예수의 이야기를 도덕적 교훈이나 사회 변혁의 운동에 국한시키려 하는 것과는 달리, 성서는 신구약을 막론하고 수많은 기적 사건들을 보도해 주고 있다. 따라서 누구든 성서를 근거로 이야기하는 사람들은 기적에 관하여 충분하게 또 신중하게 검토해야 할 의무를 지니고 있다고 나는 확신한다.

성서에 기적 이야기가 많이 들어 있다는 단순한 사실은, 기적은 "일어날 수 있는 성격의 사건"임을 전제로 함을 뜻한다. 따라서 성서의 기적을 자연법칙의 파괴요, 따라서 하느님의 초능력의 직접적인 현현이라고 보려는 현대 정통주의자들의 기적 해석은 전혀 타당성이 없는 꾸밈일 뿐이다.

모세의 기적은 바로의 왕궁 마술사들도 흉내낼 수 있었다고 했다. 더 나아가, 기적은 어떤 사람들에게는 하느님의 능력이었으나, 어떤 사람들에게는 조금 특별한 일이긴 해도 역시 인간적인 행위에 불과했다. 60만 대군을 홍해에 수장시킨 바로 왕에게는 모세의 기적이 전혀 "하느님의 능력"이 아니었다. 아합의 왕궁 여주인 이세벨의 생각에는 엘리야의 갈멜산 기적도 전혀 대수로운 것이 아니었다. 그 사건 이후 도망친 사람은 이방인이요 압제자의 아내인 이세벨 여인이 아니라 오히려 야훼의 이름으로 방금 기적을 일으켰던 초라한 한 남자 예언자 엘리야였다.

위의 사실을 종합해 보면, 성서의 눈은 (1) 기적은 일어날 수 있는 일이며, (2) 기적은 하느님의 능력의 표현일 수도 있으나, (3) 반드시, 즉 객관적으로 그러한 것은 아님을 알고 있다.

그렇다면 오늘의 사람들이 성서의 기적 이야기를 어떻게 바라보아야 하며, 예수의 기적 이야기를 우리의 신앙은 어떻게 받아들여야 할지 생각해 보자.

만일 기적이라는 것이 하느님이 만드신 이 세상(피조물)의 자연법칙을 하느님이 스스로 파괴(혹은 일시적으로 정지)하고서 행하시는 하느님의 직접적인 행위(개입)라고 해석된다면, 그런 **기적은 없다**. 이 같은 태도가 과거의 서양 기독교인들에게 상당히 유행했었고, 지금의 한국 기독교인들의 가슴속에 큰 몫을 차지하고 있는 게 사실이다. 그래서 그런 의미의 기적은 "없다"고 단적으로 말하면, 수많은 신자들이 서운해 하거나 심지어 교회를 떠나고 싶어 하게 될 것이다. 그러나 성서도 과학도 그런 의미에서의 기적은 인정하지 않는다.

혹 어떤 이상한 사건이 발생했다 치자. 유리겔라나 카퍼필드의 초능력 시범처럼. 그러나 그것은 어떤 특출한 인간의 인간적 능력의 발현이지 하느님의 개입이 아니라는 것이 처음부터 자명하다. 또 어느 병원에서 사형선고 받은 사람이 기도로써 기적적으로 살아났다고 하자. 그러면 우리는 그것을 기적이라고 부를 수 있다. 그러나 그 같은 기적적 치유의 사건이 기적이라 불릴 수 있는 이유가 "과학적으로 설명될 수 없는 사건"(과학적 신비)일 수는 없다. 그러한 과학적 신비는 "시간적" 신비이기 때문이다. 즉 시간이 지나 과학이 진보하면 그런 모든 신비는 벗겨진다. 반면에, 우리가 단지 상징적 표현을 써서, 인간의 감탄을 일으킬 만한 놀라운 사건을 뜻한다면 "기적"이란 말이 여기에 사용되어도 좋다. 그러나 어떤 사건이 단지 인간이 설명하거나 이해하거나 행할 수 없는 사건이라고 하여 "기적"이라 부르는 것은 어리석은 오류이다.

예컨대, 서양에서는 사라지고 없는 종교 현상, 즉 입신, 예언, 방언, 통역의 은사 등등은 아직까지의 과학으로는 해명이 되지 않지만, 동양

문화권에서는 흔히 있는 일이다. 그것은 과학이 이 같은 현상에 대해서 관심을 기울이지 않았기 때문이지, 그런 사건들이 하느님의 행위이며, 그래서 인간이 연구할 수 없는 신비이기 때문은 결코 아니다. 인간이 아직 풀지 못한 수수께끼나 신비, 그런 뜻에서의 기적은 흔하다. 그러나 그런 기적은 내일이 되면 그 정체를 드러내고 만다는 말이다.

따라서 과학적 신비에다 신앙의 기반을 두는 것은 기독교를 보호하는 것이 아니라 내일이면 무너질 줄 아는 터전 위에 집을 짓는 어리석은 건축가와도 같다. 인간의 과학은 극히 초보적이다. 그러나 과학에서 보여 준 인간의 능력은 대단하다. 시간만 주면 마침내 비밀은 폭로될 것이다.

어떤 사람들은 처녀 탄생이나 부활 사건 같은 것은 "영원한" 신비가 아니냐고 반문할 것이다. 이런 주장은 오늘도 교계의 신문 몇 장을 들춰 보면 으레 등장하는 **신앙의 실증주의**이다. 이런 입장을 따르는 사람들은 이런 사건들이 객관적으로 확실하고, 그래서 그것을 근거로 기독교는 진리라고 주장해 대는데, 성서는 어디서도 예수의 처녀 탄생 사건과 부활 사건을 하느님의 현현의 객관적(과학적?) 증명자료로 제시하고 있지 않다. 따라서 우리는 지금의 "믿음 좋아" 보이는 이들은 모두 반(反)성서주의자들이라고 단호히 못 박을 수 있다. 그 같은 신앙의 실증주의는 십자가를 져야했던 예수를 실패자라고 규정하는 유대교나 통일교와 사실상 같은 길을 가고 있는 셈이다(기독교 신앙의 근본적 왜곡이라는 점에서).

나아가 만일 기적적 치유나 십일조에 의한 물질적 축복의 사례 등이 우리 하느님의 살아 계심의 증명으로 이용될 수 있다면, 우리 하느님은 전혀 하느님이 아니다. 내일이면 풀릴 수수께끼에 불과할 뿐 아니라, 그런 유의 기적은 일어나기도 하고 일어나지 않기도 한다. 즉 한 때는 그 방식의 기도나 헌금이 복된 결과를 가져왔으나, 다음번에는 전혀 효험이 나타나지 않을 수도 있기 때문이다. 물론 그런(기대했던) 결과가 일어나지 않을 때 (믿고 싶어 하는)사람들은 적당히 둘러대는 방안을 안다. 하느님께서 이번에는 더 큰 축복을 주시기 위해 기다리신다거나, 당신의 믿음(또는 헌금)이 부족해서라고 말하면, 언제나 자기 부족을 아는 인간은 그 같은 변명에 쉽게 승복한다. 그러나 따지고 보면 이 경우 하느님의 존재와 그리고 살아 계심을 객관적으로 증명할 수 있다고 굳게 믿던 실증주의적 신앙은 일단 폐기되고 마는 것이다. 따라서 신앙의 실증주의자들은 언뜻 보기에 신앙이 돈독해 보이지만, 자기들과 남들을 속이는 반(反)성서주의자들일 뿐이다.

그러면 성서에 나타난 기적, 특히 예수가 행한 기적은 무엇인가? 첫째, 그것은 과학의 눈으로 본 기적은 아니다. 우리는 이 사실을 여러 번 강조하고 또 해야 한다. 사람들은 엄청나게 서로 다른 시각으로 사물을 바라볼 수 있고, 보는 시각의 차이를 무시하면 우리의 언어의 진위를 도무지 가릴 수 없게 된다. 비행기가 종합선물이라고 여겨진다는 식인종(食人種)의 판단이 문명인의 판단과 조금도 다를 바 없이 "객관적" 진실일 수 있음을 우리는 잊지 말아야 한다.

성서는 마치 오늘날의 시인의 눈과 가슴처럼 사물을 살아 있는 존재로 보았고, 그래서 인간이 알든 모르든 이 세계는 하느님의 직접적인 다스림(섭리)의 결과라고 보았다. 태양이 뜨고 바람이 불고 비가 내리는 모든 것이 하느님의 사랑과 진노의 직접적인 표현이었다. 그러나 어떤 사건들은 유달리 하느님의 뜻을 드러내는, 특별히 하느님의 능력을 드러내는 그런 사건이라고 간주되었다.

따라서, 둘째로, 성서의 기적은 초자연적(과학적 의미에서) 사건은 아니나 "초일상적" 사건을 가리킨다. 이 말은 기적의 특수성과 보편(일반)성을 동시에 가리킨다. 흔하지 않은 사건, 예기치 않았던 사건이란 점에서 아주 특수하지만, 그것들은 "이 세상"에서 일어나고 그래서 이 세상(자연)의 법칙을 쫓아서 일어나고 있다는 점에서 지극히 일반적인 사건이다. 만일 기적이 일반적인 사건이 아니라면, 세상의 법칙은 둘 이상이며, 세상의 하느님 또한 둘 이상이라고 말해야 한다. 이것은 기독교 신앙과 모순된다. 사람은 때로 정신분열증에 걸리지만 하느님이 정신분열증에 걸릴 리는 없고, 따라서 세계가 때로는 "일반적" 법칙에 따라 움직이다가 또 때로는 아주 특수한 또 다른 법칙에 따라 움직인다면, 우리는 이 세계와 이 세계의 조물주인 하느님에 대해서 다같이 근본적인 불신을 던질 수밖에 없다.

　기적은 법칙의 예외가 아니다. 하느님의 법을 하느님이 스스로 어긴다면, 그것은 신앙인에게 아무런 도움이 되지 못한다. 이 말을 듣고 많은 신앙인들은 그 반대의 말을 하고 싶을 것이다. "하느님께서 내게 특별한 호의를 베풀 수 없다면 내가 왜 하느님께 찬양을 올리랴?" 누가 감히 이런 생각을 하는가? 잠시 머물러 그 반대의 일을 생각해 보라. 하느님께서 무너뜨린 그 법칙(예컨대, 심은 대로 거두는 농사의 법칙)이 내게 언제나 유리하게 작용할 것이라고 하는 그 끔찍한 허구적 신념의 근거는 도대체 무엇인가? 교만 외에.

　셋째, 성서의 기적 사건은 일면 특수하고 일면 일반적이어서, 보는 사람에 따라서 달리 해석될 수도 있는 모호성을 지니고 있다. 즉 성서의 기적은 어떤 이례성(異例性)을 지니고 있는 것이 사실이다. 그러나 그 이례성은 초자연성을 뜻하지 않으며, 그것의 의미 또한 그것 자체로서는 선명하지 않다. 성서는 기적을 그 무엇의 증거 자료로서 제시하지 않았으며, 갈멜산 사건처럼 혹 그렇게 이용된 경우라도 아무 소용이 없다고 보도하고 있다.

넷째, 그래서 성서는 기적을 이적(wonder-기이한 일) 또는 표적(sign-상징적인 일)이라고 한다. 그리고는 그것을 해석하는 "말(씀)"이 앞서거나 뒤따른다. 중요한 것은 기적이 아니라 기적의 말이다.

다섯째, 성서는 기적을 하느님의 말씀 사건으로 생각하고 있으며, 따라서 사람들에게 신앙의 결단을 요청한다. 그러나 기적이 사람들에게 신앙의 결단을 요청함에도 불구하고, 기적은 번번이 그 사명을 수행하지 못하고 실패로 끝난다. 그래서 예언자들이나 예수는 기적을 함부로 행하지 않고 신중을 기했다. 그러나 이 같은 신중성이 "신앙"을 기적 조건3)으로 여기는 서구 신학자들의 일반적 판단을 정당화시켜 주지는 않는다.

여섯째, 따라서 "신앙"은 기적의 선결조건이 아니다. 흔히 자유주의적 신학자들은 기적이 신앙을 일으키는 것이 아니라, 신앙이 기적을 일으킨다고 말함으로써 일반 신앙인들을 슬프게 만든다. 예수가 자기 고향 사람들의 불신앙을 이상히 여기면서 거기서는 "이적을 행할 수 없었다"(마가 6:5)는 것은 사실이다. 그러나 신앙이 있어야 기적이 일어난다면, 그 기적(말씀 사건)은 무슨 소용이 있으랴? 신앙이 있다면 구원은 이미 주어졌는데······. 서구 신학자들은 기독교 "신앙 밖에" 있는 사람들의 처지를 심각하게 여기지 않는 관습 때문에, 기적이라는 형태의 하느님 언어가 사람들을 회개(변혁)시키어 신앙인으로 만들 수도 있다는 성서의 증언을 무심코 지나친다. 예수는 "기적을 많이 행한 도시들"이 회개하지 않자, "화 있으라! 너 고라신아!" 하고 분노하였다(마태11:20-21).

결국 우리는 신앙의 실증주의도 거부하지만, 신앙이 먼저 있어야 기

---

3) 위의 책, pp. 166-168 참조.

적이 일어난다는 서구의 자유주의적 변명도 거부한다.

이제 이런 시각에서 예수가 행한 기적의 구체적 사례를 더듬어보자.

(2) 병을 고쳤으나 의사는 아니었다

(2-1) 마가복음 2:1-12, 중풍병자 사건 – 성서가 우리에게 보도해 주고 있는 사건들 중에서도 어떤 사건은 다른 사건들보다 그 의미(행위자의 의도)가 더 분명하고, 그래서 우리가 예수와 그의 일을 이해하는 데 어떤 단서를 제공한다. 나는 이 같은 사건의 첫째가 단연코 중풍병자를 고친 기적이라고 생각한다.

예수께서 나사렛처럼 고향으로 여기시고 있던 동네 하나가 있었는데 그게 바로 가버나움이었다. 거기서 예수는 "처음 보는 일"(마가 2:12) 또는 "신기한 일"(누가 5:26)인 중풍병자를 고치는 기적을 행하였다. 우리는 이 사건의 구체적 내용의 어디까지가 객관적 사실이고 얼마만큼이 후대의 해석인지 최종적 결론을 내리지 못한다. 단지 확실한 것은 어떤 매우 이례적인 사건이 객관적으로 발생했다는 점이다. 그리고 그 사건은 4명의 친구들에 의해서 감행된 모험에서 시작되었다. 이 일 이전에도 예수는 초능력(?)을 발휘하였고, 그 소문이 사방에 퍼지고 있었다. 친구를 사랑하는, 그러면서도 매우 모험성이 많은 네 사람이 그 소문을 듣고 지붕을 뜯어 문제의 환자를 예수 앞에 내려놓았다. 성서는 이 때 예수가 "그들의 믿음을 보고" 친구를 고쳐 주었다고 전하지만, 이것은 확실히 후대의 해석일 것이다. 이 경우의 믿음은 인간의 간절한 소원이지, 예수와 또 그가 신으로부터 비롯되었다는 점을 믿는 그런 믿음은 전혀 아니었기 때문이다(아직 예수가 누구인지는 숨겨져 있었다).

5장. 고향이 버린 설교자

진짜 핵심은 믿음의 유무가 아니라 예수의 엉뚱한 발언이었다. 병을 고치러 온 사람에게 예수는 엉뚱한 말을 선포한 것이다: "네 죄가 사해졌다."

아니, 누가 죄 용서받자고 이 고생을 했나? 아니, 사람은 누구나 죄 짓고 살아가게 마련이고 우리는 병을 고치러 왔는데…… 아마 우리 같으면 그런 생각을 하면서 엉뚱한 말이나 해대는 예수를 원망했을 것이다.

당신 자식이 죽을병을 앓고 있거나, 당신의 아내가 죽어가고 있는 때에, 목사님이 오셔서 "당신의 죄가 사해졌습니다" 하면, 그 기분이 어떻겠는가? 종교적 훈련을 받아서, 그 같은 엉뚱한 선언에 노골적인 반감을 표하지는 못하겠지만, "목사님, 그것도 좋지만 병을 고쳐 주실 수는 없겠습니까?" 하지 않겠는가? 나라면 충분히 그랬을 것이다. 인간은 우선 병에서 낫기를 원한다. 그런 연후에 하느님과의 화해도 생각하게 된다. 그러나 문제는 우리의 이 같은 기본적 불만이나 욕구에서 생긴 것이 아니었다. "네 죄가 사해졌다"는 말이 그것을 듣는 모든 유대인들, 특히 율법학자들(성서학자들)의 분노를 일으켰다고 성서는 밝히고 있다. 이유인즉 "하느님 한 분밖에는" 죄를 사할 수 있는 자가 없다고 그들이 믿고 있었고, 예수도 그것쯤은 알고 있으리라고 그들이 생각하고 있었기 때문이다.

결국 십자가의 길은 시작되고 만 것이다. 예수는 그 이전에도 기적으로 병을 고쳤지만, 문젯거리가 되진 않았다. 그러나 이 사건은 그가 십자가를 져야 했던 죄, 곧 "하느님 모독"의 죄를 짓는 시작이 되고 말았다. 따라서 예수의 일생에 있어서 중요한 사건이 되고 있는 이 기적은 예수의 활동 이해에 대한 어떤 단서가 됨이 분명하다. 그리고 이 사건의 내용은 병을 고쳤다는 것, 그리고 그가 무면허 의사였다는 것에 있지 않다. 그가 사람을 속이거나 선동했다는 것에 문제가 있지도 않다. 단지 "죄 용서"를 선언한 그것이 문제였다. 그것은 인간이 감히 하느님의 대권(독특한 권한)에 도전하는 것이었기 때문이다. 다시 말해서 예수는 당시 유대인들의 일반적인 민간 신앙을 노골적으로 파괴시키고, 그 나라에 새로운 신앙을 가져다주려 했던 것이다.

하느님의 대권에 도전하는 인간을 보고도 분노하지 않는다면, 우리는 그런 사람들의 신앙심을 의심할 수밖에 없을 것이다. 그런데 이때의 유대인들, 특히 율법학자들에게는 대단한 신앙심이 있었다. 그래서 예수의 행동이 신성모독이라는 중대한 사실을 묵과할 수가 없었다. 그러면 "죄 용서"가 왜 그렇게 중대한 죄가 되는지 상상력을 한 번 동원해보자.

죄 용서 - 그것은 아무나 할 수 있는 것이 아니다. 예수는 죄를 채무관계에 비유했다. 아주 적절한 생각이다. 죄는 관계의 문제이다. 죄를 짓는 것은 나만의 문제가 아니라 나와 그 누구 사이의 문제이며, 내가 그 누군가에게 피해를 끼친 것을 뜻한다. 재물의 손해나 명예에 금이 가게 한 것이다. 그리고 채무자가 발생시킨 피해를 채권자 스스로 짊어지는 행위, 즉 빚 탕감 행위가 바로 죄 용서라고 예수는 이해했다. 한편 하느님의 피조물인 인간들이 저지르는 모든 범죄 행위는 결국 궁극적으로 주인이신 하느님께 대한 죄이다. 하느님께 빚지는 행위다. 내가 누구를 살해했다면 그것은 하느님의 가족을 살해한 것이요, 누구의 명예를 훼손했다면 그것은 하느님의 가족을 괴롭힌 것이다. 따라서 창조주 신앙을 지니고 있는 유대인들의 생각에는, 죄 용서란 아무나 할 수 있는 것이 아니라 궁극적인 피해자인 하느님만의 대권이었다. 사람 사이의 죄란 것도 사실상 사람의 주인이신 하느님께 대한 죄란 말이다. 이 얼마나 논리 정연하며, 깊은 통찰력인가! 예수는 이들의 논리와 신앙이 틀리다고 말하지는 않았다. 단지 그들의 고정관념을 깨트림으로써, 즉 하느님의 대권을 핑계로 인간이 인간을 서로 용서하지 못하던 그 풍토병을 고쳐줌으로써 새 "나라"를 도래케 하고 싶었을 뿐이다. 그는 (주)기도문에서도 보여주었던 그 "나라"에 대한 소망을 사람들에게 분명히 표현하고 싶었던 것이다.

또 더 나아가 "하느님의 나라"라는 시각에서 유대인들의 분노를 고찰해 보면, 죄 용서를 선언한 예수의 행위가 문젯거리가 된 **정치적 차원**을 충분히 간파할 수 있다. 즉 구약의 한 예언자가 이방인의 장군 나아만의 문둥병을 고쳐 주었듯이, 예수가 죄를 사해 주고 질병을 고쳐 준 이 중풍병자가 로마인이었다면, "하느님 외에 누가 죄를 용서할 수 있는가?"라고 외치는 유대인의 절규가 지닌 정치적 상황이 쉽게 드러날 수 있을 것이다.

예수의 설교 중에 "원수 사랑"의 대목이 나오고 있는 데 반하여, 기록에 남은 예수의 행적은 주로 유대인을 상대로 하며, 기껏해야 사마리아인이나 중립 지대의 이방인들에게 자비를 베푸는 것으로 되어 있다. 예외가 있다면 마가복음서에는 나오지 아니하는 특이한 기적으로서, 로마 군인 백부장의 종 또는 아들의 병을 멀리서 고쳐 준 기적이다(마태 8:5-13 병행). 그러나 마태복음서는 이방인의 믿음과 유대인의 불신앙을 대비시키는 목적으로, 요한복음서는 예수의 기적의 위력을 설명할 목적으로 이 사건을 진술하고 있을 뿐, 유대인과 로마인 사이의 정치적 적대감의 심각성에는 아랑곳하지 않는다. 누가복음서만 이 민족 감정을 주목하고 있는데, 그는 이 로마 군인이 예외적으로 친 유대적이라는 조심스런 단서를 달고 있다(누가 7:4-5). 이러한 사실들은 모두 현존하는 신약성서의 기록들이 예수 자신에 비해 탈(脫) 정치적이었다고 하는 점을 폭로시키고 있다.

다시 말해서, 로마 군인에게 자비를 베풀어 준 사실은 예수의 원수 사랑 정신과 더불어, 압제 속에 시달리던 유대인들에게는 복음이 아니라 저주였을 것이 분명하다. 따라서 압제자의 나라 로마 군인의 중대장의 아들까지 고쳐 준 예수의 행적에 대해서는 어떤 저항이 있었어야 당연한데, 성서는 단지 암시 정도에서 그치고 있다. 그러므로 "죄 용서"가 이렇게 심각한 도전으로 여겨졌던 사건의 배경에는 민간 신앙과 민족 감정이 함께 작용하고 있었음을 반드시 주목해야 한다. 이 사실을 놓치면 우리는 예수의 십자가 처형 사건이 놓여 있는 역사적 자리를 상실하게 된다. 즉 복음서에 기록된 이 치유 사건은 환자가 로마인이었다고 상상하는 것이 도움이 될 것이라는 생각이다. 예수의 치유 행적이 종교적으로도 정치적으로도 중대한 도발 행위였음을 쉽게 짐작할 수 있다. 죄 용서, 우리 민족을 짓밟는 로마인들, 우리를 박해하는 악마의 화신들, 그들을 용서해야 된다고…… 우리는 못해. 인간인 우리가 그런 일을 어찌할 수 있으랴! 그런 일은 하느님이나 하실 수 있지…….

정치적 갈등이 극치에 달한 때에 예수가 한 중풍병자를 앞에 두고 병을 고칠 생각은 않고 엉뚱하게도 "네 죄가 사해졌다"고 발언함으로써, "신성모독"의 죄를 짓게 되었고, 그것은 마침내 그의 생명을 단축하게 되었다. 무엇인가? 이 예수가 의사였던가? 아니다. 그는 설교자였다. 성서의 말로 말하면, 하느님의 말씀을 선포하는 예언자였다. 그는 철저히 예언자였다. 그가 행한 기적은—이 경우—그가 선언한 말(죄 용서)이 공허한 말이 아님을 입증해 준다. 하느님 나라가 저들을 침략한 것이다. 이 같은 사실(예수의 기적-말씀-나라-도전)은 마가복음서에 기록된 두 번째 문제의 기적(두 번째 기적은 아니지만, 문제가 되었던 두 번째 기적이다)에서도 잘 드러난다.

(2-2) 마가복음 3:1-6, 안식일 범행(참조, 요한 5:1-18) — 신성모독의 죄, 그것은 성격상 종교적이요 동시에 정치적인 범죄 행위이다. 어느 공동체에든 신성불가침의 영역이 있기 마련인데, 예수는 그것에 대해 정면으로 그리고 공개적으로 도전하기로 결심한 것이다.

중풍병자를 고쳐 준 기적이 유대인들과 예수 사이에 문젯거리가 된 것은 죄 용서의 특권과 책무가 누구의 것이냐 하는 신학적-정치적 논쟁 때문이었다. 즉 병 고침의 기적 자체와는 아무 상관이 없다는 말이다. 이 같은 사실은 안식일 범행 사건에서 더욱 뚜렷이 드러난다.

우리는 600여 년 간 나라 잃은 설움 속에서 살아 왔던 유대인을 기억해야 한다. 그들은 정치적 독립이 불가능한 상황에서 종교적 독자성을 견지함으로써 민족자존의 긍지를 살리려 애쓰고 있었다. 그것이 후기 유대교의 핵심이었다. 따라서 정결 예법과 안식일 계명은 그 어떤 율법보다도 강조되었다. 이러한 법은 그것을 지키는 자와 지키지 않는 자 사이를 분명히 구별해 줄 수 있기 때문이었을 것이다.

후기 유대교가 등장하여 종교적 의식 법으로 민족자존의 긍지를 보호할 생각을 하기 전에도, "모세"의 권위는 유대 사회에서는 거의 절대적이었다. 특히 그가 전해 주었다는 십계명은 오늘날의 개신교인들에게 있어서의 성서와 똑같은 자리를 차지하고 있었다. 그런데 예수라는 청년은 나라와 민족을 사랑하는 마음으로 저들이 하느님처럼 떠받들었던 권위 질서, 사회적-종교적 "제도"에 정면으로 도전하게 된 것이다. 이 사건의 극명한 사례가 안식일에 병자를 고쳐 준 행위였다.

병자를 고쳐 준 기적 자체는 이제 신기한 일도 놀라운 일도 아니다. 그냥 특별한 일에 불과하다. 사람들의 반응이 크게 드러나지 않고 있다. 사람들의 반응은 우리처럼 기적의 사실성에 매달려 있지 않고, 안식일에 노동을 함으로써 ("성서"와 같은)십계명의 하나를 공공연히 범했다는 점에 집중되고 있다.

예수는 자기가 안식일에 노동했다는 사실을 부인하지 않는다. 안식일 제도 자체가 구습이라고 공격하지도 않는다. 그는 단지 안식일 지키는 방식을 근본부터 수정하고자 도전한다. 안식일이라 해도 인간의 목숨을 구하는 것과 같은 "선한 일"은 막지 못한다는 것이다. 나아가 예배를 받으시기 위해 하늘에서 쉬고 계실 것이라고 생각한 그 하느님께서도 안식일에 "일 하신다"고 하는 혁명적 발언을 했다(요한 5:17). 한 걸음 더 나아가서 나도 안식일에 생명 구하는 일에 종사하고 하느님도 그러하시기에, 그 하느님은 바로 "나의 아버지"라고 주장하게 되었다.

결국 두 번째의 문젯거리 기적을 행함으로써 예수는 "처치할 음모"(마가 3:6)의 대상이 되며, "박해"(요한 5:16)를 받기 시작했다고 성서는 보도한다.

이 사건은 어떻게 뜯어보더라도 "예수는 만병통치의 의사이시다"라고 외치는 부흥회의 구호를 정당화시켜 주지 않는다. 많은 사람들이 성서의 일부를 인용하면서 그것이 예수의 전체인 양 떠들어대고 있다. 예수가 가난한 자의 편이라는 논리나 예수가 만병통치의 의사라는 논리는 한결같이 성서를 피상적으로 읽고, 임의적으로 선별하여 전체를 대신하는 오류를 범하고 있는 것이다. 우리가 이 같은 심각한 오류를 피하고자 한다면, 다음과 같은 원칙을 지켜야 한다고 나는 믿는다:

누구든지 예수 이야기를 하려거든 예수의 활동과 설교를 다 같이 다루어야 하며, 그의 활동과 설교를 이해하는 열쇠 개념(범주)은 동일해야 한다. 그리고 이 동일 범주가 그의 십자가와 부활 사건까지 유감없이 해명해 주어야 한다.

예수는 안식일에 회당에서 손 오그라진 사람 하나를 기적으로 치유해 주었다. 또 베데스다 연못가에 "즐비하게" 있던 환자들 중 38년이나 "오래" 앓은 사람 하나를 기적으로 치유해 주었다. 이 두 사건은 같은 성격의 사건이다. 특히 베데스다 연못가의 사건은 예수의 활동의 성격을 이해하는 데 큰 도움을 준다. 즉 병을 고치긴 했지만 병 고치는 의사라는 자각에서 그리한 것은 결코 아니었음을 단적으로 말해 준다(다른 사건들도 마찬가지의 성격이지만, 이 사건처럼 그 성격이 드러나지 않을 뿐이다). 생각해 보라. 우리들 혹은 우리들의 식구들이 베데스다 연못가에 즐비하게 늘어져 있던 환자들이었다고. 그런데 안식일에 그 연못가로 찾아온 예수는 한참 두리번거리다가 가장 "오래된" 환자 하나를 고쳐 주고, 간단한 설교를 하고 나서 유유히 사라졌다. 특별히 바쁜 일도 없었던 안식일, 인간의 질병을 고쳐 줄 수 있는 초능력의 예언자, 그는 무엇 때문에 다른 수많은 환자의 고통을 외면한 채 "하 나"만 고쳐 주고 떠나갔을까? 우리 자신이나 우리 식구들이 이 행운의 혜택을 받지 못하고 버려진 자들이었다면, "하느님께 찬양" 올릴 생각이 났겠는가? 아니면, "예수, 당신은 너무 잔인하오. 여기 있는 버려진 환자들이 불쌍하지도 않소? 아니면 당신의 능력이 그것밖에 안 되는 거요?" 하고 원망했을까?

어떤 집회에 나가보면, 어떤 목사님들은 초능력을 발휘하여 사람들을 무더기로 치료해 주신다. 각자 자기의 환부에 손을 대라고 한 후, 치유의 은사를 가진 목사님이 기도를 하신다. 그리고 잠시 후, 여기저기서 치유의 체험을 했다는 이들이 간증을 한다. 정말 놀랍고 고마운 일이다. 그 간증이 모두 사실이냐 아니냐 묻고 싶지 않다. 단지 그런 것은 예수라는 청년 예언자가 사람의 병을 고쳐 주던 방식과는 너무나 다르다는 말밖에 하지 않겠다.

예수 당시에도 급성병이 있었고, 급성환자는 안식일에도 고쳐 줄 수 있었다. 그런데 예수는 손 오그라든 환자나 38년 된 환자를 "선택"하여 그들을 치료한 것이다. 즉 만성병 환자를 선택하였다. 이것은 예수의 병 고침 활동이 의사로서의 사업이 아니라 그 근본 성격상 예언자의 그것이었음을 말해 준다. 예언자들은 기적을 행사할 수 있었다. 그러나 예언자가 기적을 행사하는 경우는 그것이 "하느님의 말씀선포의 한 수단"일 때였었다.[4]

우리는 이 같은 행위를 예언자의 "상징 행동"이라고 부르며, 기적은 바로 그런 유의 일이라고 믿는다.

첫 번째 문젯거리 기적에서, 예수는 "죄 용서"의 새 시대를 선포하였으며, 두 번째 문젯거리의 기적에서는 당시의 종교 제도가 근본적으로 반(反)인간적임을 고발했다. 이로써 죽어야 했던 예수의 운명은 공공연히 시작되었다. 이 두 사건은 예수가 하느님 모독자임을 스스로 입증하고도 남을 일이었다. 그러나 예수가 신성 모독자가 된 것은 바로 인간을 그 억압에서 풀어놓기 위해서이며, 그 같은 "선한 일(노동)"을 하는 데는 십계명의 문자까지도 장애물이 될 수 없다는 판단이었다. 사랑― 그것이 구체적으로 사건이 되어 나타났다. 기적이 없었더라면 예수는 인간의 도덕적 이상을 가르쳐 주는 교사는 될 수 있을지언정, "권위 있는" 사람은 되지 못했을 것이다. 예수는 그 교훈에서만이 아니라 그 인격에 있어서도 사랑(용서에서 시작됨)의 실천자였다. 그러나 그가 실천하는 사랑은 그 사회의 사랑의 개념과는 다른, "틀린" 방식의 것이었다.

---

[4] 위의 책, p. 206.

이것이 예수를 몹시 괴롭혔고, 시대를 거스르는 모든 사람들이 그러하듯 예수도 자기 자신과 싸워야만 했다. 이제는 청년 예언자 예수의 고통을 살펴보자.

3. 탄식하는 설교자

(1) 정치의식

예수는 철두철미한 예언자였다. 오늘의 용어로 말하면 그는 순회 설교자였다고 할 수 있다. 그런데 그는 유대인이었으며, 당시의 그의 민족은 나라와 언어를 잃어버린 처지에 있었고, 그래서 각종 민족종교 운동들이 성행했다고 했다. 예수도 이 같은 자기 시대의 정치적 상황을 잘 인식하고 있었다. 정치와 종교의 분리라는 원칙은 역사적으로 잘못 설정된 원리이며, 적어도 예수 시대에는 해당되지 않는다. 예수의 생애와 그 당시의 정치적 상황은 너무나 긴밀하게 연관되어 있다. 따라서 그가 설교한 내용 중의 핵심적 요약인 8복 사상을 우리가 이해하려면, 예수의 정치의식을 충분히 고려하지 않고는 전혀 불가능하다. 우는 자, 가난한 자, 박해받는 자가 복 있는 자라고 선언한 그의 사상은 세상의 정치 질서에 대한 그의 단호한 저항의 빛에서만 이해될 수 있다. 슬픔과 궁핍과 핍박이 그 자체로서 찬양거리라고 생각하고 그것이 예수의 산상설교의 내용이라고 믿는 신자들이 더러 있는데, 이것은 이만저만한 오해가 아니다. 세상이 잘못되어 있을 때에만 가난이 선(善)으로 통할 수 있다. 제대로 된 세상에서도 가난하다면 그것은 본인이 게을러서 그러할 뿐이다.

따라서 예수가 정치 질서에 대해서 정면으로 공격을 퍼붓고 있지는 않았다 하더라도, 설교자인 그는 적어도 자기와 자기의 청중이 어떤 세상에 살고 있는지에 대한 현실인식에는 언제나 예민하였다. 주기도문에도 이 사실은 유감없이 드러나 있다. 가나안 땅에 와 있으나, 그 땅은 "하늘의 뜻"이 이뤄지지 아니한 소외된 땅임을 그는 고발하고 있다. 그뿐이랴. 그는 자기 스승의 비극적 최후에서 직접 자극을 받았다. 그는 이 세상의 집권자들이 "백성을 강제로 지배하고 또 고관들은 세도를 부리고" 있음을 알고 있었다(마가 10:42). 그래서 이런 세상에서는 섬기는 자가 섬김을 받는 자보다 위대하다는 역설을 늘어놓곤 하였다. 그러나 그의 이야기, 그의 심정은 사람들에게 통할 것 같으면서도 좀처럼 통하지 않았다.

(2) 고향이 버린 설교자

고향 사람들도 예외는 아니었다. 아니 더욱 불신하였다. 그를 인간적으로 잘 알고 있었다는 사실이 오히려 그릇된 선입관으로 작용하였다. 예수는 특별한 애정을 가지고 고향의 회당에서 설교하였다: "회개하고 복음을 받아들이시오. 하느님의 나라가 당신들의 것이 될 것입니다." 고향 사람들은 여기에 "아멘"하는 것 같았으나, "이런 지혜가 어디서 났을까?" 하고 의아해할 뿐이었다. 그래서 예수는 "그들의 불신앙을 이상하게 여겼다"고 했다(마가 6:1-6).

따지고 보면 이상한 일이 아니었다. 예언자는 언제나 고향에서 배척을 받게 돼 있다. 성서 기자는 마치 예수도 자신이 당한 일이 믿어지지 아니한다는 듯 고향 사람들의 불신을 "이상히" 여겼다고 했다. 그러나 생각해 보라. 고향 사람이란 누구인가? 같은 생각, 같은 감정을 가지고 있어야 할 사람들이 아닌가? 역사를 나누고, 애증을 나누었던 사이가 아닌가? 그런데 타향에 잠시 외출하고(유학하고) 돌아온 예수가 "다른 소리"를 해대니, 어찌 심사가 편했겠는가? 즉 같은 소리를 할 것으로 기대했던 예수가 저들을 실망시킨 것이다. 예언자, 그는 사람들의 기대를 충족시키는 사람이 아니라 하느님의 말씀을 선포하는 자요, 하느님의 말씀이란 언제나 그 속에 심판의 요소를 담고 있다. 따라서 예언자가 아예 낯선 자라면 욕을 덜 먹게 되어 있다. 낯선 자에게서는 언제나 낯선 음성을 기대하니까. 그러나 동향인이 낯선 말(그것이 하느님의 것이라 할지라도)을 해 오면, 더욱 신경질적으로 반응하게 되어 있다. 인간은 누구나 그러하고, 그래서 하느님의 말씀을 선포하는 사람은 언제나 친구들에게 더욱 불신을 당하게 되어 있다. 이상할 것이 전혀 없다. **하느님의 말씀을 전하고 싶은 자는 누구든 친구를 배신할 수 있는 자가 되어야 한다.**

(3) 통하지 않는 세상

열심히 사랑하고, 서로 사랑하자고 외쳐댔지만, 이 젊은 예언자의 기적과 설교는 고향 사람들에게서 뿐만 아니라 다른 동족들에게서도 그렇게 좋은 반응을 얻지 못하였다. 그래서 그는 "이 세대를 무엇으로 비유할까? 이 세대는 아이들이 장터에 앉아서 서로 소리질러 '우리가 곡을 하여도 너희가 울지 않았다'고 말하는 것과 같다"(마태 11:16-17)고 탄식하였다.

오늘날의 어떤 설교자가 이 같은 절망감에 빠지고 있을까? 물론 교회가 "잘 안 되어" 절망감에 허덕이는 설교자는 많다. 그러나 자기가 전하는 복음이 아무런 메아리가 없음에도 자기의 소신을 굽힐 수 없어서 오는 좌절감에 시달리는 설교자가 과연 몇이나 될까? 예수라는 목회자는 "잘 하는 자"는 아무래도 아니었는가보다.

그는 메아리 없이 흩어져버리는 자신의 설교를 사람들이, 특히 서민 대중이 알아들을 수 있도록 그 언어를 바꾸어 보기도 했다. 그래서 그는 일상생활에서 터득한 소박한 비유들로써 천국 설교를 했다. "하늘나라는 이런 것이다. ……" 그러나 그 같은 노력도—후대의 신학자들의 감탄과는 달리—별로 소용이 없었다. 그와 그의 설교는 여전히 통하지 않았다. 그는 어찌해야 좋을지 알지 못했다. 그 답답한 심정은 성서의 이곳저곳에 잘 묘사되어 있다. 특히 다음과 같은 역설은 그 좋은 예이다:

> 예수께서 혼자 계실 때에 열 두 제자와 예수를 둘러 있던 다른 사람들이 여러 비유에 대하여 예수께 물어보았다. 예수께서 대답하셨다. "너희에게는 하느님 나라의 비밀을 알게 해 주었으나, 다른 사람들에게는 모든 것을 비유로 말했다. 그것은 그들이 보기는 보아도 알지 못하고, 듣기는 들어도 깨닫지 못하게 하여, 돌이켜 죄 사함을 받지 못하도록 하려는 것이다"(마가 4:10-12).

오죽 답답하면 설교자가 이런 역설을 퍼부었을까? "돌이켜 죄 사함을 받지 못하도록" 일부러 암호 문자로 설교하는 하느님의 나라의 스파이! 예수는 진정 그런 사나이가 아니었다. 그는 자기 목숨을 많은 사람들을 위한 제물로 주기 위해서 왔고, 왜 그런 길을 가야 하는지 알려주려고 애썼다. 더 잘 이해해 주기를 바라면서 생활 예지에서 나온 비유로 말했다. 그래도 닫힌 마음 문은 열리지 않았고, 그래서 예수는 반어적(反語的)으로 억지를 부렸다. "저들이 알아듣지 못하게 하기 위해 나는 암호 문자를 썼다"고.

"귀 있는 자는 들으라"(마가 4:23)는 표현 역시 통하지 않는 세상에서 계속 통하지 않는 말을 늘어놓아야 했던 답답한 예수의 심정을 노출시킨 것이다. 귀 없는 자에게 누가 말하랴. 그러나 귀가 있어도 듣지 아니하는 사람들만 모여 사는 것같이 안타까운 세상에서 그는 생을 엮어가야 했다. 그는 자신의 설교 내용을 바꿀 수 없었고, 마침내 자기와 자기의 설교가 사람들에게 "복음"은커녕 "걸림돌"이 되고 있음을 인정할 수밖에 없었다. 그래서 결국 "내게 걸려 넘어지지 않는 사람은 복이 있다"고 결론적인 탄식을 늘어놓았다(마태 11:6).

하느님의 말씀을 비뚤어진 세상에다 전하는 것이 이렇게 힘드는 일인가? 죄인이 자기에게 유익한 하느님의 복음을 식별하고 거기에 무릎 꿇는 것이 이다지도 힘들까? 참 이상한 세상이다.

통하지 않는 세상에 버려진 자와 같은 예수의 심정은 일시적인 것이 아니라 그의 (소위) 공생애 전체를 지배하고 있었다. 우리는 지상(地上)에서 했던 예수의 최후의 식사 장면에서 이 점을 다시 한 번 목격한다.

(4) 구애자(求愛者)의 유적(遺蹟)

어미 닭이 병아리를 날개 아래 품듯이 그렇게 간절하게 동족을 사랑했건만(누가 13:34-35), 그들의 사랑을 얻는 데 결국 실패한 예수는 자신의 최후를 생각하지 않을 수 없었다. 남달리 인생을 즐기고 싶었던 예수, "죄인"들과 더불어 아낌없이 교제함으로써 "더러운" 자라는 욕까지 먹었던 예수, 그는 유대인의 해방절 잔치를 자신의 생애의 마지막으로 정해 놓고, 그래도 자신을 이해해 줄 만한 열 두 제자들을 불러서 최후의 식사를 했다.

우리는 그의 최후의 식사가 목요일 저녁이었는지 수요일 저녁이었는지 확인하지 못한다. 요한복음서에 의하면 수요일 저녁이요, 공관복음서에 의하면 목요일 저녁이었다. 그는 공동의 식사를 하다 말고, 사랑을 구걸하기 시작한다.

이것은 내 몸이다. 받아먹으라.
이것은 내 피다. 받아마셔라.

내 모든 것을 주고라도 그대들이 내 사랑을 알아준다면 무슨 원한이 내게 있으리요? 그런 심정이었다. 요한복음서에 의하면, 말로써만 사랑을 구걸하지 않고, 사랑의 본을 보이기 위해, 제자들의 더러운 발을 씻어주었다고 했다. 세상의 질서가 아니라 "하늘"(주기도문)의 질서대로 서로 사랑하기를 가르치고 또 가르쳤던 예수, 그는 끝내 버림을 받았다. 어쩌면 알아차릴 것도 같았던 예수의 제자들은 최후의 식사에 초대받았다는 사실도 눈치 채지 못하고, 예수의 애절한 구애의 몸짓도 의식하지 못한 채, 그저 "세상"만 부러워하고 있었다고 성서는 보도해 준다. 물론 누가복음서 하나만이 이 오욕스러운 사실을 남겨두었다. 누가복음(22:24 이하)에 의하면, 발 씻김을 당하고서, 또 스승의 살과 피를 나누어 갖고 나서도, 제자들은 누가 제일 높으냐 하는 것으로 논쟁을 벌였다고 했다. 아! 가엾은 예수, 그는 겨우 그런 제자들밖에 둘 수 없었던가? 그런 자들에게 정말 "내 살과 피"를 나눠줄 수 있었을까? 누군가가 한 말, "그것은 사랑의 낭비였다"는 고발이 진실이 아닐까?

어쩌면 실패로 끝났을지도 모르는, 제자들을 향한, 온 세상을 향한 예수의 사랑의 최후의 몸짓(궁극적으로는 물론 십자가이다)은 결국 후대의 교회에 의해서 거룩한 의식으로 기억·기념되고 있다(성찬식). 성찬식에서 우리는 우리 자신과 역사를 뒤돌아보면서 예수가 얼마나 우리를 사랑했는지 회상하고 기쁨으로 참회하게 된다.

4. 세 개의 십자가

예수가 처형되던 같은 시각에 다른 두 강도도 십자가에 처형되었다. 그래서 골고다 언덕에는 로마의 국법에 따라 극형을 받고 죽어가던 3사람의 십자가가 세워졌다. 겉으로 보기엔 똑같은 십자가이지만 두 개의 십자가는 사람을 살리는 것이 아니다. 가운데 있던 제3의 십자가만이 사람을 살리는 것이었다.

오늘 한국 교회의 언덕에도, 그 옛날 골고다 언덕에서처럼, 3개의 십자가가 서 있다고 말할 수 있지 않을까? 첫 번째 십자가는 예수의 "오른편"에 서 있던 십자가, 교회가 자랑하는 십자가, 교인들이 자기들의 교회 생활로써 잘 감당하고 있다고 생각하는 **제도화된 십자가**, 마술적인 십자가요, 두 번째 십자가는 예수의 "왼편"에 서 있는 십자가, 계급투쟁의 깃발이 되고 있는 십자가, 민중의 피의 상징인 증오와 원한의 십자가, **전투적 십자가**이다. 전자가 거짓되이 종교적이라면, 후자는 거짓되이 정치적이다. 우리는 그 어느 것도 예수의 십자가가 아니라고 생각한다. 너무 종교적인 것도, 너무 정치적인 것도.

먼저 이상한 질문 하나를 던지면서 예수 죽음의 이야기를 시작하자.

(1) 예수가 만일, 병이나 교통사고로 죽었다면

나는 신학생들, 교인들, 그리고 목사님들께도 종종 이런 질문을 던져본다: "예수가 석가모니처럼 오래오래 살다가 병들어 죽었다거나 혹

교통사고로 죽었다 해도 여전히 그가 당신의 메시아일 수 있을까요? 왜 그렇습니까?" 대개는 이런 질문에 대해 신경질적으로 반문한다. 그런 불경스러운 가정을 도대체 목사인 당신이 왜 필요로 하느냐는 것이다. 역사적 사실, 십자가에서 처형되었다는 사실만은 변함이 없는데, 그런 가정을 왜 하느냐는 것이다.

이상하다. 사람은 공상도 할 수 있지 않은가? 오랜 시간을 허비하지 않는다면 공상을 좀 한다 해서 큰 탈날 일은 없을 것이다. 위의 질문을 받고 당황해 한다는 것은 그들이 예수의 죽음의 의미를 너무나 관습적으로 생각하고 있었다는 증거이다. 어떤 사람들은 정직하게도, "그런 경우, 피 흘림이 없었으니 그는 우리의 구주가 되지 못할 겁니다"라고 답한다. 그래서 나는 또 짓궂게, "2천년 전에 말라버린 예수의 피가 어찌 지금의 (알지도 못했던) 당신의 죄를 용서해 줄 수 있습니까?" 하고 묻는다. 대개는 적당히 얼버무리고 만다.

십자가 죽음—그렇게 중요한 것이 우리들에게 이렇게 등한시되고 있다니!

(2) 그는 여전히 나의 메시아이다

예수의 십자가가 "예수의" 것이기에 내게 의미 있다면, 즉 피 흘림 때문이 아니라—피는 다른 방식으로도 흘릴 수 있다—"예수가" 흘린 피이기에 의미 있다면, 그의 피를 보배로운 피로 만드는 것은 예수 그 사람의 생애와 인격이다. 즉 그의 십자가 죽음은 다른 사람들의 죽음과 경우가 다르다. 대개의 사람들의 인격은 그 사람의 죽음과 별로 관계가 없다. 선한 사람이 불행한 사고로 죽을 수도 있고, 악인이 행복한 임종을 맞이할 수도 있다. 그러나 예수의 죽음은 미리 각오된, 준비된 죽음이었으며, 평소의 그의 활동의 요약 또는 극치였다. 즉 그것은 생의 마감이 아니라 생의 집약으로서의 죽음이었다.

어떤 자선사업가가 평소에 늘 자선을 해 오다가, 한 생명을 구하기 위해서 아직 남아 있는 자기의 생명을 내어놓았다면, 그런 죽음은 생의 끝이 아니라 생의 앙금이라고 말해야 하지 않을까!

예수의 죽음이란, 기적 활동을 벌이면서 시작된 그의 설교 속에 잉태되어 있던 한 아기가 마침내 세상에 태어남과도 같았다. 서서히 자기가 걸어온 길을 배신할 수도 있었지만, 그렇게 하지 않는 한 그 비극적 죽음은 피할 수 없었다. 그가 처음부터 선택한 것이었으니까. 스스로.

따라서 십자가의 죽음이 어떤 의미에서든 내게 구원의 의미가 있다면, 그것은 그의 죽음 방식 때문이 아니라 그를 그 죽음으로 몰아간 그의 생과 인격 때문이다. 결국 그의 죽음은 우리로 하여금 그의 생애의 특징을 다시 한 번 뚜렷이 보게 하는 계기를 마련하였지만, 그가 어떻게 죽었든 상관없이 그는 내게 구원하는 자이다. 여전히. 그러나 다음과 같은 2개의 방식으로는 아니다.

(3) 우편 십자가: 교권주의(敎權主義)

십자가는 바울 사도가 아무리 아름답게 표현하더라도 역시 끔찍한 거리낌이다. 걸림돌이다. 하느님의 능력이기 이전에 그것은 엄연히 한 비극적 죽음이다. 그래서 살고자 애쓰는 모든 시대의 사람들, 특히 현대인은 피하고 싶어 하는 상징이다.

캘리포니아에서 "적극적 사고"를 선전하던 어느 교회에서 있었던 일이라고 한다. 교회당이 준공되어 실내장식을 의논하고 있었다. "십자가는 어떤 모양과 크기가 좋을까요?" 하고 목사님이 질문하자, "적극적 사고를 모토로 삼고 있는 우리 교회에는 그런 것 필요 없지 않을까요?" 하고 임원진의 하나가 답했다고 한다. 어찌 이런 속사정이 그 교회 하나 뿐이랴!

사실상 많은 목회자들과 교인들에게 있어서 십자가는 단지 하나의 마술이나 부적과 같이 여겨지고 있다.

과거의 어느 한 날 예수라는 하느님의 아들이 자기 몸을 희생제물로 바침으로써 인류의 죄, 나의 죄가 영원히 속죄되었다고 믿고 십자가를 찬미거리로 만든다. 이것이 문자적으로 사실이라면, 소나 양이나 비둘기를 대신하여 예수가 처형된 셈이다. 동물들의 해방만세! 과거의 사람들은 죄짓고, 자기 분수에 따라 동물 하나를 선택하여 제사를 드리면 용서를 받았다고 한다. 그렇다면, 예수가 죽음으로써 다시는 불쌍한 동물들이 죽지 않아도 되게 되었으니, 그는 사람들이 아니라 동물들을 위해 죽은 것이다.

"예수의 피 흘림"은 상징적 언어요, 그것은 그의 공생애 전체를 가리킨다고 우리는 이미 말했다. 따라서 이런 시각에서 본다면, 피의 마술을 믿는 교회와 그 교인들은 "각자가 져야 할 십자가"를 외면하고 있다고 말할 수 있다. 그러나 이렇게 도전하면, 으레 현대의 교인들은 다음과 같이 응수할 것이다.

우리가 주일에 세상 재미를 등지고 교회에 나오는 것, 늦잠을 잘 수 있는 유일한 날, 오락이나 골프를 즐길 수 있는 유일한 날에 교회에 나오며, 우리의 생명처럼 소중한 돈을 바치며, 가끔씩 새벽과 철야로 기도하는 것, 그것이 바로 우리가 지고 있는 십자가가 아니고 뭐요?

그럴까? 우리의 교회 생활이 하나의 고난이라는 것을 인정해야 할까? 그렇다고 하더라도 그것이 우리가 "이 세상에서" 져야할 고난의 십자가를 대치할 수 있을까? 십일조와 주일성수가 아무리 힘들다고 하더라도, 교회생활을 신자들이 져야 할 십자가라고 이해하고 있다면, 이것은 엄청난 기독교의 타락이다. 그것은 우리가 세상에 나아가, 사회생활 속에서 공공연히 져야할 십자가의 고난을 제도화함이요, 교회의 정치권력을 신성시하는 범죄 행위이다. 중세의 교회가 이미 저질렀던 중대한 범죄가 오늘의 한국 개신교회들 속에서 무비판적으로 반복되고 있다. 말도 안 될 일이다. 교회가 십자가를 버리다니, 교회에 나오는 그것이 이미 십자가라는 그럴 듯한 말로 세속 속에서 우리가 져야 할 십자가를 대치하다니, 말도 안 된다. 차라리 유대교나 통일교처럼 노골적으로 예수의 십자가를 거부하는 편이 정직하지 않을까?

어떤 경우에도 교회 생활 자체로서 십자가를 지는 것을 대치시켜서는 안 된다.

(4) 좌편 십자가: 이데올로기

우편 십자가가 기성 교회의 제도화된 십자가라면 좌편 십자가는 젊은 층 혹은 "운동권"의 십자가이다. 즉 이들은 예수를 정치적 혁명의 기수로 이해한다.

우리는 예수의 "때와 땅"이 이미 지극히 정치적 행동을 요구하고 있었다는 점, 그리고 설교자로서의 그의 현실 인식이나 주기도문이나 다른 활동 속에도 언제나 "정치적" 요소가 깔려 있었다는 점을 지적하였다. 그렇더라도 오늘날의 운동권 논리가 말하듯, 그가 계급투쟁의 챔피언이었던 것은 결코 아니다. 그가 "가난한 자"를 부자에 비하여 선호했다는 것은 아주 확실하지만, 부자가 부자이기 때문에, 가난한 자가 가난한 자이기 때문에 거부하거나 포용한 것으로 보는 것은 성서의 오해이다. 그리고 예수의 활동과 설교의 메시지의 핵심이 가난한 자들의 천국에 있었다고 보는 것은 차라리 병든 자들의 천국에 있었다고 보는 것만도 못하다. 병 고치는 기적은 무수히 반복되어 나오지만 가난한 자들에게 무엇을 실행하였다는 기록은 어디에도 없다. 누가 반박해 보라. 그는 오히려 가난한 자를 배려하여, 옥합을 깨트린 여인을 힐난했던 가롯 유다를 반박했다. 그리고는 "가난한 사람들은 언제나 너희와 함께 있지만 나는 언제나 너희와 함께 있는 것이 아니다"(마가 14:7; 요한 12:8)라고 했다(물론 이 말이 예수 자신의 말이 아니라고 주석을 하겠지만, 그런 식의 회피는 어느 경우에든 누구든 해낼 수 있다). 그는 또한 그런 것들은 "모두 이방 사람들이 구하는 것이요, 하늘 아버지께서는 이 모든 것이 너희에게 필요하다는 것을 아신다. 너희는 먼저 하느님의 나라와 그의 의를 구하라"(마태 6:32)고 했다.

예수는 그의 정치적 상황 속에서 일했다. 그 상황을 의식하면서. 그러나 정치적 압제와 굴종의 종식을 위해서는 정치를 거짓되게 만드는 인간의 심성의 변혁이 없이는 안 된다고 믿었다. 그래서 그는 서로 용서하고, 포용해야 함께 살 수 있다는 지극히 평범한 진실(상생/相生)을 실천적으로 증언했다. 그는 우리 모두에게 자기를 열어 주는 포용력의 삶을 원했다. "하느님처럼 완전하여"(마태 5:48) 어떤 의미에서의 원수든지 다 포용하기를 원했다. 역설적으로 그의 이 신앙 때문에 누구도 그의 친구가 되지 못했던 것이다. 그는 결코 "민중의 예수"가 아니었다. 자본주의가 하느님 나라 아니듯, 사회주의가 하느님 나라 아님은 아주 자명하다. 어느 체제가 하느님 나라에 더 가까우냐 하는 질문은 이데올로기를 하느님처럼 강요하는 거짓된 질문이다. 어떤 체제 속에서든 그 체제를 하느님 나라에 접근해 가도록 변혁시키려는 실천적 노력에 참여하는 것은 중요하지만, 그 체제를 절대시하여, 인간의 심성이 아니라 사회제도가 문제의 **근원**이라고 보는 것은 사태를 오해하는 것이다. 이른바

"민중민주공화국"의 수립을 위해서는 원수(부자)를 거부 또는 살해할 수도 있다고 믿는다면, 우리는 그것이 예수에 대한 올바른 이해라고 말할 수 없다. 예수가 그런 투쟁을 벌였더라면 적어도 마카비 형제들(구약 외경 참조)만큼은 성공할 수 있었을 것이다.

(5) 가운데 서 있는 십자가: 상생(相生)의 길

그 십자가는 가장 정치적이었으나 또한 가장 비정치적이었던 십자가이다. 가장 정치적이었다는 말은 정치의 근본 원인(뿌리)에 도전했기 때문이요, 가장 비정치적이었다는 말은 그가 "하느님을 향한 인간의 자기 정립(orientation)"에서 해답을 찾았기 때문이다. 이 말은 참된 하느님 관계가 참된 인간관계를 또한 생산한다는 말이다. 즉 오늘날의 신앙(하느님 관계)이 잘못 이해·실천되고 있어서 세상이 이 모양이지, 본디 신앙이 정치(인간관계의 한 사례)와 무관해서 그러한 것은 아니다. 그러므로 나는 신앙의 생활화나 실천을 강조할 생각이 없다. 그런 논리는 이미 신앙이 생활이나 실천과 분리되어 있음을 전제하기 때문이다. 반면에 우리의 관심은 "바른" 신앙에 있다. 그것으로써 충분하다.

6장

묻혀 있는 예수: 상생(相生)의 신학1)

참으로 강한 자는 약함도 견딜 수 있다.

1. 새 시대와 우리의 과제

행동과 격동의 80년대, "민중신학"의 논쟁이 초점을 이루었던 시대가 지나가고 신세기 21세기를 눈앞에 바라보고 있는 지구 시계(時計)의 1990년, 생각하고 또 생각해 보지 않으면 끝없는 벼랑으로 굴러 떨어지고 말 카이로스(kairos, 운명·결단의 시각)의 시간이다. 그래서 지금 지구마을 전역에서는 새로운 사유 방식의 바람이 제법 거세게 불고 있다. 철학, 문학, 예술, 이제는 신학촌에도 포스트모더니즘(postmodernism)의 바람이 불고 있다. 대륙에서, 특히 프랑스에서 시작된 철거주의(deconstructionism: '탈구조주의', '해체주의'라고 번역된다. 사실은 '철거주의'라고 해야 맞을 것이다)의 열기와 영미에서 불던 과정사상(process

---

1) 이것은 89년 11월 30일, 세계신학연구원 주최 제2회 학술잔치에서 "相生의 신학과 한국 교회의 미래"라는 주제로 발표되었던 것을 정리한 것임.

175

thought)의 냉기가 만나서 만들어 내는 새 바람이다.1) '바람'이니 만큼 아직은 아무도 포스트모더니즘의 정체를 해부할 수가 없다. 그러나 신학촌에 불고 있는 이 새 바람에 대해서 적어도 다음은 분명히 말할 수 있다.

이제 세계는 독재적 상극(相克: 절대주의와 이원론)의 시간을 지나왔음을 가리킨다. 지금까지 지구인들은 17세기에서부터 인간의 삶을 구석구석 지배하기 시작한 "과학"의 횡포에 시달려 왔다. 그러나 지금은, 과학은 인간이 즐기는 여러 가지 게임의 하나에 불과하다는 사실이 밝혀졌다. 따라서 과학을 은근히 모방하던 "근대적" 종교들은 이제 자기 목소리를 점검할 시기를 맞이했다.2) 즉 시인은 다시 시를 읊어야 한다. 물리학자가 시의 세계를 물리학적으로 분석하여 판단할 자유는 있지만, 그의 판단이 항상 옳지는 않다. 국문학자가 시의 어법을 비판하더라도 시인은 계속하여 새 어법을 만들면서 시를 지어야 한다. 시인은 그래야 시인일 수 있다 이제는 "종교"도 그래야 한다.

이것은 우리가 다원주의 시대에 돌입했다는 말이다. 이 다원주의가 허무한 상대주의에 빠져 파멸에 이르지 않게 하기 위해서는, 인간 정신 활동의 다양한 분야들이 저마다의 독특한 음색들을 되찾고, 그리고 "합창"하는 법을 배워야 한다. 이것을 위해 우리는 기독교의 독특한 언어, 독특한 메시지가 없는지를 살피고, 그런 것이 있다면—자연과학자, 사회과학자, 심리학자 등이 무엇이라고 비판하든—과감하게 선포해야 한다. 그렇게 하지 않으면 기독교인들이 설자리는 남지 않을 것이다.

---

1) 이것은 John B. Cobb의 해석이다. 참조 "Two Types of Postmodernism," *Theology Today*, July, 1990.
2) 프레데릭 번햄 편, 『포스트모던 신학』 (세계신학연구원 역, 조명문화사, 1990) 참조.

이렇듯 세계가 다원주의 시대로 이미 접어들고 있지만, 한국인의 사유 방식은 여전히 각종 제국주의에 시달리고 있다. 정치에 있어서는 하나의 이데올로기만 옳다는 정치적 이데올로기적 제국주의, 종교는 기독교 하나로 충분하다는 생각에서 개종만이 선교의 유일한 목표라고 믿는 종교적 선교 신학적 제국주의, 새로운 사회건설의 주역은 억압받는 민중들 만이라고 고집하는 민중주의자들의 계급 투쟁적 제국주의 등이 우리 사회를 지배하고 있다. 그러나 이제 우리는 새로운 시대를 맞아 새로운 사유 방식을 배워야 하기에 이르렀다. 그러나 새로운 사유방식이란 이질적인 것, 낯선 것이 아니라, 늘 우리 곁에 우리와 더불어 있어 왔으나 우리가 무시해 왔던 우리 자신의 전통의 일부분이요, 또한 기독교의 경전 속의 예수 자신이 실천하였던 그 길이다. 곧 상생(相生)의 길이다. 그러하기에 그 새로운 방식이 우리를 변혁시켜 줄 것은 확실하지만, 그 변혁이 우리의 전면적 부정·파괴가 아니라 승화·완성이 될 수 있다.

지난 20여 년 간 한국의 신학은 상극(相克)의 논리에 의하여 지배당해 왔으며, 이 상극의 논리는 우리 사회의 계급 모순을 극명하게 폭로시켜 주었다는 데서 그 공헌을 인정할 수 있다. 그러나 계급 모순을 극복하는 데는 상극이 아니라 상생(相生)의 논리가 필요하다. 이제 나는 우리의 신학적 과제는 '신다원주의'[3] 시대를 맞아, 상생(相生)의 논리와 삶 방식이 **기독교적**이요, **포스트모던적**이요, 또한 **한국적**임을 논증하고, 그것을 실천하기 위한 교회의 과제를 천명하려 한다. 따라서 학문(과학)의 패러다임(모형)의 다원성을 중시하여 "다중(多重) 언어" 시대를 선포하고 있는 일단의 "포스트모던" 신학자들(미국)과 우리의 입장

---

3) 참조 Peter F. Drucker, 『새로운 현실』 (김용국 역, 시사영어사, 1989).

은 다소 다르다는 점을 염두에 두어야한다. 그들은 다원성 자체를 하나의 도전으로 여기고, 거기서 자기의 자리를 굳히려는 '지배 세력'의 위치에서 신학을 전개하지만, 우리는 상극성을 극복하되 오히려 진정한 다원성으로 나아가려는 자세를 찾으려 한다.

그렇다면, 포스트모던 시대에 돌입한 오늘 한반도에서 우리가 기독자로서 그리고 한국인으로서 하느님께 충성을 다하는 길은, 쇠가 나무를, 나무가 흙을, 흙이 물을, 그리고 물이 쇠를 이기듯 상대방을 쳐 승리하는 상극(相克)의 길이 아니라 함께 살아가기 위하여, 함께 자기 몫을 내어놓는 공동의 참회와 용서의 길, 곧 한국적인 이름으로 말하여 상생(相生)의 길이다. 그런데 나는 이 상생의 길이 상극의 길보다는 과격하다고 믿는다. 상생의 길은 상극적인 인간 사회 문제의 '뿌리'에 도전한다는 점에서 그 어떤 방식보다 과격(radical)하다고 생각한다.4) 물론 남은 문제가 있는데, 그것은 아직도 실효성을 절박하게 묻는 이 프락시스(praxis: 실천)의 시대에 이 같은 상생의 논리가 과연 인간의 삶을 살려낼 수 있을까? 오히려 생명을 죽이는 가장 확실한 길이 아닐까? 하는 점이다.

그런 의구심을 간직한 채, 우리가 여기서 전개하고자 하는 신학은, 굳이 성격을 밝힌다면, 한반도와 신약성서 속에 나타난 "비판적 평화주의"의 신학, 혹은 원불교의 구호로 표현한다면 "평화 혁명"의 신학이다. 여기서 말하는 비판적 평화주의란, 인간의 문제의 심각성을 몰이해하는 순진한 평화주의, 인간의 문제의 심각성 때문에 폭력 혁명을 부르짖는 전쟁주의, 그리고 똑같은 이유 때문에 교회(제도)나 저 세상으

---

4) Walter Kasper, 『예수 그리스도』 (박상래 역, 분도출판사, 1976), p. 110.

로 도피하려는 이원론적 평화주의를 모두 거부한다. 인간의 죄악의 심각성을 직시하며, 그래서 투쟁의 자리가 있음을 인정하나, 인간의 죄악을 원천적으로 극복하는 길—예수가 보여 준 길—은 여전히 상호 참회와 용서하는 평화적인 방식밖에 없다고 믿는 평화주의를 일컫는다.

그런데 이 같은 비판적 평화주의는 "매 2년마다 외침을 받아온" 한반도 한국인의 전통 속에 숨어 있다. 즉 예수가 보여 준 그 길이 우리의 역사와 전통 속에도 묻혀 있다는 말이다. 그리고 이제는 묻혀 있는 그 전통을 되살려 낼 때가 왔다는 자각을 말하려 한다. 아래에서 우리는 먼저 한반도의 사람들이, 모색·실천해 왔던 비판적 평화주의의 몇 가지 사례를 고찰하고, 신약성서 속에 나타난 예수의 사상과 운동을 같은 시각에서 재검토한 후, 그것의 구체적 모형으로서의 교회 공동체의 과제를 밝힐 것이다.

2. 한국 사상 속의 상생(相生) 전통

상생(相生)의 전통이란 우선 사회적 위기를 극복하려는 혁명적 의지의 한 구현이란 점을 우리 모두가 기억해야 하겠다. 즉 이미 존재하는 사회 질서나 세계 질서에 순응하려는 "이데올로기적" 평화주의가 결코 아니다. 따라서 한국의 사상이나 사회 운동 속에서 상생의 이념이 등장하는 것은 대체로 "제2 단계"의 현상이었다고 말할 수 있다. 제1 단계에서는 사상적으로 위정척사(衛正斥邪), 운동적으로는 투쟁의 기치를 내세우게 된다. 그러나 그 같은 투쟁이 쉽사리 목적을 달성하지 못하고, 사람들의 힘과 의지 또는 나라의 기운을 쇠잔시키기만 할 때 반성적으로 등장하는 사상이나 운동 속에서 상생의 주지(主旨: motif)를 발견하게 된다. 이렇듯 우리가 "교회의 미래"를 염두에 두고 상생의 신학을 제안하는 것은 투쟁 일변도의 사회 변혁 신학을 반성하면서, 그것을 비판적으로 계승하고자 하는 의지의 한 구현으로서이다. 결코 투쟁이나 사회변혁에 대한 책임적 대응을 회피하기 위한 논리가 아니다.

한반도의 사람들은 중국의 분파적 불교나 유교를 받아들여 연구한 후, 그것을 구체적으로 변용시키는 이른바 "토착화" 운동을 전개해 왔다.5) 그리고 이 같은 주체적 운동의 결실의 사상적 표현이 바로 상생이다. 따라서 상생이라는 주지는 증산 종교에만 등장하는 특별한 개념이 아니라, 한반도인의 주체적 사상이라고 말해도 과언이 아니다. 이 같은 사상은 한국의 불교, 유교, 민족운동, 그리고 신흥 종교 등에서 두루 나타난다. 우리는 여기서 몇 가지 전형적 사례만을 간략히 다루고, 자세한 연구는 훗날 또는 후학들에게 미룬다. 그러나 이 간단한 스케치가 한국의 사회변혁 운동에는 투쟁 노선만이 아니라 평화주의 노선도 면면히 이어져 내려오고 있음을 지적하기에는 충분하기를 바란다.

한국 불교는 그 초기에 중국의 불교 사상을 그대로 받아들여, 종파적·이론적 성격을 견지하나, 곧 독창적이고 실천적인 발전을 보이게 된다. 그 독창성을 우리는 주로 화쟁(和諍) 또는 원융(圓融)의 사상에서 찾아볼 수 있다. 이 같은 경향은 고구려의 승려 승랑(412-491)에게서 이미 엿보이나,6) 신라의 원효, 고려의 보조, 이조의 서산으로 이어지며, 한국 유학계의 서화담, 율곡 등에서도 찾아볼 수 있다.7) 더 나아가 구한말에 등장한 민족 종교들 중 증산교와 원불교를 통하여 그 맥이 뻗어나가고 있다.

---

5) 유병덕, 『원불교와 한국사회』 (시인사, 1986), p. 259.
6) 『원불교와 한국사회』
7) 송석구, 『한국의 유불사상』 (사상사, 1988), p. 21.

여기서는 한국 불교 사상의 기틀을 놓은 원효와 일제시대의 유학자요 민족 운동가였던 박은식, 그리고 민족 종교의 하나인 증산교와 원불교를 표본으로 다룰 것이다.

(1) 원효의 화쟁(和諍) 사상

인도와 중국을 거쳐 한국에 들어온 불교는 매우 논쟁적이고 분파적인 형태였었다. 원효(617-686)는 삼국 중 불교를 가장 늦게 전수 받은 신라의 고승이며, 그가 불문을 접하였을 때 신라 불교는 이미 100년의 역사를 지니고 있었다. 따라서 상당한 사상적 수준을 유지할 수 있었다. 그러나 독창성보다는 중국 불교의 영향을 그대로 받고 있었으니, 당시의 중국 불교는 유(有)와 무(無)에 관한 심각한 논쟁을 벌이고 있었다. 다 같이 대승적이기를 원했지만 중관(中觀)학파의 무론(無論)과 유식(唯識)학파의 유론(有論) 사이의 벽은 험하고 높았다. 인도에서부터 발생한 이 대승불교 내의 논쟁은 중국에서도 수습되지 않았다. 법(法)의 실체가 있느냐 없느냐 하는 사변적 이론적 논쟁은, 다른 한편, 불교의 진리와 현실 세계의 관계는 무엇인가 하는 실제적 질문과 뒤엉켜 있었다. 이런 시각에서 볼 때 원효의 화쟁 사상은 7세기의 신라 불교가 안고 있던 "두 가지 사상적 과제"를 푼 것이라는 고익진(동국대)의 평가가 정당하다고 본다.8) 즉 원효가 서로 자기들의 입장이 옳다고 주장하며 싸우던 신라의 불교 분파를 회통(會通)하고자 화쟁론을 전개시킨 것은, 불교의 사상적 통합이라는 이론적 문제만이 아니라 사회적 역할 수행에 관한 불교적 자세를 확실히 하려는 실천적 질문에도 응답하기 위함이었다고

---

8) 윤사순, 고익진 편, 『한국의 사상』(열음사, 1988), p. 79.

보아야 한다. 고익진에 의하면 원효가 분파적 싸움을 극복하기 위해 취한 방식은 비판적으로 각각을 인정해 주는 것이 아니라, 언외(言外)의 참 뜻을 그 상황[觀門]에 따라 해명해 주는 것이었다.9)

한편, 폐쇄적 이원론이 아니라 불이(不二)의 제3 논리를 찾으려는 시각에서 한국 사상사를 정리해 나간 송석구에 의하면, 화쟁 사상의 골자는 다음과 같다:

> 그의 논리는 화쟁 즉 화합에 있지만, 그것은 開合·與奪·立破가 그 골간을 이루고 있다. 개합은 곧 전개와 통합, 분단과 통일로서의 宗要이다. 여탈과 입파는 같은 말로서, 그것은 또 許·不許라고도 표현된다. 여·입·허는 불법의 진리를 모두 긍정·정립하는 입장이고, 탈·파·불허는 그 정립을 논파하고 부정하는 것이다. 따라서 어떤 진리이건 그것은 정립하지 않음이 없고, 또 논파되지 않는 것이 없다. 긍정이 부정되고, 부정이 긍정되는 발전의 형식이 거기에 있다.10)

원융(圓融)의 경지에 이르면, "합(合)하더라도 좁아지는 것이 아니다. 정립하되 얻음이 없으며, 논파하지 않음이 없다"(『起信論疏』).11) 즉 어떤 진리이든 정립하고 나서 논파되지 않으면, 그것은 이미 자유함[無碍]을 주지 못한다는 발견이었다. 법의 실상이 있다느니 없다느니 하는 말은 단지 상대적일 뿐이다. 그것은 절대 이념이 될 수 없다. "종교"의 이름이 붙은 진리라 할지라도 마찬가지이다. [원효의 화쟁 사상은 아직 충분히 연구되어 있지 않다. 그러나 그가 한국 불교의 특징을 통(通)불교

---

9) 위의 책
10) 송석구, 앞의 책, p. 18.
11) 위의 책, p. 19.

가 되게 하는 데 크게 기여했다는 사실은 널리 인정되고 있다.]

우리가 여기서 주의해야 할 것은 원효는 진리의 상대주의가 아니라 다원주의의 길을 갔다는 점이다. 그는 일심귀원(一心歸源) 곧 진여(眞如)의 경지에 이르면, 그리고 거기서야 비로소 모든 상대적인 것들 사이의 쟁론이 지양된다고 보았다. 상대적인 것들의 어느 하나가 배타적으로 다른 것을 쳐 이기는 상극의 길을 취한 것이 아니다. 우리는 "근원적으로 돌아감"에서 당파적 분쟁을 극복할 수 있다는 원효의 생각을 주목하여야 한다. 이것은 그의 다원주의가 상대주의와는 달리, 아무것이나 모두 원융(圓融)함이 아님을 뜻한다. 즉 같은 근원이 있는 한에서만 만상이 서로 온전히 융화될 수 있다. 따라서 화쟁은 소극적으로 쟁론의 마침이 아니라 적극적으로 만물이 그 참 모습[眞如]에서 서로 고요히 조화를 이룸을 가리킨다.

세속 또는 세간의 진리와 출세간(出世間)의 진리의 관계도 마찬가지이다. 불교는 "세속을 버리고 떠난 외교(外敎)"라는 당시의 비난[12]은 사실상 불교의 정곡을 찌른 것이라 할 수 있다. 그러나 원효에 의하면, 불교가 출세간적 진리를 설하기에 오히려 세속에 얽매인 중생들을 성불의 길로 이끄는 적극적 해탈의 길이 될 수 있다고 믿었다.

이 같은 원효의 사상은 한국인의 역사 속에서 결코 온전히 사라져 버리지 않았다. 그러나 이제 우리는 역사의 무대를 20세기로 옮긴다.

(2) 민족 운동가 박은식의 대동사상

그는 서세동점(西勢東漸)의 물결로 나라가 위기에 처한 1859년에 태

---

12) 윤사순, 고익진 편, 앞의 책.

어나, 주자학에 정통한 학자가 된 다음, 40세를 전후하여 주자학에서 탈피, 민족 운동가의 길을 가다가, 마침내 상해 임정의 제2대 임시 대통령직까지 지내다가, 1925년에 생을 마쳤다. 우리가 여기서 주목하고자 하는 것은 철저한 민족 운동가 박은식이 어떤 의미에서 대동(大同)을 부르짖었는가 하는 점이다.

신용하에 의하면, 그의 민족 운동은 상당히 포괄적이었다. 사상 교육, 기술 도입, 사회 제도 개혁, 민중을 위한 유교(大同敎로의)의 개혁, 국력이 갖추어지면 만주의 독립군과 연합 작전을 벌여 국권을 자력으로 탈환―이런 것이 그의 운동의 골자였다.13) 그러면서 그는 조직적 운동을 전개하려 하였으며, 조직운동은 "대외적으로는 외경(外競), 대내적으로는 대동(大同)"의 원리에서 움직여야 한다고 생각하였다.14) 그러나 외경과 대동을 이같이 해석함은 지나친 단순 논리이다. 그래서 우리는 이 같은 이원론적 운동 논리의 내용적 관계와 핵심을 밝히고자 한다. 대외적으로 투쟁하고, 대내적으로 단결한다는 논리는 너무나 자명하여 하나의 이념이라고까지 말할 가치도 없다. 그래서 우리는 투쟁론과 대동론의 관계를 알기 위하여, 김기승의 논문, "백암 박은식의 사상적 변천 과정―대동사상을 중심으로"15)를 전적으로 참조한다(이런 유의 다른 글이 아직은 없는 것 같아서이다). 김기승의 논문은 신용하의 논문 "박은식의 애국 계몽사상"이 남긴 문제를 풀어나가고 있다.

우리가 여기서 관심하려는 것은 박은식의 사상 해석에 있어서 누가

---

13) 위의 책, p. 333. 이 같은 大同 사상은 최근의 민중주의 사가들에게서부터 극단적인 비난을 받고 있다. 외세 의존적인 부르조아 운동의 술책이라는 것이다. 한국역사연구회 편, 『3·1 민중해방운동연구』(청년사, 1989) 참조.

14) 윤사순, 고익진 편, 앞의 책, p. 334. 『한국의 근대사상』(삼성출판사, 1977)에 같은 글이 실려 있음.

15) 김기승, 『역사학보』, 114집 (1987), pp. 1-39.

옳으냐가 아니라, 일제하의 우국지사들 중에는 상극이 아니라 상생 또는 평화 혁명의 길을 가고자 했던 이들도 있었음을 말하려는 것뿐이다. 그러나 박은식이 진정 상생의 노선을 걷는 민족주의자였다면, 그의 대동 논리가 "외경(대외 투쟁)"이라는 민족주의를 해석해 주는 상위 개념의 역할을 해야 한다. 즉 민족 자강의 방편으로서의 대동이 아니라 대동의 구체적 실현으로서 민족 자강이라는 방편을 채택하는 입장이어야 한다는 말이다. 그런데 김기승의 논문은 우리와 같은 시각에서 문제를 풀어나가려는 의도가 없었음에도 불구하고, 이 같은 논점을 잘 밝혀 주고 있다.

김기승의 논문의 요점은, 박은식 사상에 있어서 대동사상이 차지하는 위치와 그것의 (유교적)성격을 규명하는 것이었다(우리는 여기서 고전적 유교, 주자학, 양명학 등에 얽힌 이야기를 생략한다). 그에 의하면,

> 대동사상은 유교에 근거를 두고 있고, "良知"의 體認을 통해 "天下爲公의 大同文治"가 이루어진 이상 사회를 실현하는 것을 기본 구조로 하고 있다. 그 이상 사회의 경지는 인간과 인간 사이는 물론 자연과 인간이 모순 대립이 없이 조화를 이룬 天人合一의 경지였다. 박은식은 유교를 "天人合一之道"로 파악하고 있었다. 결국 그의 대동사상은 본질적으로 유교적 이상 사회론인 것이다.16)

그는 1894년의 동학혁명(그는 이에 대해 부정적 입장을 지켰던 수구파였다)을 경험하고, 같은 해 청일전쟁을 직접 목격하면서, 나라를 걱정하는 마음으로 일시적으로 시골로 은둔한다. 그러다가 1898년부터

---

16) 위 논문, p. 27.

민족주의 운동에 가담(「황성신문」의 주필 역할)한다. 그러면서 그는 청나라의 민족개혁자 양계초(1873-1930)를 통하여 강유위(1853-1927)(이들은 혁명을 원했으나, 손문의 사회주의 노선과 원세개의 정치혁명 노선에는 반대하였다)를 접하게 된다. 따라서 박은식의 대동사상은 청나라를 새롭게 하려던 강유위와 양계초의 사상을 받아들인 것이라고 할 수 있다. 그가 주자학으로 해석된 유교보다는 양명학으로 해석된 유교가 이 시대에 알맞은 것이라고 보게 된 것도 양계초의 눈을 통해서였다.17) 그러나 김기승은 박은식이 강유위나 양계초에 비해 근본적으로 종교적·도덕적 혁명의 편에 서 있었다는 점에서 특징이 있다고 본다. 그래서 그는 박은식의 대동사상이 강유위의 그것에 비해 "정치·경제 제도상의 현실적 실천 방안을 결여"하고 있다고 비판한다.18)

1905년의 을사보호조약에 의해 일본의 식민지가 된 대한제국을 보면서, 학문적인 주자학자 박은식은 실천적인 민족 운동가로 변신한다. 그는 사회 진화론적 입장을 수용하며, 경쟁력을 높이기 위해 자강론을 편다. 그리고 충분히 자강해지면, 무력에 의한 국권 탈환을 하리라 다짐한다.

그러면서 이 격동기를 맞아, "군신(君臣)"의 유교 질서를 지키면서 민족해방을 생각했던 수구파 박은식은 인민사회(人民社會)가 이상 사회라는 진보적 노선을 택하게 된다. 그러나 그의 민족 해방 운동의 기반은 여전히 유교의 대동사상이었다. 그가 이해하는 바에 의하면, 민족의 자주와 해방은 대내적·대외적 "경쟁 그 자체를 종식"시키는 것에서 온다.19)

---

17) 『역사학보』 p. 21.
18) 위의 책, p. 30
19) 위의 책, p. 31

우리의 시각에서 본다면, 이 같은 박은식의 관점은 매우 중요하다. 그의 대동사상의 핵심이 여기에 있을 뿐 아니라, 그의 민족 자주 운동의 보편적 명분이 여기에 있기 때문이다. "박은식은 양명학의 발본색원론이 지식과 기능의 경쟁만을 일삼는 근세 과학의 병폐를 치유하는 데 유용한 이론이라고 생각하였다."[20]

그러면 대동(大同)의 의미는 어디서 오는가? 대동이란 인(仁)의 구체적 실천을 말함인데, 여기서 인(仁)이란 "대중(大衆)을 동포 삼고, 만물을 일체(一體)로 삼음"을 뜻한다.[21] 또는 "사해(四海)를 일가(一家)로 여기고, 만성(萬姓)을 일인(一人)으로 여김"이다.[22] 우리는 여기서 이 같은 대동사상이 "사회 진화론적 경쟁 원리"에 대한 반성으로서 나온 것이지 결코 순진한 평화주의가 아님을 주목해야 한다.[23]

(3) 증산의 해원상생(解冤相生) 사상

강일순(호는 甑山, 1871-1909)의 사상에서 우리가 관심을 두는 부분은 종교인으로서의 그의 사상 즉 신관이나 우주관이 아니라 사회 개혁자로서 그의 실천 강령이다.

먼저 우리가 증산을 보는 특수한 시각을 밝히면, 이념에 있어서는 동학혁명과 본질적인 차이가 없으되 실천 강령에 있어서 크게 다른 길을 그가 걷게 된 사실을 주목한다는 점이다. 그래서 우리는 증산의 해원상생(解冤相生)의 길을 무장 투쟁의 길로써 인간 사회 구원을 구현하려

---

20) 위의 책, p. 32
21) 위의 책, p. 28.
22) 위의 책, p. 31.
23) 위의 책, p. 32.

했던 동학과의 연관 선상에서 바라보고자 한다.

전라도 고부는 녹두장군 전봉준(1855-1895)과 강증산을 거의 같은 시기에 키워냈다. 이들은 봉건적 신분 질서의 와해, 제국주의적 열강들의 쇄도라고 하는 2중적 모순, 즉 "계급 모순"과 "민족 모순"을 직시하였다. 이들은 이 같은 모순적 사회 현실을 직시하면서 그것을 극복하고자 하는 혁명적 의지에 있어서는 같았지만 그것을 실천하는 방안에 있어서 서로 달랐다(그러나 우리는 그 차이를 대립적으로 보려 하지 않는다. 발전적 승화로 보려 한다). 한마디로, 전봉준이 무장 투쟁으로써 구조적 모순을 극복하려 했다면, 증산은 민중의 해원상생(解冤相生)과 후천개벽을 부르짖었다. 그러면 증산의 실천도인 해원상생의 이념은 과연 무엇인가?24)

증산은 근본에 있어서는 녹두와 같은 이념을 지니고 있었다. 인내천(人乃天), 광제창생(廣濟蒼生), 보국안민(輔國安民) 등의 사상을 이어받고 있다. 그러나 증산은 녹두의 휴머니즘을 극단으로 몰고 간다. 지금은 天, 地, 人 중에서도 人의 시대임을 선언한다. "사람이 곧 하늘이다"가 아니라, 사람이 天의 神, 地의 神보다 우위에 있다는 생각이다. 그러나 이 같은 인존(人尊) 사상은 언뜻 보기에 그의 해원사상과 마주친다. 증산은 인간의 사회 문제를 구조적 모순이라는 차원이 아니라, 인간관계를 지배하는 신명계(神明界) 내의 신들의 투쟁이라는 차원에서 이해했기 때문이다. 즉 사회 개조가 아니라 신명계의 개조가 있어야 한다는 것이며, 그것의 구현이 후천개벽이고, 그 실천도가 해원상생(解冤相生)이다. 그러나 신들의 싸움과 신들 사이의 원한을 푸는 것은 사실상 그의 사상에서는 신 자신들이 아니라 이 땅의 인간들이 담당한다. 증산에 있어서는

---

24) 참조, 오룡 기자가 쓴 "증산사상의 고향"이라는 기사, 「한겨레신문」, 1989. 5. 24.

신이란 결국 인간의 궁극적 운명의 화신(化身)에 불과하기 때문이다. 따라서 신명계의 개조를 부르짖는 증산의 논리는 사도 바울의 투쟁 사상과 그리 다르지 않다. "우리는 혈육을 가진 인간들을 상대로 싸우는 것이 아니라 악마의 지배와 권력과 이 시대를 다스리는 암흑의 세력과 하늘에 있는 허다한 영들을 상대로 싸우는 것입니다"(에베소서 6:12). 즉 증산은 인간의 모순의 깊이를 파악했다고 말하고 싶다. 사도 바울이 인간의 모순의 근원을 신화적 언어로 표현했듯이, 증산이 말하는 신명계 내의 원한 관계란 인간들이 엮어 내는 역사 속의 원한 관계들의 깊이를 언표 하려던 시도에 불과했다고 본다. 이제 증산의 해원상생의 사상적 내용을 살펴보자.

"가난한 농민의 아들로 태어나 …… 서당 훈장 노릇을 하다가, 증산은 24세 때 동학혁명을 맞았다. 이 때 그도 농민군을 따라 남원, 전주, 삼례까지 갔으나 전투에는 가담하지 않았다. 오히려 그는 봉기의 실패를 예언하며, 참가하려는 사람들을 만류했다."25) 증산교의 경전인 『대순전경』도 증산과 동학과의 연속, 불연속성을 드러내 주고 있다. 증산이 "신(神)"으로 선재(先在)해 있다가, 마태오리치를 통해 동서양을 교통케 하려 하였으나 실패, 그러자 금산사 미륵금상에 내려와 30년을 보내다가 최수운을 선택하여 사명을 맡겼으나 "유교의 테를 벗어나 眞法"을 드러내지 못하였기에 강일순으로 직접 하강하였다고 한다(『대순전경』 5:12). 이처럼 증산은 자기가 최수운을 통하여 실현하려 했음을 인정하고 있다. 그러나 전봉준의 폭력 혁명이 패망할 것을 예감하였다. 『대순전경』에 의하면, 그가 동학군에 참가한 것은 확실하나, 종군하려 함이

---

25) 위의 기사.

아니라 "구경"하러 갔었노라고 한다(1:18). 우리는 이 같은 말들의 진의를 가릴 필요를 느끼지 않는다. 단지 그가 녹두의 문제 파악과 해결 방식에 대한 깊은 회의와 반성을 통하여 도를 깨닫게 되었다는 점을 지적하고자 한다. 그는 이렇게 말하고 있다:

> 先天에는 相克之理가 인간 사물을 맡았으므로 …… 원한이 맺히고 …… 살기가 터져 나와 …… 참혹한 재앙을 일으키나니 …… 이제 天地度數를 뜯어고치며 神道를 바로잡아 萬古의 원을 풀고 相生의 도로써 仙境을 열고 …… 세상을 고치리라(『대순전경』 5:4).

그렇다면 상극의 이(理)와 해원상생(解冤相生)은 무엇을 뜻하는가? 사회학자 노길명(고려대)은 "집합 행동의 발생 이론"에서 이것을 이렇게 풀이하고 있다:

> 동학혁명과 같은 사회 개혁적 운동의 실패는 비세속적 사회 운동이라고 할 수 있는 민족 종교 운동의 발생을 가능케 하는 것으로 판단될 수 있다. 왜냐하면 사회 운동의 참여자들이 현실과 자신들의 욕구 수준과의 차이에서 나타나는 박탈감을 해소하기 위한 현실적 대안이 있다고 느낄 때에는 동학혁명의 성격에서 보여지는 것처럼 세속적 방법의 사회 운동을 전개하게 된다. 그러나 …… 현실적인 대안이 없다고 느끼는 경우에는 그러한 상황을 초자연적 세계에로 투사시킴으로써 비세속적인 방법, 즉 민중 종교 운동과도 같은 방법을 찾게 되는 것이다.26)

---

26) 조명기 외 33인, 『한국사상의 심층연구』 (우석, 1988), p. 427.

여기서 보는 대로, 노길명은 증산이 녹두의 실패를 "저 세상적" 방식으로 풀어나간 것으로 이해하였다. 즉 포이에르바하와 마르크스의 눈으로 증산을 보고 있다. 이 같은 논리는 매우 설득력 있는 사회학적 이해라 할 수 있다. 그러나 우리는 기독교 신학이라는 시각에서 사태를 바라보고자 하며, 그래서 상생(相生)의 논리를 저 세상적, 도피적인 반동으로 볼 것이 아니라 사태의 근원에 도전하는 철저화로 이해할 수 없는가 하는 입장이다.

증산은 동학혁명의 좌절에서 반동적으로 생각한 것이 확실하다. "사람의 존엄을 지키려는 동학 운동이 어느 사이에 사람의 존엄을 스스로 짓밟고 말았기" 때문이다.27) 정치권력에 대한 직접적 저항 운동은 상극상쟁(相克相爭)의 참상을 빚어내기 때문에, "상쟁(相爭) 없는 혁신 운동"을 전개해야 한다는 주장이다.28) 정치권력에 대한 직접적 저항은 "원한-복수-회복"이란 과정을 밟고 있으나, 이것은 원한의 악순환의 고리를 깨뜨리지 못한다는 것이다. 그래서 『대순전경』은 "원한(怨恨)-해원(解怨)"의 과정을 밟음으로써 복수의 악순환을 깨뜨리자고 말한다.29) 이 같은 논리에 대해서 우리들 대다수는 너무나 순진한 비현실적인 생각이라고 말할 것이다. 더 나아가, "해원"이라는 논리는 사실상 기존의 원한을 제도화하고 영속화하는 이데올로기로 악용될 수 있다고 비판할 수도 있다. 그러나 우리는 증산이 적어도 인간 사회의 문제를 근원적으로 파악하려 했던 것이라고 본다.

해원상생은 "인간의 상호관계가 어떠하여야 하는가"를 밝힌 것이다.30) 인간관계의 원한을 푸는 것이 상생이다. 이 해원상생은 "허물이

---

27) 『대순사상의 현대적 의의』 (대순종교문화연구소, 1988), p. 50.
28) 위의 책, p. 114.
29) 『대순사상의 현대적 의의』 p. 117.

있거든 다 자신의 마음속으로 풀어라"31) 함에서 보듯이, 각자가 실천할 수 있는 마음의 도지만, 증산교(甑山敎)에서는 이것이 증산상제(甑山上帝)의 은사라고 본다. 증산(甑山)의 하강은 새 시대의 시작이며, 증산(甑山)은 사람들로 하여금 "생명의 근원"과 접하게 해 준다고 믿는다.32) "남을 잘 되게 하는 공부" 또는 "상대를 신명과 같이 대함"은 상극의 원한 시대에 인간이 할 수 있는 자연적 능력이 아니라, 후천개벽(後天開闢)에 동참한 신인간의 능력이라고 본다.33) 따라서 해원상생은 "자력과 타력을 합쳐서 성취된다"고 말할 수 있다.

(4) 소태산의 일원상(一圓相) 사상

세상을 개혁하되, 타(他)를 정복함으로써가 아니라 포용하고 넘어섬으로써 하자고 하는 상생(相生)의 길은 원불교(圓佛敎)를 연 소태산(少太山) 박중빈(1891-1943) 대종사(大宗師)에게서도 이어지고 있다고 할 수 있다. 물론 비교적 늦게 등장한 원불교(1916년 3월 26일 시작)는 투쟁적 방식의 민족해방 운동을 전개하기보다는 정신, 도덕, 생활(특히 가정의례)을 개혁함으로써 압제가 없는 새 세상을 도래케 하려고 애썼다.

원불교는 말 그대로 원(O)을 신앙의 내용이요 수행의 방편으로 삼는 민족 종교의 하나이다.

전남 영광군 태생의 박중빈, 그는 가난한 농부의 아들로 태어난 평범한 인물이었다. 그러나 일제의 침탈에 의해 죽어 가는 농민들을 보면

---

30) 위의 책, p. 163.
31) 위의 책, p. 19
32) 위의 책, pp. 18-20.
33) 위의 책, p. 166.

서 탄식하던 그는 어느 날 "우주의 큰 진리" 곧 일원상(一圓相)의 진리를 깨달았다고 한다. 그러면 원불교의 신앙 대상이요 또한 수행 방편이면서도, 우주의 큰 진리인 일원상의 도는 무엇을 가리키는가?

원불교는 사상적으로 아직 충분히 정리되지 못한 진짜 신흥 종교라고 보여 진다. 따라서 우리는 소태산 대종사와 그의 수제자이자 제2대 교주라고 할 수 있는 송규(1900-1962) 정산(鼎山)종사가 추구해 온 일원상의 사상을 우리 나름대로 간단히 정리해 보고자 한다.

우리가 먼저 기억해야 할 것은, 소태산 대종사가 세상을 걱정하고 있을 무렵 그 당시의 한국인들에게는 "곧 지구의 종말이 온다"고 하는, 오늘날의 민간 신앙에 버금가는 천지개벽설(天地開闢說)이 유행하고 있었다는 점이다. 그런데 그의 위대한 점은 우주론적이고 신화적인 이 천지개벽설을 탈신화화(脫神話化)하여, 정신개벽 운동으로 전개하였다는 데 있다. 그는 "천(天)은 무형의 정신의 상징이요, 지(地)는 유형의 물질의 상징"이라고 과감하게 재해석하였던 것이다.34) 이로써 그는 한국판 묵시문학적 종말론을 도덕화, 역사화 시켰다고 할 수 있다. 이것은 세상에 대한 그의 깊은 통찰력의 덕분이었다고 보여 진다. 왜냐하면, 민간 신앙적 천지 개벽 설은 운명론에 빠져, 오늘 우리가 할 일은 그냥 앉아서 때를 기다리는 것밖에 없다는, 현실도피주의를 이끌어 올 가능성이 많았기 때문이다.

그가 꿈꾸었던 신천지, 새 세계, 그것이 곧 일원상의 진리가 지배하는 사회이다. 이 일원상의 세계가 이 땅에 구현되면, ① 정신문명과 물질문명의 공동보조가 이루어지며, ② 폐쇄적인 세계 사회가 서로를 향해 개방함으로써 세계가 하나의 사회가 되며, ③ 인간의 인지가 원만한

---

34) 원불교학교 교재 연구회 편, 『圓佛敎學槪論』(원광대학출판부, 1989), p. 138.

종합에 이르러, ④ 그 세계 안에서 종교들은 "편견을 시정하고. 타당성을 모색하며, 인류간의 혐오와 투쟁을 조화적인 진보의 방향으로 전환하는 데 기여하여," 마침내 "다양성"이 꽃피어나게 된다.35) 이런 세계를 구현할 일원상의 진리를 원불교에서는 이렇게 정리하고 있다.:

> 만유가 한 체성(體性)이요, 만법이 한 근원이로다. 이 가운데 생명 없는 도와 인과보응 되는 이치가 서로 바탕 하여 **한 뚜렷한 기틀**을 지었도다(『대종경』).36)

우주의 근본이 되며, 모든 종교와 도덕의 근본이 되는 것이 곧 일원인데, 그것이 "하나의 뚜렷한 기틀"로 나타난 것이 바로 원불교의 일원상이라는 것이다. 이로써 원불교는 일제(日帝)의 억압 속에서 탄생했음에도 불구하고, 계급적 투쟁보다는 "만유의 한 체성(體性)"을 통하여 인간들 사이의 적대 관계를 초극하고자 하는 상생(相生)의 방향을 선택하였다. 지금과 같은 평화 시절이 아니라 일제 당시에는 이 같은 박중빈의 설법이 분명 반(反)민족적인 사상으로 여겨졌을 것이다.

여기서 한 가지 지적하고 싶은 것은, 원불교 인들이 과연 인과응보를 어떻게 생각하는지 지극히 모호하다고 하는 점이다. 어떤 대목에서는 인과응보를 넘어서는 세계가 일원의 세계인 것처럼 말하나,37) 위의 구절에서는 인과응보가 일원 세계의 방향이라도 되는 듯이 표현되고 있다. 기독교적인 시각에서 본다면, 인과응보라고 하는 "율법"의 세계

---

35) 35. 위의 책, pp. 19-140.
36) 『圓佛敎用語辭典』 (원불교출판사, 1980), p. 435.
37) 『정전』에는 "대소유무의 分別이 없는 자리, 생명거래에 변함이 없는 자리에 善惡業報가 끊어진 자리"가 일원 세계라고 했다. 『원불교학개론』 p. 161.

를 뛰어넘지 않으면, 구원(복음)이란 결코 존재할 수 없다. 하느님과 인간, 인간과 인간 사이에서 인과응보라고 하는 율법이 지배한다면, 원한과 복수의 순환 고리가 결코 깨트려지지 않을 것이기 때문이다.

그런데 2대 교주 정산 종사의 실천 윤리를 보면, 원불교가 인과응보의 한계를 뛰어넘고 있음을 알 수 있다. 그의 윤리를 원불교에서는 삼동(三同)윤리라고 한다. 다분히 형이상학적인 색채를 띠고 있던 일원이라는 사상이 정산 종사에 의해서 보다 평이한 실천론으로 전개된 것은 큰 다행이라 할 수 있다. 그가 죽기 한 해 전, 1961년에 제창한 이 교설은 지금 원불교에서는 가장 중요한 가르침의 하나로 여겨지고 있는데, 그 내용은 이렇다. 곧 동원도리(同源道理), 동기연계(同氣連契), 동척사업(同拓事業)이다. "동원도리는 세계의 모든 종교와 교회 또는 사상이 그 근본은 다 같은 한 근원의 도리인 것을 알아서, 서로 대동화합하자는 것, 동기연계는 세계의 모든 인종과 민족이 다 같은 한 가문으로 연계된 동포인 것을 알아서 서로 대동화합하자는 것, 동척사업은 이 세상의 모든 사업이 비록 형태는 다르나 다 같은 한 일터, 한 일꾼으로 하나의 세계를 건설하기 위한 것이니, 이를 잘 알아서 서로 대동화합하자는 것이다."38)

이로써 우리는 일원상이나 삼동윤리는 다같이 "일체의 상대적 차별과 관념을 넘어선 진공체(眞空體)39)를 지향하고 있음을 알 수 있다.

언뜻 보기에 이 같은 사상은 사회의 불의, 부정을 눈감아 주는 상대주의, 안일주의로 보일지 모르나, 한국인의 역사 속에 잠잠히 흐르고 있는 여러 가지 개념의 상생(相生) 전통들은 어디까지나 "사람"을 대상으로 하여 전개되고 있음을 잊어서는 안 된다. 즉 사회제도나 구조, 불

---

38) 『원불교용어사전』, pp. 265-266.
39) 『원불교학개론』, p. 161.

법, 범죄를 용인하자는 것이 아니라 우리와 다른 생각, 우리와 다른 신앙을 가진 사람들을 서로 용납하고, 그 사람들과 상생상화(相生相和)하자는 것이다. 우리가 상생의 전통들이 바로 사람을 대상하고 있다는 점을 간과한다면, 한국인의 상생 전통을 값싼 타협주의로 매도하고 말 것이 분명하다. 그러므로 그것은 상생 전통 위에 몸담고 있는 여러 시대의 한국 성인들의 의도를 왜곡함이요, 또한 그리스도 예수의 제5 노선을 오해함이다.

이 같은 사상은 매우 소박한 면이 없지 않지만, 사람의 마음과 역사 속에 원한이 남아 있어서는 세계 평화가 도래할 수 없다는 신념의 표출이다. 즉 결코 사회의 모순적 구조를 외면하려 해서 하는 말은 아니다.

이상에서 우리는 한민족 속에 이어져 내려오는 상생(相生)의 주지를 대략 살폈다. 이와 같은 주지를 신약성서에 나타난 예수 운동에서도 살펴보자.

3. 예수 운동 속의 상생(相生) 주지(主旨)

"운동"이라는 말은 고정된 것이 아니라 흐름을, 그리고 자기 자신 속의 안주가 아니라 변혁을 가리키는 말이다. 그런 의미에서 우리는 신약성서에 나타난 예수의 활동을 "운동"의 하나로 이해하려 한다. 그리고 예수 운동 역시 정치적, 사회적 모순에 민감하게 반응하고 있었으나 상극(相克)의 이치가 아니라 상생(相生)의 논리로 전개되었다고 주장하려 한다. 그리고 우리는 당시의 유사한 운동들과 구별하기 위해 그 운동을 제5 운동이라고 했다.

(1) 예수의 상황

예수가 태어난 땅, 그가 속한 민족은 민족 모순과 계급 모순을 그대로 겪고 있었다. 그가 태어났을 때 그의 민족은 나라 잃은 지 600년, 민족의 언어를 잃어버린 지 300년이 지났을 때였다. 그리고 외세에 끊임없이 이용당하는 종교적 귀족들(제사장, 사두개파)이 있었고, 이들은 경제적으로 "부자들"이었다. 그 외의 사람들은 소규모의 상업이나 날품팔이에 종사하고 있었으며, 어떤 이들은 가난한 농부와 어부 이기도 했다. 따라서 정치권력에 편드는 압제적, 반민족적 귀족들 외의 절대 다수의 이스라엘 사람들은 가난한 사람들이었다.

이 같은 정치적 압제와 경제적 궁핍을 벗어나는 길은 국권을 회복하는 민족 운동뿐이었다. 따라서 민족 운동과 연관되지 아니한 종교 운동이란 존재할 수 없는 상황이었다. 이들에게는 '정치와 종교의 분리'라는 원칙이 전혀 통할 수 없었다.

(2) 4개 노선의 민족주의 신앙 운동

첫째, 예루살렘 성직자들 중심의 **사두개파**의 운동이 있었다. 이들은 신앙을 지키는 것이 민족을 지키는 것과 동일하다고 생각하였다. 이들도 예루살렘 성전이 이교도들에 의해서 유린당하는 것을 허락하지 않았던 민족주의 투사들이었다. 그러나 점령군이 종교적 자유를 허락하는 한 이들은 그들과 타협하였다. 그들은 그렇게 하는 것이 약소국이 살아남을 수 있는 유일한 길이며, 또한 이것이 성서(구약)에 금지되어 있지도 아니하다고 믿었다. 이 같은 현실주의자들을 우리가 전혀 민족의식이 없는 사람들이었다고 비난해서는 안 될 것이다. 이들은 페르샤 문화의 영향으로 발생한 거짓된 신앙, 즉 내세와 부활을 믿는 신앙을 거부했다. 그것을 거부한 이유는 그런 신앙들이 "모세"의 법에 어긋난다는 것을 알고 있었기 때문이다. 즉 정치적으로는 외세와 타협하지만 종교적으로는 타협을 단호히 거부하는 정통주의자들의 한 표본이었다.

둘째, **바리새파** 운동이 있었다. 이들은 중산층과 민중들의 지도자였으며, 종교적으로는 평신도들이었다. 이들의 구호는 "생활 신앙"이었다. 특히 정결예법을 철저히 준수함으로써 민족의식을 각성시켰으며, 저들은 이것이 마침내 민족의 해방을 가져오리라고 기대했다. 그러나 이들은 "율법을 모르는 사람들"에 대해서는 그들을 "암하레츠"(땅의 사람)라 하여 배제해 버렸다.

셋째, **열심당**의 운동이 있었다. 이들의 기원은 불확실하다. 예수가 태어나기 150년 전쯤에 유대의 해방을 무력으로 쟁취하려던 마카비 운동의 사상적 후예들이라고 할 수 있다. '열심당'이라는 말은 하나의 집단이 아니라 같은 노선의 여러 집단들을 가리킨다고 볼 수 있다. 예수 탄생 무렵, 로마가 호구 조사와 토지 조사에 나서자, 이들은 "땅은 하느님의 것이다"라는 구호를 내걸고 레지스탕스 운동을 전개하였으며, 기원 후 74년, 마사다 항쟁에서 전멸 당함으로써 최후를 장식했다. 이들은 힘으로라도 국권을 회복해야 한다는 점에서, 그리고 자기들의 폭력은 "야훼의 질투심"의 대리적 표현(민수기 25:1f.)이라고 믿었다는 점에서 마카비 운동과 같은 노선(이에 대하여는 '외경' 마카비서를 보라)이다. 자기들이 피 흘림으로써 현 세계의 질서를 종식시키고 새로운 질서, 하느님 나라를 도래케 하려 하였다.

넷째, **에세네파**의 운동이 있었다. 이들의 조상은 바리새파와 같으나, 바리새파보다는 순수성과 종말의 임박함에 대해 더 큰 비중을 두어, 마침내 분리된 공동체를 형성하여 나아갔다. 이들은 사유 재산을 포기하고, 원시 공산사회를 이룩하였으며, 예배 후 언제나 애찬식을 가졌다. 이들은 열심당원들처럼 폭력을 행사하지는 않았다. 철저한 평화주의자들이었다.

(3) 예수는 제5 노선

예수는 분명 귀족들인 사두개파가 아니었다. 신앙의 정통성의 이름으로 압제적 정치 현실에 무비판적이었던 비정치적 민족 운동가는 아니었다. 그는 오히려 바리새파와 가까웠다. 예수가 많은 기대를 걸었었고, 그래서 또한 (역설적으로) 가장 신랄하게 비판한 집단이 바로 바리새파였다. 생활 신앙 운동—그것은 제대로 접어든 길이었다. 그러나 예수는 율법을 모르는 무식한 자들, 율법이 부정하다고 여기는 더러운 자들, 그들을 형제로 맞이했다는 점에서 바리새파와 크게 달랐다.

그는 의식이 가장 각성된 폭력 혁명주의자들 중에서 상당수를 "제자"로 받아들였다. 그래서 해방·민중신학 계통에서는 그를 열심당원의 하나로 그리려고 애를 쓴다. 이들은 가장 정치적인, 정면으로 정치 폭력에 도전하는 민중·민족주의의 노선을 취한다. 시므온, 가룟 유다, 베드로, 야고보와 요한 등이 열심당원들이었거나 그런 부류의 인물들이었다고 한다면, 이런 해석도 무리는 아니다. 분명히 예수는 바리새파의 생활 운동과 열심당원의 과격한 민중·민족주의 노선을 수렴하였다. 그러나 예수는 점령군의 세금 청부업자 마태를 제자로 받아들임으로써 이들을 당황시켰으며, "칼을 쓰는 자는 칼로 망한다"고 말하면서 폭력에 대해 경계함으로써 종종 이들을 실망시켰다. 또한 "너희를 박해하는 자들을 위해 기도하라"고 훈계함으로써 예수는 저들의 노선을 시정하였다. 야훼의 질투심의 도구가 아니라 오히려 야훼의 '자비의 그릇'이 되라고 당부했다.

그렇다고 예수의 길은 분리주의적 평화주의자들인 에세네의 길도 아니었다. 그의 스승 세례자 요한은 이 공동체의 출신이었을 것이다. 그리고 예수 자신의 제자 안드레는 바로 이 같은 세례자 요한의 제자였다고 한다. "부자에게 저주 있으라," "가난한 자에게 복 있으라"고 한 예수의 설교는 분명 이들의 구호와 동일하다. 그러나 그는 광야로 물러나기보다는 차라리 바리새파들처럼 길거리, 시장, 농장에 머물러 있고자 했다. 그는 "이 땅에다" 이스라엘을 회복하고자 했으며, 별도의 격리된 마을을 건설하고 싶어 하지는 않았다. 예수 운동은 결코 어떤 의미에서든 엘리트 운동 성격의 것은 아니었다.

예수는 부자보다는 가난한 자를, 다스리는 자보다는 섬기는 자를, 웃는 자보다는 슬퍼하는 자를, 건강한 자보다는 병든 자를 선호하였다. 분명히. 그러나 그것은 그 시대가 삐뚤어져 있었기 때문이지, 가난, 종노릇, 슬픔, 병—또는 그것을 겪는 자들—그 자체에 어떤 본체론적 가치를 부여한 금욕주의자나 염세주의자이기 때문에 그리했던 것은 결코 아니었다.

예수는 피할 수 없는 정치적 압제와 경제적 빈곤의 상황을 인식하고 있었다. 한편 '상극적'이라고 할 수 있는 마카비 운동과 열심당의 운동도 알고 있었다. 이런 상황에서 그는 자기 나름의 독자 노선을 걸었다. 우리가 그를 상생(相生) 또는 평화 혁명의 길을 걸었다고 보는 이유는 바로 이 같은 그의 시대 상황을 고려하여 하는 말이다. 그는 결코 순진한 평화주의자가 아니었다. 한반도의 상생(相生) 사상도 결코 "도피적 대안"이나 무비판적 평화주의와 동일시되어서는 안 된다. "근원으로 돌아가 하나가 되자"는 한반도의 상생(相生) 운동과 "회개하라. 천국이 가까이 있다"는 예수 운동은 일맥상통한다. 예수와 한국의 상생(相生) 사상가들은 역사의 비극적 모순 속에서, 투쟁 운동들의 역사를 통해서 하늘의 음성을 들었다. 그들이 들은 음성은 결코 에세네나 사두개처럼 현실 타협이나 도피의 음성이 아니었다.

예수와 강증산(姜甑山)은 "새 시대"(후천개벽)를 선언했다. 해원상생(解冤相生)은 인간의 책무이지만 신명계(神明界)의 일이기도 하다고 말한 증산은—신학적인 시각에서가 아니라 운동사적 관점에서 볼 때—사회 변혁 운동의 근원적 과제를 직시한 것이라고 보아야 한다. 예수에게 있어서도 "용서"는 하느님의 고유한 일이었다. 그러나 우리 인간이 그 하느님의 것을 실천(사실은 동참)해야 비로소 "이방인들이 구하는 것들" 곧 상극(相克)에 입각하여 먹고 마시고 입는 것을 탐하는 행위들(마태 5:46; 6:32)을 넘어서서, "하느님의 말씀"(마태 4:4)을 따를 수 있다고 그는 확신했다. 우리가 여기서 주의할 점은, 마카비와 열심당이 취했던 폭력 운동을 예수가 수용했다는 사실이다. 이것은 그의 제자들 중 다수가 그러한 자들이었다는 사실이 입증해 준다. 그러나 예수가 내부적으로 그들을 수용한 것은 어디까지나 비판적 수용이었다. 그래서 예수는 계속하여 제자들과 노선 투쟁을 겪어야 했다고 성서는 증언한다.

그러면, 예수는 "가난한 자를 편드는 자"였다는 해방 신학의 해석과 "상생(相生)의 선포자요 실천자"였다는 우리 해석 중, 과연 어느 것이 보다 성서적일까?(우리는 여기서 어느 것이 보다 더 효율적인가를 묻고 있지 않다.) 이 중대한 질문, 논쟁적인 질문에 대답하기 전에 어느 것이 옳은 해석인지를 판단하는 기준부터 정하자. 우리는 우리 자신의 기득권(선입견)을 선호하는 경향에서 벗어나기 어렵기 때문에, 공정한 기준을 먼저 정한 후에 판단에 임하는 것이 현명하다고 생각하기 때문이다. 내가 생각하는 명백한 기준은 이러하다:

우리의 예수 해석 열쇠 범주는 예수의 전체를 해명해 주어야 한다.

즉 예수의 생애나 설교 중의 어느 단편에 배타적으로 근거해서는 안 된다는 논리이다. 그것은 우리가 조작해 낸 예수이다(그렇다고 객관적 실증주의에 빠지자는 것이 아니다). 예수의 기적 활동의 동기와 목표, 그의 기도 생활과 기도문, 그의 설교, 교회 창립 선언문, 십자가를 지게 된 근원적 동기와 십자가상의 말, 그가 부활한 다음에 전한 메시지, 제자 파송 때 한 선교 신학 등등을 빠짐없이 훑어보고, 이 모든 것들의 초점이 어디에 놓여 있는지 확정해야 한다. "하느님의 나라"라는 말은 너무나 추상적이어서 도움이 되지 않는다. 하느님 나라를 이 땅에 건설하여 민족 해방을 맞이하자는 것은 예수 운동의 특징이 결코 아니다. 그 시대의 유대교의 공통된 주제였기 때문이다. 문제는 하느님 나라가 무엇이며, 그것을 위해 우리가 할 일이 무엇인가에 달려 있다.

이런 기준에서 본다면, 예수 생애와 죽음과 부활 메시지의 핵심은 단연코 "먼저 용서하라"는 주제에 있었다고 본다. 용서는 하느님의 특권이었다. 모든 죄는 결국 창조의 주인인 하느님의 재산과 명예에 가해진 손상이며, 그래서 하느님만이 그 손상을 감당할 수 있었기 때문이다. 따라서 예수가 "내가 죄를 용서 한다"고 말하여 문제가 되었던 병 고침의 기적(마가 2:5)은 신성모독의 죄가 되고 말았다. 그것은 그의 기적의 시작이었고, 동시에 죽음의 시작이었다. 그러나 예수는 그의 제자들에게 이 "용서의 힘"을 선사하기 위해 마침내 죽었다가 부활하기까지 하였다고 성서는 증언한다(마태 16:19; 요한 20:23). 그것은 하느님의 은사에 힘입은 자들만의 권세였다. 더욱이 그 용서가 정치적인 "원수" 곧 침략자 로마 군인들에게까지 미쳐야 한다고 말함으로써 예수는 정치적으로 "불가능한 가능성"의 도전 앞에 제자들을 불러 세웠던 것이다. 결국 용서란 신학적으로만이 아니라 정치적, 민족적으로도 예수 시대와 상황의 사람들에게는 불가능한, 실효성이 없는 일이었다. 그런데 예수는 그것을 실현하려 하다가 처형되었다. 곧 가장 실효성 없는 상생(相生)의 도(道)를 실천하다가 상극(相克)의 힘에 의하여 생(生)을 빼앗겼다. 그래서 예수의 실천은 비실천성(un-practicality)의 것이라고 할 수 있다. 그러므로 "적"까지도 포용하려는 예수의 상생(相生)의 도가 오늘 우리에게 타당성이 있는가 하는 질문에 답하고자 한다면, 우리는 신중에 신중을 거듭해야 한다. 예수 자신이 이미 그의 해방운동이 사람들에게 "걸림돌"이 될 것을 너무도 잘 알고 있었기 때문이다.

4. 상생 공동체로서의 한국 교회의 과제

우리는 지금까지 한국의 역사와 예수 운동 속의 상생(相生) 주지를 살펴보았다. 그리고 이것은 투쟁적 사회 변혁 운동에 대한 반성적 성격을 띠고 있다는 점도 지적하였다. 그렇다면 이 같은 상생의 시각에서 바라보는 한국교회의 미래의 모습은 어떠해야 하겠는가를 간단히 스케치해 보자.

첫째, 이 땅, 특히 오늘의 우리 사회가 계급 모순과 민족 모순이라는 극악한 처지에 있음을 직시하고, 교회가 지금까지 이에 대해 관심을 소홀히 했던 점을 크게 참회하여야 한다.

둘째, 이 같은 상황에 응답한다 하더라도, 교회는 교회로서의 역할에 자기 자신을 한정시킬 때 오히려 가장 큰 공헌을 할 수 있음을 인식해야 한다. 즉 교회라는 신앙 공동체를 특수한 정당(政黨)으로 변용시키려 해서는 안 된다. 교회는 이 땅에 있으나, 이 땅에 "속해" 있지 아니할 때라야 (하느님 나라의 표징으로서) 교회의 사명을 다할 수 있다. 즉 우리 사회의 약자들, 모순 구조의 희생자들을 "편들어 주고" 치료해 주어야 하지만, 그 목표는 하느님의 무제약적인 사랑("가없고 순수한 사랑")의 구체적 회복에 동참하기 위함이어야지 특정 계급의 이익에 편들기 위함이어서는 안 된다. 교회가 할 일은 오히려 누구든 자기 자신(집단적이든 개인적이든)의 이익의 포로가 되지 않도록 비판해 주고, 바로 잡아 주는 "빛"(초월과 참여의 상징)의 역할이다. 상생의 주지는 바로 이 같은 초월성의 전령으로서의 교회의 존재 방식에 터를 마련해 준다.

셋째, 이 같은 비판자의 (계급적 이익의 초월의 빛에서 보는) 역할을 구체화할 수 있는 "집단행동의 방식(정치)"을 배워야 한다. 교회로서의 정치 참여가 정당처럼, 특수한 집단의 정권주도를 목표로 하는 것이어서는 안 되기 때문이다. 그러나 정치적 행위-이것은 오늘날의 우리 사회의 구석구석을 지배하고 있다-없이는 비판자의 기능을 수행할 수 없다. 물론 여기서 말하는 "정치"란 소위 "도덕적 압력"의 행사를 뜻한다(즉 정당의 행위를 뜻하지는 않는다). 따라서 엄격히 말하면, 예수가 그러했듯이 교회의 정치적 책임은 궁극적으로 "간접적"이다. 예수가 병을 고쳤으나 그의 직접적, 궁극적 목표가 병 고침은 아니었듯이, 우리의 정치 참여 목표는 정치를 뛰어넘으며, 또 그것을 돌파해 나가야 한다. 결코 거기에 머물러서는 안 된다. 정치에 직접 개입하면서 상생의 도를 실천할 수는 없다. 정당의 생리는 상극(相克)이라는 경쟁 원리(박은식)에 기초해 있기 때문이다. 우리사회/시대 속에서 교회는 도덕의 부재를 탓할 것이 아니라, 스스로 도덕적 힘의 실재성에 대한 신뢰를 먼저 회복해야 할 것이다.

넷째, 교회는 당파성을 (무시하지 않으면서) 뛰어넘는 공동체의 모습을 역사 속에 구현해 나아감으로써, 사람들로 하여금 이 땅에서도 하느님의 나라가 실현될 수 있는 가능성이라는 것을 믿을 수 있는 신념과 소망을 증여할 수 있어야 한다. 지금의 교회들은—통일교가 비판하고 있듯이—매우 당파적이다. 계급적으로, 개 교회적으로, 그리고 교단적으로, 종교단위로. 이것은 교회가 집단적 이기심과 폐쇄성의 울타리 안에 갇혀있음을 뜻하며, 이런 모습으로는 역사의 새 아침을 알리는 전령의 역할을 결코 담당할 수 없다. 특히 분단과 갈등의 나라에서는. 이 일을 위해서 교회는 **구성원의 복잡화**(다원화), 구성원들 사이의 **상호 기여도의 강화**, 그리고 개 교회, 교단, 종파들 **사이의 교류 증진**, 이 세 가지를 반드시 구현해야 한다. 나는 이 세 가지가 미래의 한국 교회의 (성장도가 아니라) 성숙도의 측정 원리라고 확신한다. 구성원들의 복잡화는 모든 자연적, 인위적 (인)연(緣)을 뛰어넘는 것이요, 구성원 간의 기여도 강화는 교회의 내적 민주화, 곧 성직주의의 극복을 말한다. 그리고 개 교회, 교단, 종파(이념)들 사이의 교류는 다원주의적 통일론의 원리를 가리킨다. 근원으로 돌아가 하나가 될 수 있다면, 지금 여기서 우리는 "하나의 유기체(한몸)의 다양한 지체(organs)"라는 신앙, 곧 "삼동(三同)의 윤리"를 살아낼 수 있으며, 또 있어야 한다. 즉 상생의 도는 하느님께서 예수 그리스도를 통하여 그리고 이 땅의 여러 성인들을 통하여 우리에게 베풀어주신 은총이요, 또한 모순과 분열의 나라 한국에서 우리가 실천해야 할 과제이다. 그리고 이 과제를 수행하기 위하여 그리스도 안에서 연대(連帶)한 사람들의 모임이 바로 상생 공동체로서의 미래의 교회이다.

7장

죽음과 부활: 이 세상에서의 이야기

어떤 끝은 끝이 아니라 새로운 시작이다.

우리는 지금 제2의 뿌리 경험 이야기를 하고 있다. 여기서 우리란 21세기의 문턱에 서 있는 사람들, 그래서 신들이 거주하던 천상의 세계의 실재를 더 이상 믿지 않으며, 이 세계에서는 외계인의 간섭과 같은 신의 간섭은 일어나고 있지 않음을 알고 있으며, 그럼에도 불구하고 자신의 경험과 이성적 판단의 심각한 한계를 또한 알기에, 아직은 역사의 열린 미래를 부정해 버리지 못하는 성인들을 가리킨다. 제2의 뿌리 경험이란, 이스라엘 민족이 겪었다던 출애굽의 해방 사건을 빗대어, 초기의 기독교인들(이들도 이스라엘 민족에 속해 있었다)이 겪었다는 또 다른 해방의 사건을 가리킨다. 이것은 기독교인들이 이 세상에서 감히 "하느님"을 만났다고 고백하는 그 이유를 제공하는 사건이다. 이 사건은 한 인간의 죽음에서 비롯되었고, 그래서 우리는 그의 죽음을 심사숙고하려 한다. 과연 무엇이 그의 죽음을 "하느님의 능력"이라고 말들 하게 하는가? 정말로 그는 부활했는가? 그의 부활은 무엇을 정복하는가?

죽음? 죽음이란 정복의 대상인가? 그리고 누구의 무엇이 부활하는가? 나의 신체? 21세기의 문턱에 서 있는 우리들에게 전통적인 기독교의 메시지는 진실로 시대착오적인 잠꼬대 아닌가?

기독교는 이 소중한 뿌리 경험에 대해서 정직하고도 세부적인 논의를 유감스럽게도 (그리고 믿어지지 않겠지만) 한 번도 제대로 해 본 적이 없다.[1] 이제 기존의 신학 자료들이 충분한 빛을 던져 주지 못하고 있는 이 안개지역을 우리 함께 조심스럽게 통과해 보자.

1. 죽음은 누구에게나 똑같은 것이 아니다

만물은 시간과 더불어 존재하고, 시간과 더불어 존재하는 모든 것은 변화한다. 계절이 바뀌면 따라 바뀌는 자연의 풍경이 그러하고, 속도가 너무 느려 의구(依舊)하다고 옛 시인이 노래했던 산과 강(산천)도 변한다. 생명이 있는 모든 것들과, 우리가 생명 없다고 규정하는 돌들도 심지어는 시간과 더불어 변화한다. 이 변화 중에 죽음이라는 사건이 들어 있다. 우리가 죽음이라고 이름 하는 사건은 생명체에게 발생하는 특이한 변화의 사건이다. 그런데 생명체에게서 발생하는 변화도 또한 가지가지이다. 세포의 교체에서부터 세포의 증식이나 팔다리의 절단과 같은 극심한 감소가 있는가 하면, 다시는 같은 방향의 변화(운동)를 견지할 수 없는 죽음이라는 것도 있다.

이런 현상학적 묘사는 만물과 그 중의 생명체들이 지니고 있는 피할 수 없는 일반적 속성이다. 예외는 없다. 그러나 우리가 말하기조차 꺼리

---

[1] Walter Kasper, 『예수 그리스도』 (박상래 역, 분도출판사, 1977), p. 229.

는 죽음은 존재 일반의 시간성에서 비롯되는 변화나 생물체 일반의 되돌이킬 수 없는 변화로서의 죽음이 아니라 인간 곧 우리들 자신의 죽음이다.

그러나 따지고 보면 죽음이란 그렇게 낯선 것도, 멀리 있는 것도 아니다. 우리들 가까이, 날마다 더불어 있는가 하면 우리 안에서 자라나고 있기도 하다. 게다가 인간 누구나가 죽음을 꺼림칙한 손님으로 여긴다고 믿고 있는 사람들이 많이 있지만, 사실은 그 반대이다. 우리나라도 이제는 세계 7위의 자살국이 되었다고 하니, 죽음을 (어떤 이유에서건) 원하는 이들이 이 땅에 매우 많다는 사실을 시인해야 할 판이다. 자살에 성공하지는 못했지만, 죽음을 원해 본 적이 한 번도 없는 어른은 그리 많지 않을 것이다.

때로는 가진 것 없어도 젊다는 것 하나, 건강하다는 것 하나, 내게 사랑이 있다는 것 하나만으로 황제처럼 느끼면서 삶에 대한 강렬한 의무감에 들뜨다가도, 하루의 노동이 피곤하고 억울하나 그것이 결코 끝날 것 같지 않을 만큼 지루하게 느껴지며 몸이 몹시 불편할 때, 또는 세상의 비극에 대해 아무것으로도 응전하지 못하는 무기력한 자신을 발견할 때, 또는 가치의 중심이라고 여겨졌던 사랑이나 사업이나 지위를 상실하였을 때, 순간적으로이긴 하지만 우리는 죽음을 그리워한다. 물론 그때 우리는 우리가 원하는 죽음이 무엇인지 잘 모르는 채이긴 하지만. 따라서 이미 죽어간 사람들은 물론이거니와 살아 있는 우리 모두에게도 죽음이란 그렇게 멀리 있는 것이거나 그냥 두렵기만 한 것이 결코 아니다. 그러나 분명히 말할 수 있는 것은, 모든 사람이 죽는다는 것과 (그럼에도 불구하고) 모든 사람이 같은 죽음을 죽지는 않는다는 것이다. 모든 사람이 같은 죽음을 죽는다면, 우리가 죽음을 이야기하는 것 자체에 특별한 의미가 없을 것이다. 죽음은 우리의 일상적 일의 최종장에 불과할 것이기 때문이다. 죽음이 그렇게 누구에게나 똑같은 것이라면 예수의 죽음에 대한 신앙 고백도 불가능했을 것이다. 거기에 아무것도 별다른 점이 있을 수 없으니까.

브라질의 해방신학자 리바니오는 죽음의 종류를 이렇게 정리한다:

> 부르조아 계급의 죽음과 민중 계급의 죽음이라는 이중적 사실이 엄존한다. 신앙은 그 같은 도전 앞에 침묵을 지키고 있을 수 없다. 부르조아 계급의 죽음은 인간화로서 나타난다. 그러나 가난한 사람들의 세계에서의 죽음은 그 부르조아 사회가 자행하는 불의의 뿌리를 드러내고 있다.2)

글쎄, 부자의 죽음과 가난한 자의 죽음이 같을 수는 없겠지만, 인간의 죽음을 이렇게 경제적 계급으로 구분 짓는 것은 지나친 논리의 비약일 것이다. "부르조아" 계급이나 사회는 근대의 산물이지만 죽음은 생명과 더불어 존재해 왔고, 죽음의 문제도 그와 마찬가지이기 때문이다. 즉 죽음은 계급 갈등에 의한 사회 문제가 발생하기 훨씬 이전부터 인간에게 문젯거리였다. 그래서 우리는 죽음을 달리 구분해 보려한다: (1) 생의 완결로서의 죽음과 (2) 미완결적인 죽음.

생의 완결로서의 죽음은 우리가 흔히 호상(好喪)이라고 부르는 죽음과 소크라테스의 죽음처럼 "해방"으로서의 죽음을 뜻한다. 그리고 미완결적인 죽음이란 사고를 당해 죽는 죽음과 투사들처럼 저항하며 죽어가는 죽음을 가리킨다. 생의 완결로서의 죽음에 대해서는 (비교적) "여

---

2) Juan B. Libanio & Maclâra L. Bingemer, 『그리스도교 종말론』(김수복 역, 분도출판사, 1989), pp. 210-211.

한(餘恨)이 없다"고 말할 수 있고, 그래서 비극이기는 하나 "좋은" 일(호상)이라고 감히 이름 붙인다. 반면에 미완결로서의 죽음은 유가족에게나 죽는 당사자에게 깊고 커다란 상처(한)를 남긴다. 이런 경우에는 죽음이 결코 생의 끝이 되지 못한다. 생물학적인 죽음으로써 개인적인 한 생명이 끝났다손 치더라도 그의 망령(죽은 자의 혼백)이나 유가족은 그것을 인정하지 않는다. 한을 풀기까지 망령은 그의 삶의 무대를 떠나지 못하고 떠돌아다닌다. 역사의 무대를 서성대며, 관객들을 지켜본다. 눈 감지 못하는 죽음, 입을 다물지 못하는 죽음, 잠들지 못하는 죽음이 있다는 말이다. "죽은 자는 말이 없다"는 말은 독재자가 만들어낸 거짓말이다.

이제 이 같은 우리의 논리를 좀 더 이해하기 쉽게 설명하기 위하여, 몇 가지 이야기를 함께 들어보자.

(1) 돌아감, 안식, 해방으로서의 죽음

우리는 보통 복을 누리다가 인간의 수(壽)를 다하고 죽는 죽음을 두고 '호상'을 당했다고 한다. 이 경우의 죽음이 비록 이별의 슬픔을 은폐시키지는 못하지만, 그 슬픔은 그래도 감당할 만한 것으로 받아들여진다. 성경에도 이런 죽음과 이런 죽음 마지가 있다. 믿음의 조상들, 아브라함과 이삭과 야곱의 죽음이 그런 경우이다.

아브라함은 전설에 의하면 175세에 죽었다(창세기 25:7). 비록 생전에 숱한 고생을 다 했지만 하느님께서 늘 그림자처럼 그를 지켜 주셨으며, 늦게 본 자식을 통하여 하느님의 언약이 실현되어 나아가리라는 소망을 안고 죽었다. 그래서 성경에는 그의 죽음을 두고 이렇게 기록하고 있다:

"그가 수가 높고, 나이 많아, 기운이 진하여, 죽어, 자기 열조에게로 돌아가매……"(창세기 25:8)

여기서 우리가 보는 것은 후대의 어떤 죽음들처럼 한스런 죽음이 아니었고, 그래서 아브라함은 죽어 "조상들에게로 돌아갔다"고 표현했다. 죽음, 그것은 돌아감이다. 자기의 존재의 근원으로 돌아가는 것이다. 출발했던 지점으로 되돌아감으로써 아브라함의 인생 순례는 하나의 원을 완결시킨 것이다. 하느님은 그에게 충분한 시간을 주셨고 자상히 배려하셨다. 그는 자기 생을 죽음으로써 완결 지었다. 그야말로 호상이다. 우리 모두가 부러워하는 정상적(그러나 은총으로써만 가능한) 죽음이다. 이것이 가장 원초적인 죽음의 이해이다.

그의 아들, 이삭도 그렇게 평안히 죽어갔다.

"이삭의 나이 180세라. 이삭이 나이 많고 늙어, 기운이 진하매, 죽어, 자기 열조에게로 돌아가니……"(창세기 35:28-29).

죽음이 슬픔이긴 하지만 큰 슬픔은 아니다. 해야 할 여행을 마친 것과도 같다. 그 끝은 완성이요, 쉼이다. 여행은 언제나 되돌아와 '집'에서 끝난다. 집에는 안식이 있다. 이것이 성서의 처음사람들이 경험한 죽음이다. 우리들도 주변에서 이렇게 평안스러운 죽음을 본다. 여행자가 목적지에 도달하는 것과 같은 완결적 죽음 말이다.

사람들이 죽음을 가리켜 "돌아감"이라고 표현하는 것은 매우 오래된 지혜의 유산일 것이다. 죽음에 대한 완곡어법에 불과한 것이 결코 아닐 것이다. 우리 모두가 이런 죽음을 맞을 수 있다면 얼마나 좋으랴. 이 같은 죽음은 그 자체가 생의 완성이요, 평안을 뜻한다. 그래서 많은 비석에 "마침내 평안에 이르다"라는 말이 씌어 있다(애틀란타에 가보면 마틴 루터 킹의 무덤에도 그렇게 씌어 있는데, 이것은 분명 잘못 쓴 것이다). 이런 죽음을 죽는 자들은 "홀로" 길을 가는 나그네처럼 서럽지 않다. 먼저 앞서간 조상들 곁으로 갈 뿐이기 때문이다. 산 자는 홀로일지 모르나 이렇게 죽는 자들은 결코 홀로가 아니다. 살아서보다 더 많은 앞서간 가족들을 만나기 때문이다.

그런데 아브라함과 이삭과 야곱과는 다른 의미에서, 소크라테스도 평안한 죽음을 맞이했다. 우리는 소크라테스가 비록 젊은 나이로 세상을 떠났을 지라도 같은 이야기를 할 수 있다. 소크라테스는 (플라톤의 해석에 의하면) 죽음이란 육체의 감옥살이에서의 해방이라고 믿었기 때문이다. 소크라테스는 아테네의 청년들을 유혹·선동한다는 이유로 재판을 받아 처형당하게 된다. 그런데 그는 마지막 순간까지 "철학자"로서의 평안한 죽음을 맞이한다. 그것은 그가 죽음이 곧 해방이라고 믿었으며, 죽은 다음 멋진 것이 기다리고 있다는 소망을 간직할 수 있었기 때문이다:

"죽음이라는 것이 존재한다고 믿는가?"
"분명히 있습니다."
"그것은 영혼과 육체의 분리가 아닌가? 그리고 죽는다는 것은 이러한 분리의 완성인 것이다. 영혼이 독립해 있어서 육체로부터 해방되고, 육체가 영혼으로부터 해방될 때 이것이 바로 죽음이 아닌가?"
"그렇습니다."[3]

---

[3] 플라톤, 『소크라테스의 변명』 (황문수 역, 문예출판사, 1973), p. 104.

이것은 소크라테스와 심미아스의 대화 한 토막이다. 플라톤적인 소크라테스는 신과 정신(이데아) 세계의 독립된 존재를 믿었고, 그래서 죽음이란 두려워할 것이 아니라 철학자가 진정으로 추구하는 목표라고 굳게 믿었다. 그래서 고통스런 약사발이 결코 두렵지 않다고 말하고 있다:

"그리고 정신이 자기 자신으로 돌아가서, 소리나 시각이나 고통이나 쾌락 따위가 정신을 괴롭히지 못할 때, 곧 정신이 육신으로부터 떠나서 가능한 한 육신과 관계하지 않을 때, 다시 말하면 정신이 육체적 감각이나 욕망을 갖지 않고 오직 참된 존재만을 갈망할 때, 사유는 최상의 것이 되겠지?"
"물론입니다."4)

철학자는 영혼의 해방인 죽음을 갈망한다. 모름지기 참된 철학자라면 그래야 한다. 그러나 자살해서는 안 된다. 자살은 우리의 소유주인 신을 진노시키는 행위이기 때문이다. 즉 우리가 키우는 가축 중의 하나가 살기 싫어서 자살해 버린다면, 주인인 우리는 그 죽은 가축에게 몹시 배신감을 느끼지 않을 수 없을 것이다.5) 소크라테스는 이렇게 생각하면서 죽음을 생의 완성으로 믿었던 것이다.

위의 두 경우, 죽음은 인생에 있어서 '문제'가 되지 않음이 분명하다. 죽음이 문제가 되지 않을 수도 있다는 것은, 기독교의 부활 메시지

---

4) 플라톤, 『소크라테스의 변명』 p. 106.
5) 위의 책, pp. 99-100.

가 아무 소용도 없을 수 있음을 극명하게 말해 준다. 만일 우리가 부활이란 것은 죽음을 정복하는 것이라고 생각한다면 말이다. 그래서 기독교인들은 아브라함과 이삭과 야곱도 부활에 대한 소망을 가지고 살았다고 억지를 쓰거나, 소크라테스는 희랍인이었기 때문에 인생의 진실을 제대로 파악하지 못했다고 우겨댄다. 그러나 중요한 사실은 아브라함과 소크라테스는 우리가 일반적으로 믿고 있는 그런 부활 소식이 아무런 복음도 될 수 없는 그런 세계에서 그 나름으로 인생을 훌륭하게 살아냈다고 하는 점이다. 멀쩡히 잘 사는 사람들(?)에게 가서, "이 약을 먹지 않으면 죽습니다"라고 우기는 것이 우리의 복음이라면 곤란하지 않을까? 내 육체의 부활의 절실한 필요성과 소망을 몰랐던 사람들을 무턱대고 어리석은 자들이라고 몰아붙일 필요가 있을까? 더욱이 그 대상들이 21세기의 문턱에 서 있는 성숙한 한국인들(한국인들은 본래 그런 소망을 갖지 않았었다)이라면 더욱 주의해야 하지 않을까? 우리가 소비 욕을 창출하여 억지로 물건을 팔아먹는 상인들처럼 할 수는 없지 않을까? 그런데 여기 다른 죽음들이 있다.

(2) 눈감지 못하는 죽음

어떻게 보면 모든 죽음이 억울하고, 모든 죽음은 목표를 달성하지 못한, 때 이른 죽음이라고 할 수 있지만, 어떤 죽음은 아주 특별한 의미에서 억울한 죽음이라고 할 수 있다. 그런 억울한 죽음을 가리켜 우리는 "죽어서도 눈감지 못하는 죽음," "여한이 있는 죽음"이라고 부른다. 여기서 우리의 관심 대상인 한은 남은 자, 사랑하는 자의 한이 아니라, 죽어 가는 자 자신의 한이다. 이렇게 한정적으로 생각해 본다면, 우리가 특별히 관심을 두는, 눈감지 못하는 자의 죽음에는 순간적 사고에 의해서 횡사한 죽음, 철모르는 어린아이 때의 때 이른 죽음은 포함되지 않는다고 할 수 있다. 이 같은 죽음도 필경 미완결적 죽음임에 틀림없으나, 죽어 가는 당사자의 고통스런 저항은 비교적 적기 때문이다. 그렇다고 이러한 죽음의 심각성을 외면하려는 것은 아니다(우리나라에는 일찍이 어린아이가 죽으면 그 혼백이 귀신이 되며, 그 귀신에 씌운 자는 가장 영험한 무당이나 점쟁이가 된다고 믿었던 민간 신앙이 유포되어 있다. 그러므로 한국인은 어린아이들의 때 이른 죽음을 매우 한스런 죽음이라고 생각했던 것이 확실하다). 그러면 이제 진정한 의미에서 "눈감지 못하는 죽음"을 생각해 보자.

먼저 우리나라의 역사 속에 있는 한 많은 죽음들을 생각해 보자. 그 대표적인 경우로 젊은 나이에 억울하게 살해된 단종이나 사도세자의 죽음이 있다. 또 고려 말의 최영 장군이나 이조 시대의 임경업 장군의 죽음도 또한 전형적인 한 맺힌 죽음이다. 이들은 모두 자기들 나름으로 선한 삶을 살려고 하였으나, 그들의 후원자가 되었어야 할 가까운 사람들에 의해서 살해되었다. 그런데 우리나라의 무속 신앙에 의하면 한 맺힌 죽음을 당한 이들은 죽었어도 잠들지 못한다. 그래서 그들의 혼백은 인간 세계를 떠돌아다니게 된다. 이러한 혼백은 나쁜 일을 저지르기도 하고, 좋은 귀신이 되기도 한다. 그래서 그들에게 기원을 드리면 복을 받게 된다고 믿었다.6) 이제 사도세자의 죽음을 애통해한 혜경궁 홍 씨의 말을 들어보자(죽어 가는 당사자가 자기의 한을 그린 것은 아니다).

슬프고 슬프도다. 모년 모월 모일을 내 어찌 차마 말하겠는가. 천지

---

6) 이윤석, 『임경업전 연구』(정음사, 1985), p. 65. 김석규, 『한국신화와 무속 연구』(일조각, 1987), pp. 193 f. 참조.

가 맞붙고 일월(日月)이 깜깜하게 꽉 막히는 변을 만나, 내 어찌 차마 한시라도 세상에 머물 마음이 있으리요. 칼을 들어 숨을 끊으려 하였으나, 몇 사람이 빼앗아 내 뜻같이 못하고, 한편 생각하면 열한 살 된 세손에게 크나큰 아픔을 주지 못하겠고, 내가 없으면 세손의 성취를 어찌 하리요. 참고 참는 이 모진 목숨을 보전하고 하늘만 보고 부르짖었다(『한중록』에서).

한편, 우리의 관심을 특별히 끄는 눈감지 못하는 죽음이 있다. 노동자, 농민, 학생, 지사들의 죽음이 그것이다. 특히 역사의 부조리와 구조적 모순에 맨 몸으로 항거하면서 산화해 가는 젊은 죽음들은 오늘 우리 시대의 전형적인 눈감지 못하는 죽음이다. 이들의 죽음은 일방적으로 당하는 연약한 자들의 죽음이 아니라, 힘은 없지만 그 거대한 악의 세력과 역사의 중립 지대에서 방관하고 서 있는 자들을 향하여 "말하는 행위"로서의 선택적 죽음을 죽어 가는 투사로서의 죽음이다. 이들의 죽음은 그저 눈감지 못하는 한스런 죽음이 아니라, 말하다가 말하다 말을 끝맺지 못하고 죽어간 "입을 다물지 못하는 죽음"이라고 불러야 마땅할 것이다. 이제 1970년 11월 13일 오후 1시 30분 즈음 "분신자살" 함으로써 미완결의 생을 마감한 전태일의 죽음 이야기를 들어보자.

그는 당시 22살, 청계천 피복 제조상의 한 종업원이었다. 그는 세계적으로 이름난, 열악한 노동 환경의 개선을 위해 농성을 벌이던 중, 출동한 경찰의 저지를 받자 온 몸에 석유를 뿌리고 분신자살했다. 그가 하고 싶었던 말은 "우리는 기계가 아니다," "근로기준법을 준수하라"는 것이었다. 그의 한 맺힌 항변은 아직 충분히 들려져 응답되지 않았지만, 노동자들의 저항 운동이라는 역사의 수레바퀴를 굴러가게 만들었다:

"아아, 나는 배가 고프다."

그의 의식은 그렇게 시작되었다. 그리고 그의 미완성의 생은 이 절규로 끝맺었다. 그를 추모하는 사람들은 그의 죽음을 이렇게 적고 있다:

> 예수가 예루살렘의 십자가를 앞에 두고 고뇌하였듯이 그(전태일)는 죽음을 앞에 두고 고뇌하였다. 예수는 앞에 놓인 죽음을 면할 수도 있었으나 그 죽음을 흔쾌히 받아들임으로써, 십자가는 로마 병사에 의한 타살이며 동시에 진정한 자살이(될 수 있었)다. 그(전태일)는 죽지 않을 수도 있었으나 주위 환경이 그에게 죽음을 강요하였기 때문에 그 죽음을 용기 있게 받아들임으로써 그의 분신자살은 자살이며 동시에 진정한 타살이다.7)

그러나 우리가 여기서 전태일의 죽음을 주목하는 이유는 자살이냐 타살이냐 하는 것을 묻기 위해서가 아니다. 그의 죽음은 슬퍼해야 할 죽음이 아니라, 우리 모두가 귀 기울여 들어야 하는 예언(선포와 고발)의 죽음 곧 "언어 행위"였기 때문이다. 1980년대에 접어들어, 소위 운동권학생들이 일정한 기념식을 끝맺고 "출정식"(出征式)을 가졌던 것을 우리 모두가 기억할 것이다. 나는 이런 유형의 출정식이 고대의 기독교 성례전 의식이나 죽음에 대한 회상으로서의 추도식보다는 훨씬 더 뜻 깊은 행위라고 믿는다. 어떤 죽음은 회상해 주는 것만으로 충분하다. 그러나 한 맺힌 죽음들은 그 한을 풀어 주어야 한다. 회상해 주는 것만으로는 충분치 못하다. 그러나 한을 푼다하여, 비역사적인 행위 방식인

---

7) KNCC 인권위원회, 『1970년대 민주화운동』(1), p. 106.

푸닥거리를 하는 것으로 끝내는 것은 더 더욱 불충분하다. 한풀이는 죽음이 하는 말을 듣고 그 말에 응답(실천)함으로써만 진정으로 시작될 수 있기 때문이다. 따라서 어떤 죽음은 오직 역사적인 방식으로만 그 한을 풀어 버릴 수가 있다. 이제 눈감지 못하는 죽음의 독특한 형태의 하나인 '언어 행위로서의 죽음'을 죽어간 예수의 죽음을 생각해 보자.

2. 예수의 죽음
- 한 설교자의 '언어 행위'로서의 죽음

어떤 설교자의 얘기다. 젊어서는 죽음이 두려웠고, 또 생각할 필요도 별로 느끼지 못하였다. 그래서 그의 설교 주제에는 죽음이 들어 있지 않았다. 그러다가 나이가 들어 죽음이 눈앞에 다가오자 그제야 그는 죽음을 진지하게 생각하게 되었다. 그가 가지고 있던 모든 신학 자료들을 뒤적이면서 죽음에 대한 해답을 얻고자 했다. 그러나 그 어디에서도 죽음에 대한 해답을 찾지 못했다. 끝내 그는 죽음에 대한 설교를 하지 못한 채 죽음을 당해야 했다.

교회에서나 신학교의 교실에서나 신학 서적에서나 우리가 흔히 듣는 얘기는 "예수의 죽음이 우리를 구원해 준다"는 것이다. 난 그 의미를 알고 싶어서 애썼다. 어찌하여 죽음이 생명을 구하는가? 내가 알고 있는 그 어떤 신학 책에서도 왜 죽음이 생명을 구하는지에 대한 명쾌한 대답을 듣지 못하였다. 왜 죽음이 생명을 구하는가? 그런 생각을 가지고 소박한 성서의 증언을 다시 들어보자. 한국의 교인들에게 가장 친숙한 성서의 이야기는 이렇다.

지금 우리가 그리스도의 피로써 의롭다 함을 얻었으니, 그를 통하여 하느님의 진노에서 구원받을 것은 더욱 확실합니다(로마서 5:9).
하느님께서 그의 의를 나타내 보이시려고 그리스도를 세워 그의 피로 속죄의 제물을 삼으시고 그리스도를 믿는 믿음의 길을 통하여 죄 사함을 얻게 하셨습니다(로마서 3:25).
피 흘림이 없이는 죄 사함도 없음이라(히브리서 9:22).
우리는 그리스도 안에서 그의 죄로 속죄함을 받아 죄에서 놓였습니다. 이것은 하느님의 풍성한 은혜에서 온 것입니다(에베소서 2:7).

우리는 위와 같은 성서의 증언과 설교에 친숙해 있다. 그러나 예수의 "피"가 과연 어떻게 인간을 구원할 수 있는지에 대해 진지하게 물어보지는 못하였다. 후대의 교회는 이 같은 성서의 증언을 교리(속죄론)로 체계화시켰다. 교회의 덧붙여진 증언에 의하면, 그는 하느님 자신 혹은 하느님의 아들(신의 아들도 신이다)이셨는데, 인간을 구원하기 위해서 인간의 몸으로 세상에 왔다. 그는 세상에 와서 인간을 대신하여 하느님께 바쳐지는 "희생제물"이 되었으며, 또한 사탄에 대한 인간의 빚을 대신 갚았다는 것이다. 전자의 경우는 신의 진노를 달래는 역할을 했으며, 후자의 경우는 사탄의 인질이 된 인간들의 몸값을 대신 지불한 것이 된다. 이와 유사한 설명들은 우리에게 매우 친숙해 있다. 그러나 그 어느 것도 성서의 증언을 제대로 파악했거나 오늘을 사는 현대인들에게 먹혀 들어갈 만한 것이 아니다.

성서는 세밀히 분석해 보면 예수의 신성한(신으로서의) 죽음을 이야기하지 않는다. 성서는 오히려 그가 소위 공생애(목회 활동) 초기부터 이미 죽음의 함정에 빠져들고 있었다고 지적한다. 그 이유는 하느님의 대권인 인간의 죄 용서를 그가 감히 대행했을 뿐 아니라, 제자들에게도 그런 일에 동참할 것을 요청(명령)하였기 때문이라고 밝히고 있다. 즉 하느님의 아들의 죽음이 아니라 특정한 메시지를 전하고 있던 한 설교자의 죽음을 증언하고 있을 뿐이다. 그런 의미에서 그의 죽음 곧 피 흘림은 그의 죽음 자체에 어떤 마술적 힘 또는 신화적인 힘이 있음을 말해 주는 것이 결코 아니다. 그의 죽음 또는 피 흘림은 그의 삶의 결정적 요약이요 절정으로서[8]만 의미가 있다고 했다. 따라서 그의 삶이 버젓이 있는 한, 그의 죽음의 형식이 혹 달랐다고 할지라도 우리의 메시아 됨에는 아무 상관이 없다고 했다.[9]

우리는 성서에서 "설교자의 죽음"의 형태를 본다. 그것은 다름 아니라 예수의 스승 세례자 요한의 처형 사건이었다. 부도덕한 정치 지도자를 규탄하다가 처형된 세례자 요한, 그의 메시지를 반복했다는 그 하나의 이유로 사람들은 예수를 가리켜 "부활한 세례자 요한"이라고 생각하였다고 했다(마가 6:14-16).

만일 우리가 예수를 한 설교자로 보고, 그의 죽음을 설교자로서의 죽음이라고 본다면, 이것은 무엇을 뜻할 것인가? 그가 우리를 구원하는 하느님의 능력이 되었다는 것은 어떤 의미를 지닐 것인가? 옛 부터 예언자들은 상징적 행동[10]을 사용하여 그 메시지를 전하곤 하였다. 예레미야는 그 같은 일을 한 전형적 인물이다. 때로는 오지그릇을 깨뜨리기도 하였고, 적진에 있는 아나돗 밭을 사기도 하였다. 그러나 가장 전형적인 상징행위는 자기 목에 나무 멍에를 메고, 그것을 가죽 끈으로 단단

---

8) Kasper, 『예수 그리스도』, p. 209.
9) 앞의 제5장.
10) Kasper, 『예수 그리스도』, p. 206. 그러나 카스퍼는 "예언자의 상징 행동"을 정작 예수의 죽음에는 적용시키고 있지 않다.

히 묶은 채 예언한 경우이다(예레미야 27:2). 그것은 하느님께서 이스라엘 민족에게 바벨론의 멍에를 벌로서 내리신다는 말씀을 실감나게, 심각하게 선포하기 위해서였다. 그러나 예언자들 어느 누구도 자기의 죽음 그 자체를 예언의 행위 곧 "언어 행위"로 사용하지는 않았다. 단지 죽음을 기화로 자기의 사명을 다한 삼손이라는 사사가 있었을 뿐이다.

만일 예수의 죽음이 그의 생애의 요약이요 절정이며, 죽음은 죽음이 아니라 하나의 설교(말씀 선포) 행위였다면, 그의 죽음은 오늘날의 투사들의 죽음과 매우 유사하다. 즉 단순한 순교자의 죽음이 아니다. 억울한 의인의 죽음도 아니다. 순교자나 억울한 의인들의 죽음은 외부에서 닥쳐오는 폭력의 희생이다. 그러나 예수라는 설교자의 죽음은 억울한 희생이 아니라 "말하기 위한 최후의 수단"으로서의 선택된 죽음이다. 이런 현상적인 측면에서 볼 때, 구호를 외치며 투신 또는 분신해 쓰러져 간 젊은이들의 죽음과 매우 유사하다. 이런 젊은이들의 죽음은 상황이 강요한 살해행위 이상이다. 그들의 죽음을 올바로 파악하는 것은 그들의 '죽음이 하는 말'에 귀 기울임(복종=계승)으로써만 가능하다. 추도식이나 기념식으로는 어림도 없다. 그것들은 그들의 죽음을 되살리지 못한다. 오히려 영원히 잠재울 뿐이다. 다시금 매장시킬 뿐이다.

그러나 현상적으로는 예수의 죽음이 투사들의 죽음과 유사하지만, 우리는 위에서 예수가 사셨던 "제5 운동", 곧 "상생의 길"이 그 당시의 서로 다른 4 집단의 민족주의 신앙 운동과 다름을 지적했었다. 따라서 예수의 죽음을 구원의 능력으로 만드는 것은 그의 죽음이 피 흘리는 죽음에 있었다는 것도 아니며(마술), 그의 죽음이 신(신의 아들)의 죽음이라는 데에 있지도 않다(신화). 오히려 그의 죽음의 특징은 처형의 방식이 아니라 그를 죽음으로 몰아간 그의 생애(삶) 자체에 있다. **따라서 "피"가 우리를 속량한다는 성서의 증언은 피로써 말한 예수라는 설교자**

의 "말씀"(그것은 이미 그의 생애 속에서 시작되었다)이 인간 우리를 해방시키는 위력을 지니고 있다는 고백이다. 좌편 십자가가 하는 말과 우편 십자가가 하는 말은 다 같이 인간을 속박할지 모르나, 가운데 있는 제3의 십자가, 하느님의 대권인 용서의 도를 선포하고 실천하다가 죽어간 상생의 예수의 죽음의 말(행위)은 우리를 해방시킨다는 말이다.

피, 그것은 예수라는 설교자의 구체적인 삶을 가리킬 뿐이다. 따라서 바로 말하면, 예수의 죽음이 우리를 속량하는 것이 아니라 그의 삶이 우리를 속량하는 것이다. 죽음은 비존재요, 비실체이다. 비존재와 비실체가 적극적인 힘을 발휘한다는 것은 현대인에게 용납될 수 없는 신화적인 잔재일 뿐이다.

우리는 (부활 사건에서 역으로 해석된 자료라고 할지라도) 예수의 목회활동 중에서 이미 인간의 구원(치유와 회심)과 하느님 나라의 도래(귀신추방, 새로운 친교의 구현)가 시작되었다고 하는 성서의 증언을 이제야 비로소 이해할 수 있게 된 것이다. 죽음이 있기 이전에, 부활의 사건이 발생하기 이전에 (부분적이고 불확실하게나마) 인간은 예수의 활동을 통하여 구원(해방)을 체험하였다. 우리는 이 사실을 결단코 과소평가해서는 안 된다. 이 사실을 무로 돌리는 행위가 바로 예수의 피를 부인하는 배교(背敎) 행위이다. (부활 사건 이전에 이미 "하느님의 아들"이라는 고백이 터져 나왔다는 기록과 부활 사건 이후에야 비로소 그것이 가능했다는 두 종류의 기록이 신약성서에 있다. 학자들은 후자의 자료에만 진정성을 부여하지만 나는 그렇지 않다고 본다. 비교하라: 마태복음 27:42-45; 마가복음 15:37-39)

그러나 그를 따르던 사람들은 치유의 기적, 용서의 행위, 귀신 추방의 사역 등이 하는 말뜻과 죽음이 하는 말뜻 사이에는 엄청난 차이가 있다고 생각하였고, 그래서 깊고 깊은 좌절과 혼란에 빠졌다. 그렇다면 그가 우리의 구원자, 우리를 구원하는 하느님의 능력이라고 말하는 것은 예수라는 인간의 생체조직이 신적인 성분으로 구성되어 있다거나 그의 피가 동물들이 흘리는 피보다는 월등하게 효과가 있다는 얘기는 결코 아니다. 그가 "하느님의 말씀"을 증언했다는 뜻이요, 나아가 그가 전한 하느님의 말씀은 그의 삶의 구체적인 발자취와 "하나"였다는 고백의 말이다. 대부분의 인간은 자기 자신의 삶이 실제로 미치지 못하는 고차적인 것, 위대한 것을 말한다. 그러나 예수는 자신의 삶으로써 말했고, 그의 삶이 그의 말보다 더욱 진하고, 더욱 고차적이고, 더욱 신성했던 것이다. 그래서 우리는 그의 생애(삶)가 하는 말을 듣는 것이지, 그가 입으로 전하는 말만 듣는 것이 아니다.

그는 오히려, 훗날(성령이 임하면) 제자들이 자기 자신을 더 잘 이해하게 되리라는 의미심장한 유언을 남기고 죽었다(요한 16:1-15). 이렇게 생각하면 기독교 신앙에는 아무것도 신화적이거나 마술적인 것이 없다. 예수라는 한 인간이 자신의 삶으로써 말했고, 그의 말을 "듣는" (복종하는, 계승하는) 자는 구원(해방)을 받게 된다는 이야기일 뿐이다. 그런데 그가 한 말이 한 인간의 말이 아니라 "하느님의 말씀"이라고 고백되고 있다는 사실을 소홀히 하고 넘어가면 안 된다.

왜 그는 하느님의 말씀의 성육신(成肉身)인가? 그것은 "하느님께서 그를 살려 내셨다"는 또 다른 고백이 답해 준다.

3. 제2의 해방: 예수의 부활

예수의 부활이 어떤 성격의 사건이었는지에 대해서는 사실상 충분하게 성서 속에 기록되어 있다. 그러나 만일 우리들이 성서 속에서 예수의 부활 장면과 부활한 예수의 육체의 성격, 그리고 3일 혹은 2일 동안의 공백(이 공백이 우리들에게는 영원만큼이나 길지도 모른다)에 관한 자세한 정보를 얻고자 한다면 성서는 극히 사소한 것밖에는 알려 주지 않는다. 그러나 예수의 부활을 "하느님의 행위"라는 측면에서 파악하고자 한다면 성서는 충분한 자료를 제공한다.

(1) 다시 살아남

성서가 우리들에게 들려주는 부활 이야기는, 예수가 "되살아났다"는 것이다. 이 말은 그가 "열조에게 돌아감"으로서 표현되는 평안한 죽음을 맞이하지 못했음을 뜻한다. "…… 하느님께서는 그를 죽음의 고통에서 풀어내어 다시 살리셨습니다. 그가 죽음에 사로잡혀 있다는 것은 있을 수가 없는 일이기 때문입니다"(사도행전 2:24). 왜? 왜 아브라함에게는 쉼인 죽음이 예수에게는 고통이 되었을까? 왜 소크라테스에게는 해방인 죽음이 예수에게는 사로잡힘이 되었을까? 죽음 그 자체가 달라졌는가? 아니다. 저들의 삶이 달랐기에 저들의 죽음이 또한 달라진 것이다. 죽음 그 자체에 종류가 있는 것이 아니다. 단지 죽음이 저들의 생에 던져주는 관계가 다를 뿐이다.

미완결적 종장을 맞이한 모든 죽음은 누군가에 의해서 그의 생이 완결되기를 기다린다. 한을 안고 죽은 망령들처럼 말이다. 예수가 하느님에 의해서 되살아났다고 하는 것은, 그의 삶이 미완결의 죽음을 맞이했다는 뜻이다. 즉 예수에게는 부활이 요청되었다. 필요했다. 그러나 아브라함에게나, 소크라테스에게는 부활이 필요 없다. 하느님이 실수로 저들을 부활시켰다고 하면, 그것은 아브라함의 안식과 소크라테스의 해방을 부정하거나 파괴하는 잔학 행위가 될 것이다. 그리고 그 당사자들에게는 번거로운 인생의 행로를 다시 시작하는 수고가 되었을 것이다.

그러나 예수가 되살아났다고 하는 것은 예수가 한을 안고 죽었고, 하느님이 그의 한을 풀어 주었다고 하는 것만을 뜻하지는 않는다. 그 이상의 것이 있다. 예수가 하느님에 의해서 되살아났다고 하는 것은 "하느님의 정의"가 아직(여전히) 살아있음을 가리킨다. 유대인들은 하느님의 백성의 무참한 고통을 지켜보면서, "신은 주무시는가?" "신은 사라졌는가?" 하고 물었다. 많은 사람들은 이 역사의 수수께끼 앞에서 신을 저버렸다. 그러나 신을 저버리지 않고 남은 자들은, 언젠가 그 날이 오면 하느님의 정의가 이 세상에 밝히 드러나게 되리라는 희망을 갖지 않을 수 없었다. 역사의 현실이 저들의 하느님 신앙을 배신하고 있지만, 역사의 미래는 저들의 신앙을 확증해 주리라는 소망을 견지할 수 있는 동안에만 이 모순의 역사 속에서 여전히 정의로우시고 자비로우신 하느님을 믿는 신앙이 가능했다.

따라서 예수의 부활은 한 개인의 부활이 아니라 하느님의 정의의 실재를 확인 가능케 해 주는 사건이었다(그리고 하느님의 행위는 열린 마음을 간직한 자들에게만 가능한 법이기에, 부활 사건은 신자들에게만 일어났던 것이다). 따라서 예수는 부활하였을 뿐 아니라 "하늘에 오르사, 하느님 우편에 앉아" 있다고 했으며, 이것은 "살아 있는 자와 죽은 자들 모두를 심판할" 자리에 그가 이르렀음을 뜻한다.[11] 예수, 그가 보여 준 행위와 그가 전한 말이 곧 하느님의 정의의 지표가 되었으니, 예수가 곧 역사의 심판자가 되었다고 말할 수 있게 된 것이다. 부활-정의-심판, 이것은 하나의 사건의 여러 단면들일 뿐이다.

한국에서 경험되고 있는 부활 사건도 이와 유사하다. 광주 사태는

---

11) Kasper, 『예수 그리스도』 pp. 260f.

일어난 지 이미 만 10년이 지났다. 그래서 그 사태는 "민주항쟁"으로 자리를 굳히게 되었고, 광주 사람들은 이제야 공공연히 "광주는 영원하다. 광주는 살아 있다"고 말하게 되었으며, 마침내 "5월 영령 부활제"라는 행사를 갖기에까지 이르렀다. 한국의 역사 속에서 오늘의 남도민들이 체험하는 죽음과 부활이다. 돌이켜 보면, 광주 사태의 희생자들은 억울한 죽음을 죽었고, 그 남은 자들은 어둠 속으로 숨어들어 갔었다. 희생자들의 명분과 신분이 밝혀지지 아니했었다. 그러나 이제 서서히 역사는 그들을 판단했다. 아니 그들에 의해서 역사가 심판을 받기 시작했다. 그들의 편에 정의가 있음이 서서히 드러나기 시작했다. 아직도 저들의 육체적·정신적 고통이 치료되지 않고 있지만, 이제, 아니 이미 광주 사람들은 저들의 영령들이 "되살아났다"고 선포하고 있다. 이 증언이 광주 사태를 저지른 '세상 지배자들'에게는 무서운 고발, 아니 신의 준엄한 심판의 목소리로 들릴 것이다. 또 당연히 그래야 할 것이다. 왜? 우리가 죽인 자들, 살해한 자들이 되살아났고, 그들이 이 세상의 심판자들이라면, 이 세상은 이미 심판을 받은 것이나 다름없다. 세상은 기소를 당했고, 이제 선고만 남아 있을 뿐이다.

'이 세상'에 속해 있는 모든 사람들(강한 자들, 연약한 자들)은 역사 속으로 되살아오는 영령들을 환영하기보다는 억지로 부정하려 든다. 마치 성서에 나타난 제자들의 반응과도 같다. 제자들은 부활의 복음(기쁜 소식)을 전해주는 여성 전령들을 향해, "부질없는 헛소리"를 그만 하라고 말하면서, 믿기를 "두려워했다"고 밝히고 있다(마가 16; 누가 24). 왜 자기들의 스승의 부활을 두려워하면서 믿지 않으려 했을까?

"부활" 사건을 이해하는 열쇠는 바로 여기에 있다. 예수의 생이 하는 말을 하느님의 언어로 듣지 않으려 하는 '세상'의 모든 사람들(제자들까지)은 그의 부활을 거부했다. 한반도에서 싹트고 있는 민주의 나무를 두려워하는 모든 사람들이 "광주"를 영원히 잠들게 하고 싶은 심정을 지니고 있음과 마찬가지이다. 살해된 자의 부활—그것은 살인자들에 대한 역사의 심판의 시작을 알리는 사건이다.

(2) 부활의 주체 - 하느님

그러면 예수의 부활의 주체는 누구인가? 예수 자신? 제자들이나 민중? 부활 사건이란 것이, 예수 스스로 무덤에서 다시 살아난 사실을 뜻한다면 부활의 주체는 예수 자신이다. 가끔씩 우리는 그런 부활(회생) 이야기를 듣는다. 영안실에서 되살아난 사람, 무덤에 매장하려다가 이상한 소리가 나서 관을 열어보니 사람이 살아났다는 이야기, 이장하려고 관을 열어보니 관의 안쪽 면에 손톱 자국이 있었다는 이야기 등등. 이러한 일들은 종종 발생한다. 그리고 아주 "이상한" 일이다. 만일 예수의 부활의 주체가 하느님이 아니고 예수 자신이었다면, 우리는 그런 이상한 사건들 중의 하나를 두고 논하는 셈이 된다.

지나가다가 망우리 공동묘지에 들렀다고 가정하자. 그때 무덤이 갈라지더니, 그 속에서 아직 덜 썩은 시체가 벌떡 일어나 나와서 "아, 나는 다시 살아났다"고 외쳤다고 하자. 그러면 우리가 되살아난 그 시체 앞에 무릎을 꿇고, "당신은 살아 계신 하느님의 아들이십니다"라고 고백하겠는가? 아니면 신문 기자나 TV의 기자들을 불러서 보도를 하고, 의료기관이나 과학 연구소에 의뢰하여 이 신기한 현상에 대한 과학적 해명을 얻으려 했겠는가?

다행히도 성서는 우리로 하여금 그 같은 공상과학에 빠지지 않게 한다. 성서는 "하느님께서" 그를 다시 살리셨다고 밝히고 있다(사도행전 2:24). 그런 의미에서 그것은 계시의 사건이요, 신앙의 사건이다. 과학자들의 호기심의 대상이 결코 아니다.

따라서 '민중'이 부활 사건의 주체라고 생각(?)하는 민중신학은 성서의 메시지에 대한 이탈이다. 예수까지도 '하느님의 말씀'이 됨으로써만 부활의 첫 열매가 될 수 있었던 것이다. 오직 하느님 한 분뿐이다. 민중도 예수 자신도 아니다. 물론 권세 잡은 자들도 아니지만. 나아가 예수의 제자들(자유주의자들의 생각)도 아니다.

이렇게 볼 때, 해묵은 신학적 질문 하나는 쉽게 풀릴 수 있다. 성서학자들은 예수의 종교와 그 후의 기독교 사이에 엄청난 차이가 있음을 지적해 왔다. 예수는 단지 하느님과 하느님 나라에 대해서 설교한 설교자였는데, 어찌하여 후대의 교회들은 예수를 설교하는가? 설교자가 설교의 내용이 된 것은 설교자 예수에 대한 배신이 아닌가? 아니다. 예수는 설교자였다. 그러나 그는 자기의 생 전체로서 설교했고, 따라서 예수의 생은 그가 전하는 말(하느님의 말씀)과 일치되었다. 예수의 제자들이 마침내 부활을 시인하게 되고, 그가 살아났다고 증언한 사실은, 저들의 믿음에 의하면 예수 자신이 하느님의 말씀의 구체적 표현(성육신)임이 확인되었다는 것을 가리킨다. 결국 부활 사건의 주체가 하느님 자신이라면, 기독교인들이 예수를 선포하는 것은 그 내용에 있어서 예수가 피로써 쓴 하느님의 말씀을 선포하는 것과 동일한 것이다. 그렇지 않다면 기독교는 용서받을 수 없는 예수 배신, 예수 숭배에 빠지고 말았을 것이다.

(3) 예수 자신의 부활절 메시지 — "열쇠"

이제 우리는 예수의 제자들이 예수 부활에게서, 곧 예수라는 하느님의 말씀의 사건에서 어떤 메시지를 들었다고 증언하는지 살펴보자(이 점에 있어서 현상학적으로 유사한 각종 부활 사건은 서로 다른 메시지를 담고 있음에 주목해야 한다).

예수는 부활한 다음, 아직 의혹과 불의에 휩싸여 있던 죄인들, 제자들에게 무엇을 말했는가?

> 제자들아, 죽음을 두려워 말라. 죽음이란 별 것 아니더라. 사망의 음침한 골짜기를 지나는 동안 나는 줄곧 하느님이 나와 함께 하심을 경험했다. 그 어느 때보다도 죽음이 하느님과 나를 하나 되게 해 주었다. 죽음의 독침은 제거되었다. 두려워 말고 죽음을 향해 돌진하라. 뭐가 두려우냐? 나를 봐라. 이렇게 살아있지 않느냐? 죽어도 다시 사는 거야. 용기를 내라. 내가 죽음을 이기었고, 너희도 나를 뒤따라 죽음을 이길 것이다.

이런 말이라도 했더라면 얼마나 좋았을까? 죽음, 그 무서운 죽음이 영원히 제거되었다면 말이다. 그러나 예수는 그가 실종되었던 "3일"간의 체험을 이야기해 주지 않았다. 그와는 반대로 그가 평소에 하던 설교를 다시 요약해 주었다:

> 그 날 곧 그 주간의 첫 날 저녁에 제자들은 유대 사람들이 무서워서 자기들이 모인 문을 모두 잠그고 있었습니다. 그 때 예수께서 오셔서 한 가운데 서시며, "너희에게 평안이 있으라" 하고 말씀하셨습니다. 이 말씀을 하시고 두 손과 옆구리를 보이셨습니다. 제자들은 주를 뵙고 기뻐했습니다. 예수께서 다시 그들에게 "너희에게 평안이 있으라. 아버지께서 나를 보내신 것같이 나도 너희를 보낸다" 하고 말씀하셨습니다. 이렇게 말씀하시고 그들을 향하여 숨을

내쉬시고 또 말씀하셨습니다. "성령을 받으라. 너희가 누구의 죄든지 사하여 주면 사하여질 것이요, 사하여 주지 않으면 그대로 남아 있을 것이다"(요한 20:19-23).

이 얼마나 자명한가! 부활의 주님 예수는 죽음의 정복 이야기를 하지 않았다. 단지 "평안"을 빌었고, "파송"하였으며, "메시지"를 주었다. 그리고 그 메시지는 "용서하라"는 것이었다. 인간의 능력으로 할 수 없는 이 일을 위해 제자들에게 "성령"을 주어 무장시켰다. 이것은 바로 천국문을 (죽어서가 아니라 지금) 여는 "열쇠"이다. 예수 자신의 부활절 메시지는 이렇게 용서에 그 역점이 있었으며, 이것은 죽은 다음에도 그가 자기의 노선을 바꾸지 않았음을 뜻한다. 그는 계속하여 제5의 노선을 걸었다. 그 제5의 노선은 그를 살해당하게 하였지만, 그를 부활시키기도 하였으며, 이제 다시금 제자들을 소집하고 또 파송하게 한다. 이로써 예수의 제자들은 겁 많은 죄인의 신세에서 사명을 받은 특공대로 변화되었다. 결국 이 용서받은 특공대들은 세상에 나아가 예수의 일(사명)을 계승하게 되었고, 그것이 기독교의 시발이었다. 하느님의 정의가 저들에게는 한없는 자비로 경험된 것이다. 제2의 출애굽사건이었다.

4. 역사 속에서 일어나는 부활

유대인들이 믿지 아니하는 예수의 부활을 역사의 사실이라고 증언하는 기독교인들의 이야기의 진실성은 어디에 있는가? 많은 사람들이 부활의 '사실'을 믿으면서 이렇게 생각한다. "우리의" 부활은 역사의 "끝"에 가서 발생할 것이며, 그 때에야 비로소 부활의 신비가 드러날 것이다. 그러니 역사의 끝, 곧 종말이 오기까지는 "믿어야" 할 뿐이다. 믿어야 한다. 부활 사건은 그 자체로서 하나의 신앙의 사건이 아니더냐.

아주 그럴 듯하다. 그러나 예수의 부활은 예수 자신의 개인적 부활이 아니라 "하느님의 행위"이며, 예수의 부활이 죽음의 정복이 아니라 하느님의 정의의 생존성을 확증하는 사건이라는 점을 분명히 인식한다면, 우리의 부활을 역사의 끝으로 미루어야 할 아무러한 이유도 없다.

우리는 정말 수억만 년 후에 공중에서 혹은 지상에서 다시 육체를 덧입게 되는가? 그리고 그런 부활은 역사의 끝에 가서야 이루어지는가?

(1) 부활의 육체성과 사실성

기독교 신학자들의 서적을 읽어보면 하나같이 이렇게 말한다: 예수는 역사 속에서, 그리고 육체로 부활하셨다. 즉 기독교 신학자라면 그 누구든 예수 부활의 역사성과 육체성을 부인하지 않는다. 그것은 기독교의 핵심을 부정하는 것이 되기 때문이다. 그러나 역사비판을 받아들이는, 제대로 된 신학자들은 한결같이 예수 부활의 육체성과 사실성을 오늘날의 과학자(역사가)의 눈으로 확인/검증이 가능한 그런 방식으로 생각해서는 안 된다고 또한 못 박고 있다.[12]

자, 그렇다면 이 교묘한 거짓 논리를 어떻게 극복할 것인가? 부활은 사실이며, 또 육체로서 일어났는데, 그것을 보통 사람이 감각으로 확인할 수 없다는 말은 무슨 말인가? "임금님의 옷"처럼 잘못된 사람(신앙인)들의 눈에만 보이는가? 먼저 신학자들이 육체성/사실성을 긍정하면

---

12) Kasper, 『예수 그리스도』, pp. 228, 258.

서도 부정할 수밖에 없는 이유를 검토해 보자.

만일 예수 부활 사건이 오늘날의 우리가 소박하게 생각하듯이 그렇게 역사적으로 육체적으로 발생했다면, 그 사건은 자연현상 중의 기이한 일에 불과하며, 전혀 "하느님의" 행위가 아님을 뜻한다. 우리는 이것을 신학적 이유라고 이름 하자. 즉 신앙의 논리 자체가 부활 사건의 실증주의적 해석을 거부한다는 것이다. 예수가 하느님의 아들 됨을 과학적으로 증명할 수 있다면, 인간의 결단으로서의 신앙 행위는 설자리가 없다. 우리는 하느님을 믿는 것이 아니라, 하느님을 눈으로 보고, 머리로 "알게" 되는 지식의 지경에 이르기 때문이다. 과학자의 실험과 관측으로 증명이 가능한 것에 대해서는 신앙이 아니라 "지식"이라는 말을 붙여야 한다. 따라서 소박한 사실주의는 신앙을 지식으로 바꿀 뿐 아니라 신을 이 세상의 사물들 중의 하나로 전락시키고 만다. 신기한 사건의 배후에 있는 밝혀지지 않은 원인을 하느님이라고 칭하는 것이 된다는 말이다. 마치 무지했던 원시인이 천둥을 하느님의 음성으로 잘못 판단한 것과 같은 이치이다. 그 원시인이 오래 살아서 자연과학을 공부하게 된다면, 자기가 옛날에 신이라고 이름 붙인 그 대상은 전혀 신이 아니었음을 깨닫게 될 것이다. 따라서 예수 부활의 역사성·육체성을 실증주의적으로 생각하는 것은 신앙의 성격이나 하느님의 성격에 전혀 맞지 않는 이치임을 시인해야 한다.

성서를 검토해 보면 현대 신학자들의 고집에 일리가 있음을 알게 된다. 우선 사도 바울의 부활 체험은 예수 승천 5년 후에 일어났음을 주목해야 한다. 5년 후에 일어날 수 있는 사건이라면 2천 년이 지난 오늘에도 일어날 수 있을 것이다(하느님이 원하신다면). 즉 우리도 바울이 보았다는 그 부활하신 주님을 만날 수 있다는 얘기가 된다. 그리고 그런 일이 일어나더라도 그것은 과학자들을 불러 놓고, "여기에 부활하신 우리 주님이 계십니다. 자 보십시오" 하고 증명할 수 있는 그런 성격의 사건으로 일어나지는 않을 것이 분명하다.

복음서에서도 이 점은 분명히 전제되고 있다. 예수가 "그의" 육체로 부활했다면 왜 제자들이 알아보지 못하였을까? 그리고 왜 겁에 질려 있었을까? 실증주의적으로 말해서, 사실적으로, 육체로서 부활했다면, 제자들은 이렇게 말했을 것이다.

> 아, 이제 우리 주님의 세상이 왔다. 주님, 우리와 함께 예루살렘을 공략하십시다. 저 이교도들의 무리, 우리 민족을 600여 년 간 짓밟아왔으며, 우리 민족의 혼인 언어를 300년 간 이나 앗아가 버리더니, 이제 우리 주님까지 공개 처형해 버림으로써 마침내 하느님의 전능하신 아들을 암장해 버렸던 저 악마의 권력자들에게 복수를 가합시다. 그것은 우리 자신의 원한을 달래려는 것이 아니라 이 땅에서 짓눌려 온 하느님 자신의 원한을 푸는 일이기 때문입니다.

그리고 예루살렘에 진치고 있던 "세상의 지배자들"과 하수인들은 사시나무 떨듯 겁에 질리게 되었을 것이다(헤롯이 예수의 소문을 듣고, 죽었던 세례자 요한이 되살아난 것이 아닐까 하고 두려워했듯이).

(2) 부활 - 후천개벽

그러나 성서 어디를 뒤적여 보아도 그 같은 해프닝은 일어나지 않았다. 전혀. 그렇다면 예수의 육체적 부활과 사실적 부활은 무엇을 가리키는가?

우선 우리가 명심할 것은 세계관 곧 세상을 보고, 이해하고, 그것을 말로 표현하는 방식(실재관)이 예와 지금에 있어서 엄청나게 다르다고 하는 사실이다. 이 같은 세계관의 차이를 전제하면, 성서 속에서 말하는 예수 부활의 육체성과 사실성은 같은 것을 말함을 알 수 있다. 즉 죽은 예수에게서 "살아 계신 하느님의 말씀"을 듣게 되었으며, 그것으로써 "하느님의 정의"가 살아 (역사 속에서 여전히 활동하고) 있음을 확신할 수 있게 되었으며, 나아가 이것이 하느님의 정의의 편에 서 있는 자들(지금은 세상에서 짓눌림을 당하는 자들)에게는 "새 세상 도래의 희망"이 되었음을 말해 준다. 말씀-정의-희망, 이 셋은 부활 사건을 해석해 주는 기본 범주들이다. 즉 죽음-부활-영원한 내세, 이 셋이 부활 사건의 해석 범주들이 아니라는 말이다.

따라서 부활 사건은 생물학적 죽음에 대한 판정승이 아니라 세상의 정의에 대한 하느님의 정의의 승리, 인간의 배신에 대한 하느님의 포용(용서)의 승리를 말해 주는 표징적 사건이며, 이 표징은, 한국적으로 표현하여, "후천개벽"의 단서가 되었다. 그러나 물론 유대인들의 절대 다수는 예수의 모든 사건에도 불구하고 이스라엘의 정치적 회복에는 아무런 차이가 일어나지 않았다고 주장한다. 그리고 기독교인들은 이 유대인들의 고발(고통)을 늘 염두에 두어야 한다. 우리는 하느님의 정의가 예수를 통하여 회복되었다고(적어도 그 회복의 단서가 잡혔다고) 믿는데 반하여, 정작 그 당사자들이었던 유대인들은 아직도 하느님의 정의의 "죽음" 혹은 "일식"(日蝕)을 역사 속에서 경험하고 있다고 말하고 있음을 잊지 말아야 한다. 소위 예수 부활의 '육체성'과 '역사성'은 이 같은 역사의 모호성을 제거해 주지 못한다. 불행하게도 우리의 신앙(헌신의 결단)의 자리는 이 같은 역사의 모호성에 긴밀히 관계되어 있다(그러나 모호하기 때문에 믿는 것은 결코 아니다. 우리는 해방의 경험 때문에 믿는다).

나아가 부활의 역사성과 육체성은 하느님의 정의가 역사 속에서 구체적으로 실현되리라는 약속이요 희망을 뜻한다. 역사 속에서, 역사 안에서 예수를 부활시키신 하느님을 우리가 믿는다. 그렇다면 하느님께서 예수를 통하여 역사를 심판하실 때, 그것은 역사 속에서, 역사 안에서 일어날 것이며, 구체적으로 일어날 것이다. 성서에 의하면 예수의 육체성은 그가 고난 받은 '못 자국'을 보여 줌으로써, 그리고 그가 평소에 즐기던 "식사"를 드는 행위를 보여 줌으로써, 확인되었다. 이것은 인간들의 실제적 행위가 하느님의 심판(구원이기도 하다)의 대상임을 뜻한다. 나아가 (이것이 중요하다) 예수의 "육체적" 부활이란 예수의 육체가 한 말이 하느님의 말씀(성육신의 逆)임을 고백하고 있음을 가리킨다. 일반적인 진리가 아니라 유한한, 역사적인, 상대적인 예수의 육체가 쓴 글씨가 무한하신, 영원하신, 절대적인 하느님의 말씀임을 고백하는 것이다.

한편 부활—하느님의 정의의 심판, 그것은 역사 속에서 일어나지만, 그 심판에 의하여 세상이 달라진다. 그래서 우리는 하느님의 정의가 지배하게 되는 세상과 권세자들이 지배하는 이 세상을 대조하여 말할 때, 예수의 재림(우리의 총괄적 부활)은 곧 "이 세상의" 종말이라고 말할 수 있게 된다. 그러나 이 세상의 종말이 현재의 태양계의 체질 변화와 같은 그런 우주론적 전환을 뜻하지는 않는다. 그런 것은 천체 물리학자들의 연구 대상일 뿐이다. 신앙인들이 말해 온 역사의 끝, 세상의 종말은 후천개벽과 같이 우리들이 살아가는 세상(Lebenswelt)의 혁명적 전환을 뜻한다. 즉 문화적·정치적 질서의 전환을 가리킨다. 우리의 삶의 세계는 그것을 지배하는 힘(성서는 "영들"이라고 말한다)의 전환에 의해서 언제라도—우주질서의 변화 없이—변화될 수 있다. 언제라도.

예수의 부활은 그 같은 전환의 "첫 열매"가 되었다고 했다. 그리고 그의 재림은 모든 산 자들과 죽은 자들에 대한 하느님의 역사적 심판을 가리킨다. 어떤 사람들은 이런 날을 기다리고 어떤 사람들은 이런 날을 기피한다. 기다리는 사람들은 새 세상이 와야 비로소 인간으로서 살아갈 수 있기 때문이요. 기피하는 사람들은 이미 자기들이 인간이 되었다고 믿기 때문이다.

5. 나의 신체가 부활 하는가

어떤 사람은 예수의 부활이 불로초라고 생각한다. 예수의 부활을 믿는 자는 영원히 생존한다고 믿는다. 죽음, 생물학적 죽음이 모든 생명체의 필연적 귀결이지만, 믿는 사람들에게만은 예외라고 생각한다.

이것은 엄청난 이기심, 아집, 집착의 표현이다. 유대인도 자기 신체의 영원한 생존 희망 없이 살다가 죽었고, 소크라테스도 그러했으며, 한국인들도 그러했다. 불교인들은 아예 '무(無)'로 돌아간다고 가르쳤다 (지금 그 가르침은 먹혀 들어가고 있지 않지만). 불교에서는 집착을 가장 큰 고통의 원인으로 규정하고, 해탈한 자는 생사의 사슬에서 해방되어 원초적인 근원인 무와 합일한다고 가르쳤다. 그런데 기독교는 오늘도 우리 자신의 신체가 언젠가 되살아나리라는 집착적 욕망을 부채질하고 있다. 그래서 나는 예수가 3일이 아니라 3억 년 후, 아니 적어도 3년 후쯤, 그의 신체가 소멸된 후에 부활했다고 상상해 보기를 원한다. 우리는 부활하더라도 3억 년 후에나 할 것이고, 그 때는 우리의 신체가 완전히 소멸된 뒤일 것이다. 그래도 우리의 신체가 부활에 동참한다면 그것은 무엇을 뜻하는가?

나를 구성했던 탄소, 수소, 산소, 질소가 재결합되는가? 그것은 불가능하지 않다. 종이를 재생하듯, 알루미늄 통을 재생하듯. 그러나 탄소, 수소, 산소, 질소의 절대량이 부족하기 때문에 하느님께서 우리의 신체들을 재생하려면 절대량을 다시 만들어야 한다. 기존의 원소들로는 사람의 신체 100구를 만들 수 있는데 반하여 역사 속에서 부활해야 될 신체들은 1만 구나되는 것과 같은 이치이기 때문이다. 그렇다면, 우리의 신체가 주님의 재림 때에 부활에 참여한다 하더라도, 그것은 이미 우리 자신들이 "이 세상"에서 사용하던 원소들의 집성체인 그 신체들은 아니다. 그것들은 하느님께서 우리들에게 부여해 주시는 새로운 신체들이고, 그래서 우리의 질문은, 이 세상에서 우리가 사용하던 신체와 새 세상에서 우리가 덧입게 될 우리의 신체 사이에 어떤 연속성(동일성)과 불연속성이 있는지를 물어야 한다. 그리고 만약 우리의 신체들이 충분히 썩고 해체된 뒤라면, 우리의 두 신체들 사이에 생물학적·물리학적 연속성은 존재할 수 없다는 결론이 나온다. 그것들 사이의 연속성은 어딘가 다른 것에서 찾아야 한다. 우리가 생각할 수 있는 그 다른 것은 곧 우리의 "영혼"이다. 그리고 우리를 세상에 보내시고, 부활시키는 "하느님"이시다.

그러나 우리의 두 신체(?)의 동일성을 영혼에게서 찾아야 한다는 논리는 모순일 수밖에 없다. 우리는 통상 영혼과 신체는 서로 다른 성분으로 구성되어 있다고 믿고 있는 반면, 우리의 질문은 신체상의 동일성에 대한 것이기 때문이다. 따라서 "우리"의 부활이 성립되려면 전통적인 영혼 개념에 대한 근본적인 재해석이 있어야만 되며, 그 때 우리의 영혼은 육체와 이질적인 어떤 사물이 아니라 우리의 육체에 속한 그 무엇이어야 한다. ("종말"에 관하여는 본서 11장을 참조하라)

6. 한국 교회들의 부활 이야기

이제 한국 교회들의 장례식 예문들 속에 나타난 모호성과 모순들을 검토함으로써, 미래의 한국 신학을 위한 자료를 찾아보자.

(1) 감리교 예문

이 어린이의 영혼이 하느님께로부터 왔다가, 이미 하느님께로 돌아갔은즉, 우리가 그 시체를 땅에 장사하매…… 말세에 뭇 성도가 일제히 부활하여, …… 내세의 영생을 얻을 것이요 …… 저들의 썩은 몸은 변하여 자기의 영화로우신 몸과 같게 하실 것입니다(어린이 하관식 '선고').

여기서 보는 대로, 장례식 주례 목사의 선고는 영혼불멸과 몸의 부활을 동시에 전제하고 있다. 영원불멸하는 영혼이 하느님께로부터 왔다가 하느님께로 되돌아가는 것이 죽음이요, 또한 영생이다. 그러나 이와 모순되게, 주님의 재림 때에 있을 몸의 부활(변화)로서의 영생도 믿는다. 영혼이 하느님께로 돌아가는 작은 영생, 작은 구원(=죽음)과 그 영혼이 다시 이 세상(?)으로 돌아와 몸을 덧입게 되는 것이 제2의 영생, 큰 구원이다.

그렇다면, 죽음과 동시에 시작되는 것, 우리 영혼과 하느님과의 합일 외에 또 다른 부활과 영생이란 도대체 왜 필요한가? 영혼이 하느님과 합일되었으면, 그것보다 더 큰 구원이 어디 있을까? 하늘에 있는 구원받은 영혼을 땅으로 되돌아오게 하여 변화된 몸을 입게 해야 할 이유가 어디 있을까? 누구를 위해? 무엇을 위해?

(2) 장로교(통합측) 예문

"죽음의 신학적 의미"란 항에서, 장로교는 이렇게 말하고 있다:

> 육체적 죽음은 생명의 종말이 아니고, 최후의 심판이 죽음 후에 계속하여 오게 된다(히브리서 9:27). 최후 심판에는 모든 죽은 자의 부활(요한복음 5:28-29)과 믿는 자들만이 부활하는 것(고린도전서 15:22-24)으로 이해되고 있는데, 이 죽음과 부활 사이의 죽은 자들의 중간상태에 대해서는 신약성경에는 낙원과 음부로 표현하고 있다 (누가복음 23:43; 16:23).[13]

즉 개신교가 일반적으로 믿지 않는 "중간상태"를 장로교는 믿는다. 그러나 실제의 예문에는 그것이 전혀 반영되어 있지 않다.

> 우리는 고인의 시신을 장사하기 위해서 이 관에 모시오나, 그의 영혼을 아버지 품속에 고이 품어 주소서(입관식).[14]

> 오늘 이 자리의 장례식이 하늘나라로 이어지는 출발식이 되게 하시고, 영원과 이어지는 순간이 되게 하소서(장례식).[15]

---

13) 대한예수교장로회 총회 출판국, 『예식서』 (1987), p. 149.
14) 위의 책, p. 161.
15) 위의 책, p. 166.

육신은 땅에 장사지내지만 그의 영혼은 하느님께로 간 것을 믿고 위로를 받습니다(하관식).16)

여기에서 보듯 통합측 역시 영혼불멸과 부활을 동시에 믿으며, "중간상태"는 사실상 믿지 않는다. 죽음이 곧 영원으로 이어지는 영혼의 구원이다. 그리고 예수의 재림과 우리의 부활은 제2의 구원이다.

(3) 일반적 고찰

합동측도 예외는 아니다. 장로교 합동측 예문은 비교적 엉성하다. 어린이의 죽음과 장년의 죽음에 대해서 구별이 없으며, 모든 이들에게 공히 적용되는 한 가지 예문이 있을 뿐이다.17) 기독교장로회 측의 예문집은 다소 특이하다. "영혼"이라는 전통적 언어를 기피하고 있다. 그것을 "생명"이라는 단어로 조심스럽게 바꾸어 놓았으며, 부활을 이야기하나 육의 부활, 또는 몸의 부활이란 구체적 표현을 삼가하고 있다. 단지 죽음의 순간에 이어지는 "영원한 안식"과 "부활의 희망"이란 개념으로 모든 것을 처리했다. 그런 점에서 매우 현실적인 신학자들의 섬세한 연구가 반영된 예문집임에 틀림없다.18)

한국 교회들이 인간의 죽음에 직면하여 선언하고 있는 신앙고백은 대동소이하다. 그리고 그 신앙고백에는 도저히 양립할 수 없는 두 가지, 영혼불멸(희랍사상)과 부활(후기 유대교의 사상)의 희망을 동시에 담고 있다. 그래서 이미 누리고 있는 영원한 안식, 하늘나라, 하느님의 품이

---

16) 위의 책, p. 175.
17) 대한예수교장로회 총회, 『표준예식서』(1989) 참조.
18) 한국기독교장로회, 『예식서』(1987) 참조.

부족하여 언젠가, 그 언젠가, 인간의 썩었던 육체가 문자 그대로 다시 살아나리라는 조잡한 소망을 또한 간직하고 있다. 단지 기독교장로회 측만은 이 같은 조잡한 소망을 완화시켜 표현하고 있다.

7. 죽음에 대한 재고

오늘날의 기독교 장례식 예문은 두 가지의 신화적인 표현에 근거되어 있다. 즉 창세기에 나오는 하느님의 경고, "그것을 따먹는 날에는 반드시 죽는다"(창세기 2:17)와 바울의 죽음 이해에서 비롯되었다. 바울은 "죄의 삯은 죽음"이며(로마서 6:23), "죽음은 최후의 원수"(고린도전서 15:26)라고 말하였다. 즉 죄가 없었다면 죽음이 없었을 것이라는 생각을 낳았다. 그런데, 성서가 이와 같은 말을 한 것은 어디까지나 하느님과의 관계의 빛에서 한 것인데, 후대의 사람들은 이 말을 오해하였다. 이 말을 오해하였을 때, 그 결과는 실증주의와 유사한 것이 되고 말았다. 역사적 실증주의가 신앙을 과학적인 불가사의를 믿는 것으로 몰아붙이듯, 생물학적인 실증주의는 부활을 생물학적인 죽음의 예외 사건으로 몰아가고 있다.

그대를 보면 내 가슴은 뛰노라.
그대의 눈은 태초의 호수로다.

이 같은 연인의 표현을 보고 정신병자를 발견했다고 우겨대는 사람들이 있다면 당신은 무엇이라고 말하겠는가?
성서의 언어 세계는 현대인들이 생각하는 그런 객관적인 세계, 과학적인(생물학적인) 세계가 아니라 "삶의 세계"이다. 삶의 세계에서는 살아 있으되 죽을 수도 있고, 죽었으나 살아 있을 수도 있다. 살아 있으나 내가 인간 구실을 못한다면, 죽음보다 더 어두운 고통에 처하게 되며, 죽었으나 우리가 고인의 소망을 생생하게 그리고 과감하게 밀고 나간다면 고인은 우리와 더불어 살아 있게 된다.

예수가 종식시킨 죽음, 곧 그의 부활이 쳐부순 인류 최후의 원수는 모든 생물체가 겪는 자연 현상으로서의 죽음이 아니다. 그런 죽음은 하느님의 적이 아니며, 인간의 적이 아니다. 하느님의 원수, 인간의 최후의 원수인 죽음은 부정의, 억울함, 한, 무의미, 배신, 절망, 고문, 고통, 분열, 그런 것들이다. 그리고 그런 것들에서 오는 공포와 단절이다. 이제 예수에게서 하느님의 정의의 승리를 확인할 수 있는 사람들에게는, 아직은 숨겨져 있지만, 언젠가 "의의 최후 승리"가 만천하에 구현될 것을 믿으며 또 소망하게 된다. 그래서 이 세상의 어떠한 거짓 세력의 압력과 유혹에도 굴하지 아니하고 하느님 편을 선택하며 죽을 수 있게 된다. 아무것도 예수의 뒤를 이어가는 이런 죽음의 행렬을 막지 못하게 된다. 이런 죽음의 행렬들은 마침내 이 세상을 새 세상으로 뒤바꾸어 놓을 것이다. 이것이 우리의 소망이요 하느님의 약속이다. 이 약속과 소망이 자기의 것이라고 믿는 자는 이미 "해방"된 자이다.

제III편

새 역사의 성령과 상생(相生)의 영성

8장

새 역사를 짓는 바람

신들린 사람은 운명을 바꾸어 산다.

우리의 하느님 이야기는 이제 예수 이야기(기독론)를 벗어나서 새로운 마디로 넘어간다. 즉 성령과 교회에 대한 이야기를 할 차례가 되었다. 그러나 우리가 여기서 주의해야 할 첫 번째 대목은 이것이다. 성령이 하느님의 영이라면, 성령 이야기를 인간의 언어에 담는 것은 이중적으로 곤란하다는 점이다. 하느님을 이야기한다는 것 자체가 지극히 어려운데, 우리가 하느님의 (몸도 아니고) 영을 이야기해야 한다는 사실 때문이다. 하느님은 근본적으로 당신 자신의 인격을 지니고 있어서 자유로이 활동하시며, 따라서 인간의 포착이나 소유의 대상이 되지 못한다. 인간에게 있어서도 '영'이란 초월과 자유를 의미하고 있어서 규정하여 못 박을 수가 없다. 우리가 성령에 대해서 무엇이라고 말하든 그것은 지극히 제한적인 서술에 지나지 않음을 먼저 기억해야 할 것이다.

나아가 우리가 주의해야 할 두 번째 사항은 기독교 역사에서 나오는 것인데, 교회는 일반적으로 성령을 질식시키는 경향을 지녀 왔다는 점이다. 데살로니가전서에 이미 "성령의 불을 끄지 말라"는 당부가 나오는 것을 보아도 알 수 있다(5:19). 신학적으로는 교회가 곧 성령의 산물이지만, 점차로 기세가 등등해진 교회는 "성령은 교회의 배급품"이라고 하는 생각을 사람들에게 주입시키면서, 그래서 교회 생활과 성령 "받음"을 사실상 동일시하였다. 따라서 교회 생활에 불만을 품고, "교인" 되는 것으로는 부족하니 "성령을 받아야 한다"고 외치던 모든 사람들은 교회에서 추방되고 말았다. 그 전형적인 사례가 웨슬리(John Wesley)이다. 이미 교회에 나오고 있는 사람들에게, "그것은 부족하다. 당신은 성령을 받아야 한다"고 말하는 것은, 결국 교권(교회의 권위)에 대한 도전으로 간주되고 만다. 교회의 중심에 자리 잡고 있던 기독교의 지도자들에게서는 성령(의 이해)이 한 번도 진지하게 신학적 반성의 대상이 된 적이 없다. 오늘날 아무도 자신 있게 성령에 대한 기독교의 정통 교리가 이것이라고 말할 수 없는 것은 바로 이 같은 이유 때문이다.

위의 몇 가지 단서와 더불어, 우리가 걸어온 길의 이정표들을 다시 한 번 생각해 보자. 그 동안 우리들의 신앙 이야기에서 가장 기본적인 범주는 뿌리 경험, 용서, 그리고 역사였다. 이런 것들을 염두에 두면서 우리의 남은 이야기를 계속해 보자.

1. 무당에게 팔린 나

6·25 전쟁의 뒷정리가 끝나지 않았던 때, 그러니까 아마 내가 다섯 살 때쯤의 일이다. 울산에서 살고 있었는데, 그 때 나는 (내 기억으로는) 처음으로 무당을 만났다. 그 무당은 여자였으며, 어렴풋한 기억에 의하면, 그녀는 부처님도 모시고 있었다. 내가 그 무당 앞에 이끌리어 가게

된 것은 명(命)이 짧은 나의 운명을 바꾸기 위해서였다. 나의 어머니는 하나뿐인 아들을 몹시 사랑하셨고, 그래서 나의 장래에 대해 용한 점쟁이에게 물었던 것 같다. 그랬더니 그 점쟁이는 당신 아들은 짧은 명을 타고났으니, 운명을 바꾸어 주어야 한다고 일러 준 것이다.

운명을 바꾸다니? 바꿀 수 없으니 운명이라고 하지 않던가? 그러나 신들의 세계에도 예외는 있는 법, 길만 잘 알면 인간과 신들 사이의 거래는 가능하다. 그럴 때 신과 인간 사이에서 중보자 역할을 맡는 이들을 가리켜 우리네는 "무(巫)당"이라고 해왔다(유대인들이 그를 사제나 예언자나 왕 또는 그냥 메시아라고 불렀던 것과 같다). "무(巫)" 자가 바로 하늘의 신과 땅의 인간 사이를 연결하는 중보자를 가리키는 상형 문자라고 하는 것은 깊은 종교적 통찰이 들어 있는 얘기인 것 같다.

어머니는 어린 나를 여자 무당에게 끌고 가서는 "애야, 이 분이 너의 어머니시다"라고 하셨다. 부모 잘못 만나 짧은 명을 타고 난 나는, 무당을 어머니로 모심으로써 새 운명을 물려받게 된 것이다. 그래서인지, 그 해부터 여러 번 죽을 고비를 당했지만 오늘날까지 잘 살아 넘기고 있다. 정말 고마운 나의 새 어머니! 나는 그분의 얼굴도 이름도 기억하지 못하지만, 그분이 입었던 얼룩덜룩한 무당 복장, 역시 채색 요란한 그분의 집, 그리고 내 어머니가 부탁하셨던 인사말이 지금도 기억에 생생하다.

무당의 덕분(?)으로 새 운명을 받게 된 나, 이것은 오늘의 내 모습의 예형(prototype, 例型)이 아니었을까? 신에게 바쳐짐으로써 신이 내게 부여하셨던 옛 운명을 벗어버린 자—사실 모든 종교인, 특히 성직자의 삶이란 그런 것이 아닐까? 나아가 "성령"을 받는다는 것, 아니 성령께 사로잡힌다는 것은 바로 이처럼 운명을 바꾸는 역사를 가리키는 것이 아닐까? 만일 그러하다면 "뿌리 경험"을 한다는 것과 성령께 사로잡힌다는 것은 사실상 같은 사건에 대한 다른 설명에 불과한 것이다.

성경에도 이와 비슷한 이야기가 하나 있다. 그것은 다름 아니라 우리 모두가 잘 알고 있는 야곱 이야기이다. 장자에게 엄청난 특권이 주어지는 사회에서 둘째로 태어난 야곱, 그는 맏이로 태어나지 못한 자신의 운명을 도저히 수락할 수가 없었다. 그는 어떻게 해서든 장자의 축복을 누리고 싶었고, 마침내 그의 야망은 어머니의 도움으로 실현되었다. 그러나 아버지의 축복만으로는 그의 운명이 온전히 바뀌지 못하였다. 그래서 축복을 가로챈 그는 오히려 스스로 유배자가 되어야 했다. 그런데 오랜 타향살이의 설움을 청산하고, 그리운 고향을 찾던 어느 날 밤, 하느님의 사자를 만나게 되었다. 그는 세상에서 얻을 수 있는 것은 다 얻었다고 할 수 있지만, 운명의 신이 맏아들에게 내려주는 축복만은 아직 확보하지 못한 터였다. 그는 하느님의 사자를 붙들고 놓지 않았다. "나를 축복하지 않고는 떠날 수 없습니다." 마침내 이 끈질긴 야곱에게 하느님의 사자는 탄복했다. "네 이름을 다시는 야곱이라 부를 것이 아니요 이스라엘이라 부르라"(창세기 32:28). 이렇게 하여 하느님은 옛 운명 대신에 새 운명을 야곱에게 주셨다.

구약성서에는 신의 섭리를 인간에게 일러주는 중보자를 하느님의 사자 또는 천사라고 했고, 신약성서에는 주로 성령이라고 했다. 그런데 여기에 공통적인 점은 하느님의 신(영)을 만난 사람, 하느님의 신에게 사로잡힌 사람은 이전의 운명에서 벗어나 새 운명을 살게 된다고 하는 사실이다. 예수님도 그랬고, 베드로도 그랬으며, 사도 바울도 그러했다. 따라서 "뿌리 경험"은 성서 시대에나 그 후나, 오늘이나 변함없이 같은 양상으로 나타난다.

운명을 바꾸어 놓는 이 같은 성령의 역사, 한국인의 말로 표현하여

"신들림"의 사건은 개인적으로만이 아니라 공동체적으로도 나타날 수 있다. 이스라엘 민족은 "출애굽"의 사건을 통하여 신의 충만함을 민족 공동체적으로 경험했으며, 그 때 저들은 "하늘이 열리고 땅이 펼쳐지는" 그런 환상을 보았다. 민족사적인 뿌리 경험이었다. 이들은 나중에 이 감격을 좀 더 높고 넓은 지평으로 옮겨 놓았다. 이름 하여 "천지 창조" 이야기가 그것이라고 했다.

뿌리 경험을 한 사람은 누구나 자기의 이전 삶을 "혼돈 하고, 공허하며, 흑암이 깊음 위에" 있었던 처지라고 회상하게 된다.[1] 그리고 신이 내려주신 새로운 운명을 생명과 질서의 빛으로 생각하게 된다. 그렇지 아니하다면 그것은 뿌리 경험이 아니며, 해방과 창조의 경험이 아니다. 그러나 신 내림, 성령의 강림, 천사와의 만남, 그런 사건은 비상(非常)하게 발생하고, 그래서 공포, 거부감 등을 또한 동반한다. 우리가 새 구두를 신을 때에도 거부감을 맛보아야 한다면, 새 운명을 떠맡을 때에야 오죽하랴! 그래서 고금을 막론하고 신과의 만남은 양면감정을 동반한다: 끌림과 두려움.

2. 성령의 유혹과 '가난'의 재발견

인간은 어떻게 운명을 바꾸게 되는가? 운명을 바꾸어 살게 되는 사람은 여전히 자유로운가? 아니면 새로운 노예인가?

노예가 되고 싶어 하는 사람들도 세상에는 많다. 인간이 "정신"을

---

[1] 창세기 서두에 나오는 혼돈, 공허, 흑암, 물 등은 이스라엘 사람들의 적의 신들 이름이다.

8장. 새 역사를 짓는 바람

가지고, "혼"을 가지고 산다는 것, 요즘말로 하나의 "주체"로서 산다는 것은 자기의 삶을 스스로 엮어 나가는 주인이 된다는 것을 뜻한다. 따라서 자기 삶을 스스로 엮어 나가지 않거나 또는 못하는 사람은 "아직 충분히 사람"이 아니라고 말 할 수 있다. 그런데, 자유를 가지고, 스스로의 삶을 살아 나간다는 것은 언뜻 보기에 멋진 일인 것 같으나, 엄청난 짐이 되기도 한다. 자유가 엄청난 짐이 된다는 것을 경험하기란 쉽지 않다. 우리의 일상생활은 대개 이것저것의 제약이 많기에, 자유를 느끼기보다는 속박을 느끼게 해 주기 때문이다. 그러나 부모의 만류에도 불구하고 신학대학에 들어왔다가 후회하는 신학생, 또는 가족의 의사를 뿌리치고 사업을 새로 벌였다가 실패한 가장, 연애결혼을 했다가 실패한 젊은이……등등의 경우는 삶을 스스로 결정해 나간다는 것이 가져다주는 무거운 짐(책임)의 의미를 다소나마 알 것이다.

90년 여름, TV에서 방영되었던 "전쟁과 추억"이라는 대하드라마는 연합군 사령관 아이크의 고독한 자유가 얼마나 막중한 짐이었던가를 잠시 엿보게 해 주었다. 그러나 이것을 가장 잘 느끼는 사람들은 "자유"를 찾아 남하한 자수 간첩들이라고 한다. "지령" 없이 사는 법을 그들은 모르기 때문이라는 것이다.

그래서 많은 사람들은 "선량한 독재자"를 영웅(고독한 자유를 감내하는 자)이라고 칭송하는가 하면, 점쟁이를 아직도 찾아간다(자유를 반환한다). 그 뿐인가? 교회에서는 성령이라는 이름으로 "노예의 영"(로마서 8:15)을 보급한다. 교회의 지도자들만이 나쁜 것이 아니다. 마약과 마찬가지로 그것을 찾는 사람들이 있기에, 파는 사람도 있는 법이다. 인간이 모두가 진정으로 자유를 원한다면, 거짓된 교회 지도자들이 "노예의 영"을 성령이라고 포장하여 치부하는 일은 사라지고 말 것이다. 이런 맥락에서 볼 때에야 비로소 다음과 같은 말을 실감할 수 있을 것이다.

바울 사도는 (아마도 자신의 경험에서 우러나와) 이렇게 말했다:

주의 영이 계신 곳에는 자유가 있습니다(고린도후서 3:17).

그러나 정말로 성령은 우리를 자유하게 하는가? 성령, 자유—서구의 용법에서는 대개 '영'과 '정신'이 같은 뜻을 지닌다. 그렇다면 영은 자유와 긴밀한 관계에 있음이 확실하다. 영과 대립되는 육체나 물질은 자유와는 달리 한계, 유한성을 가리킨다. 인간을 가리켜 정신이라, 영적 존재라 하는 것은, 인간은 육체와 물질만으로 구성되어 있는 존재가 아니라 그것의 한계를 끊임없이 넘어가는 '작은 초월자'임을 뜻한다. 따라서 성령이 우리를 자유하게 한다면, 그것은 이상한 일이 조금도 아니다. 그것은 단지 인간을 참 인간 되게 한다는 말에 불과하기 때문이다.

그런데, 하느님은 성령을 물 붓듯이 부어 주고 싶어 하고, 인간은, 적어도 우리 기독교인들은 "성령을 간절히 사모하는" 것 같은데, 왜 우리에게는 아직 "성령 충만"이 없는가? 자유가 없는가? 하느님이 거짓말쟁이인가? 성서가 위증을 하고 있는 것인가? 아니면, 아니면 우리 인간이 위선적인가? 나는 확신한다. 하느님도 성서도 우리를 속이지 않는다. 단지 인간이 자기를 속일 뿐이다. 아니, 연약한 인간, 죄 많은 인간, "이 세상"에 익숙해져 있는 인간들이 자유를 두려워하고 있다고 생각한다.

이제 우리들이 익히 아는 이야기들 속에서, 성령의 부름 앞에 직면한 인간들의 모습을 검토해 보자. 그리고 성령의 임재를 경험하는 사람들은 일반적으로 어떤 것을 경험하게 되는지 감히 분석해 보자(우리는 여기서 하느님의 영이신 성령을 토막 내려 함이 아니고, 하느님의 영에 직면하여 사람들이 경험하는 바에 대한 일반적 기술을 하려는 것이다).

모세 이야기 — 미디안 광야에 저녁이 다가오고 있었다. 그는 자기가 치던 양들을 물끄러미 바라보았다. 생명의 신비를 느꼈다. 먹이를 찾아 헤매다, 내일을 맞이하기 위하여, 저녁이 되어 양떼들은 집으로 돌아간다. 그러면서 사랑을 나누고, 새끼를 치며, 어미는 늙어 죽으나, 다른 양들이 어미의 뒤를 잇는다. 그렇게 하기를 수 천, 수 만 년 그 어디에서 시작되었을까 저들의 생명은? 그러다가 문득 모세는 버려두고 온 자기 동족, 고센 지방에서 노예살이를 하는 동포를 생각해 냈다. 그 때 저녁 하늘의 구름은 어느새 강렬하게 불타올랐다. 바로 이 순간 모세는 어두움과 광명의 전쟁을 보았다. 그는 자기 가슴속에 타오르고 있는 또 하나의 불꽃을 느꼈다. 온 몸이 전율했다. 그리고 그는 분명히 들었다:

모세야, 모세야. 애굽에 있는 네 동족의 고통을 정녕 너는 잊었느냐? 독재자로 인하여 당하는 그들의 울부짖음을 잊었느냐?(참조. 출애굽기 3:7)

불타는 저녁 하늘과 더불어 함께 타오르는 호렙산 기슭에는 그가 이따금씩 기도를 드렸던 언덕 위의 커다란 나무 한 그루가 서 있었다. 그런데 모세는 이미 그곳으로 끌려가고 있었다. 양떼들을 한쪽으로 몰아놓고는 늘 기도하던 장소에 가서 무릎을 꿇었다. 그리고는 이렇게 부르짖었다.

당신은 누구이옵니까?(참조. 출애굽기 3:13)

모세는 동족에 대한 애끓는 열정이 있었지만, 젊은 날 그의 열정은 이미 무참히 거부당하였고, 이제는 새로운 생활 속에서 어느 정도 안정을 얻어가고 있었다. 바로 그 때 하느님의 영이 이 좌절된 민족주의자 모세를 찾아간 것이다. 그러나 모세는 두려웠다. "내가 정녕 너와 함께 하리라"는 누군가의 음성이 들리고 있었지만, 그는 "그렇게 말씀하시는, 나를 부르시는, 당신은 누구이옵니까?" 하고 반문했다. 이것은 보다 정직하게 말해, "나는 누구입니까?" 하는 질문이었다.

성령이 우리를 해방시킨다?−무엇에서? 성령이 우리에게 빵을 주는가? 정치적 독립? 건강? 그 어떤 것도 아니다. 성령은 우리가 지금까지 익숙해져 있는 "우리 자신의 세계"로부터 우리를 해방시키신다. 우리 자신을 해방시키신다. 모세는 미디안 광야의 목동으로서, 평범한 중년의 가장으로서 행복하게 살고 있었는지 모르지만, 하느님의 영은 "모세야, 네 자신의 세계에서 탈출하거라" 하고 부르신 것이다. 그리하여 모세는 "이미" 그에게 있었던 모든 것들로부터 해방되고, 새로운 세계로 돌입해야만 하게 되었다. 그가 들어가야 할 새로운 세계, 새로운 운명, 그것은 그가 지금까지 알지 못하던 세계이다. 그것은 낯선 자의 땅이다. 어쩌면 지금보다 더 참혹한 처지에 놓일지도 모른다. 옛 세계에도, 새로운 세계에도 적응하지 못하고 영원한 낙오자가 될지도 모른다. 우주여행에 나서는 항해사와 마찬가지의 불안이 그를 감싸고 있었다. 달에도 못 가고, 지구로 귀환하지도 못하여 광막한 우주에서 미아가 될지도 모른다는 불안, 그런 위기감이 성령의 부르심을 받는 대개의 사람들이 일차적으로 직면하는 느낌이다. 이사야도 그러했고, 예레미야도 그러했다. 예수도 그러했고, 바울 사도도 그러했다. 이사야는 "내 입술이 부정합니다"라고 고백해야 했고, 예레미야도 "나는 어린아이입니다"라고 했다. 바울은 3일, 그리고 또 3년 유폐되어 있었다고 했다. 왜? 성령의 부르심이란 처음부터 신바람 나는 기쁨으로 다가오지 않는다. 성령은 이미 있는 우리의 모습을 긍정해 주시러 오시는 것이 아니라 흑암과 혼돈에 처한 우리를 새로이 지으시러 오시기 때문이다. 그러나 당사자인 우리들은 우주항해에 나서는 사람처럼 불안해 할 수밖에 없다. 자유와 해방의 손짓, 성령의 유혹, 인간은 그 앞에서 몸을 떨며 두려워한다. 새로운 가능성 모두가 우리를 불안하게 한다지만, 성령의 임재는 더욱 그러하다. 우리는 이 같은 사건의 극적인 사례를 무병(巫病)에서 본다. 나는 어려서, 무병을 앓던 어느 여인을 아직도 기억한다. 지금에 와서 생각하니, "신들림" 혹은 "신 내림"은 **현상학적**으로 기독교에서 말하는 "성령 받음"과 매우 유사하다. 우선 무속에 대한 진술을 들어보자.

(1) 평생을 천대와 멸시 속에서 살아가야 하는 무당노릇이 하고 싶어 자청해서 무당이 되는 이는 한 사람도 없다. …… 우리나라에 존재하는 두 종류의 무당, 강신무와 세습무 ……. 강신무의 세계에서는 자기 마음대로 직업을 바꿀 수도 없고 무업(巫業)을 중단할 수도 없는 것이 저들의 운명이다. 강신무는 무당들의 표현에 따르면 "신의 밥을 먹고 살도록" 운명 지어진 사람이기 때문이다.

(2) 객관적으로 나타난 바에 의하면, 강신무가 되는 데에는 필수적으로 세 가지 단계를 거쳐야 한다. 그 첫째가 저들이 신병(神病 - 우리는 巫病이라 했다)이라고 부르는 병을 앓는 과정이고, 둘째는 그 신병을 고치기 위하여 최후의 방편으로 택하는 내림굿이다. 셋째는 내림굿을 해주신 어머니로부터 무당노릇을 하는 데 필요한 모든 것을 오랜 세월에 걸쳐서 배우는 피나는 수련과정이다.2)

---

2) 김인회, 최종민, 『황해도 내림굿』(열화당, 1986), pp. 76-78.

여기서 우리의 관심을 끄는 것은 이것이다. 왜 무병을 앓아야 하는가? 신(영)은 인간에게 폭군처럼 다가오는가? 즉 "자유의 영"이 아니라 "노예의 영"인가? (또한 우리가 주목해야 할 바는 새로운 운명을 살아가게 된다고 하는 점이다.)

우리는 모세나 이사야나 예레미야나 예수나 바울의 경우도 저들이 신과 만났을 때는 일종의 병(고통)을 앓았음을 안다. 그 기간이 짧았든 길었든 거의 예외는 없다. 이것은 그들에게 다가온 하느님의 영, 또는 무당 후보자에게 내린 신이 폭군적인, 노예의 영이라서 그런 것이 아니다. 그와는 반대로 신이 인간에게 아무리 멋진 새 세계를 주려고 하더라도, 옛 세계에 대한 미련과 새 세계에 대한 불안을 극복하지 못하는 인간의 나약한 본성 때문이다. 그래서 인간은 신을 만나면 무병 또는 신병을 앓게 된다. 신(또는 악마)이 인간을 강제로 다스리려 하여 인간이 거기에 저항하는 데서 오는 고통이 무병인 것이 아니라, 새롭게 다가오는 세계에 대해 유혹되는 새로운 자아와, 옛 세계에 만족하려는 옛 자아 사이의 투쟁이 바로 무병 현상이란 말이다. 과정신학이 말하듯 신은 "유혹자"일 뿐이다. 신과 악마는, 선으로이든 악으로이든, 지금의 우리 자신을 벗어나라고 유혹하는 유혹자임에 분명하다.

이렇게 본다면, 무당의 경우이든 성령 받음의 경우이든, 신(의 영)이 우리를 유혹한다면, 인간은 신에게 "아니오"를 말하면서 버틸 수 있다. 그것은 신의 능력보다 인간의 능력이 강하기 때문이 아니라 신의 행위 방식 혹은 영들의 존재 방식 때문이다. 물리적 세계와는 달리, 어떤 것이 참으로 정신세계, 영적인 세계에 속해 있다면, 그것은 곧 자유와 자유의 관계로 풀어짐을 뜻한다.

실제로, 무병을 앓고 있던 어느 여인의 경우, 주위 사람들은 이렇게

8장. 새 역사를 짓는 바람

말했던 것으로 기억된다. "무당이 되기 싫으면 죽도록 병을 앓아라." 죽을 만큼 병을 앓기를 선택한다는 것은, 신이 유혹하는 새로운 세계를 단호히 거부한다는 뜻이다. 새로운 세계에 대한 강한 유혹을 끈질기게 버티어내면, 대개는 건강을 회복하여, 무당이 되지 않을 수 있다고 한다. 그러나 무병을 앓는 고통이 너무 심하여, 대개는 승복하고, 강신무(降神巫)가 된다. 그렇다면, 모세와 이사야, 예레미야와 바울 등은 모두 새로 내린 신을 비교적 순순히 받아들인 경우라고 말할 수 있다. 그러나 바울의 경우는 아라비아 사막에서의 3년간의 투쟁이 있었던 것을 보면, 남달리 무병을 심하게 앓았다고 보아도 좋을 것이다.

여기서 잠시 **가난**과 성령에 대하여 생각해 보자. 언뜻 보기엔 가난과 성령은 전혀 상관이 없는 것처럼 보인다. 하느님의 영은 무차별, 공정한 영일 테니까. 그러나 실제로는 그렇지 않다. 무제약적으로 임하시는 성령이라고는 하지만, 인간은 성령께서 주시는 새로운 운명, 새로운 사명 앞에서 몹시 당황하거나 망설이게 된다. 한국 문화 속에 등장하는 강신무의 후보자들은 대개 신에게 저항하기를 실패하지만, "비둘기 같이 온유한" 하느님의 성령께 저항하려는 대부분의 사람들은 성공을 거둔다. 그런데 특히 "부자들"이 성공을 거둔다. 그 이유는 기존의 세계에서 가진 것이 많은 사람들은 신이 아무리 새롭고 아름다운 것으로 유혹하더라도, 포만 상태에 있는 사람들처럼, 전혀 마음이 동하지 않기 때문이다.

산상 설교에 "가난한 사람은 복이 있나니, 천국이 저희 것 이니라"고 하는 말이 나오고, 그래서 민중해방신학자들은 경제적 빈곤이 하느님 나라를 이어 받는 "특권"이 된다고 말하고 있지만, 그것은 절반의 진리밖에 되지 않는다. 가난—그것은 결코 축복이 아니다. 그것은 저주이다. 극복되어야 할 일이다. 그것은 그 자체로서 결코 특권이 아니다. 그러나 부자들에 비하여 가난한 사람들이 상대적으로 용이하게 "자기의 세계 탈출"을 할 수 있을 뿐이다. 그렇다고 모든 가난한 자가 모든 부자들에 비하여 "천국"의 주인이 되기에 유리한 입장에 서 있는 것은 아니다. 그것은 결코 있을 수 없는 논리이다. 오늘날 "영성"(靈性)이란 이름으로, "해방"이란 이름으로 가난을 미화시키고 있는 모습들을 엿볼 수 있는데, 그것은 인간과 그 세계(이것은 육체, 물질이다)를 지으시고 축복하신 창조주 하느님을 모독하는 이교적 금욕주의 신앙이다. 결코 기독교 신앙이 아니다. 따라서 성서에서 말하는 "복 있는" 가난은 영적인 상태를 말한다. 그렇다고 정신적인 순진성을 말한다는 것은 아니다. 영적인 가난이란 인간의 영적인 상태 곧 "존재의 방식"을 가리킨다. 가난한 자라는 말은 결국 지금의 자기 세계에서 "주변부 인생"임을 확인하고 있는 각종 형편의 사람들을 일컫는다.

모세, 이사야, 예레미야, 바울-이들은 하나같이 "잘 사는" 중산층 내지 귀족이었다고 할 수 있다. 그럼에도 불구하고 이들은 하느님의 영의 유혹을 수락하고, 자기들의 옛 세계를 떠났다. 물론 자기의 옛(현존) 세계를 떠난다는 것은 (상대적으로) 부유한 사람들에게는 그만큼 어렵다. 그들은 자기의 "본토"와 "아버지의 집"을 떠나기가 몹시 힘들다. 그런 사람들은 자유를 선사하시는 성령보다는 거짓된 안정을 약속하는 "노예의 영"에 사로잡히기를 좋아하는 수가 많다. 그러나 가난한 사람들, 실패에 친숙해 있는 사람들은 하느님의 영의 유혹을 받으면, 지금까지 살아왔던 세계를 떠나기가 그만큼 쉽다.

그러면, 이러한 무병을 앓고 나서 강신무가 되면 어떠한가? 기독교적으로 말해서, 성령이 우리에게 부과하는 새로운 운명, 새로운 사명을 수락하면 어떻게 되는가? 그렇게 되기까지는 죽음 같은 고통(이것은 새로운 세계의 탄생에서 오는 고통, 옛 세계의 파멸에서 오는 고통이다)을 겪어야 하지만, 일단 새로운 세계를 향한 항진을 출발하고 나면, 신선한 자유를 경험 하게 된다. 대개는 그가 새로 맡은 일에 너무나 헌신적이라서 주변의 사람들까지도 그 사실을 쉬 알아챈다. 그래서 "신들린 사람"이라고 말하게 된다. 더러는 야유하며 "미친 사람"이라고 말하기도 한다. 그러나 모세처럼 "나를 부르시는 당신이 누구입니까?" 하고 질문하던 시기를 지나, "내가 정녕 너와 함께 하리라" 하는 내적 확신을 갖는 단계에 이르게 되면, 누구든 그 사람은 이전의 사람이 아닌 다른 사람, 곧 "제 정신이 아닌", "영적인 사람"이 된다. 그리고 내적 갈등으로부터 자유를 얻게 된다. 그는 자기를 불러 새로운 운명을 맡기신 분(신 또는 그 어떤 명분)과 혼연일체가 됨으로써, 자기 자신의 내적 통일(integrity)을 맛보게 된다. 이쯤 되면 "내가 여기 있나이다"(이사야 6:8), 또는 "내게 있어서는 죽는 것도 유익하니라"(빌립보서 1:21)라고 자신 있게 말하게 된다. 그런 경우 죽음이란 단지 내가 벗어 나온 "옛 세계"에서의 최종적인 탈출에 불과하기 때문이다. 이런 경지의 삶은 "원컨대, 이제 내 생명을 취하소서. 사는 것보다 죽는 것이 내게 나음이니이다"(요나 4:3)라고 말하는 삶과는 엄청나게 다르다. 이렇게 되었을 때, 즉 이 옛 세계의 모든 법칙, 판단 기준, 곧 "율법"에서 해방되었을 때, 진실로 "주의 영이 계신 곳에는 자유가 있도다!"라고 외칠 수 있게 된다.

그러나 기독교가 말하는 하느님의 성령의 능력은 600만 불의 사나이나 카퍼필드(마술사)의 초능력이 아니다. 단지 우리의 옛 세계로부터의 온전한 해방을 선서하는 "자유의 영"이다(다시 말해서, 자유는 누리지만, "새 세계"에서는 더욱 극심한 고난을 감수해야 할지도 모른다). 그렇다면, 강신무도 자신이 그렇게 원하지 않던 무당이 되어 마침내 신과 혼연일체가 되고, 새로운 삶과 자유를 누릴 수 있다고 한다면, 성령이 선사하는 자유와 강신무가 누리고 있는 자유가 같다는 것인가? 아니다. 결코 아니다. 우리가 "성령 받음"과 "신내림"을 비교하는 것은, 단지 현상학적인 차원에서 그렇게 하는 것에 불과하다. 신들린 사람은 누구나 새로운 운명을 받고, 그래서 옛 세계에서는 자유하다고 할지라도, 모든 신이 주님의 신은 아니다. 모든 영이 거룩한 영은 아니다. 반짝이는 모든 것이 황금은 아니듯, 신들린 사람들 모두가 성령에 사로잡힌 자들은 아니다. 그래서 우리의 이야기는 "성령의 시험(test)"에 당도하게 된다.

3. 성령(은사)의 진정성 척도

왜 초대 교회에서 이미 "성령의 불을 끄려는" 일이 발생했을까? 2천 년 후인 오늘에 와서 우리가 그 때의 사정을 속속들이 추적할 수는 없지만, 생각해 보면 능히 짐작이 간다. 한국 교회의 오늘의 모습과 아주 유사했을 것이라고 짐작된다.

예수를 '주님'으로 고백한다고 말하면서, 할 수만 있다면 성령의 능력을 돈을 주고라도 사려는 사람들이 어디 사마리아의 시몬(사도행전 8:9-25) 한 사람뿐이었으랴! 예나 지금이나 사람들은 명예와 부와 권력을 얻기 위해서 애쓰면서, 지름길이 없을까 궁리하고 있으며, "성령"을 받는다는 것은 바로 이 같은 욕망을 해갈시켜 주는 처방이 된다고 믿는 사람들이 있다. 어디 그뿐이랴! 이 세상에서는 아무 쓸모가 없고, 오히려 세상을 도피하게 해 줌으로써 세상을 이겼다는 착각을 주기에 충분한 거짓된 신비주의에 대한 호기심이 그 때나 지금이나 사람들에게 가득하다. 이런 틈바구니에서 성령의 은사들 중 어떤 것들은 특별히 사람들의 호감을 산다. 신비스러우면서도 비교적 보편적이었던 소위 "방언"의 은사 같은 것이 그런 것들 중 하나이다(고린도 교회). 방언이란 신비스런 언어를 말하는 것으로서, 그것을 말하는 자신도 이해하지 못하는 하늘의 언어라고 한다. 그리고 이런 언어를 일상의 언어로 번역해 주는 "통역의 은사"라는 것도 있었다. 그리고 보면 모든 강신무들은 방언과 통역의 은사를 거의 동시적으로 받는다고 말할 수 있다. 그들도 점을 칠 때는 이상한 음성을 듣고 중얼거리고, 그리고는 다시 일상의 언어로 풀이해 말해주지 않던가?

이런 일들은 분명 우리의 일상생활과는 거리가 먼, 그래서 신비하다고 말할 수 있는 별난 일들이다. 이런 유별난 현상들은 기독교라는 특정 종교와는 상관없이 일어나고 있는 보편적 현상인데, 초대 교회나 오늘의 한국 교회에는 예수 그리스도와는 아무 상관도 없는 이 같은 사이비 신비주의 현상에 대한 호기심으로 가득 차 있다. 어쩌면 이 같은 사이비 신비주의가 교회 안에 흘러들어 오게 한 장본인은 바울 사도일지도 모른다. 소위 말하는 "은사"론은 거의 그의 전유물이기 때문이다. 그렇다고 바울 사도의 신앙이 비기독교적이라는 말은 아니다. 그의 속사정과는 달리, (성서에 나타난 대로라면) 그가 다니는 곳에는 각종 신비 현상이 뒤따랐고, 그것은 우매하고 나약한 사람들에게 엉뚱한 호기심을 유발시키기에 충분했다(이 점에서 우리는 예수의 목회와 바울의 목회의 중요한 차이를 발견한다).

이런 엉뚱한 호기심에 이끌리는 위험스런 신앙은 마침내 "질서"와 "신앙의 표준"에 대한 강력한 필요성을 느끼게 하였다. 바울 자신도 이 문제에 관한 한 초대 교회의 어떤 지도자에게도 뒤지지 않는 관심을 표명하고 있다. 그러면 이제 초대 교회가 성령(은사의)의 진정성 척도를 어떻게 설정하였는지 함께 생각해 보고, 한국 교회의 형편도 반성해 보자.

(1) 바울 문서 - 공동체성

바울 사도는 고린도전서 12-14장에서 성령의 은사의 다양성을 누누이 강조한 다음, 다음과 같은 몇 가지 주의 사항을 당부하고 있다. 첫째, "성령의 선물(은사)에는 여러 가지가 있으나 같은 성령께서 주시는"(12:4) 것임을 시인하라. 둘째, 다양한 성령의 은사는 그 근원에서만 공통되는 것이 아니라, 목표에 있어서도 공통되니, 곧 "그리스도의 몸"이신 "교회의 덕"을 세우기 위해서 활용되어야 한다(12장, 14:4, 5, 12, 26). 셋째, "하느님은 무질서의 하느님이 아니라 평화의 하느님이시다"(14:33). 따라서 성령의 은사의 활용에 있어서는 "모든 일을 적절하게 또 질서 있게 진행시켜야" 한다(14:40).

우리는 여기서 신비적인 체험을 몸소 겪었던 바울 사도가 성령의 은사에 동참하고 있는 기독교인들에게 과연 무엇을 당부하고 있는지 확실히 알 수 있다. 성령의 은사가 같은 근원, 같은 목표를 두고 있으며, 개인의 이익이 아니라 공동체 건설을 위해서 주어진 것이라는 그의 통찰은 예수의 설교가 "하느님 나라"에 초점을 두면서, "서로 이웃"이 되라고 강조하였던 것과 일맥상통한다. 그러나 이 같은 바울의 생각은 아직 충분히 기독교적이지 못하다. 왜냐하면, 스스로 싸우는 나라는 서지 못한다고 하는 말이 있듯이, 다른 어떤 단체에서도 바울이 말하는 진정성의 척도 곧 "공동체성"만큼은 받아들일 것이 분명하기 때문이다. 깡패들도 서로는 사랑한다. 도둑들도 서로의 것은 훔치지 않는다. 그래야 깡패나 도둑들이 건재할 수 있기 때문이다. 이제 바울 사도가 우리에게 당부한 공동체성이라는 진정성의 "일반적" 표준을 잠시 뒤로하고, 요한문서에 나타난 "기독론 적" 표준을 생각해 보자.

(2) 요한 문서 - 예수의 육(肉)

바울의 교회들이 '종교적' 신비주의 때문에 혼란에 빠질 위험에 처해 있었다면, 요한의 교회들은 '철학적' 신비주의 때문에 위협을 받고 있었다. 요한의 교회들은 (상대적으로 말해) 예수를 (잘못되게) 너무 잘 믿고 있었다. 신약성서 전체를 통해서 예수의 신적 기원을 요한 문서처럼 분명하게 천명한 책은 없다. "말씀은 하느님 이었습니다"(요한 1:1). "그는 참 하느님이시요 영원한 생명 이십니다"(요한일서 5:20). 그럼에도 불구하고, 하느님이었던 말씀이 "육[살]"이 되었다는 사실, 그리고 그 육에서 들리는 말씀이 우리를 살리는 "생명"임을 한껏 분명히 하려고 애썼던 것이 요한문서이다.

> 사랑하는 이들이여, 어느 영이든지 다 믿지 말고, 그 영들이 하느님께로부터 왔는가 시험해 보시오. 많은 거짓 예언자가 세상에 나타났기 때문입니다. 여러분은 이것으로 하느님의 영을 알 수 있습니다. 곧 예수 그리스도가 육신을 입고 오셨다는 것을 고백하는 영은 다 하느님께로부터 온 영입니다(요한일서 4:1-2).

아, 이 얼마나 분명하고, 멋진 논리인가! "내가 곧 생명의 떡이다"
(요한 6:35, 48). 그러나 "내가 줄 떡은 (나의 신령한 말씀이 아니라) 곧
나의 살[육]이다"(요한 6:51).

기독교에 어떤 신비가 있다면, 그것은 이 같은 '역사적', '성례전적'
신비일 뿐이다.3) 신비한 언어와 마술, 그것을 부정하려고 애쓸 필요는
없다. 아직 과학이 해명하지 못한 신비한 영역, 예컨대 강신술 같은 영
역이 있기 때문이다. 신들린 무당의 신비성을 부인할 필요는 없다. 그러
나 그런 것들이 우리의 신앙, 우리가 받은 성령의 은사의 진정성의 척도
가 되어서는 안 된다.

바울은 공동체 건설이라는 일반적 표준을 우리에게 주었다. 그리고
우리는 오늘의 우리들의 이야기를 하면서, 인간 해방, 인간에게 자유를
주는 영이 진정한 영이라고 했다. 그런데 이제 이 모든 것의 "내용"을
판가름해 줄 실질적인 표준, 기독론적인 표준이 분명해졌다. 즉 우리의
자유는 예수를 '주님'(새 운명의 표준)으로 모시는 데서 파생되는 자유
이며, 우리가 지으려고 하는 집(공동체)은 예수가 지으려 했던 그 집,
하느님의 나라요 동시에 '사람의 나라'인 그것이다. 어쩌면 이것은 배타
적일 수도 있다. 기독교의 이름이 붙지 아니한 모든 영의 역사는 거짓이
라고 말할 수 있는 근거가 되기 때문이다. 그러나 요한 문서가 말하는
"예수의 육"이라는 진정성 판단의 기준은 "예수"라는 말, 문자, 그런 것
을 뜻하지 않는다. 그의 삶 속에서 드러난 "하느님의 말씀"을 가리킨다.
나아가 하느님의 말씀이란 하느님의 것이어서, 이 세상의 그 어느 것에
의해서도 제한되지 않는다. 하느님을 제한할 수 있는 것은 하느님 자신
뿐이다.

---

3) 기독교의 신비는 역사의식을 잃지 않는다. 물론 물질, 피조물의 세계도 거
부하지 않는다. 오히려 그것들을 통하여 신을 만난다.

이제는 바울 문서와 요한 문서가 우리에게 제시하는 진정성의 두 기준—공동체성과 예수의 '육'의 의의를 다른 시각에서 검토해 보자. 먼저 기독교 신학사적인 의의를 검토해 본다.

1054년에 하나의 정치 체제 밑에 있던 기독교는 동서의 분열을 맛보아야 했다. 동방 교회란 희랍어를 성스러운 언어라고 여기는, 동로마 제국 치하의 교회들을 가리키며, 지금은 희랍과 러시아에 널리 퍼져 있다. 서방 교회란 라틴어를 성스러운 언어로 여기는, 서로마제국 치하의 교회들을 가리키며, 지금은 세계 기독교의 주류를 형성하고 있다(개신교들은 모두 서방 교회인 로마 가톨릭에서 갈라져 나왔다). 그렇다면 기본적인 언어를 달리하고 있던 교회들이 결국엔 제도적·정치적으로 분열될 것이라는 점은 쉽게 예측할 수 있었던 일이다. 그러나 이 같이 예고된 교회 분열에 도화선이 된 것은 바로 "성령"에 대한 기독교인들 사이의 신학적 논쟁이었다. 어쩌면 이것은 기독교가 드러내 놓고 성령을 주제로 하는 논쟁을 벌인 처음이자 마지막 사건이었다.

동방 교회는 서방 교회의 교리를 마침내 거부하였다. 서방 교회는, 니케아 신조(325년)와 유사한 내용을 가지고 있고, 그래서 때로는 "니케아 신조"라고 불리우기도 하는 "니케아-콘스탄티노플 신조"(이것은 그 기원이 불확실하나, 예루살렘 지역의 교회들이 예배 때에 사용했던 것이다)에다 한 문구를 삽입했다. "그리고 아들로부터"(*filioque*)라는 문구였다. 이것은 서방 교회의 회의인 톨레도(Toledo, 589년) 회의에서 된 일이다. 그 결과 성령은 "성부 하느님께서 그리고 아들로부터 발현 된다"는 신앙 표현이 교회의 공식적 입장(교의)이 되었다. 하느님의 단일성과 지고성을 견지하고자 애썼던 동방 교회는 이 같은 문구의 삽입은 성서적 정당성이 없다 하여 강력히 반발하였다(이것을 '필리오쿼' 논쟁이라 한다).

지금 돌이켜 보면 우스운 일이다. 아버지, 아들, 영은 따로따로 존재하는 세 개체이며, 그들 사이에 인간이 이해하거나 말로 표현할 수 없는 오묘하고 신비스런 조화가 있다고 생각하는 서방 교회나, 하느님은 근본에 있어서 "하나"시라는 것을 양보하지 않으려는 동방 교회나 다 같이 신앙인들이 사용하는 언어의 특수성, 한계성을 소홀히 여겼던 탓으로 교회의 에너지를 탕진하는 일을 저질렀다. 하느님의 성령이 아버지에게서만 "나오는지", "아들에게서도" 나오는지, 우리 인간이 어찌 규정할 수 있으며, 규정한다면 그 근거는 무엇이겠는지 곰곰이 반성했어야 할 일이다. 하느님의 집안 사정이나, 하느님 자신의 심장을 해부라도 해본 듯이 이러쿵저러쿵 시비를 거는 것은 어리석은 일이다.

하느님의 단일성과 지고성을 순수하게 보호하였던 동방 교회의 지혜가 잊혀 져서는 안 되겠지만, 한국 교회를 생각한다면 다시 한 번 '필리오쿼' 논쟁을 벌여야 할 것 같다는 것이 나의 솔직한 심정이다. 서방 교회가 뒤늦게 문구 하나를 삽입한 데는 그만한 이유가 있었을 것이다. 즉 요한 문서의 진정성 표준과 긴밀한 연관이 있었을 것이라고 짐작된다.

예수, 역사적 인물인 나사렛 사람 예수의 삶을 떠나서는, 기독교인인 우리들에게는 하느님도 성령도 오리무중에 빠지게 된다. 우리가 믿는 하느님은 철학자의 신이 아니라 "예수의 아버지"이며, 우리가 믿는 성령은 종교가들이 팔아먹는 신비한 영이 아니라, 예수의 영, 주님의 영이다. 기독교 역사상 처음이자 마지막으로 있었던 성령론 논쟁의 의의는 바로 이것이다.

그렇다면 오늘의 한국 교회의 성령은 어떠한가? 신앙의 초 일상성, 신비에 대한 관심으로 편중되어 있는 한국 교회의 성령 이해는 위험하리 만큼 동방 교회적이다. 신비이면 아무것이나 다 좋다고 생각하는 것은 기독교 신앙과는 전혀 상관없는 태도이다. 어디 그뿐인가?

나는 젊은 시절 한 때 부흥회에 열심히 쫓아다녔었다. 그러던 중 신비스런 일들을 직접·간접으로 많이 경험했다. 어느 부흥사는 방언의 진정성을 시험한답시고, 통역의 은사를 받은 사람 하나를 단상에 세우고는 방언 받은 사람들을 하나씩 앞으로 나오게 하였다. 신나게 방언을 해대던 사람들은 조심스럽게 앞으로 나가, 자기도 모르는 소리로 중얼거렸다. 그 옆에서는 통역의 은사를 받은 사람이 통역을 한다. 통역이 안 되면, "가짜"라는 것이다.

지금도 이런 식으로 방언의 진정성을 판가름하는 사이비 목사님이 계신 모양이다. 있을 수 없는 일이다. 바울 사도는 그런 멋지고 간단한 방안을 왜 몰랐을까? 요한 공동체는 왜 몰랐을까? 아니 예수는 왜 당신 자신의 진정성을 입증해 보이지 못했을까?

한 사람이 어찌 그렇게 간단하게 (만일 있다고 하면) 하늘의 신비한 언어를 모두 통역할 수 있겠는가? 하느님은 구체적 상황에 따라, 당신 자신의 뜻을 이루어 나가신다. 그렇다면 이 세상의 그 어떤 신비가도 하늘의 언어를 혼자서 다 통역할 수는 없다. 거짓된 진정성 표준에 우롱당하고 있는 어리석은 한국 교회의 한 모습을 여기서 본다.

게다가 하느님의 성령이 우리에게 임하시는 목적은 각자 개인의 사적 욕망을 충족시키기 위해서가 아니라 "주님의 뜻"을 이루어 나가기 위함이라는 기본적인 사실을 한국 교회는 왜 강조하지 않을까? 물론 "교회" 봉사를 열심히 강조하지만(부흥회의 마지막 시간에), 역시 필리오퀘(filioque)의 원리, 곧 아들 예수를 떠나서 인간적으로 생각하는 교회 봉사는 기독교 신앙과는 아무런 상관이 없다는 사실을 왜 무시할까? 예수의 육(살)이 빠진 영이라면, 오늘의 교회의 메시지가 도둑질을 잘

하는 신입 회원에게, "너는 우리 모임에 충성을 다해야 한다"고 말하는 깡패들의 M.T.(신입회원 연수회)와 뭐가 다르겠는가? 따라서 성령(의 은사)의 진정성을 판가름하는 최종적, 기독교적 표준은 인간의 몸으로 사신 "예수의 육"이라고 하는 요한 문서의 신앙은 예나 지금이나 양보할 수 없는 원리이다. 이제 성령과 일상생활, 소위 말하는 은사의 신비성에 대해 생각해 보자.

4. 성령의 은사는 초자연적인가

많은 사람들은 그렇게 생각한다. 즉 성령의 은사를 받은 사람은 어떤 초자연적 능력을 행사할 수 있다고 믿는다. 감리교 운동을 시작한 존 웨슬리도 그렇게 생각했다. 18세기의 사람이라서 그런 생각을 했을 것이다. 그의 생각은 이렇다. 성령의 은사에는 두 종류가 있다. 하나는 초자연적인 것이고, 다른 하나는 일상적인 것이다. 초자연적인 은사는 "기적"을 행사할 수 있는 능력으로서, 갓 태어난 아기와 같았던 초대교회에서는 필요했었다. 그러나 지금(18세기), 기독교가 충분히 세력을 확장한 지금에는 그런 비상수단이 필요 없어졌다. 따라서 지금은 성령의 은사를 받는다고 할지라도 어떤 기적을 행사하는 능력을 받게 되리라고 기대해서는 안 된다. 그것은 오히려 불신앙에 속한다.

그래서 웨슬리는 성령(하느님)의 행위 방식에 어떤 전환이 생긴 것처럼 생각하였다. 17세기 이래로 드라큐라가 사라지면서, 서구 문명사회에서는 더 이상의 초자연적 능력이 불필요하게 된 것이다. 이에 반해서 아직도 심리적으로, 사회적으로, 신체적으로 극심한 고통 속에 남아 있는 한국 사회에서는 여전히 소위 말하는 "초자연적" 은사가 필요하다. 그래서 오늘날의 교회에는 그 같은 초자연적 능력을 사모하여 모여드는 사람들로 붐비고 있다.

이 같은 현상은 분명히 성서적 근거를 지니고 있다. 사도행전과 고린도전서가 그것이다.

고린도전서에서 말하는 "방언"은 분명히 신비스런 현상이었다. (만일 고린도전서 14장의 저자가 바울이라면) 바울은 "방언은 믿는 사람들을 위한 표징이 아니라 불신자들을 위한 표징이며, 예언은 불신자들을 위한 것이 아니라 믿는 자들을 위한 것입니다"(14:22)라고 했다. 웨슬리의 생각과 일맥상통한다. 방언이나 예언이나 다 같은 하느님의 것이기는 마찬가지이지만, 예언은 누구나 사용하고 있는 언어로 말하는 것에 반하여 방언은 신기한 언어로 말한다. 따라서 내용이야 알든 모르든, 방언은 일단 비상한 능력임이 자명하고, 그래서 불신자들이 신앙을 얻는데 도움이 될 것이라는 논리이다. 이것은 말도 안 되는 유치한 실증주의이다. 누가 하느님, 성령을 증명할 수 있다는 것인가? 마술사의 마술이 인간의 호기심을 무한히 끌어내는 것은 사실이지만, 그렇다고 거기에서 신앙, 그것도 기독교 신앙이 생기는 것은 결코 아니다.

사도행전에서는 더욱 심각하다. 이런 일이 벌어졌다. 사마리아 동네에 기독교 신자들이 생겼다. 그들은 설교를 듣고, 회개하고, 세례까지 받았다. 그런데도 "성령"을 받지 못했다는 것이다. 그래서 베드로와 요한이 가서 "안수"를 해 주었더니, "성령이 내렸다"는 것이다(8:16-17). 성서학자들의 연구에 의하면, 이것은 세례는 받았으나 "방언"의 은사를 받지 못하였기에 생긴 일이라고 한다. 이것이 사실이라면, 사도행전의 저자(흔히 누가복음의 저자와 동일 인물이라 한다)는 이상한 신앙을 가지고 있는 셈이다. 바울만 하더라도 은사의 다양성을 알고 있었는데, 누가는 성령의 은사 중 하나만 알고 있었다는 것인가? 아무리 성서에 기록된 사건이라 하더라도 이런 것은 우리의 신앙생활의 귀감이 되지 못한다. 마치 고린도전서 15장 29절에 나오는 바, "죽은 자들을 위한 (대신)세례"의 관습과도 같다. 오늘날 어느 교회에서 이런 해괴한 관습을 가르치거나 실행하고 있는가? 이런 것들은 지나간 일들에 불과하다.

사도행전 19장 1절에도 비슷한 사례가 있다. 한국 교회의 성령 운동자들이 자주 사용하는 성서 구절이다. "너희가 믿을 때에 성령을 받았느냐?" 믿음과 성령 받음이 완전히 분리되고 있다. 도저히 용납할 수 없는 논리이다. 물론 여기서의 "믿음"은 예수를 믿는 믿음이 아니라, 세례자 요한의 설교를 듣고 믿는, 미완성의 기독교 신앙이었다. 그러나 문제의 이 성서 구절은, 분명히 "방언도 하고 예언도 해야" 참으로 성령을 받은 것이라는 한국 교회의 일부 주장을 뒷받침해 주기에 충분하다.

이런 성서 구절의 전문적인 해석은 성서학자들에게 맡기자. 그러나 단지 이 같은 미신적, 사이비 신비주의적 요소들이 예나 지금이나 교회를 혼란시키고 있다는 점을 주목하자. 오죽 했으면, 예수가 "옛 사람은……그러나 나는……"이라고 했겠는가? 오늘 우리들은 "바울과 베드로는……그러나 우리는……"이라고 말할 수밖에 없는 처지에 있다. 적어도 성령의 초자연성에 관한 한 그렇다. 그렇다면 성령의 은사란 무엇이며, 왜 초자연적 성질을 지니고 있는 것으로 묘사되고 있는가?

성서 어디를 보아도 하느님을 믿는 사람만이 행할 수 있는 초능력을 논증하고 있지는 않다. 애굽에서 벌어진 장자 살해의 비극이 이스라엘의 탈출을 허용하기는 했지만 그것은 일시적인 충격에 불과했다고 했다. 이스라엘 민족이나 애굽 민족은 그 사건의 경이로움과 하느님의 살아 계심을 동일시하지는 않았다. 그래서 쫓기는 자는 여전히 두려워했고, 쫓아가는 자는 더욱 분격했다. 홍해를 가르는 사건도 마찬가지였다. 엘리야가 갈멜산에서 행했다는 기적도 마찬가지였다. 어떤 계기를 마련해줄 수는 있었다. 그러나 그런 사건들은 아무리 신기하더라도 인간의 마음을 일시적으로만, 그것도 공포에 의해서 사로잡을 수 있었을 뿐이다.

우리는 예수가 세상에서 목회할 때 많은 병자를 고쳐 주었지만 그것은 하느님의 말씀의 선포의 한 방법이었지, 그것으로 자기의 능력이나 진정성을 과시하려고 했다고는 하지 않았다. 방언, 예언, 입신, 투시…… 등등은 분명히 신기한 일이다. 아직 인간이 충분히 해명하지 못하는 영역의 일들이다. 그러나 이런 "종교적" 신비들은 종교인들에게서 보편적으로 일어나는 일들이지, 결코 기독교의 독특한 현상이 아니다. 물론 이렇게 말하는 사람들이 있을 것이다. "꿩 잡는 게 매다. 아무 종교나 좋다. 내게 신비스런 기적을 행할 수 있는 능력만 다오." 이 같은 인간의 솔직성을 결코 비난하고 싶지는 않다. 그것이 무엇이든 우리를 해방시키는 자, 우리를 기쁘게 하는 자가 우리의 신이라는 논리에는 아무런 하자가 없기 때문이다. 문제가 있다면 신학적인 것 한 가지뿐이다. 전혀 기독교가 아닌 것을 기독교라고 주장하거나 그렇게 믿는다면, 그것은 그 자체로서 자기기만이며, 기만성은 끝내 인간성을 파멸시키고 말 것임이 분명하다.

초자연적 은사에 대해서 가장 많은 이야깃거리를 남겨 준 바울의 은사 목록 중에는 오늘 우리가 보더라도 전혀 신기하지 않은 일상적인 능력들이 열거되어 있다. 예컨대, 예언, 가르침, 권면, 목회, 봉사, 직무 등등. 그리고 믿음과 소망과 사랑이라는 은사도 있다. 따라서 바울 자신이 성령의 은사를, 웨슬리처럼, 자연적 은사와 초자연적 은사로 나누었다고 보는 것은 옳은 해석이 아니다. 방언이라는 특수한 경우를 제외한다면, 그 같은 추리는 있을 수 없다. 더 나아가, 만일 우리가 사용하는

"초자연적"이라는 말이 "하느님께로부터 옴"을 뜻한다면, 바울은 단호히 말할 것이다: "모든 은사는 초자연적인 것이다." 그렇다. 모든 은사는 초자연적인 것이라고 말할 수 있다. 인간이 지니고 있는 모든 능력이 사실상 그 자신의 것이 아니라 누군가로부터, 곧 하느님께로부터 "받은 것"이기 때문이다. 그러나 "초자연적"이라는 말이 인간이 일상적으로 살아가는 이 세상에 속한 것이 아니라, 공간적으로 저 위에 있는 그 어떤 신령한 영역에 속하는 것임을 뜻한다면, 어떤 은사도 초자연적이지 않다. 왜냐하면 "초자연"이라는 개념 자체가 신화적인 이원론의 세계관의 산물이고, 따라서 역사화 된 오늘의 시대에는 전혀 무의미하기 때문이다. 예컨대, 아무리 신비한 초능력을 행사하는 마술사를 보더라도 우리는 그를 문자 그대로 하늘에서 온 사람으로 보지는 않는다. 설사 그가 저 밖의 어떤 다른 혹성에서 왔다고 할지라도 우리가 과거에 말해 오던 의미에서 그가 "신의 세계"에서 왔다고 생각지는 않는다.

그렇다면, "은사"는 도대체 무엇이며, 왜 "신령하다"고 말하고 있는가? 신앙이란 일종의 뿌리 경험이요, 또한 그것은 개인이나 공동체의 "세계 변혁" 곧 새로운 창조의 시작이라고 했다. 그렇다면, 하느님에 의해서 자기(공동체)가 새로이 태어났다고 생각하는 사람은, 그가 지니고 있는 모든 것이 "하느님께로부터 왔음"을 인정하지 않을 수 없을 것이다. 그렇지 아니하다면, 그것은 신앙의 사건이 아니라 (소박한 의미에서의) "노동"에 불과한 것이다. 즉 어떤 큰 사건이 일어났으나, 그것은 응당 받아야 할 자기의 수고의 대가에 불과하다고 생각할 것이다. 그런 경우, 당사자는 기분이 좋을 것이며. 교만해질 만큼 기쁨이 넘치게 될 것이다. 그러나 누군가에게 고마워하는 마음은 없을 것이다. 단지 자기 자신을 자랑하고 싶어 할 뿐일 것이다. 이와는 달리, 신앙의 경험을 한다는 것은 근본적으로 자신의 지금까지의 모든 것, 곧 "옛 세계"가 사라지고 새로운 세계가 선사되었다고 고백하게 됨을 뜻한다. 따라서 성령의 은사를 받았느냐 하는 질문과 신앙이 있느냐 없느냐 하는 질문은 결코 별개의 것이 될 수 없다(그러므로 기독교 역사상 교회가 성령을 종종 박해해 왔다는 것은 비극이다. 교회가 껍데기 신앙이 아니라 참 신앙을 가르쳐 왔다면, '신앙에 거함'과 '성령에 사로잡힘'은 동일한 것이었을 것이다).

은사(카리스마)란 "노동의 대가가 아니라 누군가에 의해서 거저 받은 능력"을 가리킨다. 그래서 구약성서에서는 하느님의 자비, 왕의 은총, 이웃에 대한 자선(참조, 출애굽기 34:6-7; 다니엘 2:27; 잠언 14:21) 등을 두루 가리켜 HN(헨→헤세드=사랑)이라 표현하였다. 신약성서는 하느님이나 주님께로부터 오는 특별한 사랑을 가리켜 KARIS(카리스)라 했다(참조, 누가복음 1:30; 고린도후서 13:13). 한편, 이것이 인간에게 주어지면, 그것은 사랑과 은총에 의해서 "값없이 주어진 선물"이기에 KARISMA(카리스마: 은총의 선물)라 했다(로마서 12:6-8; 고린도전서 12:28-31). 따라서 현대인들의 판단 기준으로 신비하든 않든 상관없이 하느님의 사랑, 하느님의 은총에 의하여 주어진 모든 것, 값없이 받은 모든 것이 곧 "은사"이다. "이 모든 것은 다 하느님께로부터 온 것이다"(고린도후서 5:18)라는 바울의 선언은 은사, 성령의 선물을 이해함에 있어서 핵심이 되는 구절이다.

그러므로 자기의 존재와 재능을 자기 것이라고 주장하는 사람에게는 (그것이 아무리 신통한 것일지라도) 성령이나 성령의 은사라는 말이 무의미하다. 그래서 인간의 얄팍한 상식으로 창안한 "초자연적 은사"와 "자연적 은사" 사이의 구분은 의미를 상실한다. 성서가 일관되게 우리에게 말하고 있는 바를 요약해 줄 수 있는 말은 이것이다:

> 당신이 가지고 있는 것 중에서 하느님께로부터 받지 않는 것이 무엇입니까? 만일 모두가 받은 것이라면 왜 받은 것이 아닌 것처럼 자기를 자랑합니까?(고린도전서 4:7)

결국 성령의 은사란 신앙과 상관없이도 맛볼 수 있는 마술사의 재능 같은 것이 아니라, 자기가 가진 것을 하느님께로부터 받았음을 자각하는 인간이 사람들 앞에서 하느님의 사랑(은총)을 증언하면서 사용할 수 있는 말이다. 따라서 모든 은사는 하느님의 것이라는 의미에서 신령하며, "옛 세계"에 속하지 아니했다는 의미에서 "초자연적"이라고 말할 수 있다. 따라서 우리는 "기적"이 있다면, 그것은 인간을 "노예의 영"에서부터 해방시켜, 자유로운 새 인간으로 지으시는, 그리하여 역사를 새롭게 지어나가시는 하느님의 행위, 곧 성령 자신의 활동이라고 말할 수 있다. 옛 세계를 쳐부수고 새 세계로 우리를 불러내시는, 역사 속에 움직이는 하느님의 영의 행위는 늘 놀라움(경이)의 대상일 수밖에 없다. 기독교가 역사화 되고 세속화된 이 시대 속에서 여전히 성령의 은사의 초자연성을 말하고자 한다면, 우리는 이렇게 말해야 한다: 성령의 사역은 지극히 현실적이어서, 우리가 사는 현재의 세계 속, 일상생활 속에서 일어나지만, 끊임없이 우리를 "탈출"시키는 능력이기 때문에, 옛 세계에 속해 있던 우리들에게는 언제나 "외계의 침입"으로밖에는 경험할 수 없으며, 이 같은 "우리의 삶 세계의 변혁"으로 인하여 우리는 성령의 사역을 언제나 초자연적이라고 말하게 된다.

그렇다고 하여, 위에서도 말했듯이 우리들이 상식적으로 말하는 "초능력"의 실재성을 부정할 필요는 전혀 없다. 인간은 아직 인간의 능력의 한계, 자연의 비밀을 다 알고 있지 못하다. 따라서 일상적으로 일어날 수 없는 일, 즉 초일상적인 사건을 일으킬 수 있는 능력이 실재함을 부인해서는 안 될 것이다. 그러나 인간에게 어떤 능력이 있든지, 그 것이 하느님께로부터 온 것임에는 틀림없으며, 그런 뜻에서 인간이 가진 능력(특수한 재능과 "직무"를 포함)은 모두 성령의 은사이다. 그러나 아무리 아름다운 것(KARIS는 원래 '매력'을 가리킴)이라도 그것이 본분을 저버리면 추해지듯, 성령의 은사라고 할지라도 악령의 도구로 사용될 수 있고 또 빈번히 그런 일이 일어나고 있다. 바로 이런 것이 인격, 자유, 영으로서 존재하는 인간들 세계의 비극이다. "자연"의 자연은 하느님이 주신 그대로 있는 것이 정상이지만, 인간의 자연스러움은 그렇지 못하다. 애써 우리가 본래의 주인에게 되돌아가는 운동을 하지 않으면 인간은 그 자연스러움을 유지하지 못한다. 따라서 우리가 "신앙을 가지시오"라고 말할 때, 그것의 의미는 은사로서의 신앙이 아니라 인간의 책임으로서의 신앙을 가리키며, 하느님께서 우리에게 주시는 모습을 견지하라는 인간의 결단을 가리킨다.

이제 '개신교적인 가톨릭 신학자' 한스 큉의 말을 몇 마디 들어보자:

> 카리스마의 재발견은 특히 바울로 교회론의 재발견이다. 바울로에 의하면 카리스마는 일차적으로 예외적이 아니라 일상적이요, 형태가 단일한 것이 아니라 다양하며, 특정인들에게 한정된 것이 아니라 '전혀' 일반적인 현상이다. 나아가 여기서 동시에 나오는 결론으로, 카리스마는 단순히 옛날 일[초대 교회의 일]만이 아니고 극히 현실적인 현재의 일이며, 비단 부수 현상이 아니라 극히 본질적인 교회의 중심 현상이다.4)

---

4) Hans Küng, 『교회란 무엇인가』(이홍근 역, 분도출판사, 1978), p. 139.

물론 가톨릭 신학자인 그는 카리스마를 지나치게 교회 중심적으로 해석하는 흠을 지니고 있지만, 성령의 은사의 일상성과 보편성을 잘 지적해 주었다. 그렇다고 우리를 끊임없이 "탈출"시키는 역사변혁의 힘, 성령의 초월성을 망각해서는 곤란하다. 또한 성령의 역사(사역)의 장은 —창세기에 나와 있는 그대로—일차적으로 교회라는 특수 공동체가 아니라 역사(歷史)라는 넓은 무대임을 잊지 말아야 한다. 누룩처럼, 이 부패한 역사 속에서 끊임없이 질서와 생명을 만들어 나가는 보이지 않는 힘이 성령이시며, 그 성령의 부르심에 의식적(意識的)으로 응답한 사람들의 모임이 교회이다. 교회가 없다면 성령의 사역의 지표(sign)를 읽을 수 없겠지만, 교회 밖에도 성령은 역사하고 계신다. 성령은 인간만이 아니라 만유의 존재 자체를 앞서 가시는 하느님의 영이시기 때문이다.

5. 성령을 받으라?

그렇다면, 한국의 성서 번역에는 약간의 문제가 있다. "성령을 받으라"(사도행전 2:38; 8:19; 갈라디아서 3:2 등등)는 표현은 성령의 인격적 자유를 박탈할 위험을 안고 있다. 우리가 통상 주거나 받는 물건 속에는 사람과는 달리 인격(자유, 주체성)이 없다. 따라서 "성령을 받으라"는 표현은 성령을 하나의 물건이나 적어도 비인격적인 힘으로 생각하게 하는 오해의 여지를 안고 있다. 그러나 성서에서 사용하는 "받는다"라는 단어는 인격체와 비 인격체에게 두루 사용되는 말이다. 예컨대, 손님을 "맞아들인다"라고 말해야 할 때에 우리가 손님을 "받는다"라고 말하는 것과 같은 경우이다. 그러나 우리나라 말에서는 손님을 "받는다"는 말이 결코 정중한, 인격적인 표현이 아니다.

따라서 "성령을 받으라"는 표현은 그 오해의 여지를 없애기 위해서 달리 표현되던가, 아니면 단단히 교육을 시키면서 사용해야 할 것이다. 더 나아가, 신학적으로 말하면, "성령께 복종하라"는 뜻으로 이해되어야 한다. 하느님은 이미 우리에게 "모든 것"을 주셨다. 당신 자신까지 우리에게 끊임없이 제공하신다. 단지 죄 많은 인간이 어리석거나 미련하여 하느님을 거역할 뿐이다.

이제 우리는 성령에 대한 일차적인 이야기를 정리할 수 있게 되었다.

우리가 흔히 매혹되는 신비 현상은 "아들로부터"(filioque) 나오는 성령과는 필연적인 연관이 없다는 점을 명심해야 한다. 성서의 몇몇 구절들이 이 같은 오해를 정당화해 줄 가능성은 충분히 있지만, 초대 교회의 관행이나 어떤 성서 기록자의 특수한 생각이 우리들의 여전한 표준이 될 수는 없다. 한편, 성령이 이 세계 안에서, 인간을 통하여 새로운 역사(세계)를 지어 나가시는 하느님의 임재라면, 성령의 활동은 특정 시간, 공간, 특정 인물에게만 주어지는 것이 아니다. 하느님의 영이 사라지면 지구는 흑암과 혼돈의 깊은 늪으로 곤두박질 칠 것이며, 생명과 질서는 삽시간에 사라지고 말 것이다. 존재와 비존재의 구별도 사라지고 말 것이기 때문이다.

그럼에도 불구하고, 하느님의 영은 구체적으로 작용하시기에, 역사의 상황에 따라서 필요한 사람들을 부르시어 특별한 사명을 맡기신다. 모세와 이사야, 예레미야와 바울이 그러했듯이, 하느님이 맡기시는 시대적 소명(召命)에 분명하게 일어나는 사람들이 있다. 이 같은 특수성은 바로 하느님의 자유와 은사의 다양성에서 비롯된다. 저들의 소명이 아무리 남들과 다르다 할지라도, 하느님의 소명을 받지 않고 살아가는 인간 생명은 존재할 수 없다. 생명을 두고 벌이시는 하느님의 장난이 심하지만 않다면. 따라서 어떤 사람들이 하느님의 특수한 소명을 받아 특수한 재능을 발휘한다고 하여, 그렇지 못한 사람들이 질투하거나 배척해야 할 필요는 전혀 없다. 특별한 소명을 받은 자들의 특수성은 "몸의 지체들"처럼 공동체를 짓는 재능일 뿐이기 때문이다. 저들이 진정 "하느님으로부터 오는" 선물을 받았다면, 저들도 그 은사를 자랑거리로 삼지는 않을 것이다. 그런 일은 결코 있을 수 없다.

그뿐이 아니다. 하느님의 성령이 보편적으로 작용하고 있다고 하더라도, 그것은 우리의 속된 삶, 일상의 틀에 얽매인 삶을 정당화시키는 '이데올로기'로 이용되어서는 안 된다. 영은 언제나 기존의 울타리(한계, 규범)를 "넘어가기" 때문이다. 따라서 신앙인을 가리켜 하느님의 영의 부르심에 응답하는 사람이라고 한다면, 신앙인은 고통을 젊어진 사람이 될 수밖에 없다. 역사 속에서 현존의 세계를 끊임없이 돌파해 나간다는 것은, 바울 사도가 일찍이 "영들의 전쟁"이라고 명했던 투쟁, 곧 "인간들을 상대로 싸우는 것이 아니라 악마의 지배와 권력과 이 시대를 다스리는 암흑의 세계와 하늘에 있는 허다한 악한 영들을 상대로 싸우는 것"(에베소서 6:12)을 의미하기 때문이다.

성령이 힘이라면, 그 힘은 하느님의 소명에 응답하는 사람들에게 이 싸움에 끝까지 참전하게 하는 힘이다. 따라서 옛 세계에 만족해 있는 강자나 거기에 익숙해 있는 약자는 무병을 앓듯이 성령을 기피하고자 애쓴다. 힘! 그렇다. 영은 자유, 초월만이 아니라 힘이다. 그래서 영혼이 없는 육체는 죽은 것이라고 했다. 끓는 물의 분자는 강한 힘이 있어서 운동을 하듯이, 우리 안에 영이 약동하고, 우리의 영이 하느님의 영에 순복할 때, 우리는 자유를 얻고, 세상은 새로워지며, 하느님은 당신의 열매를 거두게 된다. 그렇게 살아가는 우리들을 누군가가 지켜본다면, "너희는 미쳤다"고 할 것이다. 우리를 이끄는 이 세상의 영(정신)—제 정신—이 아니기 때문이다. 남들은 우리를 보고 부자유한 인간들이라고 불쌍히 여기겠지만, 당사자인 우리들은 "주의 영이 계신 곳에 자유함이 있느니라"고 당당히 고백할 것이다.

9장

교회(1): 한반도가 기다리는 제3 교회

"목사님, 신앙만 있으면 됐지, 교회는 꼭 나가야 하나요?"

평신도 신학 교육 시간이었다. 장로님 한 분이 진지하게 물어 왔다. "목사님, 신앙만으로 구원받는다는데, 신앙만 있으면 됐지, 교회는 꼭 나가야 하나요? 집에서 성경 읽고, 기도 생활하며, 하느님과 이웃을 위해 십일조도 바치고⋯⋯" 글쎄, 필요하다면 온라인으로 매주 헌금도 하겠지만, 교회에는 나가기 싫다는 것이었다. 그래서 우리들은 함께 토의를 시작했다. 왜 이런 생각이 나오게 되었는지를 생각해 보았다.

물론 우리가 흔히 지적할 수 있는 것은, 이 장로님이 신앙이 부족하다는 것일 것이다. 그럴지도 모른다. 그러나 이 장로님은 감리교회에서 오랫동안 신앙생활을 해 왔으며, 교회의 요구가 무엇인지를 잘 알고 있다. 그분이 교회에 나가기 싫은 것은 결코 돈이 아까워서가 아니다. 시간이 아까워서도 아니다. 그러니 통상적인 의미에서 신앙이 없다는 것은 말이 되지 않는다. 교회에 나가고 안 나가는 것을 두고 고민하는 것은 그만큼 신앙이 있기 때문이라고 할 수 있다. 어거스틴은 일찍이 이런 생각을 했다. "신앙이 있다면 성경은 없어도 좋다." 성경이란 우리에게 신앙을 가르쳐 주고 육성시키기에 값진 것이며, 따라서 신앙이 (충분히?) 있다면, 성경은 없어도 그만이라는 논리가 가능했다. 어거스틴의 이런 생각은 인생이란 항로를 하느님께로부터 왔다가 다시 하느님께로 돌아가는 회귀 운동이라고 보고, 그 과정에 신앙이 필요하며, 신앙을 위해서 성경이 필요하다는 논리 때문에 나왔다. 나아가 우리가 우리의 "종점"인 하늘에 도착하면 신앙까지도 더 이상 쓸모없다고 그는 믿었다. 그러니 성경쯤이야 사정에 따라서는 없을 수도 있었다.

그렇다면 기독교의 신앙생활에서 어느 단계가 지나면 "교회"도 불필요하다고 말해야 하지 않을까? 저 "새 하늘과 새 땅"에는 성전이 없다고 하지 않았던가? "나는 그 안에서 성전을 보지 못 했습니다"(요한계시록 21:22 상반).

1. 신앙의 다양성과 특수성

그래서 나는 이 장로님의 질문을 진지하게 되새겨 보았다. 신앙생활을 오래 한 기독교인, 기독교인이기를 중단할 생각은 없는 사람, 그분의 질문은 사실상 기독교 신앙과 교회 생활의 필연성에 관한 매우 긴요한 질문을 우리들에게 던졌던 것이다. 이제 나는 그 장로님의 질문에 대하여 공개적으로 답하고자 한다. 아니, "함께 생각해 보기"를 공개적으로 청한다.

(1) 한국인의 민간 신앙

나는 어려서 죽을병을 앓았다고 한다. 6·25가 터지기 직전, 6·25보다 더 무서운 재앙은 아이들만 골라서 잡아가는 홍역이라는 귀신이었다고 한다. 하나밖에 없던 나의 사촌형은 나와 같은 방에서 홍역을 앓다가 결국 희생되고 말았다. 사변(事變) 전 한국의 어촌, 그 곳 어머니들은 당신들의 어린것들이 홍역이란 귀신에게 시달리더라도 아무것도 할 것이 없었다. 단지 칭얼대는 어린것을 등에 업고 밤하늘을 원망하는 것이 고작이었다. 열에 시달리는 철부지가 찬바람을 쐬면 혹시라도 잠들 수 있을까 해서였다. 그러나 밤하늘의 찬 공기도 내겐 아무 소용이 없었다. 목이 잠겨 더 이상 울지도 못하게 되자, 집안 어른들은 또 하나의 목숨을 떠나보낼 마음의 준비를 서두르고 있었다. 그러나 어머니는 할머니(시어머니)를 졸랐다. "왜 우리 아이를 위해서는 '빌어' 주지도 않으십니까?" 하고.

마침내 할머니는 새벽 일찍 뒤뜰로 나아가, 밤하늘의 별들을 쳐다보며, 그 어떤 신들에게 빌었다. "소지(燒紙)"라고 하는 창호지보다 더 얇은 종이를 태워 올리며, 냉수 한 그릇을 떠놓고, "우리 손자, 목숨만은 구해 주옵소서……" 그래서인지 그 다음 날부터 열은 떨어지고, 다시 울게 되었다는 것이다. 이 같은 민간 신앙(혹은 민간요법)의 빛에서, 우리의 질문을 바라본다면 인간이 구원(?)받는 데는 "교회"가 필요 없다. 단지 "정성"이란 이름의 신앙만 있으면 된다. 이 민간 신앙의 틀에서는 신앙인이라 할지라도 지정된 시간에, 정기적으로 신을 만날(예배할) 필요는 없다. 평소에는 잊고 살다가 문제가 발생했을 때 비로소 신께 나아가며, 신께 나아갈 때에는 남들과 함께, 또 드러내 놓고 나아가는 것이 아니라 홀로, 은밀히 나아간다. 따라서 그 장로님의 질문은 사실상 이런 식으로 하느님을 믿으면 안 되느냐는 질문으로 받아들여야 한다. 즉 정성이란 이름의 깊고 은밀한 신앙으로 기독교의 신께 예배를 드리는 것은 좋지만, 드러내 놓고 또 정기적으로 모여서, 신도들끼리 서로 교류해야 하는 그 번거로운 일은 피할 수도 있지 않느냐는 것이었다.

물론 이 질문이 제기된 겉보기의 상황은 교회의 목회자가 "맘에 들지 않아서"였겠지만, 그 장로님의 생각을 면밀히 검토해 보면, 기독교라는 정신 토양(문화)과 한국인의 전래적 정신 토양의 심각한 괴리가 자리 잡고 있음을 알 수 있다. 한국인에게 있어서 "교회 없는 신앙"의 가능성이 전혀 낯선 것이었다면, 이 장로님은 교회가 아니라 차라리 기독교라는 종교 자체를 포기하려 했을 것이다. 그러나 그 장로님은 기독교의 신을 기독교식이 아니라 전통적인 민간 신앙의 형식으로 믿으려는 유혹에 빠졌던 것이다. 그러나 어디 이뿐이랴. 우리에게 친숙해 있는 불교의 신앙 형태도 비슷한 유혹을 줄 것이다.

(2) 절에 간다/교회 나간다

우리가 성부·성자·성령께 귀의한다면, 불자(佛子)들은 부처·법·승(가)께 귀의한다. 불자들은 이 같은 삼귀의(三歸依)의 대상을 세 가지 소중한 것이라 하여 삼보(三寶)라 한다. 특히 불교의 평신도들이라 할 수 있는 재가(在家) 불자들에게는 삼보에의 귀의(몸을 맡겨, 그 공덕을 받음)가 (그들의 구원에 있어서는) 절대적이라 할 수 있다. 그렇게 보면 전통적인 한국의 민간신앙에 있어서는 공동체가 필수적인 요소가 아니지만, 불교의 신앙에 있어서는 출가 보살의 집단인 승(가)이 절대적인 것으로 여겨진다. 그런 의미에서 불자가 불자로서의 구원을 받는 데에는 승(僧: 승려 집단?)이 필수적이라 할 수도 있다.

그러나 이렇게 물어보면 어떨까? 만일 어떤 구도자가 불법을 충분히 깨달아 능히 해탈의 경지에 이르렀다고 가정한다면, 그에게도 여전히 승이 필요할까? 즉 신앙을 얻는 방편으로서가 아니라, 신앙이 충분히(?) 있는 경우에도 (불교 신앙의 본질상) 불자들과 승과의 연관이 필수적일까? 불가에서는 아마 "아니다"라고 말할 것이다. 승의 존재는 불자가 불자 되는 데 필요한 방편이지 본질은 아니기 때문이다(불가에서는 물론 그 어떤 것에 대해서도 '본질'을 인정하지 않을 테지만).

더 나아가 현실적으로 한국의 불교 신도들의 신앙생활을 분석해 보면, 불교 신앙에 있어서의 "절에 감"과 기독교 신앙에 있어서의 "교회에 나감"은 매우 다르다는 것을 알 수 있다(물론 많은 이들이 이 사실을 알지 못하여 혼동하고 있지만). 그러면 어떻게 다르다고 할 수 있을까?

기독교의 경우와는 달리, 불교의 서적들을 통해서는 그들의 신앙과 승 또는 승려들의 집단생활 처인 "절"—이것은 동일한 의미를 지니고 있지 않지만, 종종 교회와 예배당처럼 바꾸어 사용되기도 한다—사이에 어떤 연관성이 있는지 제대로 파악되지 않는다. 따라서 우리들의 주변 불자들의 실생활을 토대로 생각해 보면, 재가(在家) 불자들이 절을 찾는 데는 두 가지 이유가 있다. 첫째는, 삼귀의에 대상인 "승"이 있기 때문이다. 그리고 거기에 승이 있기에 중생들은 그 곳에 가면 부처님을 통하여 현시된 법(Dahrma)의 깨우침을 받을 수 있다. 둘째는, 칠성당이나 산신각 등의 존재와 연관된 관행에서 비롯된 것인데, 기도를 하기 위해서이다. 결국 불자들이 "절에 감"은 설법을 듣고 깨우침을 얻으며 기도를 드려 소원을 이루기 위해서이다.

한편, 우리가 교회에 나감은 말씀을 들으며, 성례전에 참여하며, 예배와 기도를 드리기 위해서이기도 하거니와, 다른 신앙인들과 "만남"(친교)을 이루기 위해서이다. 우리의 교회 생활에서는 신도들과의 사귐을 빼놓을 수 없다. 그러나 이와 달리, 불교에 있어서의 절의 구성과 운영은 본디 그들의 성직자라고 할 수 있는 승려들 중심이다(불교 학자들의 연구가 이 점을 분명히 해주기 바란다). 즉 절의 구성과 운영에는 불교의 평신도들이라 할 수 있는 "재가 보살"의 적극적 참여의 여지가 없다. 절에는 평신도 대표도 장로회의도 기획 위원도 본디 없다. 불교는 1년 예산을 세우고, 결산을 검토하며, 공동으로 사업 계획을 수립하는 그런 민주적 공동체적 운영 방식을 채택하지 않는다. 승은 중생을 제도하는 역을 맡고 있는 것이지, 절이라는 장소에서 재가 불자들과 더불어 "친교"와 "협의"를 가져야 할 필요는 없다는 말이다.

이렇게 보는 우리의 "절" 이해가 만일 옳다면(틀릴 수도 있지만), 오늘날의 대형 교회들은 어쩔 수 없이 "절"이 되어가고 있다고 말할 수 있다. 재가(在家) 기독자들은 설법을 듣고 기도를 드리러 교회에 나가지만, 더 이상 교회 운영에 참여하고 책임을 지거나 다른 신도들과의 사귐을 실천하기 위해 나가지는 못한다. 역사상 기독교회들이 제도화되면서 성직자주의에 빠져, 평신도들을 "객(客)"의 자리에 머물게 해 왔지만, 요즘 우리나라의 대형 교회들은 자칫하면 평신도들을 그 어느 때 보다 더욱 심각하게 소외시킬 수 있는 위험을 안고 있다(이것은 대형 교회 그 자체에 대한 비판이 결코 아님). 대형 교회에서는 신도들 간의 직접적 교제가 불가능에 가깝게 되었으며, 목회자와 신도들 사이의 관계도 제3자들이 다리 놓아야 할 만큼 먼 거리에 있게 되었으며, 교회의 사업 계획에 대한 참여는 의무라는 측면에서만 가능할 뿐 권리라는 적극적 책임에서는 어렵게 되었다. 어느 교회에서는 1년 예산, 결산도 Overhead Project(투영기)로 한 번 비쳐 주고는, 그냥 넘어간다고 한다. 상황이 이쯤 되고 나면, 이 세상에 존재하는 그 어느 특정 교회에서도 마음이 편하지 못한 신도들이 당연히 "신앙만 있으면 됐지, 교회는 꼭 나가야 하나요?" 하고 물을 수도 있지 않을까?

재가 불자들이 자기들의 심신에 어려움이 닥치거나 절기 때에만 절에 "가듯이", 이제 어떤 재가 기독자들은 세상 살다가 큰 어려움에 부딪히거나 특별한 절기 때에는 교회에 "나가되", 교회에 "속하지는" 않으려 한다는 말이다. 어쩌면 이 같은 신종(新種) 기독자들이 이미 이 땅에 상당히 많이 생겨났을지도 모르겠다. 우리는 이들을 (나쁜 의미에서) 한국적 기독교인이라고 하거나 (중립적 의미에서) 불교식 기독교인이라고 할 수 있을 것이다. 그러나 분명히 말하건대, 기독교 신앙의 빛에서 본다면 이 같은 "무교회적"(기독교 역사 속의 "무교회"는 성직자주의의 거부를 가리킬 뿐, 정말로 "교회 없는 기독교 신앙"을 표방하지는 않았다) 기독교인들은 용납될 수 없는 신학적 오류를 범하는 이들이다. "기독교" 신앙은 교회 없이 불가능하기 때문이다. 여기에 신앙의 다양성과 기독교 신앙의 특수성이 있다. 기독교 신앙의 특수성이란 (이 경우) 공동체를 떠나서는 존재할 수 없다고 하는 사실을 가리킨다. 그러면 이제 기독교 신앙이 말하는 본래적인 교회(공동체)의 모습은 무엇인지 함께 생각해 보자.

2. 교회의 반석 – '베드로' 신화

기독교 역사상 가장 폭행을 심하게 당한 성경 구절이 있다면 그것은 바로 마태복음 16장 18-19절이라고 한다.

> 너는 베드로다. 내가 내 교회를 이 반석 위에 세울 터인데, 죽음의 권세가 그것을 이기지 못할 것이다. 내가 네게 하늘나라의 열쇠를 주겠다. 네가 무엇이든지 땅에서 매면 하늘에서도 매일 것이요, 땅에서 풀면 하늘에서도 풀릴 것이다.

위의 성경 구절에 근거를 두고, 가톨릭교회는 "교황"(=敎宗, Pope: "아버지"라는 뜻. "신부"라는 Father와 동일한 말. 그러나 6세기 중엽부터는 로마의 감독에게만 Pope라는 호칭을 사용하도록 교회법으로 정했다) 제도를 확립했다. 속세에서 권력을 획득하면서부터 교회는 자기의 위상 정립에 관심을 갖게 되었고, 그 같은 관심의 한 구체적 사례가 교황 제도의 확립이었다. 로마의 감독은 로마의 교구만이 아니라 전 세계 (서방) 교회의 수장(首長)이라고 선언하기에 이르렀으며, 이 같은 권력 기반의 정당성이 바로 위의 성경 구절에 나타난 베드로 신화(神話)였다.

그런데 이 성경 구절이 가장 심한 폭행을 당해 왔다고 하는 것은 가톨릭과 개신교 측이 이 대목을 서로 엄청나게 달리 해석해 왔음을 가리킨다. 가톨릭은 여기에서 베드로가 받은 천국 "열쇠"는 로마의 제1대 감독(이것은 전설에 의한 것이다)인 베드로 개인에게 주어진 것이며, 그 열쇠는 그 후로 역사상 끊임없이 로마의 감독들에게 물려져 오고 있다고 본다. 반면, 개신교는 여기에 나오는 베드로를 개인이 아니라 제자단을 "대표하는 상징"적 인물이라고 본다. 성서 속의 베드로는 종종 개인으로서의 베드로가 아니라 제자들을 대표하는 베드로이기 때문이다. 예컨대, 신앙고백을 한 것도 베드로이지만, 그 신앙고백에도 불구하고 예수에게서 "사탄아, 물러가라"고 지탄받은 것도 베드로이며, 십자가에 넘겨지는 스승을 가룟 유다처럼 부인한 것도 베드로라고 기술되어 있다. 따라서 개신교 측에서 보면, 가톨릭은 베드로 개인을 영웅시하면서 베드로가 저지른 실수에 대해서는 쉽게 묵과하고 있는 셈이다. 또 개신교의 입장에서 보면, "열쇠"라는 말을 사용했다는 보도는 없지만, 예수께서 부활 직후 "매고 푸는" 권세를 주신 대상은 분명히 신앙공동체인 제자들 전체였다(요한 20:23). 어디 그뿐이랴. 오늘날의 성서학의 연구에 의하면, '교회'라는 말이 나오는 복음서 구절들은 모두 후대의 삽입이다. 역사상 교회가 등장한 것은 예수의 생존 시기가 아니라 그가 세상을 떠나고 난 얼마 후의 일이었기 때문이다. 따라서 예수가 직접 천국 열쇠를 주면서, 교회를 세우겠다고 선언했다는 위의 성경 대목은 그 진정성을 인정받을 수 없다. 결국 가톨릭이 지금까지 붙들고 있는 교황 제도라는 것은 어처구니없는 베드로 신화에서 탄생한 역사적 오류임이 드러나고 말았다.

이 같은 개신교 측의 비난과 현대 성서학의 연구 결과를 상당 부분 수용함에도 불구하고, 가톨릭은 여전히 베드로의 천국 열쇠를 움켜쥐고 있다. 그러면 그들이 말하는 천국 열쇠는 과연 어떤 것인가?

Sacramentum Mundi [1]라는 가톨릭 사전에 의하면, "교황은 예수 그리스도의 대리자(Vicar)요, 사도 베드로의 계승자이며, 가톨릭교회의 머리요 또한 로마 교회의 감독이며, 서방 세계의 가장(Patriarch)이며, 이태리의 수좌대사교(首座大司敎)이며, 이태리 관구의 관구장이요 대주교이며, 바티칸 시국(市國)의 통치자이다." 즉 가톨릭의 이해에 따르면, 전 세계의 기독교 공동체들의 유일한 머리는 로마의 감독인 교황이며, 또한 보이지 않는 그리스도를 대리하는 '교회의 보이는 머리'인 교황에 의하여 교회들은 비로소 통일성을 유지한다. 나아가 교회의 "반석"인 베드로에게 주님께서 부여하신 열쇠는 다음의 3가지 권한(권력과 책임?)을 내포한다. 그리스도를 대리하는 통치자 베드로와 그 계승자들은 (1) 그 공동체의 구성원들에게 파문과 재허입을 허락하는 권한, (2) 의무 부여와 그 면제의 권한, 그리고 (3) 합법적인 것과 부당한 것을 선언하는 권한을 지닌다. 다시 말하여 파문권, 사죄권, 교도권(teaching office)을 지닌다. 물론 이 같은 3중 직능이 베드로에게만 주어졌다고 (지금은)

---

1) Karl Rahner, ed., Sacramentum Mundi (London: Burns & Oates, 1970), 3 Vols.

보지는 않지만, 베드로에게는 독특한 책임이 주어졌다고 믿는다. 왜냐하면 누가복음 22장 27-32절에 의하면, 베드로에게는 "형제들"(다른 제자들, 나아가 신도들)을 돌보고 육성해야 할 독특한 책임이 주어져 있기 때문이라는 것이다. 그리고 부활하신 주님께서 베드로에게 양떼의 "목자"직을 선언하심으로써, 베드로에게 대한 우리 주님의 권한 이양이 완결되었다고 저들은 믿는다(요한 21:15 이하).

그러나 이 같은 해석은 그 성서적 진정성 문제와 상관없이 반(反)교회적이라고, 반(反)예수적이라고 말할 수밖에 없다. 우리가 지금까지 살펴보고, 그려 본 예수의 그림이 옳다면, 즉 죄 용서를 선포하시고, 또 사람들로 하여금 그 권능에 동참시킴으로써 이 땅에 새로운 질서를 도래케 하셨던 제5 노선의 예수, 상생(相生)의 예수가 옳다면, 예수께서 말씀하셨다고 전해지는 한두 성경 구절을 핑계대어, 가톨릭과 개신교가 각자 자기들의 교권(교회 정치와 그 구조)을 정당화하려고 애쓰고 있는 모습은 주님 앞에 참으로 죄스러울 뿐이다.

교회는 "죽음의 세력"을 죽이기 위해 존재하는 상생(相生)의 공동체이어야 하건만, 알 수 없는 신비스런 이유(옛 사람들은 '원죄'라는 교리로 그것을 설명하였다)로 인하여 사람들은 비록 선한 일을 도모하는 경우라 할지라도 권력에 대한 야심을 온전히 떨쳐 버리지 못하였고, 불행하게도 교회의 역사는 너무나도 빈번히 이 사실을 입증해 주었다.

루터가 1517년 종교개혁의 횃불을 들게 된 것도 사실은 이 같은 교권주의(敎權主義) 때문이었으나, 돌이켜보면 루터의 개혁 운동이 성공했다고는 볼 수 없다. 한편, 영국 교회와 감리교회의 "종교 강령"(14조)에 나타나 있는 '사죄'(赦罪) 부정도 이 같은 맥락에서 이해될 수 있다. 이 교리는 "사죄 …… 교리는 거짓된 것이요, 헛되이 만든 것이요, 성서적 근거가 없으며, 오히려 하느님의 말씀에 거슬리는 것이다"라고 말하고 있다. 즉 하느님과 인간 사이에 예수 그리스도 이외의 다른 중보자 곧 사제(신부)를 두는 것은 반성서적이라는 비판이다. 이 교리가 의미하는 바는 성공회와 개신교회가 '인간의 죄 용서'를 안 믿는다는 것이 아니라, 죄 용서의 특권이 사제에게 있다는 것을 안 믿는다는 뜻이다.

그러나 우리가 여기서 분명히 해야 할 것은 "열쇠"의 권한, 즉 인간의 죄 용서 특권은 교회 구성원들 중 어느 특정인들에게 배타적으로 주어진 것이 아니라고 할지라도, "교회"가 이 권한을 간직하지 못한다고 한다면 그것은 이미 교회로서의 자격을 상실한다고 말할 수 있다는 점이다.

지금까지 가톨릭과 개신교는 사죄의 특권이 "누구에게" 있느냐 하는 논쟁으로 시간을 보냈으나, 이제는 우리에게 주어진 그 열쇠를 "어떻게" 사용할 것인지, 그리고 그 열쇠의 "정체"가 무엇인지를 묻는 데 더 열정을 기울여야 할 것이다.

열쇠의 권한이 누구에게 주어졌느냐 하는 논쟁을 벌여온 신구 교회는 다 같이 본질에서 벗어나 헤게모니 쟁탈전을 벌인 것이라고 말할 수 있다. 우리 시대의 '뿌리 악'이라고 할 수 있는 권력욕(*libido dominandi*)은 예수께서 걱정하셨던 그 "죽음의 권세"의 한 모습이라고 말할 수 있다. 그리고 교회가 어떤 명분으로든 헤게모니 쟁탈전을 벌이고 있는 한, 개인이든 집단이든, 그 교회는 "사탄아, 내 뒤로 물러가라"는 예수 그리스도의 비판을 받을 수밖에 없다고 성경은 증언하고 있다.

그렇다면 '교회의 반석'이라고 이해되고 있는 열쇠의 정체는 과연 무엇인가? 우리가 지금까지 누차 말해 왔듯이, 그것은 하느님만의 특권인 죄 용서의 권한이요. 그 특권을 구현하려다가 예수는 처형되었으며, 그 예수는 "다시 살아나" 그 열쇠를 자기의 제자들에게 넘겨주셨다. 이 열쇠의 기능은 사람의 일에 속하는 것이 아니라 "하느님의 일"(마태 16:

23)에 속하며, 성령에 사로잡히지 않고는 아무도 이 열쇠를 제대로 사용할 수가 없다. 이제 이 '베드로의 열쇠'가 교회의 손에 다시 들려진 사건, 곧 부활-성령 강림의 사건을 되돌아보자.

3. 교회의 탄생 - 부활·성령 강림의 사건

위에서 한 우리의 이야기에 의하면, "열쇠"란 특정 사람들에게 주어지는 것이 아니라 "하느님의 일"에 동참하라는 예수님의 부르심이요, 또한 그 부르심(소명)에 응답하는 사람들이 허락 받게 되는 하느님의 대권에의 동참이라고 정리할 수 있다. 즉 열쇠는, 개인이든 집단이든, 그 사람(들)에게 소유물처럼 맡겨지는 것이 아니라 그 사람들이 하느님과 세상 사람들 사이에서 화해자의 길을 가고 있는 동안만 (그들의 참여적 신앙 행위에 의해서) 시행할 수 있는 (파생적인) 기능이요 관계를 가리킨다. 이것은 소유물이 아닐 뿐 아니라 고정된 "자리"(권력)는 더더욱 아니다.

그러면 성서에 나타나 있는 교회의 탄생 배경을 되새겨 보면서, 교회라는 신앙 공동체가 지향해야 할 사명, 운명을 밝혀 보자.

(1) 누가복음 기자의 신앙

성서에서 교회의 탄생 과정을 보도하고 있는 주요 자료는 널리 인정되고 있는 바와 같이 두 가지이다. 요한복음과 누가복음-사도행전이 그것이다. 여기서는 누가복음과 사도행전을 기록했다는 '누가'라는 복음서 기자의 신앙을 먼저 살핀다. (이 문서의 진정성과 편집 과정에 관한 전문적 질문은 생략한다. 이 질문에 대한 결과가 우리의 교회 신앙에 큰 영향을 줄 것 같지는 않기 때문이다.)

누가복음-사도행전의 기록자가 지녔던 신앙에 의하면, 교회의 탄생은 "성령 강림"에 의해서 비로소 구체화되었다. 마태복음에 의하면, 예수는 예루살렘에 올라가 고난 받고 죽어야 할 것을 알리는, 소위 "수난 예고" 직전에 이미 교회를 설립한다. 그러나 누가복음서는 베드로의 신앙고백에도 불구하고 아직 교회가 세워지지 않는다. 인간의 결의, 결심이 아니라 "위로부터" 오는 새로운 힘에 사로잡히는 일이 선행되지 않고는 교회가 탄생될 수 없다고 보는 것이 누가복음-사도행전 기록자의 신앙인 것 같다. 그래서 그는 성령 강림절과 교회 설립을 일치시키는 중요한 신학적 작업을 해냈다. 즉 교회는 인간의 노력의 산물, 인간의 소망의 투영이 아니라 전적으로 하느님의 성령의 열매라는 것이다.[2]

그렇다면 성령의 열매인 교회가 탄생할 때 어떤 징조가 보였는가?

> 마침내 오순절이 되어 신도들이 모두 한 곳에 모여 있었는데, 갑자기 하늘에서 세찬 바람이 부는 듯한 소리가 들려오더니, 그들이 앉아 있던 온 집에 가득 채웠다. 그러자 혀 같은 것들이 나타나 불길처럼 갈라지며, 각 사람 위에 내렸다. 그들의 마음은 성령으로 가득 차서 성령이 시키는 대로 여러 가지 외국어로 말을 하기 시작하였다(사도행전 2:1-4).

이 일은 유월절이 지나고 50일째 되는 날, 곧 오순절(五旬節)에 일어

---

[2] 20세기 말기에 밝혀진 신약성서 연구, 특히 Q복음서 연구와 예수 세미나의 작업에 의하면, 초기 예수 공동체는 오늘날의 기독교가 알고 있는 예수 십자가와 부활 이야기의 탄생 이전에 이미, 그것들과 상관없이 존재했다. 여기서 우리는 신약성서에 드러나 있는 이야기를 토대로 한다.

났다고 했다. 그러니까 부활 후 40일간 예수는 제자들과 함께 있다가 (사도행전 1:3) 승천하였는데, 승천 후 약 1주간 뒤에 있었던 일이라고 생각할 수 있다. 그러면 성령의 강림(내림)이 있었던, 기독교의 첫 오순절 사건의 핵심 의미는 무엇인가? 그것이 무엇이든, 그 사건의 의미는 바로 그 자리에서 탄생한 교회라고 하는 새 공동체의 본질적 사명을 규정한다고 보아야 할 것이다.

한편, 인간의 언어는 언제나 특정한 사회적·문화적 배경에서 사용되고 있기에, 위의 교회 탄생 이야기에 대해서도 오늘의 시각이 아니라 1세기의 유대인의 시각으로 읽어야 할 것이다. 오늘날의 시각으로 읽어, 그 때 그 자리에서 일어난 "사실들"을 추적한다면, 우리는 시(詩)를 과학실험실 보고서처럼 착각하고 읽는 오류를 범하고 말 것이다.

1세기의 유대인의 눈으로 이 이야기를 읽는다면 그 의미는 무엇일까? 먼저 학자들의 오랜 연구 결과로 밝혀진 당시 유대인들의 사유 방식을 조금만 생각해 보자. 그들의 사유 방식에 의하면, 우선 성령의 보편적 강림은 "종말"의 도래를 가리킨다. 그러므로 성령의 강림과 더불어 교회가 탄생했다는 초기 기독교의 자기 이해는, 예수 공동체라는 교회는 자기들이 이미 새로운 역사에 속한다고 믿고 있었음을 가리킨다. 이것이 믿지 아니하는 바깥사람들에게는 "술에 취한"(사도행전 2:13), 제정신이 아닌 사람들의 이야기로 들릴 것이 뻔했지만, 그들에게는 이 교회의 탄생이야말로 그들이 오랫동안 기다리고 기다리던 메시아의 나라, 하느님의 나라의 도래가 '시작'되었음을 뜻한다.

그리고 불과 바람과 방언(외국어)이라는 상징적 표현은 구약성서와 1세기의 유대교 전설을 배경에 깔고 있다. 구약성서는 오순절을 맥추감사절 또는 칠칠절(출애굽기 23:16; 34:22-27)이라고 했다. 따라서 오순절은 유대인이 가나안에 정착하여 농경 생활을 하게 된 후에 시작된 감사의 절기라고 할 수 있다. 그러나 이들은 원주민들이 거행했음직한 수확 감사절을 자기들의 민족 해방절인 유월절을 기점으로 계산해 냄으로써 이교도들의 절기를 유대화 하는 데 성공했다고 말할 수 있다(이런 주제들은 앞으로 토착화 신학이 성숙하게 되면 더욱 풍부하게 밝혀질 것이다).

정확한 유포시기를 말할 수는 없지만, 원시 교회 당시의 유대교에는 또 다른 전설이 내려오고 있었다. 즉 오순절에 있었던 사건은 (보리 수확이 아니라) 바로 모세의 십계명의 선포였다는 것이다. 그런데 이들의 이해에 의하면, 이 십계명은 유대 민족만을 위한 것이 아니라 세계 만민을 위한 하느님의 법이었다. 따라서 이 계명은 처음에 주어질 때 히브리어 하나가 아니라 각 민족의 언어로 동시에 선포되었다고 전해진다.

이렇게 본다면, 오순절은 유대 민족의 맥추 감사절이나 해방절의 연속 정도가 아니라 새로운 질서, 하느님의 나라의 세계적 선포의 날이라 할 수 있다. 이 날에 만민이 알아들을 수 있는 새 언어가 성령의 선물로 주어졌다고 하는 것은 매우 뜻 깊은 일이다. 물론 하느님께서 당신의 결정적인 뜻을 알리실 때는 불이나 강한 바람과 같은 상징적 위엄이 따르게 마련이다.

더 나아가, 성령에 사로잡혀 새 언어로 말하였는데, 각 나라에서 온 유대인들(디아스포라)이 하나같이 자기네 말로 알아들었다는 것은 저 "바벨탑의 저주"(창세기 11장)가 치유되었음을 가리킨다. 바벨탑의 저주란 하느님께서 친히 내리신 언어의 혼란으로서, 이 결과로 인간들 사이에는 끝없는 분열이 발생하게 되었다. 그런데 바로 그 저주가 하느님에 의하여 종식된 것이다!

그렇다면, 누가가 기록하고 있는 성령 강림 사건의 의미는 아주 분명해진다. (1) 새 시대의 도래와 (2) 인간들 사이의 분열의 치유이다. 이것이 교회 탄생의 의의요 또한 존재 이유이다. 성령의 열매인 교회 공동체는 그런 의미에서 "종말적(새 시대를 여는)" 공동체요, 상생상화(相生相和)의 구체적 힘이다. 이것이 누가가 본 교회 탄생 이야기의 의미이다.

(2) 요한복음 기자의 신앙

누가와는 달리 요한 기자는 부활 사건과 성령 강림 사건을 분리시키지 않는다. 예수의 부활 사건이 있었던 그 날 "저녁", "유대인들이 무서워 어떤 집에 모여 문을 모두 닫아걸고 있던" 제자들에게 주님께서 "오셨다"(요한 20:19). 그리고 부활하신 주님의 현존은 곧 성령 강림의 사건으로 이어진다. "그들에게 숨을 내쉬시며, 말씀을 계속하셨다: '성령을 받으라'"(21절). 이것은 하느님께서 처음 인간을 지으실 때 하시던 창조의 사업을 부활하신 주님께서 다시 시작하셨음을 뜻한다. 종말이라기보다는 새로운 '창조'의 사업을 시작하신 것으로 보았다(참조, **한국인의 사유 속에 있는 '개벽(開闢)'이라는 개념은 창조와 종말을 동시에 뜻하고 있어서, 성서의 언어를 번역하기에 매우 유리한 점을 간직하고 있다**). 그러면 새로 지음 받은 '사람들'은 어떻게 달라지는가? 이제 그들은 하느님의 영(여기서는 그것이 '주님의 영'과 동일시된다)이신 성령을 받게 되고, 그 결과로 하느님만의 대권이었던 죄 용서의 권한을 선사받는다: "누구의 죄든지 너희가 용서해 주면 그들의 죄는 용서받을 것이고, 용서해 주지 않으면 용서받지 못한 채 남아 있을 것이다"(23절).

요한 기자가 말하는 교회 탄생의 이야기는 의외로 간결하다. 시간의 지연도 없다. 거창한 배경(바람, 불, 방언 따위의 상징)도 없다. 그러나 누가와 요한의 이야기들의 엄청난 외양적 차이—우리에게는 그것을 해소시킬 능력이 없다—에도 불구하고, 두 이야기가 말하고 있는 교회 탄생의 핵심적 이유사명은 동일하다. 누가는 예수의 생애와 교회 탄생의 시간적 간격을 신학화하려 했으나, 요한은 교회의 탄생은 근본적으로 부활하신 예수 자신의 업적임을 강조하고 있다.

4. 한반도가 기다리는 제3 교회

교회라고 하는 기독교 신앙 공동체란 근본에 있어서 성령의 열매요 부활하신 주님께서 친히 세우신 것이며, 그 맡겨진 사명은 죄를 용서해 줌으로써 인간 세계의 모든 장벽을 허무는 것이다. 그렇다고 한다면 교회야말로 지구상의 그 어느 곳에서보다 한반도, 이곳에 절실히 요구되는 공동체의 모습이라고 할 수 있을 것이다. 그런데 그것은 우리가 마음대로 만들 수 있는 것이 아니며, 단지 우리는 앞서 가시는 하느님의 능력에 동참할 수 있을 뿐이라는 점 또한 기억해야 한다. 여기에서 우리는 교회란 근본적으로 "세상"이 아니라 하느님께 속해 있음을 배우게 된다.

그러나 기독교의 역사를 돌이켜보면 교회는 부활의 공동체, 성령의 공동체이기보다는 인간들의 단체, 이익 집단에 불과했던 적이 무수히 많았음을 고백할 수밖에 없다. 이미 원시 교회에서도 갖가지 분열이 있었으며(고린도전서 1:10-17), "성령의 불을 끄려는"(데살로니가전서 5:19) 제도권 압력이 있었다. (따라서 '초대 교회로 돌아가자'고 하는 말은 엄청난 오해에서 비롯된 것임을 알아야 한다.) 생명의 씨앗으로서 이 "땅"에 뿌려진 어린 교회에게 불어닥치는 "죽음의 바람"은 매우 거세었다. 교회는 처음부터 죄악의 권세와 싸워야 했다. 죽음의 권세는 교회 안에서조차 기승을 떨치곤 했다. 그러나 하느님께서는 아직도 이 질그릇을 귀하게 사용하시어, 당신의 뜻이 이루어진 미래의 세계를 가리키는 (성례전적) 상징으로 삼으신다.

이제 우리는 대단히 모험적인 일 한 가지를 해야 한다. 곧 제3 교회의 특성을 감히 그려보는 일이 그것이다. (동방교회를 포함하여)전통적인 가톨릭교회를 제1 교회라 보며, 개신 교회를 제2 교회라고 생각하고, 이 두 교회와는 근본적으로 다른 그러나 지극히 성서적인 제3 교회를 그려보자는 것이다. 그런데 우리의 제3 교회는 제1, 제2 교회들의 '구조적 모순'을 극복해야 하는 시대적, 성서적 과제를 안고 있다. 여기서 우리가 교회의 구조적 모순이라고 하는 것은, 성찬식을 중심으로 했든, 설교를 중심으로 했든, 교회 안에서의 "성직자의 지배"를 가리킨다. 1517년 루터가 종교(기독교) 개혁을 시도하기는 했지만 교회가 근본적으로 달라지지는 못하였다고 할 수 있다. 이 세상이 온통 권력욕(*libido dominandi*)에 휩싸이고 있는 때에 교회마저도 하느님의 이름을 이용하여 헤게모니 싸움을 벌이고 있다 할 수 있다. 우리는 루터가 시작했던 교회의 개혁을 그가 생각하지도 못했던 과감한 방식으로 완성해 나가야 한다. 곧 제3 교회에로의 전환이다. 이제 세계의 다른 나라 사람들이 말하는 제3 교회 개념을 검토한 후, 우리가 기다리는 제3 교회를 함께 스케치해 보자.

(1) 라너의 제3 교회

독일이 낳은 20세기의 가장 위대한 가톨릭 신학자 칼 라너(Karl Rahner, 1904. 3. 5-1984. 3. 30)가 아마도 "제3 교회"라는 개념으로 오늘날의 기독교인들을 가리킨 처음의 신학자가 아닌가 생각한다.

그는 1972년, 루터의 종교개혁을 기념하는 날에 한 강연에서, 유럽 지역에는 제3의 교회가 탄생하고 있다고 지적하였다.3) 라너가 말하는 제3의 교회, 제3의 교인들은 "종교사회학적인" 개념으로서, 개신교나 가톨릭에 형식적으로 속해 있기는 하지만, 내용적으로는 단지 기독교에 속해 있는 초교파적 기독교인들(집합적으로)을 가리킨다. 이들은 오늘날의 교권주의적 교회(교단, 교파)들이 주장하고 있는 독특한 기독교 전통들이 자기들 사이를 갈라놓을 만큼 충분히 심각한 것이 아니라고 생각한다. 이들은 각 교회의 독특한 전통들보다는 "기독교의 공통 유산"에 더 많은 중요성을 부여한다. 그들은 개신교 지역에 거주하면서 가톨릭교회에 나갈 수도 있고, 이사를 가면 교파를 바꿀 수도 있다. 이들은 교회에 나아가나, 그 교회의 교파에는 속하지 않는다. 기독교적 명분만 서면 초교파적인 사업에 기꺼이 동참한다. 말하자면 아래로부터의 교회 일치운동이 일어나고 있다고 할 수 있다. 교리적 통일, 기구적 통합 이전에, 이들의 의식 속에서 기독교는 이미 "하나"이기 때문이다.

우리나라의 경우에도, 이 같은 의미의 제3 교회, 제3 교인들이 이미 많이 탄생했다고 할 수 있다. 이들은 처음에는 "교구"라는 지역 의식을 넘어섰다. 주로 인구 이동과 "버싱"(교인들을 버스로 실어 나르기) 운동 덕분이다. 그러나 도시의 교통의 복잡화와 도시(특히 서울의 경우)의 광역화 현상은 아무리 "버싱"이 있다 하더라도 더 이상은 "자기" 교회를 찾아 나설 수 없게 만들었다. 결국 교파에 속하지 않는 교인들이 되고만 것이다.

한편, "성장" 위주의 한국 교회들은 어디를 가나 비슷한 모습을 보

---

3) Karl Rahner, *Theological Investigations* (New York: Crossroad, 1981), Vol. 17, pp. 215-227.

여주고 있기에, 일반 신도들의 눈으로 보기에는 이미 교회들은 "평준화"되어 있다고 할 수 있을 것이다. 이래저래 교인들은 아주 먼 곳으로 이사를 가게 되면, 자기의 옛 교파 교회를 찾는 것이 아니라 다른 기준으로 교회를 선정하게 된다(예를 들어, 교회 예배당의 여건, 목사의 설교, 교육 시설의 수준, 교인들의 친절 등등……). 즉 정확한 이유를 꼬집어낼 수는 없지만, 한국 교회와 많은 교인들은 성직자들의 생각과는 달리, 이미 교파주의를 넘어서고 있다. 이들에 대해서도 우리가 과연 "기독교 공통 유산에 서 있는 교회/교인들"이라고 말할 수 있을지는 좀 더 연구가 필요하지만, 20세기 후반의 한국 기독교계(특히 서울과 같은 대도시의 경우)에서 일어나고 있는 새로운 현상임은 확실하다.

(2) 뷜만의 제3 교회

최근 주목을 받고 있는 스위스의 (가톨릭) 선교신학자 뷜만(Walbert Bühlmann)은 1974년에 『제3 교회가 오고 있다』는 책을 펴냄으로써, 제3 교회란 개념을 유행(?)시키는 데 기여했다. 그의 개념은 일반인들이 "제3 세계"라고 부르는 그 세계의 교회들을 가리킨다.[4] 그는 여기서 세계 교회를 동방 교회, 서방 교회, 그리고 남방 교회로 구분한다. 이것은 정치권을 "지리학적으로" 세 영역으로 나누는 것과 일치하는 분류방식이다. 기독교의 시각에서 본다면, 제1의 교회는 동방(동구)에 있는 교회이며, 제2의 교회는 서방(자본주의)에 있는 교회(가톨릭이든 개신교이든)를 가리킨다. 그리고 남방에 있는 교회들을 가리켜 그는 "제3 교회"라고 명명하였다. 제3 교회는 그 구조가 가톨릭적이든 개신교적이든

---

4) Walbert Bühlmann, *The Coming of the Third Church: An Analysis of the Present and Future of the Church* (Maryknoll: Orbis, 1977), pp. 3-24.

상관없다. 뷜만은 선교신학자이기 때문에, 이 같은 교회의 구별도 당연히 선교 중심적이다. 즉 공산권 치하에서 "침묵하고" 있는 제1 교회(동방이 기독교의 모태이기 때문에, 동방 교회가 제1 교회이다), 지금은 기독교 세계의 주류를 차지하고 있으나 "쇠퇴하고" 있는 제2 교회, 그리고 지금은 소수자에 속하지만 21세기가 되면 주류를 차지할, "성장하고" 있는 제3 교회로 구별한 것이다. 그의 계산에 의하면. 1965년에는 세계 기독교인구의 37%에 불과하던 제3 교회가 2000년이 되면, 과반수를 넘어 58%에 이를 것이라고 전망하고 있다. 그리고 그가 말하는 남방은 아시아, 아프리카, 라틴아메리카 지역을 가리킨다. 정치적으로는 신식민지 지역이다. 그런데 이곳의 교회들이 제1, 제2 교회와는 달리 성장하고 있고, 21세기의 선교 주역을 이들이 담당할 것이라는 전망이다.

그런 의미에서, 한국 교회는 전체적으로 제3 교회에 속한다고 말할 수 있다. 정치적으로 신식민지 지역에 속하며(그러나 그의 분류로는, 이북의 교회는 제1 교회에 속한다), 지리적으로는 아시아에 속하고, 교회는 계속 성장 일로에 있기 때문이다. 한국의 교회는 그런 의미에서 21세기가 되면 선교 무대의 중앙에 나서게 될 것이라고 전망해도 좋다.

(3) 한반도의 제3 교회

그러나 지구상에서 마지막 분단의 고통을 앓고 있는 나라, 한국에서는 라너의 개념도 뷜만의 개념도 큰 의미를 주지 못한다. 그런 의미의 제3 교회들은 우리의 아픔을 치유해 주기는커녕 오히려 심화시킬 뿐이다. 하나의 상처를 또 다른 깊은 상처로 잊게 할 수 있을 뿐이다. 지금 기독교는 전체적으로 대오 각성하여, 신·구교 간의, 그리고 교회 내에서 성직자·평신도 간의 주도권 싸움을 포기해야 한다. 교회가 전체적으로 성령으로 거듭나지 못한다면, 21세기는 기독교의 시대가 되지 못할 것이다. 제3 교회들이 21세기에 기독교 인구의 다수를 차지할지는 모르지만, 세계 인구의 대다수는 기독교를 버릴 수도 있기 때문이다. 그러면 지금의 교회 구조들은 무엇이 문제이며, 우리가 기다리는 제3 교회는 과연 어떤 것인가?

교회가 본디 죄 많은 이 세상 속에서 하느님의 은총을 증언하는 공동체이며, 그 증언의 의미가 "지배"와 "분열"을 종식시키고 "나눔"과 "상통"의 세계로 나아감을 뜻한다면, 가톨릭교회(제1 교회)나 개신 교회(제2 교회)는 다 같이 커다란 문제점을 안고 있다. 세상 사람들을 교회로 불러들이는 그 자체가 구원이라고 생각한다면 별로 문제될 것이 없겠지만, 구원이 인간의 삶의 질적 변화를 수반하는 사건이라면, 제1 교회나 제2 교회는 인간을 구원하는 데 커다란 장애를 안고 있음이 분명하다. 세상에서 일어나고 있는 지배와 분열의 양상이 이들의 교회 생활 속에 구조적으로(제도적으로) 남아 있기 때문이다. 즉 지금의 교회의 제도에서는 아무리 "평신도"를 귀하게 여긴다고 할지라도, 여전히 평신도들은 객(客)에 불과하고 성직자들만이 주인 행세를 하게 되어 있다.

따라서 교회가 본디 부활하신 주님의 분부에 근거해 있는 성령의 열매이고자 한다면, 종교사회학적인 제3 교회나 지리학적인 제3 교회가 아니라 신학적인 의미에서의 제3 교회가 되어야 한다. 즉 나눔과 상통이라는 성령의 부르심에 복종하는 공동체가 되어야 한다는 말이다. 이 이야기를 좀 더 구체적으로 설명하면 이렇다.

교회의 전통적 기능 4가지는 말씀 선포, 교육, 친교, 봉사이다. 그러나 이 같은 형식적 진술에도 불구하고, 교회 안에서의 선포, 곧 설교를 맡은 성직자가 교육을 맡고 있는 교사나 친교를 맡고 있는 교역자5)(아직 없지만?)나 사회봉사를 맡고 있는 교역자보다 단연 우위에서 군림해 왔다. 가톨릭에서는 설교하는 설교자가 아니라 미사(예배)를 집전하는 사제가 군림해 왔다. 결국 교회의 기능을 4가지로 구별해서 생각하는 것은 형식에 불과했다. 4가지 기능들 사이에 서로 어떤 연관이 있는지에 대해서는 깊은 반성을 하지 못했다. 예컨대, 교회가 정말로 한 가지가 아니라 4가지 직능을 담당해야 한다면, 교회의 생활과 신학교육 자체가 4가지 분야의 전문가들을 고루 염두에 두었어야 했다(지금 우리나라에서는 기독교 교육학과가 생기면서 교육 담당 교역자들이 생겨나고 있지만, 이들은 설교 담당 교역자들의 보조자들에 불과하며, 아마 수십 년은 지나야 이런 불공정이 시정될 것이다).

한편, 이 같은 교회의 직능(기능) 이해는 충분히 "선교 지향적"이 아니라는 이유 때문에 비판을 가하는 이들이 많다. 그래서 근세 초에는 선교를 제5의 기능으로 여기는 듯하더니, 요즘에 와서는 교회는 선교 "이다"(The Church is mission.)라고 말하기에 이르렀다. 자기중심적이던 교회 공동체가 세상을 향해 나아가야 할 사명(mission)을 재발견한 것이니 크게 다행한 일이라 아니할 수 없다. 그러나 나는 오늘 이 시점에서, 기독교의 선교에 대해서 무비판적으로 환영하는 태도는 경계해야 한다고 말하고 싶다.

> 율법학자들과 바리사이파 사람들아, 너희 같은 위선자들은 화를 입을 것이다. 너희는 겨우 한 사람을 개종시키려고 바다와 육지를

---

5) 오늘날 "사역자"라는 말이 교회에서 두루 유행하고 있다. 그런데 본래의 이 말은 강제 노동자라는 의미를 담고 있다. 그래서 여기서는 "교역자"라는 말을 사용한다. 이 말은 전문 목회자, 곧 성직자 전용이지만.

두루 다니다가 개종시킨 다음에는 그 사람을 너희보다 갑절이나 더 악한 지옥의 자식들로 만들고 있다(마태 23:15).

사람들이 자기들의 운명을 스스로 결정하겠다고 나서는 계몽주의 후기시대, 그리고 인간들을 구원하겠다고 나서는 여러 종교들이 공존하고 있는 이 종교다원 사회, 곧 포스트모던 사회/시대 속에서, 우리의 신앙공동체인 교회가 자랑스러운 아무러한 유산도 간직하고 있지 못하다면, 사람들을 개종시켜 기독교로 불러들인다는 것이 뭐 그리 대단한 일이겠는가? 따라서 나는 우리 사회/시대가 아직도 지배와 분열의 중병을 앓고 있다고 보며, 그런 의미에서 기독교의 선교는 제대로 이해되기만 한다면 예나 지금이나 다름없이 중대한 일이라고 생각한다. 그러므로 기독교의 선교가 교회의 제5 기능이 아니라 본질(존재 방식)에 속한다는 데는 논란의 여지가 없으나, 단지 그 선교를 담당할 교회는 팽창하고 있다는 뜻에서가 아니라 "세상"과 질적으로 다른 구조를 지닌다는 의미에서 제3 교회이어야 한다는 점을 강조하고 싶다.

우리가 기다리는 제3 교회란 설교와 성례전이 중심이 되는 교회가 아니라 **하느님과 인간, 인간과 인간, 그리고 인간과 자연 사이의 근본적 친교**(koinonia6)—나눔과 상통)가 중심이 되는 본래적 교회를 가리킨다. 이 교회에서는 설교와 성례전도 친교를 위해서만 그 정당한 권위를 인정받는다. 따라서 만일의 경우, 설교와 교육과 친교와 봉사(전통적인 교회의 4중 기능)를 담당하는 교역자들이 따로 따로 존재한다면, 친교를 담당하는 교역자가 교회에서 가장 중요한 위치에 서게 됨을 뜻한다. 그

---

6) '코이노니아'는 이 세상 사람들이 즐기는 유유상종의 친교, 교제와는 달리, 서로 다른 가치들의 어우러짐을 가리킨다. 이것이 교회와 세상 공동체의 현상학적, 기본적 차이의 하나라 할 수 있다.

렇다고 친교라는 이름으로 새로운 "지배" 구조를 창출하자는 얘기는 결코 아니다. 단지 친교 그 자체가 예수 사역(목회)의 내용이요 교회 탄생의 명분이기 때문에, 그것은 그만큼 중요시되어야 한다는 말이다. 나아가 친교란 개념 그 자체는 어떤 사람(들)의 독자적 존립을 허용하지 않는다.

이런 의미에서의 제3 교회가 되면, 교회의 선교란 교회의 팽창이 아니라 지배와 분열을 극복하는, 성령의 능력의 구체화와 확산을 의미하게 된다. 이 같은 제3 교회에서는 성직자와 (평)신도의 계급적 차이도 근본적으로 무의미해질 것이다. 그러나 설교와 성례전이 사라지지는 않을 것이다. 단지 그것들이 본래의 자리로 돌아갈 뿐이다. 이런 일이 일어나려면 성직자들이 지배하고 있는 제1, 제2 (오늘의)교회들이 스스로 엄청난 진통을 겪을 각오를 해야 하는데, 과연 그럴 수 있을지 모르겠다. 교회가 거룩한 이유는 그것이 세상과 다르며 하느님께 속해 있다는 사실 때문인데, 지금과 같은 계급적 교회 구조는 그 기원에 있어서 거룩할 뿐 현재로서는 전혀 거룩하지 못하다고 할 수 있다.

이제는 이 미래의 교회가 오늘에 탄생하기를 소망하면서, 우리의 처음 질문으로 되돌아가자. 즉 기독교 **신앙과 공동체로서의 교회 사이**에는 어떤 필연적 연관이 있는가? 우리는 위에서 우리의 신앙이 한국의 전통적 민간 신앙이거나 불교의 그것과 같은 형태일 경우, 우리의 신앙은 공동체 생활을 떠나서도 가능하다는 것을 밝혔다. 즉 우리의 신앙생활 핵심이 "말씀"을 듣고, "기도"를 드리는 데 있다면, 교회라는 공동체는 없어도 좋다. TV나 라디오 방송을 통해서 얼마든지 멋진 설교를 들을 수 있으며, 조용한 산천이나 심지어 시끄러운 지하철 안에서도 기도는 드릴 수가 있기 때문이다. 또 "성찬"을 받기 위해서 만이라면 성직자에게 개별적으로 찾아갈 수도 있다. 반드시 "함께" 나아가야 할 이유는 없다. 이렇게 생각하면, 기독교는 지금까지 교회 중심적 사고에 흠뻑 젖어 있었던 것 같으나 사실은 교권(성직자)주의에 빠져 있었던 것뿐이며, 오히려 기독교 신앙에 있어서 교회 생활이 차지하는 의의는 너무나 소홀히 여겨져 왔음을 알 수 있다. 그러나 이제는 우리의 교회의 본질적 특성이 친교에 있음이 드러났다. 그렇다면 그 친교의 구체화에 해당하는 교회에 속한 생활을 떠나서는 우리의 신앙이 기독교적 독특성을 간직할 수 없다는 것이 아주 자명해졌다. 교회 생활을 거부한다는 것은 적어도 사람들과의 친교를 거부함을 뜻하며, 사람들과의 친교를 거부한다는 것은 성령의 능력이 아니라 죽음의 권세에 복종함을 뜻한다.

　기독교에 있어서 신앙이란 이렇듯, 지배와 분열을 종식시키는 부활의 주님의 영의 부르심에 아멘으로 응답함을 뜻하며, 이 신앙은 스스로 친교를 확장시켜 나갈 수밖에 없는 운명을 지니고 이 땅에 탄생하였다. 종교가 그 어떤 이데올로기보다도 인류의 장래에 대해 위협적인 무기가 되어가고 있는 오늘의 시점에서, 한반도에서 이 같은 교회의 모습과 기독교 신앙의 독특성을 재발견할 수 있다는 것은, 하느님의 계속적인 은총이라고 말할 수밖에 없다. 이런 시각에서 본다면, 어떤 명분으로든 기독교인이면서도 특정 교회에 속하지 않는다는 것은 모순 그 자체이다.

10장

교회(2): 3·4·3·4 교회론

치료보다는 상처를 주는 성찬식, 어디로 가고 있는가?

　우리들이 비록 교회에 다니고, 그 공동체에 속해 있기는 하지만, 교회가 무엇인지, 기독교 자체가 교회를 어떻게 이해하고 있는지 모르며 생활하는 수가 많다. 많은 사람들이 예배당과 교회를 혼동하고 있기에, 미국 감리교회에서는 어떤 해의 교회 교재 총 주제를 "We are the church!(우리가 곧 교회이다)"라고 한 적이 있다. 우리, 곧 예수를 믿고 따르기로 고백하고 모인 사람들의 "모임"을 총칭적으로 교회라고 부른다는 말이다. 따라서 건물이 혹 불타 없어진다 하더라도 "교회"가 사라진 것은 아니다. 반대로 교회 건물은 화려하게 남아 있더라도, 거기에 속한 사람들이 없어진다면 교회는 이미 존재하지 않는다. 그러면 기독교가 전통적으로 믿어왔던 교회의 본질과 기능을 한 번 살펴보자.

1. 교회의 3 구성 요소

우리는 위에서 이미 교회의 기원에 대해 생각해 보았다. 가톨릭의 이해에 의하면, 교회란 엄연한 제도요, 제도의 주요한 구성 요소는 성직자단이다. 따라서 남미에서 자연발생적으로 생겨난 평신도들의 해방공동체를 "교회"라고 이름 하지 못하는 이유를 우리는 쉽게 알 수 있다. 우리나라의 개신교와는 사정이 크게 달라서, 남미의 여러 나라에서는 평신도들이 모여서 주님의 일을 도모하는 "기초 공동체들"은 많지만, 성직자가 모자라기 때문에 그 기초 공동체들은 "미사(성찬식, 예배)"를 집전하지 못한다. 따라서 그런 공동체는 아직 "교회"가 못 된다. 아마 개신교 같으면 그것을 "기초 교회"라고 불렀을 것이다.

개신교의 종교 개혁자들 중 칼빈은 본디 평신도였다. 루터가 본디 사제였던 것과는 크게 다르다. 이 사실을 생각한다면, 목사와 장로 사이에 원론적인 차별이 없는 "장로"제도를 채택하고 있는 장로교회의 교회론적 특징을 쉽게 이해할 수 있을 것이다. 목회자, 목사를 무시하는 것은 아니지만 목회자가 없는 비상한 사태에서의 "신앙인들의 공동체"도 역시 "교회"라고 칼빈은 믿었던 것이다. 그런 의미에서 "제 신도(만인) 사제론"을 주장한 루터 이상으로 평신도를 중요시했던 종교 개혁자가 바로 칼빈이다.

교회마다 다소의 차이는 있지만, 개신교회들은 대체로 다음과 같은 점에서 일치한다. 즉 "그리스도의 보이는 교회는 신실한 사람(신앙인)들의 회중(모임)이니, 그 가운데서 '하느님의 순수한 말씀'이 선포되며, 그리스도의 명령에 따라 '성례전이 온당히' 집전된다"(『종교강령』 제13조). 여기서 우리는 이 세상의 그 어떤 단체와도 다른, 신앙 공동체로서의 교회의 3 구성 요소를 분명하게 본다.

교회는 첫째로, 신앙인들의 모임이며, 그 모임 속에서는, 둘째로, "하느님의 말씀"이 선포되어야 하고, 셋째로, "성례전"이 정당하게 집전되어야 한다. 이 세 가지 구성 요소를 갖추고 있지 않으면 교회가 아니다. 이로써 우리는 아무리 신앙인들이 모였다고 하더라도 다른 목적으로 모여 있다면, 그것은 교회가 아님을 쉽게 알 수 있다. 그런데 이 같은 구성 요소를 말하면, 어떤 평신도는 물을 것이다. "말씀"이야 그렇다 하더라도, "성례전"이 집전되어야 비로소 교회라고 할 수 있다면, 목사가 없는 교회, 전도사도 없는 신앙공동체는 (개신교의 입장에서 보더라도) 교회가 아니란 말인가? 형식적으로 보면 바로 그렇다. 그렇다면 누군가가 계속하여 이렇게 질문해 올 것이다: 그러면 어찌하여 설교는 거의 아무나 할 수 있는데 "성례전"만은 (그리스도인들 중)아무나 할 수 없고 꼭 목사라야 집전할 수 있는가? 누가, 무엇을 기준으로 하여 이런 이상한 구별을 지었는가? 왜 엄연한 교회를 교회가 아니라고 말하게 만드는가?

개신교는 가톨릭에 비해 "말씀"을 중히 여긴다. 가톨릭은 모일 때마다 성찬식을 거행하지만, 우리들은 일 년에 겨우 두세 차례 정도밖에 성례전을 거행하지 않는다. 따라서 대체적으로 개신교회들은 전통적인 "교회성"을 이미 크게 벗어나 있음을 시인해야 한다. 성례전이 교회 구성의 필수적 요소라는 사실을 교회의 법으로는 규정해 놓고 있지만 실제로는 성찬식을 대단히 소홀히 여기고 있다. 그런데 더욱 아이러니한 것은, 개신 교회들이 설교를 그렇게 중요시하고 있음에도 불구하고 제대로 준비도 갖추지 않은 장로나 권사, 집사, 교회학교 교사들까지 경우에 따라 "설교"를 할 수 있도록 하고 있는 반면, 별로 중히 여기지도 않는 성례전(세례와 성찬식)에 대해서만큼은 엄격한 제한을 두고 있다는 점이다. 이것은 무슨 까닭인가?

이 같은 모순은 개신교가, 첫째로, 종교 개혁을 철저히 수행하지 못하였음을 의미한다. 말씀을 중심으로 삼는 예언자적 공동체 같기는 하지만 제도상으로는 여전히 제사(미사)를 더 중요시하는 사제적 공동체로 남아있기 때문이다. 우리가 진정으로 "말씀"을 더 중요시한다면, 성찬식이 아니라 설교의 중대성과 책임을 더 강조했어야 했을 것이다. 우리들의 교회 생활 전반을 가만히 들여다보면, 크고 작은 모임이 있을 때마다 누군가 설교를 하게 된다. 때로는 설교가 아니라 잔소리, 자기선전, 또는 세상의 잡소리에 불과한 경우가 많다. 그러므로 우리는 교회의 본질적 구성 요소가 과연 무엇인지를 되새겨 보면서, 그 사역(일)을 맡은 자들에게는 반드시 적절한 훈련을 받게 해야 함을 알 수 있다.

둘째로는, 원론적으로 보면, 그리스도인 누구나가 자기의 구주를 "증거"할 책임과 권리를 지니고 있듯이, 성찬식을 포함한 성례전도 집행할 수 있다. 이미 믿지 않는 사람들에 대한 말씀 선포 곧 전도와, 믿는 사람들에 대한 말씀 선포 곧 설교는, 비교적 광범위한 평신도들에게 허용되면서도, 성례전의 수행은 평신도는 물론이요 전도사들에게도 금지되고 있는 것은 이미 말했듯이 교권주의적인 가톨릭의 유산(관행)이다. 그러나 여기서 주의할 점은 우리의 이 같은 신앙 논리가 악용될 소지는 매우 많다고 하는 사실이다. 많은 목사들이 루터의 "제신도 사제론"(모든 그리스도인은 하느님께 스스로 나아갈 수 있는 사제 곧 성직자이다)조차 가르치기를 유보하는 것이 오늘의 한국 개신교 형편이다. 이것은 루터의 신앙이 그릇되었기 때문이 아니라 이 신앙의 논리를 악용하는 사례를 걱정해서이다. 마치 16세기까지만 해도 교회의 당국자들이 성서에 대한 정보를 독점하기 위해서, 평신도들이 읽을 수 있는 통속 언어(생활 언어)로 성서가 번역되는 것을 목숨 걸고 막았던 것과 같은 이치이다. 그 때 그들이 그렇게 한 것은 성서의 "사사로운 해석"을 걱정해서였던 것이다.

원론적으로 모든 그리스도인에게 성례전 집전의 권리와 책무(주님의 당부)가 있다. 그러나 그것이 신앙인들의 모임인 교회라는 공동체가 질서 유지를 위해, 그리고 주님의 명령의 품위 있는 수행을 위해 마련한 교회법을, 충분한 이유 없이 신자 개개인이 파괴하는 만용을 허용할 수는 없다. 어떤 교회에서는 루터의 제신도 사제론을 악용하여, 평신도 중의 한 분이 교인들을 찾아다니며 사사로이 세례와 성찬식을 거행하여 말썽이 되기도 했다. 그 교회의 목사가 엄연히 직무를 수행하고 있는 정상 상황에서, 성례전에 대한 충분한 지식도 갖추지 못한 어느 장로 한 사람이 "나도 사제(성직자)요"라고 말한다면, 그것은 그 자체로서 이미 신앙의 행위가 아니다. 그것은 명백하게 교만의 행위이며, 목사에 대한 공공연한 도전이요, 교회 공동체의 합의 질서에 대한 무책임한 반역일 뿐이다.

그러므로 오늘날의 교회들이 교사들이나 임직원들 또는 전체 신도들에게 전도와 설교에 대한 사전 훈련을 시키듯, 비상 상황을 대비하여, 교회의 임직원들에게는 세례와 성찬식에 대한 충분한 훈련을 시킬 필요가 있다고 생각된다. 물론 현실적으로는 그런 비상 상황이 발생할 가능성은 없다. 왜냐하면 여기서 비상 상황이란, 목사가 성례전을 집전할 수 없는 특수 상황을 가리키기 때문이다. 시골 벽촌이나 섬 마을에 있는 교회에서는 목사가 부재중인 때에, 교회 다니던 어느 사람이 신앙을 고백하고 임종을 맞겠다고 말한다면, 그 교회의 교인 중에서 신앙과 인격 면에서 존경받는 분이 달려가서 주님의 이름으로 세례와 성찬식을 베풀 수 있을 것이다(터툴리안, 약 160-225년의 생각).[1] 그러나 이런 특수한 상황이 생기기란 퍽 드물다. 한국의 오늘, 목사의 수는 충분하여, 우리

교회의 목사가 없는 경우 이웃 교회의 목사에게 부탁 할 수도 있기 때문이다.

2. 성직자와 평신도

어원적으로 보면 성직자는 "제비 뽑힌 사람(*cleros*)"을, 평신도는 하느님의 "백성(*laos*)"을 가리킨다. 오늘날 거의 모든 기독교회들은 성직자와 평신도의 엄격한 구분을 교회법으로 규정하고 있다. 그러나 20세기 후반에 들어서면서, "평신도"의 재발견 운동이 활발하게 전개되고 있다. 아직도 시작이라고 할 수 있는 평신도 재발견 운동은 아마 멀지 않은 장래에 교회 생활의 질서를 엄청나게 바꿀 것이라고 생각된다. 그러나 아직은 이 같은 신학적 작업에도 불구하고, 교회 전체를 대표하며, 신령상 우위를 차지하고, 교회 생활의 주인의 자리에 있는 사람들을 가리켜—퀘이커교도를 제외하면 신·구교를 막론하고—성직자라고 일컫고, 그 반면에 교회에서 언제나 받는 자리, 객석에 앉아 있는 "비전문가(laity: 그러나 이 말은 백성, laos에서 나왔음)"를 가리켜 평신도라 부른다. (오늘날 한국 교회에서는, 장로들은 자기들을 제외한 일반 신도들을, 권사들은 장로, 권사, 집사 등을 제외한 일반 신도들을 가리켜 평신도라고 부르는 이상한 어법이 유행하고 있다.) 그리고 교회를 구성하고 있는 두 질서는 곧 성직자와 평신도이며, 성직자가 "말씀과 성례전"을 맡은 교역자들이라는 이해가 얼마 전까지만 해도 아주 일반화되었었다. 그러나 지금은 그 생각이 서서히 달라지고 있다. 아직은 아주 미비하지만,

---

1) Alexandre Faivre, *The Emergence of the Laity in the Early Church* (New York: Paulist, 1990) pp. 45-51.

이 같은 변화는 성직자와 평신도의 구별이 기독교 신앙의 핵심(본질)이 아니라 그것의 실천을 위한 편의, 인간적 방편, 교회법상의 관행이었음을 말해 준다.

이 분야에 대해서 연구한 최근의 괄목할 만한 자료는 프랑스의 스트라스부룩 대학의 교회사 교수 페브르의 작품(*The Emergence of the Laity in the Early Church*, New York: Paulist Press, 1984, 1990)이다.2) 그의 연구에 의하면, 오늘날 성직자를 가리키는 "클레로스"가 신약시대에는 "하느님의 백성(=평신도)" 전체를 가리켰다. 베드로전서에 의하면, 신도들 모두가 "택함을 받은 족속, 왕 같은 제사장, 거룩한 국민, 하느님의 소유인 백성"(2:9)이다. 반면에 오늘날 평신도를 가리키는 "라이코스"(영어: laity)라는 말은 1세기 말의 로마 감독 클레멘트(아마 제3대 로마의 감독)에게서 처음 등장하지만, 그 의미는 지금과 전혀 달랐다. 특정 직능을 수행하는 집단을 가리킨 것이 아니라, 구약성서에 나오는 레위인들(제사장을 돕는 집단)을 빗대어, 교회 내에서 일정한 역할을 담당하는 사람들을 가리키고 있었다. 그러나 그 의미는 지극히 애매했다. 따라서 페브르의 연구에 의하면, "라이코스"라는 단어의 등장과 상관없이 기독교회에서는 3세기가 되어서야 비로소 평신도라는 개념이 정립되기 시작하였다. 즉 처음에는 오늘날의 의미에서의 평신도들의 엘리트, 곧 성직자는 아니지만 존경받는 지도자로서 유사시 성직자를 대신할 수 있는 사람을 가리켰다. 이것이 터툴리안과 알렉산드리아의 클레멘트(약 150-215) 시대의 이해이다. 이 시기에는 "평신도"라는 말이 그들의 품위, 존엄성, 권위를 가리키는 말이었다. 그러나 이들의 시대가 지나가면서 교회는 세상의 정치적 인정을 받게 되었고, 그것은 교회의 급성장을

---

2) 이것은 다음에 발췌·소개되어 있음. 최성복, "평신도 출현의 역사", 『세계의 신학』(구 『한몸』) (세계신학연구원), 10호, 1991, pp. 123 f.

가져왔다. 이것은 교회를 관리해야 할 행정상의 문제가 심각해졌음을 뜻한다. 그리고 이 같은 성직자와 평신도를 전혀 다른 두 그룹으로 정착시키고 말았다. 결국 교회 내에서의 모든 의식(전례)을 주관하는 자, 세속의 직업을 갖지 않는 자, 그리고 죄 용서의 특권을 간직한 자로서의 성직자라는 특권적 계급이 3세기 중엽부터 본격화되었다.

우리가 여기서 주목할 점은, 교회 내의 계급화 현상은 처음부터 기독교 신앙 상의 문제였던 것이 아니라, 교회가 비대해지면서 점차 성직자들이 스스로 자기들의 성벽을 두껍게 쌓은 뒤, 그것을 "성경"으로 포장한 결과라는 점이다. 그리고 바로 이 현상은 오늘날의 전 세계 기독교회들에 의해 뚜렷이 재발견되었으며, 따라서 교회들은 이것을 시정하려고 애쓰고 있다는 점이다.3)

3. 성찬식의 다양한 이해

성찬식은 우선 성례전의 하나이다. 우리나라의 말 '성례전'(가톨릭은 '聖事', 곧 "거룩한 것")은 "거룩한 예전, 의식"을 뜻한다. 그러나 라틴어 '사크라멘툼'(*sacramentum*)은 군인들이 하는 충성의 서약, "맹세"를 가리킨다. 오늘날에는 라틴어 본래의 의미가 거의 사라지고 말았다. 이것은 어쩌면 우리가 고대 교회의 유산을 상실했음을 뜻할지 모른다.

오늘날의 교회가 거의 공통적으로 이해하고 있는 성례전의 공식적 정의는 "보이지 않는 은총을 매개하는 보이는, 외적인 표징(sign)"이다.

---

3) 다음을 참조하라. "평신도 어디로 와서 어디로 가는가?"『한몸』(세계신학연구원), 2호, 1989, pp. 97-102, "미 연합 감리교 헌법에 나타난 평신도 신학", 『한몸』(세계신학연구원), 4호, 1989, pp. 149-157.

물론 우리 주님께서 직접 제정(the Lord's Institution)하신 것이어야 한다는 단서 조항이 개신교 일반의 첨가 사항이다. 이 단서 조항 때문에, 루터는 가톨릭의 7 성례전(성사)을 2 성례전으로 축소하였다.

오늘날의 신학으로 본다면, 가톨릭과 루터 사이에 있었던 성례전의 숫자 논쟁은 무의미한 싸움이었다. 루터가 말하는 2 성례전도 혼인, 성직자 서품(안수식), 고해, 견신례(입교식), 종부식(종부성사)과 마찬가지로 "주님의 제정"을 확증할 수 없기 때문이다. 요한복음서의 경우는 예수 자신의 세례 받음과 성찬식 제정의 보도를 생략하고 있다. 따라서 우리가 일반적으로 생각하는 것처럼, 처음 교회에 종교 의식이 확정되어 있었던 것은 결코 아니다. 그럼에도 불구하고 가톨릭은 루터의 공격을 받자 자체 내의 신학을 정리하기 위해 트렌트 공의회(1543-63)를 열었다. 그리고 그 회의의 제7차 회의(1547) 때에 "7 성례전 모두 우리 주님께서 친히 정하셨다"고 다시 한 번 확정하였다. 그러나 개신교는 이것을 인정하지 않는다. 그렇다고 개신교의 2 성례전이 가톨릭의 7 성례전 사상 보다 더 정당하다는 말은 아니다. 개신교에서는 오늘날 잃어버린 종교 의식의 중요성을 재발견하고자 하는 노력이 한창이다. 특히 견신례(입교식)와 고해 제도에 대한 관심은 대단해졌다.

그러면 여기서 잠시 교회의 구성 요소로서의 "말씀"과 "성례전"을 비교해 보자. 이 두 가지는 분명히 하느님의 은총이 인간에게 전달되는 통로이다. 그러나 전자에는 "가시적, 외형적 표징(의식)"이 따르지 않기에 성례전이라 불리지 않고 있을 뿐이다. 그렇다면 말씀과 성례전은 과연 두 다른 은총의 매개 방편(수단)인가? 아니다. 이것은 결코 둘이 아니다. 음성과 몸짓, 그것은 둘 다 인간이 "말하는" 방식이다. 즉 "하느님의 말씀"은 설교와 성례전을 통하여 사람들에게 전해진다(물론 이것들만이 그런 역할을 한다는 것은 아니다). 성례전은 그 자체로서가 아니라 하나의 '언어' 작용을 할 때에 비로소 "은총의 매개체" 역할을 수행한다는 것이 명백해진다. 성례전 그 자체에는 아무런 기적도 마술도 없다. 그것은 언어와 마찬가지로, 그것의 의미를 해득할 수 있는 사람들 사이에서만 의미를 전달한다. '말'도 문법을 모르거나 말하는 자의 상황을 모르면 의미를 전혀 전달할 수 없거늘 하물며 상징적 언어 행위인 성례전이랴!

성찬식의 의미를 논하기 전에 먼저 세례 의식을 생각해 보자. 세례와 성찬식은 다 같이 그리스도 예수의 죽음과 부활을 상징하고 있지만, 교회 상황 속에서 갖는 두 성례전의 위치는 다르다. 성찬식은 반복되지만 세례식은 반복되지 않는다. 그 이유는 세례식은 군 입대 혹은 한 가족 속에 태어나는 아기의 출생과도 같은 의식이다. 따라서 일회적일 수밖에 없다.

군에 입대하거나 아기가 출생하는 것은 그 주인공의 신분, 정체를 결정하는 사건이라는 점에서 매우 독특하다. 따라서 아무리 열성적으로 교회에 나오더라도, "나는 마침내 그리스도와 그의 제자들과 한 패가 되었습니다" 하고 공개적으로 고백하지 않으면, 우리는 그를 아직 그리스도의 가문 속에 탄생한 적이 없는 사람으로 여긴다. 그런 사람은 그리스도와 한 패라는 것을 세상에서 부끄러워하기 때문이다.

그러면 이제는 성도의 일치와 섬김을 다짐하는 거룩한 의식 성례전이 어떻게 오늘날의 교회를 분열시키고 있는지 살펴보자. 우리는 기독교의 전통적인 4가지 성찬식 이해를 고찰한 다음, 새롭게 등장하고 있는 가톨릭의 생각을 들어본다.

주님께서 제자들과 나누었던 최후의 식사에서 비롯된 "거룩한 식사", 성찬(식)에 대한 기독교의 이해는 불행하게도(?) 매우 다양하다. 그러나 퀘이커파와 구세군 등 일부 교파를 제외하면, 성찬식은 기독교 예배의 가장 중요한 구성 요소의 하나라는 점, 가장 중요한 은총의 방편이라고 믿는다는 점에서 공통된다. 나아가 성찬식이 믿는 자에게 예수 그리스도의 살과 피(의 효험)를 전달해 준다고 믿는 점에서 또한 일치점을 발견할 수 있다. 그러나 "어떻게" 그렇게 되는지에 대해서는 지금까지도 일치된 견해가 없다.

기독교는 성찬식을 가리키는 데에 여러 이름을 사용해 왔다. 유카리스트(Eucharist: 감사제), 성체(聖體, Holy Communion: 거룩한 나눔), 성만찬 혹은 주의 만찬(the Lord's Supper), 미사(Mass: 희생제) 등이 그것이다. 이 이름들은 각각 성찬에 대한 독특한 측면을 강조하고 있다. 이것만 보더라도, 우리가 특정 교리나 성찬의 특정 면만을 강조하는 것은 성서와 전통을 무시하는 처사임을 알 수 있다.

그러면 "유카리스트"란 일반적 명칭은 어디서 왔는가? 이것은 예수님께서 식사 때(유월절)에 잔을 들어 "감사의 기도를 올리신" 사실에서 연유하는데, 이 때 사용된 단어가 바로 "유카리스테인"이라는 동사이다(누가복음은 빵의 경우에도 같은 단어를 사용한 것으로 보도하고 있다).

한편 이 성찬식의 성서적 유래는 구약에서도 찾아볼 수 있는데, 살렘왕 멜기세덱이 아브라함의 승전을 축복하는 의식에서 하느님께 "떡과 포도주"를 바쳤다는 기록(창세기 14:18)과 유월절 의식 때에 "고운 밀가루와 포도주"를 바쳤다는 기록(레위기 23:13)이 그것이다. 공관 복음서도 예수님의 최후의 만찬이 유월절 곧 해방절 의식과 관계되어 있음을 암시하고 있다. 또한 예수에게 일생일대의 소명감을 심어준 그의 영원한 스승 세례자 요한의 공동체, 쿰란 공동체는 예배 의식 끝에 언제나 "함께 나누는 식사", 곧 "애찬식"을 거행했었다. 성서 자료는 이에 대한 증언을 하고 있지 않지만, 예수는 이 의식을 분명히 알고 있었을 것이다.

(1) **변체설**(變體說: transubstantiation—**화체설**이라고도 함)

이것은 로마 가톨릭의 공식적 교리이다. 개신교는 이 입장을 물론 거부한다. 변체설에 의하면, 사제(교회법상 정당한 집례자)가 성별의 기도를 하고 나면, 성찬의 '요소들'(빵과 포도주)이 "기적적으로" 그리스도의 실체(살과 피)로 "변화 된다"고 믿는다. 4세기경부터 이 같은 용어가 교회에서 일반화되었는데, 1215년 제4차 라테란 회의에서 "변체설"이 교회의 공식적 입장으로 천명되었다. 개신교는 이 견해가 하느님과 인간의 관계를 인격적인 것에서 기계적인 것으로, 그리고 신앙을 미신으로 전락시켜 버린다는 이유 때문에 공식적으로 거부한다.

(2) **쯔빙글리**(1484-1531)는 "기념주의"(memorialism)라고 할 수 있는 입장을 취하였다. 그는 당시의 가톨릭교회가 은총에 관한 하느님의 대권을 가로챌 위험에 빠져 있다고 보아, "이것을 행하여 나를 기념하라"고 하신 예수님의 말씀대로 성찬은 하나의 "기념(기억)식"이라고 주장하였다.

(3) **루터**(1483-1546)는 이 같은 쯔빙글리의 견해를 단호히 반대하면서, 가톨릭과의 중간 입장을 취하였다. 쯔빙글리처럼 성찬식이 과거의 사건을 현재의 "우리"가 기념·회상하는 의식이라면, 성찬식의 의미(와 효험)가 신자들 자신의 정신 작용에 의존한다는 결론에 빠지게 되기 때문에 루터는 이 같은 주관주의를 거부하였다. 그래서 루터는 공체설(共體說: consubstantiation)을 주장했다. 변체설이 요소들의 실질적인 변화와 그 요소들 속에 나타나는 그리스도의 실제적인, 참 현존(real presence)을 믿는 것이었다면, 루터의 공체설은 실체의 변화 없이 참 현존만 믿는 괴상한 입장이 되었다. 따라서 '어떻게' 실체의 변화 없이

그리스도의 현존이 가능한가 하는 의문은 여전히 남게 되었다.

(4) 이 같은 틈바구니에서 **칼빈**(1509-1564)의 입장, 제4 유형이 등장했다. 그는 쯔빙글리와 루터 중간에 서고자 한다. 그는 루터의 "그리스도의 임재(현존)" 개념을 수정하였다. 성별된 성찬의 요소들 속에 그리스도가 현존한다는 것은 믿지만, 그 현존이란 실체로서의 그리스도의 현존이 아니라 그의 권능과 효험이 (신앙을 통해서) 현존하는 것을 뜻한다고 보았다. 그래서 칼빈의 입장을 "효험주의"(virtualism)라고도 한다.4) 성별의 기도가 성찬 요소들의 성질을 변화시키지는 않는다. 그럼에도 불구하고 성찬에 참여하는 신자의 "신앙"은 그리스도의 권능에 참여하는 길을 열어 준다. 이것은 우리의 신앙이 무엇을 "창조"한다는 주관주의적 입장이 아니라, 하느님의 은총의 약속을 "확인"케 해 준다는 믿음에서 비롯된다는 입장이다.

(5) **변의설**(變意說: transsignification)5)과 리마 문서
그리스도께서 나누신 제자들과의 마지막 공동의 식사, 그것은 인간과 인간의 일치와 화해, 상생(相生)의 삶의 구체적인 모습이었으며, 더 나아가 하느님과 인간의 화해의 상징이었다. 그러나 우리가 알고 있는 바와 같이, 기독교 역사는 성찬식 이해 덕분에 오히려 분열을 거듭해 왔다. 바로 이와 같은 상황을 치료하고 극복하기 위한 노력이 가톨릭 진영을 포함한 전 세계 교회들 사이에서 일어났다. 아마 우리는 그 시기

---

4) F. L. Cross, ed., *The Oxford Dictionary of the Christian Church* (London: Oxford University Press, 1974).

5) 다음을 보라. Leonard Swidler, *The Eucharist in Ecumenical Dialogue* (Temple University), 1976, *Journal of Ecumenical Studies*, 1976년, 봄, 특별호.

를 1960년대로 말할 수 있을 것이다.

1960년대에는 "인간적인" 것들의 재발견을 위해 몸부림치기 시작하던 시기이다. 인간적이라 함은 인간적인 책임과 그 한계, 모순, 그리고 인간에게 주어져 있는 사명과 소망 등을 포괄적으로 가리킨다. 바로 이 시기에 개신교 연합기관인 "세계교회협의회"(WCC)와 가톨릭, 동방교회의 지도자들은 인류와 교회의 일치/화해, 이 세상 속에서 구현될 하느님의 정의에 대해 집중적으로 함께 연구토의하기 시작하였다. 그 결과로서 새롭게 부각되기 시작한 성찬식 이해가 바로 변의설이라는 것이다. 즉 성찬식 때에 변화되는 것은 더 이상은 성찬 구성 요소인 떡과 포도주가 아니라는 점을 가톨릭 측도 인정하기 시작한 것이다. 변화되는 것은 바로 그 요소들의 "의미", 그 요소들이 "가리키는 것", 그것이다. 거기에는 아무런 "기적적" 변화도 일어나지 않는다. 그러나 교회라는 공동체 안에서, 그리고 예배라고 하는 맥락 안에서 성찬식은 비로소 성찬 곧 "주님과의 식사"가 된다. 성찬 이해에 대한 이 획기적 전환은 아직 가톨릭의 교황청에 의해서 공식적으로 인정되지 않고 있다(아마 영원히 그러할 것이다). 그러나 시대착오적인 기독교 신앙의 마지막 잔재인 성찬식의 "변체설"이 이제 서서히 무너져 내리고 있다. 가톨릭의 바로 이 같은 개명(開明) 사건을 촉진시킨 배후에는 이미 말한바와 같이 WCC와의 진지한 만남 이외에, 인권 운동의 한 총체인 해방 신학과, 철학적 인식론의 한 형태인 현상학의 도움이 컸다. 현상학은 종교, 아니 교회 개혁자 루터가 이상하리만큼 집착하고 있던 "(주님의) 현존(임재)"의 의미를 새롭게 해 주는 데 혁혁한 공을 끼쳤다. 즉 사람들의 일과 관계되는 한, 누가 누구에게 대해 현존한다는 것은, 공동 식사와 마찬가지로, 자기-개방을 통한 인격체 간의 상호 작용에서 비롯됨을 깨우쳐 주었다. 식사를 함께 하더라도, 서로가 서로에게 타인이요 적일 수 있다. 그러나 진정한 공동 식사는 우리가 서로에게 우리를 열어 준다는 다짐이요 또한 실천이다. 바로 그러한 인격적 교류를 통해서 인간(인격체)은 타인에게 대해서도 "현존"할 수 있게 된다. 그러므로 쯔빙글리가 그렇게 원했던 "주관주의적" 요소가 이제는 "인격 상호간의 작용"이라는 새로운 이해를 통하여 받아들여지게 되었다고 말할 수 있다. 이제는 "성찬식에는 인간적 행동이 포함 된다"고 당당히 말할 수 있게 된 것이다.6)

그리고 이 같은 새로운 신학사조를 탄생시킨 일단의 신학자들 중 우리에게 다소나마 알려진 사람들로는 화란의 가톨릭 신학자 쉴레벡스(E. Schillebeeckx, O. P.)와 슈넨버그(P. Schoonenberg, S. J.) 등이 있다.7) 그런데 이들이 가톨릭의 성찬식 이해를 새롭게 조명하고 있는 그 방향과 맥락은 매우 신선하다. 즉 지금까지는 성찬식이 (그리고 다른 성례전까지도) 그 자체로서 독자적인 의미를 지니는 것처럼 생각하는 경향에 우리가 빠져 있었으나, 이들은 성찬식이 한편으로는 그리스도-교회-성례전이라는 지평에서 생각해야 하며, 다른 한편 "세상과의 관계"라는 지평 속에서 생각해야 한다는 점을 강조했다. 이것은 매우 중요한 신학적 통찰이며, 오늘날의 세계 교회들은 이들의 통찰을 수용하고 있다. 이것의 구체적 표현이 바로 1982년 1월 페루의 수도 리마(Lima)에서 채택된 "리마 문서"(Lima Text)8)이다.

리마문서는 30여 개 국에서 온 세계의 거의 모든 교회들의 지도자들, 즉 동방 정교회, 로마 가톨릭, 고(古)가톨릭(Old Catholic), 루터파, 성

---

6) *The Eucharist in Ecumenical Dialogue* p. 8.

7) 위의 책, p. 7. J. de Baciochi, A. Vanneste, L. Scheffczyk, B. Welte, L. Smith, C. Davis, J. Powers 등이 더 열거되어 있다.

8) 다음을 참조했음. William H. Lazareth, *Growing Together in Baptism, Eucharist and Ministry: A Study Guide* (Geneva: WCC, 1983).

공회, 개혁파, 감리교, 기독교 제자회 등의 신학자들 100여 명이 WCC 중앙위원회의 주최 아래 "세례, 성찬식, 목회"에 관하여 토의를 벌여 작성한 합의문서이다.9) 이것은 놀라운 진전이었다. 지금까지는 역작용만 해 왔던 예전, 성찬식이 마침내 "그리스도의 몸으로서 성취된 일치"를 증거·약속해 주는 의식이 되었다.

그런데 이 리마 문서가 밝히고 있는 성찬식의 의미는 이렇다. 첫째로, 그것은 "성령의 전능을 힘입어, 예수 그리스도 안에서 하느님께서 우리에게 주시는 선물"10)을 가리키는 성례이다. 하느님께서 선사해 주시는 것은 바로 죄의 용서와 영생에 대한 약속이다. 이것을 인간 편에서 말하면, 하느님께 대한 감사와 찬양, 그리고 세계(창조 질서)의 갱신을 가리킨다. 둘째, 그것은 "그리스도 기림(기억: *anamnesis*)"11)이다. 즉 우리를 속죄하기 위해 죽은 예수의 "희생적" 죽음("미사"는 바로 이 점을 강조하는 가톨릭의 용어이다)을 기억함과 동시에, 그 사건을 통해 지금 우리들에게, 이 세상에서 "현존"(작용)하고 있는 하느님의 구속의 능력에 대한 우리의 고백(증언)이기도 하다. 여기서 리마 문서가 가톨릭, 쯔빙글리, 루터의 전통을 지혜롭게 수용하고 있음을 엿보게 된다. 셋째로 성찬식은 "성령을 간구"하는 교회의 행위12) (이것은 "초령식"의 하나이다. 이하를 참조하라)이다. 우리는 여기서 칼빈이 강조했던 "신앙"의 중요성을 재발견하게 된다. 성령의 강림을 비는 신앙공동체, 교회의 행위—이것은 성령의 강림이 없이는 그리스도를 통하여 하느님께서 우리에게 주시고자 하시는 은사(선물: 구원)가 현실적으로 우리의 것이 되

---

9) 위의 책, p. 4.
10) 위의 책, pp. 49 f.
11) 위의 책, pp. 59 f.
12) 위의 책, pp. 65 f.

지(effective) 못하기 때문이다. 이로써 리마 문서는 어거스틴과 중세 교회가 집요한 관심을 보였던 "성례전의 형식적 유효성(validity)과 실질적 유효성(efficacy)"의 구분13)을 짓지 않은 채, 성례전의 효력을 성령과 신앙의 행위의 문제로 처리하고 있다.

만일 리마 문서가 오늘날의 교회들의 내적 일치 운동의 결실이라고 한다면, 그것은 그 문서가 성례전을 삼위일체론적인 표현과 각 전통들을 수용하는 포용성(배타성이 아니라)을 보인 데 있다고 생각된다.

그러나 이 같은 성찬식 이해는 기독교 신앙이 하나의 기정사실처럼 받아들여지고 있는 서양 문화에서는 쉽게 용인될 수 있을지 모르나, 문화와 종교적 배경이 다른 한국인들에게는 너무나 진부하거나 낯선 언어로 들릴 것이 뻔하다.

4. 다시 생각해 보는 성찬식

이제 분명해졌다. 성찬식에는 아무런 마술적 요소도 깃들어 있지 않다. 그럼에도 불구하고 그것이 여전히 "은총의 방편"이 되는 이유는 어

---

13) 이런 구분은 어거스틴 때부터 본격화된 것이라 할 수 있다. 교회에서 쫓겨난 사람들(이단자들)의 성례전도 유효한가 하는 실제적인 문제가 생겼기 때문이다. 어거스틴은 이단자들에게서 세례 받은 자는 다시 세례 받을 필요가 없다고 보았다. 그의 이해에 의하면, 성례전은 그것을 집전하는 사람의 조건과 상관없이, 독자적으로 "은총"을 전달한다. 이단자가 준 세례라도 "지울 수 없는 특성"을 남긴다. 이것을 13세기 교회는 성례전의 *ex opere operato*(실행된 행위에 의한) 유효성이라고 불렀다. 즉 성례전의 형식적 유효성은 그것을 베푸는 자와 받는 자의 조건에서 독립해 있다. 이것은 중세 교회가 성례전을 그 자체로서 (그리스도/세계와의 이중적 맥락에서가 아니라) 독립된 의식이라고 이해했음을 뜻한다. 실질적 유효성은, 반면에, "교회"(와 신자의 "신앙") 안에서만 주어진다. 따라서 "교회" 밖에서도 성례전이 가능하나 그것은 구원을 주지 못한다.

디에 있을까?

우리는 앞(제5장 3절)에서 이미 예언자 곧 설교자 예수가 자기의 세상에서 통하지 않는 자기 자신을 발견하고 고통스러워하였음을 보았다. 그러나 그는 자기가 맡은 사명, "하느님의 말씀"을 증거 하는 사명을 끝까지 다 하기 위해 애썼다. 그리고는 철모르는 아이들과 같은 제자들에게 "먼 훗날, 뒤돌아보면 내가 얼마나 '세상'을 사랑하였는지 너희가 알리라"는 애절한 사랑의 말(요한복음 13:7 참조)을 행동으로 남긴 것이 바로 마지막 식사시간이었다고 했다. 그렇다면 성찬식의 의미는 그것을 마련한 예수 자신과 거기에 참여·응답하는 제자들, 신앙인들 "사이"의 문제이다. 즉 사랑을 구하다가 실패한 연인의 마지막 행동이 오히려, 마침내 사랑을 확보하게 된 것과 같은 이치이다.

우리가 오늘날 성찬식을 은총의 방편이라 하여 소중히 여김은 그가 생애(피와 살)14)를 통하여 우리에게 하고자 했던 말(하느님의 말씀)에 지금 우리가 "아멘"으로 응답하고 있음을 뜻한다. 그렇다면 성찬식이 은총의 매개체가 되는 것은 곧 예수 그리스도가 우리의 구원자 되는 사실에서 파생된다는 것을 알 수 있다. 용서와 포용, 남 섬기기를 먼저 함, 그리고 구체적으로 이것을 표현함—그것이 예수의 삶이었고, 그 삶의 형식에 대한 우리의 아멘이 오늘날의 성찬식이다.

처음 성찬식의 주인공은 예수였지만, 오늘의 성찬식에서는 예수와 그를 뒤따르기로 결심하는 우리들이 "공동으로" 주인이 된다. 따라서 이 공동의 식사 속에서 주님의 말씀은 다시 선포되고, 우리는 그에게 응답한다. 더 나아가 거기서 우리는 그의 명령을 받는다. "너희도 이와

---

14) 이것은 그리스도인의 영성의 한 전형적 모형이다. "영성"에 관하여는 13장을 참조하라.

같이 행하라"는 요한 공동체의 선언이다(요한 13:15, 17 참조). 따라서 그리스도인의 식사인 성찬식은 주님 예수와 그리스도인 사이의 폐쇄적인, 은밀한 식사가 아니다. 예수는 자신이 교회가 아니라 "세상의 생명"(요한 6:33)임을 잘 알고 있었다. 그러므로 성찬식에 우리가 참여함은 "세상의 생명"이고자 했던 예수의 "피와 살"(요한 6장)을 "본받는"(요한 13:15) 다짐, 결단의 의식이다. 그런 시각에서 볼 때, 우리의 공동 식사는 세상을 해방시키기 위해 앞서간 "열사"들을 뒤따르기로 다짐하면서 세상 속으로 진군해 들어가는, 1980년대의 학생 운동 속에 나타난 출정식(出征式)으로 이어져야 한다고 믿는다. 출정식은 성찬식이라는 식사가 갖는 역사적 차원을 가장 선명하게 나타내 주는, 인간의 공동 행위(하나의 의식)이다. 그것은 하느님과 또 그리스도와의 공동 식사이며, 더 나아가서 이 세상에다가 용서와 화해를 선포하는 행위요, 그것은 (부정적인 의미에서의) "이" 세상에 대한 심판 행위를 뜻한다. 우리의 학생들이 거행하는 출정식도 자세히 분석해 보면 여러 가지 요소들을 지니고 있다. 첫째, 그것은 엄연히 공동의 행위이다. 개별적인 출정식은 없다. 둘째, 그것은 역사 속에서 들리는, "한 많은 죽음을 죽은 자들의 부름"에 대한 응답이다. 그래서 모든 출정식에는 징과 장고를 울리게 되어 있다. 그 이유는, 오늘날의 대학생들이 펼치고 있는 출정식이 군사적 의식의 하나가 아니라 무속적 의식의 하나임을 드러내 준다. 무속에 의하면, 모든 굿에는 신고식(神告式: 신에게 고하는 의식), 초령식(招靈式) 또는 초혼식(招魂式)을 갖는다. 즉 우리가 역사 속으로 해방을 위해 나서는 것은 우리의 주체적, 임의적 행위가 아니라 역사 속에서 부르는 원혼의 음성을 듣고, 또 그들의 도움을 받들어, 그들과 함께 나아가는 행위이다. 이때 무속에서는 신(혼령)에게 신고를 하고 또한 도움을 청하기 위하여 징과 장고를 세 번 크게 친다.15) 오늘의 학생들은 말하자면, 무속의 초령식 속에 감추어져 있던 역사적 차원을 회복하여, 그것을 "출정식"이라는 형태로 부활시켰다고 할 수 있다. 그렇다면, 이것은 기독교의 성찬식이 지니고 있어야 마땅할 요소들을 두루 갖추고 있는 멋진 "한국적" 행위 양태이다. 셋째, 거기에는 계승과 저항의 변증법을 통한 역사 변혁의 의지가 확연히 드러나 있다.

성찬식이 오늘의 한국인들에게 아직도 은총의 방편이 된다고 한다면, 그것은 어떤 마술적 신비의 힘에 의해서가 아니라 이와 같은 공동체적/역사적 맥락 때문일 것이다. 성찬식은 이렇게 하여 이 세상에 대한 하느님의 "말씀"이었던 예수 그리스도의 "영의 부름"에 공동체적으로 응답하는 행위이다. 더 나아가, 하느님의 말씀의 선포는 언제나 새 세상을 연다는 사실과 또 성찬식 자체가 평등과 상호 섬김의 공동체("계약"의 피) 의식이라는 점에서, 이것은 "종말론적 식사"라는 점을 기억할 필요가 있다.

5. *3·4·3·4* 교회론

오늘날에 와서는 교회가 무엇인지, 교회가 무엇을 해야 하는지 온통 혼란 투성이다.16) 그러나 과거에는 비교적 안정된 교회론이 있었다(성찬식의 구체적 이해가 다양하기는 하지만, 거기에도 일치점은 있었다).

---

15) 다음을 참조하라. 김인회, 최종민, 『황해도 내림굿』 (열화당, 1986), pp. 99 f., 황루시, 『한국인의 굿과 무당』 (문음사, 1988), pp. 35-37., 유동식, 『한국무교의 역사와 구조』 (연세대학교출판부, 1975, 1986), pp. 294-298.

16) 이 같은 혼란은 교회의 신학(교회론) 그 자체에도 있다. 참조하라. Peter C. Hodgson and Robert King, eds., *Christian Theology* (Philadelphia: Fortress, 1982, 수정판 1985), 제9장 "교회".

우리는 이 전통적인 교회론을 "3·4·3·4 교회론"이라 부르고자 한다. 그 이유는 교회의 구성 요소는 3(신앙인의 모임, 말씀, 성례전)이요, 교회의 기능은 4(말씀, 가르침, 교제, 봉사)이며, 교회의 공동체적 특성은 삼위일체론적으로 3(하느님의 백성, 그리스도의 몸, 성령의 교제)이며, 그리고 참 교회의 표지는 4(단일성, 거룩성, 보편성, 사도성)이라고 보았기 때문이다. (이 중에서 교회의 3 구성 요소에 대하여는 이미 1절에서 논의하였다.)

(1) 4 기능

교회의 기능은 그 교회가 처해 있는 상황에 따라서 상대적이라는 것이 오늘날의 생각이다. 그러나 지금까지 교회는 언제 어디서나 하느님의 말씀의 사역(일)을 해야 하며, 새 신자들을 가르쳐야 하며, 서로 사귀게 해야 하며, 교회 밖에 있는 사람들을 향하여도 섬김의 직을 다하기 위해 봉사해야 한다고 한결같이 믿어 왔다. 오늘날의 세계 교회들도 이 같은 교회의 4중 기능에 대해서는 큰 이의가 없다. 단지 어떤 교회들은 이것을, 또 어떤 교회는 저것을 강조하고, 나아가 그것을 다소 다르게 재해석하려 할 뿐이다. 예컨대, 어떤 사람들은 전통적인 교회의 기능 이해가 "선교" 지향적이지 못하다고 비판한다. 그래서 오늘날 많은 사람들은 그것을 강조하여 "교회는 곧 선교이다"(Church is mission.)라고 말하기까지 한다. 교회가 제5의 기능으로써 선교적 사명을 "가지고" 있는 것이 아니라, 교회의 모든 활동은 이 세계 속에서 사명(하느님 나라 건설)을 감당하기 위한 단일한 목표에서 수행되기 때문에, 교회와 선교는 동일하다고 보는 것이다. 그럴듯한 말이기는 하지만, 말씀의 사역의 특수한 측면을 강조하는 것일 뿐이다. 말씀의 사역은 교회 내적으로는 설교(와 성례전)요, 교회 외적으로는 선교(또는 전도)이다. 교회 내의 설교의 지속 없이는 교회 밖에서의 선교도 시들어 버리고 말 것이다. 따라서 선교를 강조하는 것은 좋으나, 모든 것을 그것 하나로 환원시키려는 것은 역시 옳지 못하다.

반면에 남미의 교회들은 봉사의 한 형태인 사회(경제) 정의 수립에 커다란 강조 점을 두고 있다. 그리고 우리 한반도의 그리스도인들은, 집단 간의 '감정적' 갈등과 민족적 분단을 생각하면, 당연히 교제에다 역점을 두어야 함을 알 수 있다. 이렇듯 우리의 상황적 특수성을 교회의 기능론과 연관시켜 생각할 필요가 있다는 점은 중요하다. 그러나 문제는 전통적 4 기능 사이의 관계가 전혀 고려되지 않고 있다는 사실을 오늘의 기독교회들, 특히 한국 교회들은 진지하게 반성해야 할 것이다. 이 때문에 교회의 여러 가지 기능들이 제각기 따로 놀고 있는 실정이다. 예컨대, 설교와 교회 교육과 봉사 사업 사이에 일관성이 없는 경우가 흔하며, 신도들 사이의 교제는(특히 대형 교회에서) 교회의 본질적 기능이 아니라 부산물 정도로 전락해 버리고 말았다. 우리는 이미 앞에서 (10장 1절 참조) "성도의 교제"가 없는 신앙 공동체는 교회가 아니라 "절"이라고 말했다.

(2) 삼위일체론적 교회상(敎會像)

교회는 자기들을 "새 이스라엘"이라고 믿었다. 옛 이스라엘이 아니라 이제는 자기들이 선택을 받은 "하느님의 백성"이라고 주장하였다. 그리고 교회는 "그리스도의 몸"이라고 생각하였다. 즉 그리스도가 남겨 준 "일"(사업)을 계승하는 공동체가 교회라는 자각이 있었다. 특히 그리스도가 "교회의 머리"라고 하는 표현, "너희는 그리스도의 몸의 여러

지체(기관들)"라는 표현은 일을 중심으로 그리스도와 신자들, 그리고 신자들과 신자들 사이의 관계를 말해 주는 성서적 이미지이다. 뿐만 아니라 교회는 또 "성령(과)의 사귐"이다. 사도신경이 교회에 대한 신앙고백을 성령에 대한 고백에 포함시켰다는 것은, 2세기의 기독교 신앙인들의 이해에 의하면, 교회는 성부, 성자보다도 기본적으로는 "성령"의 산물이라는 점을 강조한 것이다. 그리고 이 사도신경의 맥락에서 우리는 성령의 선물이란 다름 아니라 바로 "죄 용서"를 통한 "성도의 사귐"임을 확실하게 알 수 있다. 이렇게 본다면 교회라고 하는 신앙 공동체는 예나 지금이나 상생(相生) 공동체이어야 한다고 말할 수 있다.

또한 오늘날 이 같은 성서의 교회 상들을 되돌아본다면, 처음 기독교인들이 자기들을 다양하게 이해하고 있었다는 역사적인 교훈을 얻게 된다. 그리고 "삼위일체"라는 말도 바로 기독교 신앙인들의 다양한 자기 이해와 자기들의 경험("뿌리 경험")의 역동성을 종합적으로, 상징적으로 표현한 것에 불과하다는 점을 기억해야 한다(즉 3=1이라는 수학적 표현과는 상관이 없는 표현이다).

(3) 참 교회의 4 표지(標識)

오늘날의 교회가 정말로 참된 기독교 신앙의 공동체인가? 이런 질문을 던진다면, 우리들은 모두 잠잠해질 수밖에 없다. 세계적으로 교회들은 너무나 이기적(세속적)이며, 너무나 지역적·편파적이며, 나아가(사도들 중심이 아니라) 자기들 멋 대로이기 때문이다. 그래서 4세기의 기독교인들이 교리로써 고백했던 현실적 교회의 네 표지(標識)가 이제는 교회의 숭고한 이상으로 변해버렸다. 어느 교회도 우리는 "단일하며, 거룩하며, 보편적이며, 사도적"이라고 자부할 수 없게 되었다. 그러나

4세기의 교회들은 그 말의 세부적인 의미를 규명하지는 않았지만, 교회의 진정성에는 네 표지가 있다고 선언했다. 그것은 381년, 콘스탄티노플에서 채택된 것으로 추정되고 있는 신앙고백서의 한 조항에서였다. 그 조항은 "우리는 하나요. 거룩하며, 보편적이며, 사도적인(one, holy, catholic and apostolic) 교회를 믿는다"고 했다.17) 이것의 정확한 의미는 시대마다 달리 이해되어 왔지만, 통일성은 하느님의 유일성에서, 거룩성은 그리스도의 사명 계승에서, 보편성은 그 사명의 범위에서(교회의 목표)에서, 그리고 사도성은 교회의 신앙과 가르침의 사도적 기반에서 각각 유래한다고 보는 것이 일반적인 견해였다.

---

17) 그러나 이 신조는 통상 "(긴)니케아 신조"라고 불리운다. 그 이유는 이 신조가 "니케아적" 내용, 곧 그리스도의 신격을 간직하고 있기 때문이라고 한다. Francis A. Sullivan, S. J., *The Church We Believe in* (New York: Paulist, 1988), pp. 212-213.
 "니케아 신조"는 다음과 같으며 리마 예문에서도 이 신조가 고백되고 있다(325년 Nicaea에서 기초하고, 381년 Constantinople에서 수정·확정).
 우리는 萬有의 主宰者이신 하느님 아버지, 곧 하늘과 땅, 그리고 보이는 것과 보이지 않는 모든 것을 만드신 이를 믿나이다.
 또한 한 분 주님 예수 그리스도, 곧 하느님의 독생자를 (믿으오니, 그는) 영원 전에 아버지에게서 나셨으며, 빛 중의 빛이시요 참 하느님으로부터의 참 하느님이시며, 지음 받지 않고 나셨으며, 아버지와 동일본체이시며, 만물은 그를 통하여 만들어졌나이다. (그는)우리를 위하여 그리고 우리의 구원을 위하여 하늘에서 내려오셨으며, 성령과 처녀 마리아에게서 육체가 되셨으며 사람이 되셨고, 우리를 위하여 본디오 빌라도 아래서 십자가형을 받으셨으며, 고난 받으시고, 葬死되셨으며, 성경대로 제3일에 살아나셨으며, 하늘에 오르셨고, 아버지의 오른 편에 앉아 계시며, 살아 있는 자들과 죽은 자들을 심판하시러 영광중에 오시리니, 그의 나라는 무궁하리로다.
 또한 성령, 곧 주님, 생명 주시는 이를 (믿으오니), 그는 아버지로부터 發顯하시며, 아버지와 아들과 더불어 함께 예배와 영광을 받으시오며, 그는 예언자들을 통하여 말씀하셨나이다. 하나의 거룩하고 보편적이며 사도적인 교회를 (믿으오며), 우리는 죄를 용서해 주는 하나의 세례를 인정하오며, 죽은 자들의 부활과 다가올 세대의 생명을 대망하나이다. (아멘)

6. 세상 속의 교회

　박해를 받던 교회가 어느덧 로마 제국의 유일한 공인 종교가 되었을 때, 지하 묘지에서 예배를 드리던 기독교인들은 분명 춤을 추며 기뻐했을 것이다. 그러나 "로마의 평화"(Pax Romana)는 그렇게 튼튼한 것이 아니었다. "야만족"이라고 불리던 고딕족이 410년에 마침내 제국의 중심지 로마를 점령하기에 이르렀던 것이다. 바로 이 때, 흔들리는 기독교 신앙인들을 달래기 위해 어거스틴은 그 유명한 『신의 도성』을 집필했다. 여기서 어거스틴은 "보이는 교회"가 교회의 전부가 아님을 설득시킴으로써, 로마 교구가 이교도들의 수중에 들어간 사실에서 오는 기독교인들의 불안을 극복하고자 했다. 논리인즉, 하느님의 예정·섭리 속에 있는 "보이지 않는 교회"가 있는데, 이 교회는 영원 전부터 영원까지 하느님 속에 감추어져 있기 때문에, 세속의 권력이 쳐부술 수 없다는 것이었다. 그러나 "보이는 교회"와 "보이지 않는 교회"에 대한 이 구분은 안정세를 회복한 중세 가톨릭에 의해서 달리 해석되었다. 즉 교회는 눈에 보이는 교회 하나뿐이다. 보이지 않는 교회란 단지, 이미 이 세상을 떠난 신자들의 모임으로서의 교회, 곧 천상의 교회를 가리킨다. 따라서 이 지상에서 "눈에 보이는 교회"에 속하지 아니한 사람은 과거이건 미래이건 "교회"에 속하지 못한다(즉 구원받지 못한다). 그래서 이 세상 속에서 아직도 죄악의 세력과 "투쟁하는 교회"(Church Militant)는 보이는 교회, 유일한 교회이며, 이 교회에 속해 있다가 세상을 떠난 사람들의 교회가 천상에서 "보이지 않는 교회"이다. 그리고 보이지 않는 교회는 연옥에서 정화(淨化) 과정을 밟고 있는 "기다리는 교회"(Church Expectant)와 이미 하늘에서 지복을 누리고 있는 "승리한 교회"(Church

Triumphant)로 나누어진다.

그러나 종교 개혁자 루터는 이 같은 구분에 대해서도 커다란 변혁을 가져왔다. 즉 "보이는 교회"는, 이를테면, 진짜 신자와 가짜 신자의 "혼합" 공동체이다. 그러므로 하느님만이 알 수 있는, 진실한 신자들의 모임으로서의 "보이지 않는 교회"를 그는 생각하였다. 그 교회의 구성원들은 "저 세상"에도 이 세상에도 있을 수 있다. 이것은 가톨릭이 용납할 수 없는 혁명적 논리였다.[18] 가톨릭에 의하면, 교회는 구원을 보장, 보증해 주는 특권을 가지고 있다. 따라서 눈에 보이는 교회에 속해 있음에도 불구하고, 하느님만이 아시는 교회에는 속해 있지 못할 수가 있다고 하는 루터의 생각은 당연히 파문 감 이었다. 그러나 루터는 하느님 나라와 교회를 사실상 동일시하는 경향으로 치닫고 있던 중세 가톨릭교회에 쐐기를 박은 셈이다.

7. 제3 선교론 - 문화 선교

세상 속의 교회가 "싸우는 교회"라고 생각하였던 중세의 교회론은 상당한 진리를 담고 있다. 비록 "세상"을 부정적으로 보았다는 점에서는 비판의 대상이 되지만.

하느님-그리스도-제자-세상, 이것은 요한복음서가 교회를 이해하는 한 방식이다. 요한복음서 기자에 의하면, 예수 자신의 부활절 설교는 파송장 낭독식(특공대 파견식)이었다.

---

18) Christian Theology, p. 257.

"너희에게 평안이 있으라. 아버지께서 나를 보내신 것같이 나도 너희를 보낸다"(20:21).

무엇하러? 지금까지의 교회는 자기의 선교적 사명을 (개인의) 영혼 구원에 있다고 이해해 왔다. 교인 만들기 작업이었다. 그러나 최근 들어 해방신학이 등장하면서 "사회 선교"가 교회의 선교적 우선권을 차지하게 되었다. 여기서 사회란 개개인의 영혼과 대비되는 선교 대상으로서, 사회의 구조, 제도를 가리킨다. 그것을 기독교화해야 이 땅에서의 교회의 사명(선교)을 다하는 것이라는 신앙이다. 나쁜 사회 제도 속에서는 선량한 사람도 범죄를 저지르기 마련이다. 예컨대, 자본주의 사회 속에서는 누구나 착취를 하든가 착취를 당하기 일쑤이며, 협력보다는 경쟁에 힘쓰게 되어 있는 것과 같은 경우이다.

그러나 우리는 개인의 영혼도 치료해 보았고(개인전도), 사회의 제도도 바꾸어 보았으나(사회 선교), 우리 사회는 여전히 하느님 나라에서 멀기만 하다. 왜? 이 문제는 결코 우발적인 사고에서 생긴 것이 아니다. 즉 개인 전도나 사회 선교가 불완전하게 수행되었기 때문에 온 것이 아니다. 만일 그렇다면 우리가 더 많은 교인을 만들거나, 더 많은 제도를 바꾸거나 공산주의 사회가 도래할 때 이 땅이 하느님 나라로 변해야 하리라. 그러나 그럴 가망성은 극히 희박하다. 그렇다면, 교회는 이 시대 속에서 어떻게 자기의 사명(선교)을 수행할 것인가? 제3 선교론은 없는가? 나는 그것을 문화 선교론이라고 말하고 싶다. 사회의 세포로서의 개인, 사회의 신경조직으로서의 제도가 아니라 그 "사회의 영혼으로서의 문화"를 하느님 나라로 변혁시켜야 한다는 믿음이다(이에 대해서는 앞으로 더 연구할 것임).

11장

두려움 없는 종말과 소망

"모호성 뒤에 숨거나 논쟁적 쟁점에 대해 침묵함으로써,
논박의 위험을 회피하는 자는 이성(理性)의 친구가 아니다"

— 하트숀1)

1. 출발점

　기독교가 이 땅에 알려지기 시작한지 200년이 훨씬 넘은 오늘, 20세기의 꼬리에서, 기독교 역사상 유래 없는 번창을 맞이하고 있는 한국 교회들의 일반적인 모습을 생각하니, 옛 선비들의 기독교 비판이 화살처럼 가슴에 와 박힘은 어쩐 일인가?
　조선의 실학자 이익(1681-1763)은 아마도 마태오 리치(1552-1610)의 『천주실의』에 대한 가장 초기의 비판을 남긴 사람 중의 하나라고 할

---

1) Charles Hartshorne, *Insights and Oversights of Great Thinkers* (Albany: SUNY Press, 1983), p. 127.

수 있을 것이다. 그런데 그의 제자 신후담(1702-1761)은 1724년 『서학변』이라는 글을 통해서, 기독교를 이렇게 비판하고 나섰다:

> 천주교로 말하면, 그것도 부처의 지엽적인 가르침을 바탕으로 하고, 다시 이것을 고치고 야릇하게 꾸미면서, 더욱 더 이치에 가깝게 하였다. 그러나 그것도 또한 **삶을 탐내고 죽음을 서러워하는**, 저 **이득을 바라는 마음**을 스스로 가리 울 수 없다.

그 후 66년, 신후담과 같은 스승을 받들었던 또 다른 실학자 안정복(1712-1791)은 1785년 『천학문답』에서 기독교의 저 세상주의를 이렇게 꼬집었다:

> 혹은 말한다. 지금 당신의 말을 들으니, 그것(천주교)이 그릇된 가르침이라는 것이 의심할 나위가 없다. 우리 선비들이 덕을 밝히고 백성을 새롭게 하기 위해 애쓰라는 것은 모두 **이 세상**에 대해 말하는 것이다. 서양 선비가 착한 일을 하고 나쁜 것을 하지 말라는 것은 모두 **미래의 세상**에 대해 말하는 것이다. 사람이 이미 **이 세상**에 났으면, 마땅히 **이 세상일**을 다하고 그 가장 착한 경지를 이룩하려고 할 따름이다. 어찌 조금이라도 **복을 미래 세상**에서 찾을 뜻이 있으랴. 천주교는 들어가는 첫 길부터 우리 유교와 크게 달라서, 그 뜻은 **오로지 저한 몸의 사사로운 목적**에서 나왔다. 우리의 공평하고 올바른 유학이 어찌 이와 같으랴.[2]

---

[2] 최동희, 『西學에 대한 韓國實學의 反應』 (고대민족화연구소, 1988), pp. 40-42.

신후담과 안정복이 각각 유교와 기독교를 얼마나 깊이 파악하고 있었느냐 하는 문제는 접어두자. 유교라는 것이 단순한 사상과 실천이 아님은 말할 나위도 없거니와, 서학(西學)이라는 학문으로 전래되어 오던 천주교가 종교로서 정착한 것은 안정복의 비판이 나오기 직전 1784년 경이라는 것이 일반적인 판단이고 보면, 기독교에 대한 이들 실학자들의 비판을 되받는 것은 그리 어려운 일이 아닐 것이다. 그러나 기독교에 대한 이들의 이해의 정도가 어떠하든 간에, 이들의 기독교 비판이 200여 년 후인 오늘의 한국 교회 일반인들에게 크게 적중하고 있다는 점에 나는 놀란다.

기독교는 과연 "이 세상 일"보다는 "미래의 복"에 관심을 두는 그런 종교인가? 내세를 믿고 부활과 영생을 믿는 것이 기독교 신앙의 진정한 핵심이란 말인가? 많은 기독교인들이 위의 두 실학자들의 비판을 보고, 오히려 "기독교를 제대로 알고 있었군……" 하고 놀랄지도 모르겠다. 이 세상에 인간의 "죽음"을 극복해 주는 종교가 기독교밖에 또 어디 있단 말인가? 부활, 그것은 기독교의 터전이다. 바울 사도도 노래하지 않았던가! "그리스도께서 다시 살아나지 못했다면, 우리의 선교도 헛되고 여러분의 믿음도 헛된 것입니다." "마지막으로 멸망 받을 원수는 죽음입니다"(고린도전서 15:14, 26). 따라서 두 실학자들의 기독교 비판은 오히려 정곡을 찌른 것이나, 저들이 새로운 진리를 받아들이지 아니하고 있었음이 가련하다고…… 이렇게 말해야 하지 않을까? 그리하여 사도신경과 더불어

몸이 다시 사는 것과 영원히 사는 것을 믿사옵나이다

라고 주일마다, 자랑스럽게 고백함이 마땅하지 않을까? 우리는 여기서

이 어렵고, 어려운 문제에 대해서 최선을 다해 명쾌하게 답함으로써, 하트숀과 더불어 '이성(理性)의 친구'가 되고자 한다(그러나 '이성의 친구'란 믿음을 우습게 아는 기본적인 무신론자가 아니라 포스트모던 시대 속에서 '정직한 신앙'을 지키려는 구도자라고 이해해 주기 바란다).

2. 모던(근대) 신학자들의 불투명성

사람들은 곧잘 허세를 부린다. 특히 종교인들이 그러하다. 평소에는 그렇게 중요하게 여기지 않으며, 자기 자신도 진지하게 믿지 않고 있었으면서도 누군가가 분명한 말로 기독교의 특정 교리에 도전을 해 오면, 그제서야 "당신은 이단이오" 하면서 종교 재판을 서두르기가 일쑤이다. 그래서 기독교 역사상 많은 사상가들이 박해를 받아 왔으며, 심지어는 처형되기도 하였다. 또 어떤 사람들은 자기가 죽은 다음에 세상에 알려지도록 원고를 숨겨 두기도 하였다. 반면에 절대다수의 교회 지도자들은 전통적인 교회 용어(교리)를 반복함으로써 자기들이 "정통"인 양 행세한다. 신학자들도 예외는 아니다. 논쟁적인 쟁점에 대해 분명하게 말한다는 것은 종교인들의 세계, 특히 기독교 세계에서는 힘들다. 신성한 것에 대한 도전은 그 자체로서 불결한 행위이기 때문일 수도 있지만, 사실은 그래서 그런 것이 아니다. 철저한 사상가들의 비판에 의해서 신앙, 곧 우리 자신들의 존재의 기반이 흔들리게 되지나 않을까 하는 불안이 기독교의 자 비판을 원칙적으로 봉쇄하고 있기 때문이다. 그래서 아무리 저명한 사상가들의 저서들을 읽어보아도 속 시원한 해답을 듣지 못하는 수가 많다. 매우 많다. 나는 수 없이 많은 기독교 서적들을 읽고 있지만, 다른 부분에 대해서는 그렇게 명쾌하고 급진적인 사상가들에게서조차도 '인간의 불멸'에 대해서는 명쾌한 진술보다는 지극히 모호한 언어의 유희들만을 발견할 수 있을 뿐이다. 이제 '모던'(근대) 신학자들 중 대표적인 사람들 몇몇에게서 이 같은 모호성을 찾아보자(여기서 '모던' 신학이라 함은 인간의 영/육에 대한 기독교의 전통적 사고에 '근본적으로' 도전하지 않는 게으른 신학을 가리킨다).

(1) 쉴라이에르마허 - 플라톤주의자

오늘날 기독교 신학계가 일반으로 "근대 신학의 아버지"라고 부르는 독일 신학자 쉴라이에르마허(Friedrich Schleiermacher, 1768-1834)는 글을 난해하게 쓰는 반면 사상만은 비교적 명료하게 정리하였다. 헤겔과 함께 독일의 낭만주의의 영향을 진하게 받고 있는 그는 (우리의 문제에 관한 한) 사실상 플라톤주의자였다고 할 수 있다. 독일 국민에게 플라톤을 소개한 것이 그의 사상사적 공헌으로 여겨진다는 사실 하나만으로도 그가 플라톤에게 얼마나 심취해 있었는지 알 수 있다.

플라톤의 사상이란, 이 문제와 연관시켜 보면, 영혼은 불멸하며 육체는 죽는다는 것이다. 즉 고전적 희랍 사상은 '영혼불멸'을 믿으나 '육체'의 부활은 믿을 수도 없거니와 믿어서도 안 되는 일로 여겼다. 시간과 공간 속에서 일정한 크기와 무게를 지니고 있는 부동(不動)의 물질, 육체는 그 자체로서 불멸성을 수용할 수 없는 성질의 것이기 때문이다. 그들은 육체를 영혼의 감옥이라고 보았고, 그래서 죽음을 극복의 과제가 아니라 그 자체로서 인간 영혼의 해방이라고 보았던 것이다. 그런데 이와 매우 유사한 생각이 기독교 신학자인 쉴라이에르마허의 사상 한 가운데 자리 잡고 있다. 그렇다고 쉴라이에르마허가 플라톤과 같은 의미에서 "영혼"의 불멸성을 믿었다는 것은 결코 아니다. 그 반대이다.

우리가 생각할 수 있는 영이라는 것은 육체와 함께 있는 영혼(soul) 뿐이며, 그런 의미에서 엄격하게 말한다면 육체적인 생명을 떠난 영혼의 불멸성이란 거론할 여지조차 없다.3)

그렇다면 어째서 우리는 그를 플라톤주의자라고 말하는가? 플라톤에게 있어서 분명한 것은 영혼불멸론이다. 반면에 그에게 있어서 불분명한 점은 "개별" 영혼의 문제이다.4) 이와 마찬가지로 쉴라이에르마허에게도 확실히 불멸하는 것은 소위 하느님 의식(God-consciousness)이다. 그러나 개별 인간들의 불완전한 하느님 의식도 하나하나 불멸한다는 것인지 심히 불분명하다. 미루어 짐작컨대, 육이 없이는 의식도 없다5)는 것이 그의 생각인 한, 불멸하는 것은 결국 개개인의 의식이 아니라 집단적인 혹은 추상적인 "인류의 하느님 의식"이라고 말할 수 있을 것이다. 따라서 그는 개개인의 "육체의 부활"은 물론이요, 예수의 부활까지도 "상징적으로"(figurative sense) 처리했다.

그의 이해에 의하면, 기독교의 부활 신앙의 핵심은 이런 것이다. 우리가 가장 먼저 알아두어야 할 것은, 예수를 믿는 것과 그의 '부활, 승천, 재림'을 믿는 것 사이에는 필연적인 연관성이 없다는 것이다.6) 즉 후자를 '사실'로 믿지 아니하고라도 우리가 얼마든지 기독교인이 될 수 있다는 것이 그의 확신이었다. 둘째, 예수의 부활은 그의 '영적 현존'7) (이것은 교회라는 공동체를 통하여 역사적으로 매개된다), 곧 제자들이

---

3) Friedrich Schleiermacher, *The Christian Faith* (Edinburgh: T.&. T. Clark, 1948), p. 709.

4) Hartshorne, 앞의 책, p. 27.

5) Schleiermacher, 앞의 책.

6) 위의 책, p. 418.

7) 위의 책, p. 707.

교회 공동체 속에서 경험한 "그리스도의 구속의 효능"(the redeeming efficacy of Christ)[8]을 가리키는 상징적 언어이다. 따라서 예수를 통한 하느님의 인간 구원 사업은 결국 역사를 통하여 일어나는 하나의 과정, 운동이며, 부활 사건은 그 과정 중의 한 결정적 계기이다. 그리고 이 과정은 그리스도의 재림 곧 "교회의 완성"을 통해서 실현된다.[9] 재림이란 육체에 대한 영혼의 승리, 세상에 대한 교회의 승리를 뜻하며, 그것이 곧 인류의 부활의 완성이라고 할 수 있다.

우리는 플라톤과 마찬가지로, 개개인의 불멸성에 대해서는 불가지론(단호히 부정하지는 않음)에 빠져 있는 쉴라이에르마허를 보게 된다.

(2) 쿨만 - 자칭 바울주의자

1950년대 후반, 스위스와 프랑스에서 큰 물의를 빚었던 신약성서학자 쿨만(Oscar Cullmann, 1902-1999)은 그의 유명한 논문, "영혼불멸인가, 죽은 자의 부활인가"(1956)에서 자신은 헬라 사상을 신봉하는 플라톤주의자가 아니라 바울의 신앙을 따르는 기독교인임을 강조하였다. 그런데 오늘날의 기독교인들은 실제로 바울주의자가 아니라 플라톤 주의자에 더 가깝다는 것이 그의 논문의 핵심이었다. 그래서 그는 영혼불멸을 믿는 희랍의 사상과 몸의 부활을 희망하는 히브리의 신앙을 날카롭게 대조하려고 애썼다. 이제 그의 생각을 잠시 살펴보자. 그는 그 논문의 서두를 이렇게 도전적으로 시작하고 있다:

---

[8] 위의 책, pp. 418, 425 f.
[9] 위의 책, pp. 713 f.

만일 우리가 오늘날 일반 그리스도인들에 대하여 죽은 후의 인간의 운명에 대한 신약성서의 가르침이라고 그가 생각하는 바가 무엇이냐고 묻는다면 거의 예외 없이 영혼불멸이라고 하는 대답을 얻게 될 것이다.10)

이 같은 사정은 한국 교회에도 마찬가지라고 생각한다. 즉 부활을 믿는 것이 아니라 (장례식 예문을 보면)11) 실제로는 영혼불멸을 믿고 있다.

쿨만에 의하면, 헬라 사상과 기독교 신앙 사이의 주요 차이는 죽음의 성격에 대한 이해에서 온다. 기독교는 헬라인들과는 달리 죽음을 "자연스러운 것"이 아니라 '죄의 형벌'로 본다. 따라서 죽음이란 육체에서의 해방이 아니라 하느님과의 영원한 단절을 의미한다. 따라서 하느님과 인간 사이의 죄의 소멸(구속)은 결과적으로 죽음의 정복을 의미할 수밖에 없다. 그러나 문제는 기독교인들도 여전히 죽는다는 사실로부터 죽음과 부활에 대한 초대 교회의 신학이 발전하게 되었다고 그는 이해한다.12) 그래서 이에 대한 바울의 답변이 나왔다. 즉 결정적인 전투에서 그리스도(와 더불어 기독교인들)가 승리하였으나, 전쟁에서의 완전한 승리(V-Day)는 "끝날"까지 기다려야 한다. 따라서 그리스도 안에서 죽는 자들은 죽은 것이 아니라 "잠"을 자는 것이다. 잠에 이르는 것과 죽음에 이르는 것 사이의 중요한 차이는, 전자의 경우에는 영이 그리스도와의 친교를 계속하나 후자의 경우에는 그것이 불가능하다는 것이다.13)

---

10) 전경연 편, 『靈魂不滅과 죽은 자의 부활』 (향린사, 1965), p. 12.
11) 본서 7장 참조.
12) 『靈魂不滅과 죽은 자의 부활』 p. 32.

나아가 플라톤과 바울의 중요한 차이는 인간의 궁극적 희망의 성격과 근거에도 있다. 즉 플라톤의 경우, 인간의 궁극적 희망은 죽음 그 자체이며, 그 희망의 근거는 영(혼)이 지니고 있는 "자연적(본래적) 불멸성"이다. 반면에 바울의 경우, 인간의 궁극적 희망은 영과 몸의 전인적 부활이며, 그 근거는 인간의 본래적인 성질에 있는 것이 아니라 역사 속에서 일어난 그리스도의 부활 사건에서 비로소 주어진 것이다.14)

자칭 바울주의자이고자 하면서, 기독교 신앙의 특수성을 발견하려고 무던히도 애썼던 신약학자 쿨만, 그의 노력에도 불구하고 문제가 투명해지기는커녕 오히려 더 복잡해지고 말았다. 그에 의하면 "끝 날이 되면" 잠자는 영들이 영체를 덧입는 새로운 창조의 변화를 당하게 된다.15) 그러나 잠자는 자의 성격이 과연 무엇인지 알 수가 없다. 사람이 죽으면 육체는 분명히 썩고, 해체된다. 그렇다면 육체를 떠나서, 자유로이 활동하는 (플라톤적) 영혼이 잠자다가 깨어난다는 것인가? 잠자는 영혼이 그리스도와의 친교를 이미 나누고 있다면, "전인"(全人)이라는 핑계로 훗날에 몸을 다시 입어야 할 이유가 과연 있을까? 이 점에 있어서는 슐라이에르마허가 훨씬 더 명쾌했다. 그는 육체를 떠난 영혼은 상상할 수 없을 뿐 아니라, 죽은 다음 인간의 영(혼)이 이미 그리스도와 친교를 나눈다면(쿨만은 "더 가까이" 간다고 했다. 42면), 부활은 "불필요"해진다는 점을 지적하였다.16) 그래서 우리는 이 문제에 대해서 비교적 세심했던 최근 신학자 한 사람을 만나러 간다.

---

13) 위의 책, p. 42.
14) 위의 책, p. 13.
15) 위의 책, pp. 28, 30, 31, 34 ff.
16) Schleiermacher, 앞의 책, p. 712.

(3) 파넨버그 - 플라톤과 더불어 바울

가다머(Hans-Georg Gadamer, 1900-2002)의 "지평의 융합"이라는 해석학적 방법론을 응용하고 있는 뮌헨의 조직신학자 파넨버그(Wolfhart Pannenberg, 1928-)는 서양 문명의 두 전통, 헬레니즘과 헤브라이즘을 융합하고자 애쓴다. 그가 영혼불멸과 몸의 부활을 다 같이 진지하게 검토하고 있는 이유는 아주 간단하다.

우선 파넨버그의 출발점부터 살펴보자. 그는 부활을 역사적 '사실'이라고 믿는다는 점에서 소박한 기독교인들의 신앙과 궤를 같이 한다.17) 그러나 오늘날의 역사학자들이나 과학자들에게 부활의 사실성을 입증할 수 있다고 생각지는 않는다18)는 점에서 소박한 신앙인들과 크게 다르다. 그렇다면 부활이 '사실'이라는 그의 주장은 도대체 무엇을 뜻하는가? 파넨버그는 자신의 언어유희를 설득시키려고 애쓰고 있지만, 과연 몇 사람이나 그의 생각을 수긍할지 모르겠다. 그의 이해에 의하면 부활이라는 "하느님의 (예수) 변증사건"은 "역사의 끝"에 가서 일어날 성질의 사건이 "미리 일어난 것"19)이기 때문에, 역사 한가운데서는 과학자들의 눈이 아니라 신앙인의 눈으로만 알아볼 수 있다는 것이다. 지금까지 인간이 알고 있는 세계(reality)가 결코 '전체'가 아닌 이상, 어느 누구도 지금까지의 과학적 지식에 근거하여 부활의 사실성을 부정해서는 안 된다는 것이다.

아주 그럴 듯한 논리이지만 "역사의 끝"이란 과연 무엇인지. 역사의

---

17) Wolfhart Pannenberg, *The Apostles' Creed* (London: SCM, 1972), p. 97. 더 자세한 것을 알고 싶으면 다음을 보라. *Jesus-God and Man* (Philadelphia: Westminster, 1968).

18) Pannenberg, *The Apostle's Creed*, pp. 109f.

19) 위의 책, pp. 99, 109 참조.

이편을 주관하시는 하느님과 역사의 끝 저편을 주관하시는 하느님 사이에 가정되어 있는 엄청난 이질성을 어떻게 극복할지 알 수 없다. 즉 하느님은 뭔가를 감추어 두고 계신다는 것이다. 인간이 못 깨닫는 것이 아니라, 지금의 우주 질서와는 다른 (더 좋은) 우주 질서를 하느님께서 감추어 두고 계신다는 것이다. 그는 부활이 "전적으로 새로운 삶에로의 변혁" 혹은 현 질서와는 전적으로 다른 만물의 "근본적 변혁"을 뜻한다고 말한다.[20] 그러나 사실 이것은 이 세계를 창조하시고, 이 세계를 구출하기 위해 아들을 아끼지 않으신 하느님, 그리고 다시 '이 세계'로 되돌아오겠다고 약속한 그리스도를 거부하는 인간 멋대로의 신앙일 뿐이다. 교묘하게 두 하느님을 믿는 신앙이다. 못난 현세의 하느님과 멋진 내세의 하느님—우리는 이 같은 논리가 철학적으로나 성서적으로 결코 정당화될 수 없음을 간파해야 한다.

이제 부활을 (종말에서 일어날, 그러나 미리 일어난) '사실'이라고 치자. 그렇더라도 파넨버그에게는 중대한 문제가 남아 있었다(이것이 우리의 관심의 초점이다). 대부분의 신앙인들과 신학자들이 너무나 당연시하여 소홀히 지나가는 문제, 그것은 바로 '누가', '무엇'이 부활하는가 하는 문제이다. 인간적으로 말하여, 부활을 당하는 '주체'가 무엇이냐 하는 것이다. 즉 영혼이 부활하는가?(이것은 불필요하다.) 아니면 육체가 부활하는가?(이것은 불가능하다. 썩어, 해체되기 때문이다.) 아니면 유식한 신학자들의 말을 빌어 전인(全人)으로서의 '몸'(이 경우는 육과 구별되어 사용됨)의 부활인가? 많은 신학자들이 전인(全人)의 부활을 운운하고 있지만, 육체가 썩어 없어진 다음의 전인(全人)이란 도대체

---

20) 위의 책, pp. 97, 99.

무엇을 가리키는가? 예수의 경우 '제3일'에 부활하셨기에 상하기 시작한 육체가 되살아났다고 하겠지만, 우리들처럼 수억 년(?) 후에 부활한다고 하면, 그 부활에 참여한 주체가 어떻게 해서 지금의 "나"인가 말이다. 전인(全人)이라는 말을 사용하는 모든 신학자들은 세련된 언어유희를 즐기고 있음이 분명하다. 우리는 이런 점에서 파넨버그를 존경할 수 있다. 그의 이해에 따르면, 죽음과 부활 사이의 엄청나게 길(?) 시간 간격을 살아남을 (동일성을 유지하면서) 그 무엇(주체)인가가 있어야 한다는 것이다. 그리하여 이 망각의 대해를 건너가는 그 무엇에 대한 인간의 언어(개념) 중 가장 유력한 것이 바로 희랍인들이 믿어 왔던 불멸하는 "영혼"이라는 것이다. 따라서 쿨만처럼, "플라톤이냐, 바울이냐? 영혼불멸이냐, 몸의 부활이냐?" 하고 싸울 것이 아니라, 두 지평을 융합해야만 한다는 것이 그의 요점이다.

첫째, 기독교의 부활신앙은 플라톤의 영혼불멸 사상과는 달리, 부활에 참여하는 "물질(실체)적인 실재"(the physical reality)를 말하고 있고, 그것은 곧 "썩어 없어질, 이 죽을 몸"(고린도전서 15:50)이라고 믿는 점을 주목해야 한다고 파넨버그는 말한다.21) 그러나, 둘째로, 우리의 죽음과 인류의 총괄적 부활의 사건이 발생할 종말 사이의 "시간적 간격을 메워줄"22) 영혼불멸 사상이 필요하다. 육체를 떠나서도 독자적으로 존립할 수 있다고 생각되었던 "영혼의 존속에 의한 (사후 인간의) 지속성은 현재의 죽을 인간과 미래의 삶의 주인공의 개인적인 동일성을 확보하기 위해서는 불가피한 것으로 여겨진다. …… 따라서 1513년에 로마 가톨릭이 영혼의 사멸성을 이단으로 정죄한 것은 이해될 수 있다."23)

---

21) 위의 책, pp. 98, 99.
22) 위의 책, p. 171.
23) 위의 책.

여기까지는 파넨버그의 논리를 그런 대로 따라갈 수 있을지 모르겠다. 부활은 '사실'이라고 하더라도, '플라톤'(영혼불멸)이 없이는 '바울'(몸의 부활)도 불가능하다는 점을 지적하였다. 그러나 현대인의 이해로는 죽은 다음에도 우리의 그 무엇인가가 살아남아서, 독자성을 지니게 될 것이라는 불멸하는 "영혼"을 수긍하기가 극히 곤란하다는 점을 파넨버그는 잊지 않고 있다. 물론 아직도 한국 교회의 대다수의 신자들은 죽은 다음에도 인간의 영혼은 어떤 식으로든 영원히 살아남는다고 하는 막연한 믿음을 지니고 있는 것이 사실이다. 그러나 오늘날 모든 신학자들의 공통된 판단에 의하면, 우리는 적어도 영혼불멸을 믿는 것이 이교도적인 생각이라는 점을 확실히 알 수 있다. 그래서 파넨버그는 시간 간격을 건네 줄 '영혼'이 필요함에도 불구하고, 이 문제의 해답을 다른 데서 찾는다.

셋째로. 파넨버그는 사도신경이 고백하고 있는 우리의 "몸의 부활"은 세계의 시간 끝이 아니라 하느님의 시간 속에 감추어져 있다고 말한다. 즉 우리가 각자 죽으면 '언제' 부활하는가 하는 질문은 직선적 시간관(the linear sequence of time)으로는 해결되지 않는다는 것이다. 따라서 "미래는 이미 하느님의 감춤 안에(하늘에) 있다"는 묵시문학적 시간관을 받아들여야 한다고 보며, 이것을 그는 "우리 인생의 수직적 차원"이라고 말하고 있다.24)

이로써 파넨버그는 그가 지금까지 열심히 논구하던 인간의 불멸에 대한 문제를 간단한 언어유희로 마무리 짓고 만다. 우리 인생의 참 모습(reality)이 하느님의 시간 속에 감추어져 있으며, 종말의 때에 그 감추어져 있던 것이 "드러난다"고 할 것 같으면, 그것은 모든 문제를 미해결의

---

24) 위의 책, pp. 172-174.

영원한 미래로 팽개쳐 버리는 격이 될 것이다.

이 같은 기독교 신학자들의 불투명성의 출발점은 어디에 있는가? 내가 보기에 그것은 "죽음"에 대한 오해와 "세상 끝"에 대한 오해에서 비롯된다. 물론 이 같은 오해의 실마리는 성서의 바울(적인) 문서에 다분히 흩어져 있다. 죽음은 결국 정복되어야 하며, 예수의 부활은 그것의 보증이며, 그 약속의 실현은 곧 다가올 세상 끝에 가서 이루어질 것이며, 기독교 신앙을 갖는다는 것은 바로 죽음을 영원히 정복한 예수 그리스도의 부활에 동참하는 것과 동일하다는 사상이 바울 문서의 도처에서 발견된다. 이 같은 바울의 사상(혹은 그 표현)에 대한 구체적 해석은 성서학자들에게 맡기자. 우리는 단지 이 같은 '바울적인' 신앙이 기독교 신앙의 커다란 핵심을 점유해 온 것이 사실임에도 불구하고, 이것은 예수 자신의 신앙에서나 오늘날의 인간 이해에 있어서나 액면 그대로 받아들일 수 없다는 점을 밝히려 한다.

3. 예수의 '죽음'과 '세상 끝'

늘 하는 말이지만,[25] 만일 죽음을 걱정하지 않는 새 인간들이 지구상에 탄생한다면,[26] 기독교는 메시지를 잃을 것인가? 적어도 지금까지 기독교가 신봉해 온 '바울'(우리는 그 바울이 역사 속의 진짜 바울인지,

---

25) 본서 7장 참조.
26) 사실 이런 유의 사람들이 많이 있다. 원시 불교의 가르침을 받드는 사람들, 선불교에 정통한 사람들, 일본의 사무라이들과 가미가제 특공대들, 세속화 시대의 '성숙한 사람들', 그리고 우리의 출발점이 되었던 한국 선비들 등등 …….

기독교인들이 만들어낸 가짜 바울인지 확인할 수 없다)은 그의 메시지를 상실할 것이 분명하다. 즉 미래의 새 인간이 아니라고 하더라도 아브라함과 야곱과 이삭에게는 '바울'이 전할 메시지가 없을 것이다. 그들은 죽음을 정복하고 싶어 하는 사람들이 아니었기 때문이다. 그들은 모두 "한이 없는" 죽음을 맞이했다. 먼 훗날 잠자는 그들을 누군가가 깨운다고 할지라도 그들은 그것을 기뻐하지 않을 것이다. 아니 예수의 신앙에 의하면 그들은 이미 "살아 있다"고 한다.

> 이 세상의 자녀들은 장가도 가고 시집도 가지만, 죽은 자들 가운데서 부활하여 저 세상에 들어가 살기에 합당한 이들은 장가도 가지 않고 시집도 가지 않는다. 그들은 천사와 같아서 죽지 않는다. 그리고 그들은 부활했기 때문에 하느님의 자녀들이다. 죽은 자들이 다시 살아난다는데 대하여는 모세도 가시나무 떨기 편에서 보여 주었는데, 그는 주님을 "아브라함의 하느님, 이삭의 하느님, 야곱의 하느님"이라고 불렀다. 하느님은 죽은 자의 하느님이 아니라 산 자의 하느님이시다(누가 20:34-38a).

율법학자들을 일거에 침묵케 만든 예수의 이 논리는 도대체 무엇인가? 그는 여기서 죽음의 사실과 부활의 사실을 말하고 있는가? 예수는 아브라함과 이삭과 야곱이 부활했다고 전제하고 있는데, 도대체 성경 어디에 그들의 부활 기사가 있다는 것인가? 이 엉뚱한 논리에 율법학자들은 왜 침묵을 해야 했을까? 그들이 생물학적 죽음을 문제 삼았더라면, 예수를 커다란 사기꾼이라고 몰아붙였을 것이 분명하다. 신앙의 선인들은 죽었어도, 하느님께서 살아 있으니, 하느님을 믿고 살았던 그들도 살아있다고 하는 이 어처구니없는 논리를 바울주의자들은 심히 못

마땅하게 여겼을 것이다. 그러나 예수는 분명하다. 그들은 "부활"하여 "하느님 안에 살아 있다"고 선언했다(38절b). 물론 이것은 훗날 우리가 천사들처럼 성(sex) 없는 인생을 즐기게(?) 되리라는 공상을 보장하는 말은 더더욱 아니다. 예수의 논리의 핵심은 하느님을 믿으라는 것, 그렇게 사는 것은 죽더라도 "하느님 안에 영원히 살아 있다"는 것이다. 이것은 결코 나, 나의 개인적 종말, 그리고 죽음 이후의 생에 관한 이야기가 아니다. 세련된 신학자들조차 부활이 궁극적으로 정복하고 말 것은 인간의 생물학적 죽음이라고 오해하고 있으며,27) 이것이 신자들을 혼란의 극에 달하게 만들고 있다. 그리고 바로 이 오해가 우리의 선비 신후담과 안정복을 비기독교인의 자리에 머물게 하고 말았다. 그러나 예수와 당시의 유대인들이 부활에 의해서 정복되기를 소망하고 있었던 것은 개개인의 생물학적 죽음이 아니라 억울한 죽음, 하느님의 정의가 짓밟히고 있는 '이' 세상(정치·문화의 질서)이었다. 예수는 위의 논쟁에서 '부활'을 통하여 바로 이 같은 하느님의 정의의 나라, 새 세계에 대한 소망을 피력하고 있는 것이다. 이 소망이 없다면, 바울의 말대로, 아브라함과 이삭과 야곱만이 아니라 그들이 소망했던 하느님도 죽은 신, 헛된 신이 되고 만다.

도대체 기독교 종말이란 게 어떤 세상의 끝을 말하고 있는지 다시 생각해 보자. 요즈음 많은 사람들이 태양계와 지구의 종말을 생각하면서 두려워하고 있다. 핵전쟁이라도 난다면 그것은 말 그대로 지구의 종말이 될 것이기 때문이다. 그러나 그런 일이 설혹 일어난다고 하더라도 4차원이나 5차원의 세상이 도래하지는 않는다. 단지 문명이 파괴될 뿐

---

27) Pannenberg, 앞의 책, p. 101. Emory 대학에서 하이데거를 공부하고 있을 때다. 나는 Dr. Walter Lowe에게 물었다. "죽음을 두려워하지 않는 사람들이 있다면 기독교가 무엇을 말할 수 있을까요?" 그러자 그는 몹시 당황했다.

11장. 두려움 없는 종말과 소망 *347*

이다. 지금의 인간들이 살아남는다면, 적당한 시간이 흐른 뒤 결국 또다시 지금과 같은 문명 세상을 그들은 만들어 낼 것이다. 즉 인간들의 사고방식과 문화의 근본적 변혁이 없는 한 핵전쟁이 나더라도 그것은 결코 "저 세상"의 도래를 뜻하지 않는다. 그러므로 공연히 허황된 말세론에 우왕좌왕할 것이 아니라 두려움 없이, 그러나 두려움으로써 종말을 맞이해야 할 것이다.

예수 자신의 신앙과 언어를 살펴보면, 그가 생각하고 있던 죽음과 세상 끝이 하느님 중심으로 이해되고 있음이 분명해진다. 즉 사람의 눈이 아니라 하느님의 눈으로 보아야 한다는 것이다. 하느님의 눈으로 보아 죽은 자들은 살아 있어도 죽은 자들이요, 하느님의 눈으로 보아 살아 있는 자들은 죽었어도 여전히 살아 있는 자이며, 하느님의 눈으로 보아 죽은 이 세상은 하루 속히 끝장나야 할 옛 세계이며, 하느님의 눈으로 보아 생명이 넘치는 세상은 예수가 늘 기도하고 기다리던 "그 나라"이다. 그 나라는 하느님의 나라인 만큼 영원하고, 하느님의 나라인 만큼 "저" 세상에 속해 있으나, 그 나라는 우리가 죽어서 가는 피안의 세계가 결코 아니다. 하느님은 그런 나라를 만들지 않으셨다. 예수가 기도하던 나라, 기대하던 나라, 하느님의 뜻이 이루어진 세상은 지금도 다가오고 있는 나라, "이 땅에서 이루어지는"(주님의 기도의 한 대목)나라이다. 그리고 아브라함과 이삭과 야곱은 이미 그 나라에 들어가 있다. 이것이 예수 자신의 신앙이다.

이 예수의 신앙에 대해서 당시의 유대인들은 더 이상의 도전을 하지 않았지만, 오늘의 기독교인들은 그들 이상으로 흥분하면서, 이 예수를 "믿음 없는 사람"으로 몰아붙이려 할 것이 분명하다. 그러나 우리가 기독(그리스도)교인이라면, 이 점에 있어서도 예수를 따를 수밖에 없으니 어쩌랴.

그러면 본래의 유대교 신앙에는 없었던 종말론 사상이 등장하게 된 배경을 잠시만 살펴보자.

기독교 신학자들의 공통된 연구 결과에 의하면, 부활 신앙이 유대인들에게 싹트게 된 것은 기원 전 2세기경이다.[28] 그러면 유대인들에게 있어서 기원 전 2세기란 무엇을 뜻하는가? 바벨론 포로에서 가까스로 돌아왔으나, 젖과 꿀이 흐르는 복지(福地)가 아니라 또 다시 알렉산더 제국과 이집트 틈바구니에서 시달리면서 마침내 국어까지 상실하고 만 어둠의 때였으며, 나라를 찾기 위한 무장항쟁(외경 마카비서—공동번역에 실려 있음—를 보라)이 시작되기 직전의 암울한 마지막 시각이었다. 그들은 페르샤의 종교와 문화, 그리고 알렉산더의 헬레니즘을 배우면서 자기들 고유의 신앙의 빛에서 역사를 되돌아보았다. 하느님께서 창조하신 그 역사의 무대, 세상—거기서 그들이 본 것이 무엇이었던가? 그것은 바로 하느님의 정의의 잔인한 유린이었다. 전능자 하느님의 정의가 어디로 갔기에, 저토록 반인간적인 악마의 세력이 지배하고 있는 이 세상을 내버려둔다는 말인가? 심판은? 그렇다. 의로운 하느님의 심판은 어디로 갔는가? 흔히 말하는 것과는 달리 역사의 심판과 하느님의 심판은 반드시 동일하지 않다. 기원 전 2세기 유대인들의 눈에는 더욱 그러했다. 그래서 그들은 욥과 같은 고난을 집단적으로 겪어야 했다. "하느님은 어디 계십니까?" 바로 그래서 예언자가 대답했다.

---

28) 위의 책. 다음도 참조하라. D. S. Russell, 『신구약 중간시대』 (임태수 역, 컨콜디아, 1977). 그러나 이것은 다소 오래된 저서이다. R. R. R. Reuther, *To Change the World* (New York: Crossroad, 1981), pp. 7f., 『메시아 王國』 (서남동 역, 한국신학연구소, 1982), pp. 9-27. U. Wilckens, 『부활』 (박창건 역, 성광문화사, 1985). 보수적인 입장에서 철학적으로, 신학적으로 잘 정리한 최근의 연구서는 다음이 있다. John W. Cooper, *Body, Soul and Life Everlasting* (Grand Rapids: William B. Eerdmans, 1989).

"하느님은 속히 오실 것입니다. 그 때는 바로 이 세상의 끝이 될 것입니다. 당신들의 원한은 하느님의 전능자가 풀어 주실 것입니다. 그 때에는 불의의 수레에 희생된 자들이 보상받을 것이며, 인간을 학살하고도 버젓이 국립묘지에 묻혀 있는 독재자들이 되살아나 정의의 심판을 받게 될 것입니다. 그러니 당신들은 하느님의 의를 믿는 신앙을 저버리지 마십시오. 보상을 받지 못하고 죽은 자들, 심판을 받지 않고 죽어버린 자들 때문에 너무 억울해 하지 마십시오. 죽었으나 저들은 언젠가 심판을 받을 것입니다. 곧 새 세상이 올 것입니다."

이리하여 저들은 '부활'과 '이 세상의 종말'을 동의어로 생각하기 시작하였던 것이다.

그러므로 유대-기독교의 부활과 종말은 본래 나 개인의 불로장생이 아니라 하느님의 정의의 회복에 의한, 반인간적 세상의 종말을 약속하는 상징적 언어였다. 그렇지 않고서야 부활을 믿었던 예수 자신과 부활의 설교를 들었던 그 제자들이 죽음을 두려워하여 떨었던 일을 어떻게 이해할 수 있겠는가? 그 뿐인가? 부활의 소식을 전하는 여인들을 가리켜 "미친 사람들"이라고 비난하며, 불안에 떨던 제자들을 어떻게 이해할 수 있겠는가? 부활 소식을 접하고 난 제자들의 두려움은, 부활이 우리의 죽음의 극복이 아니라 이 세상의 '심판'의 시작을 뜻하며, 심판이 시작되었다는 것은 곧 저들 자신의 세계의 끝장을 뜻했기 때문이 아닐까?

물론 신학자들의 통상적인 방식으로는 부활에 관한 예수의 모든 이야기들이 성령 강림의 사건 이후, 제자들에 의해서 비로소 예수의 입에 넣어진 것이라고 설명하지만, 그 설명 방식이 전적으로 옳은 것은 아니다. 그런 구차스런 설명은 '부활'이 인간의 생물학적 죽음의 정복을 뜻한다는 신화적 사고에 얽매여 있을 때에만 타당성을 지닐 것이다.

그러나 예수와 당시 유대인들의 부활, 종말에 대한 소망은 그런 것이 아니었다.

> 오직 십자가에 달려 죽은 자의 부활을 통하여 그의 사명이 확증되었기에 비로소 예수가 이스라엘의 약속된 메시아, 그리스도라고 주장할 수 있다. 이스라엘에 의하여 거부당한 예수가 하느님의 외아들, 그리고 우리와 세계의 주님이심이 드러난 것은 이것(부활)을 통해서, 그리고 오직 이것을 통해서 만이다. …… 예수의 죽음이 인류의 화해를 성취시킨 대속적 의미를 갖게 되는 것도 오직 그의 부활의 빛에서 만이다. …… (그렇지 않았다면) 그의 죽음은 그의 사명의 실패밖에 의미할 것이 없었을 것이다.29)

어떻게 이런 말을 할 수 있는가? 한 인간의 아낌없는 이웃 헌신과 희생, 과감한 투쟁이 그 주인공의 '사후(死後)에' 그의 무덤에서 아무런 일이 일어나지 않았다는 그 하나의 이유 때문에 송두리째 무의미해지고 실패로 끝난다? 어떻게 감히 이렇게 말할 수 있는가? 역사 속의 갖가지 모진 악마적 세력의 형틀에 희생된 무수한 사람들의 숭고한 삶이 그들의 '무덤' 때문에 무의미해진다는 말인가? 무덤 때문에 그들의 생 전체가 헛되다는 것인가? 인류의 역사를 빛낸 숨은 사람들이 무덤에서 잠자고 있다 하여, 되살아 나오지 못하였다 하여, 그 하나의 이유 때문에 '실패'라고 말해야 한다는 말인가? 억울한 죽음을 당한 모든 사람들

---

29) Pannenberg, 앞의 책, p. 96.

의 생이 그렇게 쉽게 허사로 돌아간다는 말인가?

물론 이 같은 질문에 답하기 위하여, 기원 전 2세기경의 유대인들이 페르샤인들의 내세 개념을 도입하여 '천상의 낙원'을 생각하기 시작했다고 치자.30) 그렇다 하더라도, 그것이 유대인들의 고유한 신앙, 곧 하느님의 정의(=자비)에 대한 전적인 신뢰를 대치해서는 안 된다고 생각한다. 페르샤적 기원을 두고 있는 이교적 신앙 곧 내세의 천국을 믿는 것은 하느님이 아니라 인간들의 더러운 이기심을 믿는 것에 불과하기 때문이다. 그렇다고 하느님을 믿는 신앙이 맹목적이라는 말은 결코 아니다. 단지 무제약적인 하느님의 자비에 우리의 생(내세가 있다면 그것까지도)을 내맡기는 삶이 신앙이라는 말일 뿐이다.

어거스틴의 경고를 여기서 다시 생각하자: 하느님을 '사랑'하는 것과 '이용'하는 것은 크게 다르다.

이제 이 같은 문제에 철학적 해명을 던져 주고 있는 일단의 사상가들 곧 과정(process) 신학자들을 살펴보자.

4. 과정 신학자들의 모험

우리나라에도 서서히 알려지기 시작하는 새로운 사상 중의 하나가 '과정 신학'이라고 하는 것이다. 캅(John B. Cobb, Jr.)과 그리핀(David Griffin)은 최근 들어 이 사상을 '포스트모던' 신학 운동의 하나라고 규정하고 나섰다. 그러면 과정 신학의 일반적인 특성은 무엇이며, 그 사상은 인간의 죽음과 불멸에 대해서 어떻게 말하고 있는가?

---

30) Russell, 앞의 책, pp. 124, 165ff.

영국에서는 수학자로 일하다가 말년에 미국으로 건너가면서 졸지에 하버드 대학의 철학 교수가 된 화이트헤드(Alfred North Whitehead, 1861-1947), 그의 사상을 철학계에서는 신(新)실재론(new realism), 유기체 철학, 혹은 과정사상(process thought)이라 하고, 신학계에서는 신고전적 유신론(neo-classical theism), 범(내)재신론(panentheism), 또는 과정신학이라고 한다. 지극히 난해한 화이트헤드의 사상을 신학계에 소개한 공로자는 목사의 아들로 태어난 하트숀(Charles Hartshorne, 1897-2000)이다.

화이트헤드의 사상이 기독교 신학자들에게 크게 주목을 끄는 데는 이유가 있다. 기존의 형이상학(특히 존재론)이 성서의 세계와 오늘의 경험 세계에 다 같이 부적합했었으나, 바로 이 두 가지 측면(성서의 세계와 오늘의 경험 세계)에서 과정 사상이 커다란 타당성을 지니고 있는 것으로 생각되기 때문이다. 그러나 우리가 상식적으로 생각해도 알 수 있듯이, 성서의 세계와 오늘의 세계를 다 같이 잘 해명해 줄 수 있는 사상 체계란 사실상 불가능한 주문일 수도 있다. 그 두 세계는 워낙 다르기 때문이다. 그러나 이것이 우리의 최종적 결론이라면, 오늘의 우리는 오직 시대착오적으로서만 기독교인으로 남아 있을 수 있게 되는 것이다. 즉 교회에 나가서는 30세기 전의 세계에서 쉬다가, 일상생활을 할 때는 황급히 21세기로 되돌아오면서 이 두 세계 사이에 아무런 다리도 놓으려 하지 않고 살아가는 방식을 취해야 한다. 그러나 과정 사상은 옛날의 성서 세계와 오늘의 첨단 세계를 감히 다리 놓으려는 엄청난 모험을 시도하고 있다. 이 난해한 분야의 사상을 조금이라도 파악하고자 한다면, 우리 주변을 유심히 관찰하는 민감성과 자유로이 세계를 재구성할 수 있는 상상력이 필요할 것이다. (이하에서 우리가 스케치하는 과정신학은 조직신학 교수 오그덴[31]과 철학교수 레클레어[32]의 해석을 따르는 것이다. 이 두 스승은 신학과 철학에 대해 새로운 시각으로써 그리고 진지한 흥미와 열정으로써 다가갈 수 있도록 나를 도와 주셨다.)

(1) 만물의 시간성과 무아성(無我性)

시간이 가도 변화되지 않는 것이 있다면, 우리는 그것을 가리켜 "시간 속에 존재하나 시간에 종속되지는 않는다"고 말할 수 있을 것이다. 반면에 "시간에 종속됨", "변화됨"을 시간성이라고 부른다. 옛사람들은 "산천은 의구(依舊)하다"고 했다. 즉 분명히 시간과 공간 속에 자리를 차지하고 있지만, 시간이 가도 산천은 "변화"를 겪지 않는다고 생각하였기에 그렇게 말했던 것이다. 그러나 엄격하게 말하면, 산천의 나무 하나 돌 하나도 사실은 시간과 더불어 조금씩 변화를 겪고 있다. 그 변화의 속도가 크지 않을 뿐이다. 나아가 정지 상태에 있는 것 같은 돌 하나도, 현대의 물리학의 시각에서 바라본다면 가만히 있는 것이 아니라 잠시도 쉬지 않고 움직이는 무수한 미립자들로 구성되어 있다. 따라서 죽은 것 같은 돌, 시간성이 없어 보이는 돌도 실제로는 시간성을 지니고 있다.

한편, 희랍문화에 물든 사람들은 시간성을 악으로 생각하고 시간성으로부터의 구원이 인간의 진정한 구원이라고 믿어 왔다. 희랍 사람들은, 일정한 크기를 지니고 있는 모든 물체들은 증대하거나 닳아 없어질 가능성을 지니고 있는 가멸적(可滅的, mortal) 존재라고 보았다. 그런데

---

31) 여기서는 다음 자료를 전적으로 의존한다. S. M. Ogden, "The Meaning of Christian Hope", *Religious Experience and Process Theology*, ed. by H. J. Cargas and B. Lee (New York: Paulist Press, 1976), pp.195-212.

32) Ivor Leclerc, *Whitehead's Metaphysics* (Sussex: Harvester Press, 1965). 그리고 포드의 해석을 존중한다. Lewis S. Ford, *The Emergence of Whitehead's Metaphysics, 1925-1929* (Albany: SUNY Press, 1984).

인간은 크기를 가지고 있는 물체인 육체만이 아니라 너무나 미세하여 크기가 없으면서도 스스로 움직일 수도 있고 타자(육체)를 움직일 수도 있는 영혼을 지니고 있다고 믿었다. 그러나 오늘날의 기독교인들이 아주 당연시하고 있는 이 '영혼'이 과연 무엇을 가리키는 것인지, 희랍 철학사를 보아도 확실히 파악할 수가 없다. 사상가들마다 조금씩 다를 뿐 아니라, 어느 사상가도 완벽하게 일관성 있는 말로 영혼을 정의하고 있지는 않기 때문이다. 그들이 말하는 영혼이란 과연 무엇이며, 어떻게 해서 그 영혼은 인간의 것이면서도 시간성을 초극해 있다는 것인지 확실히 알 수가 없다. 예를 들어, 육체가 썩어 없어지는 것이 하나의 변화라면, 희랍 사상가들이 생각하는 영혼도 여러 가지 의미에서 "변화"를 겪는다. 영혼은 언젠가 탄생된 시작이 있었거나, 아니면 천상의 세계에서 인간의 세계로 내려왔다가 죽음의 때에 다시 천상의 세계로 되돌아가야 한다. 그러나 영혼의 생존 시작이나 공간적 이동도 분명한 변화이며, 변화를 겪는 한 그 영혼은 불안정, 불완전한 것일 수밖에 없다. 또 철학자 칸트가 생각하였듯이 영혼이 무게와 크기를 지니지는 않았다 하더라도 도덕적으로는 발전하거나 타락할 수 있기 때문에, 결국 영혼의 비 물체성은 영혼 그 자체의 초시간성, 불변성, 곧 불멸성을 보장해 주지는 않는다.

아무튼 희랍 사람들에게서부터 우리들에게로 유입된 "영혼"이란 개념은 매우 불확실한 것임에 틀림없다. 그러나 많은 사람들은 막연하게 이렇게 믿어 왔다: 영혼은 변화하지도 않고 따라서 죽지 않는다.

바로 이 같은 서구의 전통적 영혼 개념에 대해 정면으로 도전한 것이 현대의 과정 사상이다. 그러나 화이트헤드가 이것을 하나의 체계적인 철학으로 발전시키기 2500년 전에 이미 동양의 석가모니는 이 사실을 깨달아 알고 있었다. 그는 인간을 고통에서 구원해줄 제1 진리를 무아(無我)라고 했다. 석가모니가 무아라고 말하였다 하여, "그러면 나는 누구인가?" 하고 되물을 필요는 없다. 그가 부정한 아(我)란 바로 인도인들이 신봉해 오던 아트만(Atman)이었다. 인도인들이 불멸하다고 생각해 오던 '아트만'(자아)이란 희랍 사람들이 생각하고 있던 '영혼'과 아주 유사하다(그들의 세계관, 사상 체계 전체가 동일하지 않기 때문에, 아트만과 영혼이 '동일하다'고는 말할 수 없을 것이다). 그렇다면, 우리들의 날마다의 생활을 이끌어 가는 주인공 "나"라는 것이 없다는 말이 아님을 알 수 있다. 단지 절대 불변하는, 시간성을 초극해 있는 불멸의 '나'라는 것은 헛된 욕심이 만들어낸 거짓이라는 말이다. 이 점에서 화이트헤드와 불교는 긴밀하게 만난다. 즉 만물은 시간성을 지니고 있으며, 따라서 불멸하는 영혼이란 존재하지 않는다. 모든 것은 움직이고 있고, 변하고 있기 때문이다. 그래서 옛 사람들은 "우리는 같은 강을 두 번 건너지 못한다"고 말하지 않았던가! 물이 계속 흐르지만, 우리는 통상 "저기 강이 있다"고 말한다. 이것은 우리가 거기에 가면 늘 그 강을 볼 수 있다는 것을 뜻한다. 그래서 옛 부터 그 강에 하나의 이름을 붙여 왔다. 예컨대 "한강". 그러나 엄격히 말하면 산천도 한강도 변화하고 있다. 그래서 아무도 같은 강을 다시 건너지는 못한다. 이 같은 사실을 사람에게 적용하여, 화이트헤드는 이렇게 극단으로까지 말했다. "아무도 두 번 생각하지 못한다."[33] 대충 말하면 산천이 의구하고, 저기에 한강이 있으나, 엄격히 말하면, 산천도 변하고 있고 강물이 계속 흐르고 있듯이, 사람도 매순간 달라지고 있다는 것이다. 날마다 다시 태어나는 세포들 덕분에 우리가 생명을 이어가지만, 우리의 체내에서는 매 순간 죽음도 일어나고 있다. 세포들이 사멸해 버리는가 하면, 음식물과 공기

---

33) A. N. Whitehead, *Process and Reality*, Corrected ed. (New York: Free Press, 1978), p. 29.

들이 죽어서, 새로운 형태를 갖추기도 한다. 우리는 그것을 듣기 좋게 식사니 소화니 하지만, 우리의 체내로 들어가는 물질들의 입장에서 보면 그것은 죽음이다. 때로 우리가 음식을 잘못 먹어, 우리의 기존 질서가 크게 침해를 당하게 되고, 그 때 비로소 우리는 세밀한 수준에서 발생한 "변화"를 의식하게 된다. 그러나 실제로 우리들은 여러 차원에서의 변화를 겪고 있으며, 그 변화는 사실 생성(탄생)과 소멸(죽음)을 뜻한다. 특정 시간, 특정 공간에서 특정한 세포 조직으로 구성되었던 우리 자신들은 사실 그 다음 순간에 (우리가 통상 의식하지 못하지만) 다른 사람으로 다시 태어난다. 하나의 내가 죽고 다른 내가 태어난다. 그래서 화이트헤드는 아무도 두 번 생각하지 못한다고 하는 말을 했던 것이다. 즉 엄격하게 말하면, 우리는 매 순간 죽고 다시 태어난다는 말이다. 한 생각을 하고, 그것을 다시 생각할 때의 나는, 흘러간 강물처럼, 이미 그 이전의 내가 아니다.

희랍 문화에 의해 철저히 세례를 받은 오늘의 한국 기독교인들은 과정사상과 불교가 가르쳐 주고 있는 진리, 인간을 포함한 만물은 시간과 더불어 변화되고 있으며, 그러한 의미에서 불변하는 영혼을 가정하는 것은 매우 어리석은 집착임을 깨달아야 한다.

이 같은 생각이 옳다고 한다면 이것은 우리의 전통 신학 곧 헬라화된 기독교 신학에 커다란 충격을 줄 것이 분명하다. 구체적으로 말해 다음과 같은 충격이다.

불교와 과정 사상의 빛에서 보면, 죽음이란 시간성을 지니고 있는 만물의 기본적인 존재 양식, 특성의 하나에 불과하다. 즉 "마지막으로 정복될 원수는 죽음입니다" 하고 말하는 바울의 선언, "죄의 삯이 죽음입니다"라고 규정하는 바울의 언어는 결코 문자적, 형이상학적 원리로 받아들일 수 없다는 사실을 가르쳐 준다. 죽음의 형태는 다양하지만,

그래서 인간은 어쩌면 아주 특유한 죽음을 맞이하는 것이 사실이지만, 특정 시간과 공간을 특정 방식으로 점유하고 있던 특정 개체의 해체가 죽음이라고 한다면, 죽음이란 모든 생명체, 아니 문자 그대로 만물의 공통된 운명이다. 아담과 이브는 선악과를 따먹지 않았어도 죽었을 것이며, 그들이 범죄하지 않았더라도 동물과 식물들은 여전히 죽었을 것이다.

다시 말해서 죽음 그 자체를 악, 그것도 최후의 악으로 규정하는 바울적인 언어는 바울의 진의를 잘못 표현한 것이거나 사물의 본성에 대해 진실하지 못한 오해이다. 이 사실을 아주 분명히 해 두지 않는다면, 오늘날의 기독교인들은 지금까지 기독교 신앙이 소중히 간직해 온 "종말론적 소망"을 현대인들에게 제대로 전달해 주지 못할 것이다. 적어도 오늘의 기독교는 죽음을 겁내지 않는 유학자들, 불교인들, 그리고 용기 있는 세속인들에게는 아무것도 할 말이 없을 것이 분명하다. 그러나 기독교는 그런 종교가 아니다. 결코 아니다.

(2) 죽는 영혼, 거듭나는 육체

어떤 것이 시간성을 지니고 있다는 것과 그것이 존재하지 않는다는 것은 전혀 다르다. 말하자면, 우리는 희랍 사람들이 절대 불변이라고 막연하게 믿어 오던 영혼이란 사실 존재하지 않는다고 선언했다. 그렇다면 인간의 영혼이란 존재하지 않는 것인가? "나"라는 것은 아무것도 아니란 말인가? 그렇지 않다. 인간에게는 상대적인 영혼이 있다. 만일 영혼이라는 말이 전혀 거짓된 것이며 따라서 전적으로 의미를 상실한다면, 우리의 신앙과 일상생활에는 커다란 혼란이 올 것이다. 예수도 이렇게 말하지 않았던가!

몸은 죽일지라도 영혼은 죽이지 못하는 사람들을 두려워하지 말고, 영혼과 몸을 모두 죽여 게헨나에 넣을 수 있는 이를 두려워하라(마태 10:28).

그러면 영혼의 참 의미는 무엇인가? 과정 사상에서 보면, 영혼이란 사실 인간들에게만 있는 것이 아니라 존재하는 모든 단위 개체(이것은 변화의 '과정' 중에 있음) 속에 있다. 영혼이 존재하지 않고 단지 육체(물질)만 존재한다면, 그것은 다른 사물과 구별되지 않으며, (상대적 의미에서조차도) 독자적으로 존재하지 못한다. 무엇인가가 참으로 존재(행동)하려면 그것은 그것의 육체를 일정한 방향으로 운동케 하는 결정을 내리는 지휘통제부(이것은 인간적인 표현이다)가 거기에 함께 존재할 때뿐이다. 만일 그 지휘통제부가 (어떤 이유에서든) 제구실을 못하게 되면, 그 개체는(전체적으로 보아) 사멸(죽음)하게 되고, 다른 형태(성질)의 존재로 다시 태어나게(변화되게) 된다. 예컨대, 시계가 고장이 난 경우라든가 자석이 자력을 상실한 경우는 어떤 사람에게 정신 이상이나 죽음이 발생한 경우와 다를 바 없다(그러나 그 수준에 있어서는 엄청난 차이가 있다). 시계, 자석, 사람은 이 경우 죽게 되지만, 고물, 단순한 쇠붙이, (비누나 퇴비로 사용할?)살덩이는 새로이 탄생한 것이라고 할 수 있다. 그리고 새로이 탄생한 이 물건들은 그 (활동) 수준은 훨씬 낮아졌지만, 아직은 그들 나름대로의 통일성(통제본부)을 지니고 있으며, 그런 의미에서 새로운 형태로 살아 있다고 말할 수 있다. 예컨대, 공을 던지면 고장 난 시계나 힘 잃은 자석은 비슷한 강도의 강한 반응을 보이겠지만, 영혼이 떠나간 사람은 강하게 반응하지 못할 것이다(운동을 흡수하기 때문에). 이렇듯 그것들은 그 이전의 수준에서 보면 분명 죽은 것이지만, 그 물체들은 그 자체의 내부적 통제력에 의해서 새로운 '통일성'을 유지한다. 이 같은 통일성이 없이는 하나의 단위 존재라고 말할 수가 없다. 그렇다면 '영혼'이 없이 존재하는 참된 존재란 생각할 수 없다.

이러한 의미의 영혼은 너무나 일반적이어서 인간에 대해 이야기하고 있는 우리들에게 별로 도움을 주지 못하는 것으로 보일지도 모르겠다. 그러나 이렇게 생각해 보면 어떨까? 인간이라고 하는 높은 수준의 존재에서 본다면, 영혼이란 우리의 하부 조직체들 사이를 유기적으로 연관시킴으로써 '내적 통일성'을 유지시켜 줄 뿐 아니라, 하나의 (커다란)단위 개체로서의 우리의 대외적 활동 방식까지 일정한 방식으로 규제하는 역할을 한다고. 그렇다면, 영혼이란 하나의 개체를 참으로 존재케 하는 내적 원리가 될 뿐 아니라, 그것을 다른 것과 구별시켜 주는 외적 원리(정체성의 원리?)도 된다. 무생물이나 동식물의 경우에는, 그들의 영혼이 존재한다고 할지라도 (쇠, 대나무, 참새 등의 집합적 수준이 아니라) 낱낱의 개별자들을 서로 구별시켜 주는 정체성의 원리 역할은 별로 못한다(적어도 인간의 시각에서 보면). 즉 참새는 우리가 보기에 다 같은 참새이며, 대나무는 다 같은 대나무이다. 그것들은 개별적으로 어떤 특성을 지니고 행동하는 것으로 보이지 않기 때문이다. 그러나 사람들의 영혼은 참새의 그것과 다를 뿐 아니라 사람들끼리도 서로 크게 다르다. 그리고 바로 이것이 인간들에게 윤리와 종교의 의의를 높여 준다고 할 수 있다. 참새가 참새 되기 위해서는 윤리나 종교 따위가 필요 없을지도 모른다고 생각해 보면, 인간의 영혼이 그 수준에 있어서 참새의 그것보다 "높다"는 것은 어쩌면 지극히 오만한 편견일 수도 있다.

그렇다면 영혼은 변하는가? 물론 변한다. 변할 뿐 아니라 죽는다. 하나의 개체를 존재케 하는 원리나 그것을 다른 것과 구별시켜 주는 정체성의 척도가 되는 그 영혼이 변하고 또 죽는다는 말이다. 생물학자들은 날마다 수백 개의 세포들이 죽고 수백 개의 세포들이 다시 태어나기 때문에 우리가 살아 있다고 한다. 이것을 생각하면 생물체들은 죽음과 탄생을 자기 자신 안에 함께 지니고 살아간다고 말해야 한다. 이 같은 생물학적 변화가 우리들의 일상적 생활에서 감지되지 않는다는 것은 큰 다행일 것이다. 그것이 감지된다면 우리가 커다란 혼란을 일으킬 것이기 때문이다. 마치 아기가 순식간에 할아버지가 되고, 그 변화를 당사자가 직접 감지하는 경우와 같아질 테니까 말이다. 속도가 느린 변화다. 그러나 이렇게 느린 변화가 아니라 매우 급속한 생물학적 변화를 생각하면, 우리의 육체의 조건의 변화가 '영혼'을 변화시킨다는 것을 알 수 있을 것이다.

어떤 영화에서 이런 사건이 다루어졌다. 거의 같은 시간에 두 건의 교통사고가 났다. A는 몸이 다 부서졌으나 뇌는 아무런 손상이 없고, B는 몸이 멀쩡하나 놀란 나머지 뇌가 이미 죽어버렸다. 의료진들은 A의 뇌를 B의 몸에 이식시키는 데 극적으로 성공하여, 한 사람을 살려냈다. 그런데 건강을 되찾은 B는 A의 의식을 지니고 있기에, A의 집으로 가서, 자기 식구들을 사랑하려 하나, 받아들여지지 않는다.

이것은 물론 공상이다. 그러나 여기에 영혼에 대한 우리들의 이해를 시정해 줄 수도 있는 단서가 있다. 새로이 탄생한 사람의 영혼은 어디서 왔는가? 그는 누구인가? 죽은 것은 누구인가? 새로이 만들어진 인조(?) 인간은 인간의 의학이 장난을 한 것이기 때문에 영혼이 없다고 말해야 옳을까? 그렇지 않다. 영혼이란 독자적 존재가 아니라 특정 개체의 통제본부요 행위 방식을 규정하는 (그 자체의 내적) 구조이다. 그렇다면 A와 B 두 사람은 다 같이 죽은 것이다(이것은 법률적 의미를 따지는 것이 아님). A와 B라는 사람은 각각 그들 자신의 영혼과 육신을 지니고, 그들 방식대로 살아갈 때 존재하는 것이다. 그들의 육신이 송두리째 사라졌거나, 남아 있다고 할지라도 그 행동 방식이 전적으로 달라졌다면, A나 B는 더 이상 존재하지 않는 법이다. 한 사람은 육신이 없어졌고, 또한 사람은 정신(기억/의식/사고방식)이 없어졌다. 부분적으로는 둘 다 살아 있으나, 전체로서의 과거의 두 사람은 죽었다. 사실 이것은 아기의 탄생과 같은 논리에서 생각해야 한다. M과 F 사이에서 태어난 아기는 M도 F도 아닌 K라는 개별 존재이다.

한편, 위의 극단적인 사례는 "영혼구원"이라는 종교적인 말의 의미를 비로소 가능케 해 준다. 즉 영혼의 불변을 주장해 오던 희랍 사람들의 언어를 사용하면서도, 기독교인들은 입버릇처럼 영혼을 구원한다, 거듭난다, 회개한다 등의 말을 써 왔다. 그런데 죽음까지도 영향을 미칠 수 없을 만큼 단단한 알맹이가 영혼이라면, 즉 불변하는 영혼이 있다면, 교육과 도덕과 종교가 인간의 영혼에게 무슨 소용 있으랴! 그러나 우리가 다시 생각한 방식대로라면, 인간의 영혼은 그들의 육체의 통일성과 행동방식을 규제하는 중앙통제부이다. 그러므로 위의 사례나 정신분열증의 경우처럼 극단적이거나 부정적인 경우가 아니더라도, 실제의 생활에서 의미 있는 영혼의 변화란 얼마든지 가능하다. 비록 같은 육체를 사용하더라도, 전혀 다른 목적, 전혀 다른 방식으로 사용하게 된다면, 그것이 바로 그 사람 전체가 거듭난 것이 아니고 무엇이겠는가! 우리는 종종 지위가 달라지거나 이념이 달라짐으로써, 혹은 죽을 고생을 겪음으로써 "사람"이 달라지는 경험을 얼마나 많이 하는가? 이런 경우, 그의 영혼은 고스란히 어디엔가 남아 있고 단지 부수적인 그 무엇만이 변한 것인가? 전통적 철학과 신학으로는 그렇게 말해야 할 것이다. 그러나 우리는 그런 경우 그 사람, 그 영혼이 달라졌다고 말하게 된다(여기에 목회의 의의가 있지 않을까). 그러나 '영혼'까지 죽는다 하여, '죽음'이 인간에게 붙일 수 있는 마지막 말인가? 아니다. 우리는 '몸의 부활'과 '영생'을 믿는다.

5. 사랑의 최후 승리와 영생을 믿나이다

1930년에 자치 교회로 탄생한 한국 감리교회(미국의 남·북감리교회의 한국연회의)는 통합전권위원장 웰치 감독이 기초한 「교리적 선언」을 채택하였는데, 그 선언의 마지막 구절에 이런 말이 있다:

우리는 의의 최후 승리와 영생을 믿노라. 아멘.

한국 감리교인들은 이 구절이 지니고 있는 신학적 의의를 제대로 몰랐을 것이다. 만일 알았더라면 가만히 있지 않았을 것이다. 그 의미를 제대로 알았더라면 우리의 선배들은, 사도신경과 마찬가지로 "몸의 부활과 영생을 믿나이다. 아멘." 이렇게 하자고 했을 것이다. 즉 한국 감리교회의 「교리적 선언」에는 예수와 우리 자신의 부활, 몸의 부활, 지구 문명의 종말, 예수의 재림 따위가 전혀 들어 있지 않다. 단지 "(하느님의) 의의 최후 승리와 영생"을 믿는다고만 했다. 이것은 (우리가 원치 않더라도) 한국 감리교회의 "공식적 신학"에서 본다면, 인간과 세계의 종말에 대해 우리가 할 수 있는 말, 우리가 기대할 소망은 하느님의 의의 최후 승리와 거기에 동참하는 자들의 영생이라는 것을 뜻한다. 이제 우리는 이 마지막 구절을 수정하여, "(하느님의) 사랑의 최후 승리와 영생을 믿나이다"라고 고백하고자 한다. 이것이 기독교의 핵심을 현대인이 알아들을 수 있는 가장 명료한 언어로 전달하는 것이라고 믿어지기 때문이다.

그러면 왜 "(하느님의) 의"를 "사랑"으로 바꾸어야만 하는가? 꼭 그래야 할 신학적 이유는 없다. 하느님의 속성인 한, 정의와 사랑은 서로 일치할 수밖에 없을 것이기 때문이다. 그러나 오늘날과 같이 억압과 분열이 판치는 세상에서는 의(義)라는 개념은 그 자체가 매우 법률적, 정치적이며, 더 나아가 무섭고 배타적이다. 하느님의 의는 인간의 불의를 치료하는 자비로 나타나지만, 인간의 세상에서는 선악을 불문하고 모두가 자기들의 이권을 가리켜 "하느님의 의"라고 우겨대기 때문에, 이 세상에 있어서는 우리의 신앙 고백의 최후의 언어에서 "의"라는 말을 유보하고 싶다. 반면에, "사랑"이라는 말은 엄청나게 오염되었음에도 불구하고 억압, 분열, 거부, 배척과는 달리 여전히 용서, 섬김, 나눔, 감쌈, 희생 등등을 의미한다. 억압과 분단의 나라 한국의 오늘에 있어서는 "사랑"의 최후를 믿는 믿음이 특별히 절실해졌다.

그렇다면 우리 인간은 어떻게 하느님의 사랑에 참여하며, 또 영생을 얻을 수 있는가? 육체도 죽고 영혼도 죽는다면서, 인간이 어떻게 영생을 얻을 수 있다는 것인가? 시간성을 지니고 있는 모든 것들의 마지막 운명은 죽음, 무(無)에로의 귀향이 아닌가? 기독교인들이 하느님을 믿는다고 말하면서도 각자의 개인적, 육체적 부활과 영혼불멸을 함께 간직해 왔던 이유도 바로 이 무서운 죽음, 허무라는 종점을 극복하기 위해서가 아니었던가? 그런데 이제 생물학적 죽음은 죄의 삯이 아니며, 따라서 그것은 극복되지도 않거니와 극복할 필요가 있는 악도 아니라면, 결국 인간들의 마지막은 허무가 아닌가? 쉽사리 포기할 수 없는 인간의 꿈, 시간성의 극복, 죽음의 정복—'포스트모던 기독교'는 과연 이것을 거부하는가? 황량한 폐허 위에 외로이 서 있는 나약한 인간들을 버리고 마는가? 아니다. 결코 그렇지 않다. 이제 과정 신학이 말하는 불멸 사상과 영생에 대해 함께 생각해 보자.

신학자들이 자주 인용하는 화이트헤드의 말에는 다음과 같은 것이 있다:

> 현 실재들은 주체적으로는 지속적으로 사멸하고 객체적으로는 불멸(immortal objectively)한다.34)

이것은 과연 무슨 말인가? 여기서 화이트헤드는 기본적 단위 존재인 현 실재(actual entity)에 대하여 말하고 있지만, 인간과 같이 매우 복잡한, 생명체들의 결합 존재에 대해서도 이 말은 타당하다. 즉 절대적인 의미에서는, 시간과 공간을 이동해 감으로써 한 존재는 다른 존재로 변해 가며, 그와 동시에 내적 구성에 있어서도 미세하나마 지속적인 변화를 겪게 된다. 어떤 변화는 너무나 현격하여 눈에 띠나 대부분의 경우에는 그것이 감추어져 있을 뿐이다. 세포의 사멸, 정신분열증, 통상적인 의미에서의 죽음—이런 것들은 철학적으로 보면 같은 원리의 변용들에 불과하다. 죽음의 형태에 따라서 우리의 반응하는 정도가 엄청나게 다르긴 하지만, 다 같이 죽음임에는 틀림없다. 그리하여 하나의 세포가 죽을 때 그것들의 통합체인 "나"는 사실상 죽어, 그 다음 순간 다른 사람이 된다는 말이다. 이렇듯 끊임없이 일어나는 변화의 흐름 속에 있는 만물은, 일정한 시간과 공간에 있는 특정 구조의 '나'를 주체(행위의 중심)로 설정한다면, 그 주체인 나는 지극히 짧은 순간을 살고는 곧 죽는다는 말이다. 따라서 주체적으로 보면, 만물은 매 순간 죽는다. 그러나

---

34) Whitehead, 앞의 책.

죽는다고 하여 기존의 '나'가 무로 돌아가는 것은 결코 아니다. '과거의 나'를 이어받은 누군가가 있다면, '나'는 그 안에서, 의존적으로, 그런 의미에서 주인이 아니라 객으로서 남아 있게 된다. 철학적으로 또 현실적으로 보면 과거의 나를 이어받는 그 누군가는 반드시 존재하게 되어 있다. 그러나 나를 이어받는 존재는 고귀한 존재일 수도 있고, 하찮은 존재(예, 흙덩이)일 수도 있다. 그러나 통상적인 의미에서 우리가 '살아 있는' 동안은 (크게 보면) '과거의 나'를 이어받고 다시 태어나는 것은 여전히 '나'이다. 그리고 과거의 나와 다시 태어난 나 사이에는 엄밀한 의미에서는 차이가 있지만, 동일성, 연속성이 (이 경우는) 훨씬 더 크다. 그래서 우리가 우리 자신을 알아보고, 남들이 또한 우리 자신을 알아본다(가끔씩은 우리가 우리 자신이 누구인지 궁금하게 여기며, 몇 년 전에 만났던 친구의 정체 파악에 어려움을 겪기도 한다). 이렇게 볼 때, 원리적으로 보면 '나'는 죽지만, '나'를 이어받는 새로운 존재들에 의해서 나는 계속 남아 있게 된다. 과거의 나를 다음 순간의 내가 또는 나를 사랑하는 타자가 사랑으로 포용하는 경우, 주체로서는 죽은 우리가 '객체로서는' 살아 있게 된다. 이것이 부활이다. 몸의 부활이다. 이것은 플라톤이 생각하던 것과 같은 의미에서의 영적(?) 불멸이나 다른 철학자들이 생각하던 정신적 부활이 아니라 "몸의 부활"이다. 그렇게 말할 수 있는 데는 이유가 있다. '나'를 이어받는 새로운 존재가 문자 그대로 전체로서의 나, 그런 의미에서 영혼과 육을 포괄하는 '몸'을 이어받기 때문이다. 백보 양보하여, 누군가가 나의 '사상'을 물려받는다고 할지라도, 나의 사상이란 나의 육체의 활동의 높은 수준의 특수한 측면을 가리키는 것일 뿐이기에 역시 나의 '몸의 부활'이라고 말할 수 있다. 과정사상으로 본다면, 육과 분리된 영, 정신이란 처음부터 존재하지 않는다. 따라서 나 아닌 누군가가 나를 포용(사랑)해 준다면, 나는 그 타자에 의해서 몸으로써 부활하며, 객체적으로 불멸하게 된다. 그리고 그 타자가 하느님이시라면, 우리는 마침내 영생에 이르게 되는 것이다. 자아-상실이라는 인간의 가장 원초적인 두려움은 '사랑'에 의해서, 오직 사랑에 의해서만 극복된다. 이제 과정신학자들이 말하고 있는 인간의 불멸성을 좀 더 세분하여 3가지로 정리해 보자. 즉 자녀들을 통한 불멸, 세상(타자)에의 헌신(영향)을 통한 불멸, 하느님 안에서의 불멸(영생)이다.

(1) 희망의 생물학: 성(性)

에모리 대학의 (은퇴한) 신약학 교수 비어슬리(William A. Beardslee)는 아주 흥미 있는 글을 발표했다. "성: 희망의 생물학적 기초"35)라는 글이다. 우리 사회에서의 희망은 일반적으로 너무나 고상한 반면, 성(性)은 너무나 비속하다. 그러나 우리의 희망이 관념의 유희에서 그치지 않으려면 소위 말하는 물(질)적 토대가 있어야 할지도 모른다. 비어슬리는 우리가 위에서 살펴본 화이트헤드의 철학적 원리를 인간의 성(性) 생활에 적용시킴으로써, 성과 희망에 대한 '물적 토대'를 제공한다.

그의 이야기는 그가 공부하던 도시, 뉴욕 시의 한 게토 지역에 살고 있는 노파에게서 시작된다.

"당신의 희망이 무엇이오?"
"저 아이들이 내 희망입죠."

---

35) H. J. Cargas and B. Lee, ed., *Religious Experience and Process Theology*, pp. 175-194. 이것은 계간 『세계의 신학(구 한몸)』, 90, 봄호에 번역·소개되어 있음.

방문자가 물었던 것이다. 도시의 빈민 지역에 살고 있는 흑인 노파에게도 "희망"이란 게 있는지, 있다면 무엇인지? 그러나 노파는 그 고상한 질문에 대해 엉뚱한 답변을 했다. 방구석에서 놀고 있는 아이들을 턱짓으로 가리키면서, "저 아이들이 내 희망입죠!"라고 답했다는 것이다.

비어슬리는 이 노파의 희망이 진실한 것이라고 본다. 인간의 희망에는 우리 자신의 "재생산"이라는 생물학적 토대가 깔려 있다. 그래서 이것이 인간 "희망의 범례"(the paradigm of hope)라고 말했다. 왜? 인간은 기계와는 달리, 성을 통하여 자기들과 같은 유의 생명체를 복제(재생산)해내기 때문이다. 그런데 새로 탄생한 그 자녀는 어버이들의 분신이기도 하지만, 또한 독자적 인생을 살아가기도 한다. 이 단순한 사실은 인간의 "가장 구체적인 희망" 속에는 이미 자기-보존과 자기-부정이 공존해 있음을 가르쳐준다. 성은 두 성인(타자)을 하나로 결합시켜 줄 뿐 아니라, 그 둘을 계승하고, 부정하는 새로운 생명체, 미래의 가능성을 향해 나아가도록 운명 지어 준다. 두 사람 간의 성적 결합이 완전, 전체가 되고자 하는 인간의 염원을 표현해 주지만, 이것은 결국 숨어 있는 또 하나의 염원, 죽음을 향한 동경으로 이어진다. 즉 성을 통하여 인간들은 완성에 도전할 뿐 아니라, 자기 부정, 다음 세대를 위한 자기-내어 줌, 죽음을 실현하게 된다. 그러나 여기서 죽음이란 앞 선 세대를 허무 화 시키는 것이 아니라, 계승하고 넘어서는 것을 뜻한다. 따라서 성은 우리의 희망이 우리 자신에게 달려 있는 것이 아니라 우리 자신을 넘어 서 있는 타자에게 달려 있음을 가장 원초적으로 가르쳐준다.

그러므로 생명과 성의 신비에 동참하고 있는 인간, 그들은 희망이란 것이 정적인 자기-보존이 아니라 구체적인 사태들의 교체적 양상(자녀가 부모가 되고, 그 부모가 다시 자녀를 낳는 지속적 변화 과정)에의 참여에 있음을 알아야 할 것이다.

(2) 세계 변혁에의 참여와 불멸

생물학이 우리에게 가르쳐 주는 희망의 원리는, 우리가 죽어도 무로 돌아가지 않고 우리의 자녀들을 통하여 계속 살아갈 수 있다고 하는 것이다. 그러나 개체의 죽음을 넘는 이 같은 희망의 원리는 보다 복잡한 차원, 보다 넓은 맥락에서도 진실이다.

위에서 이미 화이트헤드의 생각을 보았다. "객체적으로 불멸한다" —이 입장을 "객체적 불멸설"이라고 할 수 있다. "죽어도 살고자 하느냐? 자녀를 두라!" 그러나 이 같은 생물학적 희망이 인간의 이기심과 결합하게 되면, 얼마나 위험할지 우리 모두는 익히 알고 있다. 가정 단위의 집단 이기심은 차치하고서라도, 자식들까지 못다 이룬 부모의 욕구 충족의 대상물로 전락시키고 마는 어처구니없는 불행이 얼마나 만연해 있는가! 그러나 희망의 생물학이 참으로 가르쳐 주고자 하는 것은, 그 같은 이기심이 아니라 우리는 결국 죽게 된다는 것, 죽더라도 우리는 뭔가를 남긴다는 사실이다. 그렇다면, 우리가 염려할 바는 어떻게 하면 죽지 않을 것인가가 아니라, 죽은 후에 무엇을 남길 것인가이다. 그런데 과정 사상에서 본다면, 우리가 이 세상에 남기고 가는 것은 "죽을 때"에 비로소 남기는 유산만이 아니라 삶의 과정을 통하여 타자에게 (좋거나 나쁘거나) 끼치는 영향력, 바로 그것이다.

"중요하다"는 말은, 화이트헤드에 의하면, "차이를 만든다"는 말이다. 우리의 일생이 의의, 중요성을 갖고자 한다면, 우리가 사는 날 동안, 그리고 죽고 나서라도 이 세상을 아름답게 "변화시키는데 기여" 해야 한다. 그럴 수만 있다면, 그 기여도, 영향력에 따라서 우리는 길이 살

것이다. 종종 자식은 그 부모를 잊는다. 기리지 않는다. 그러나 귀중한 문화적 유산을 남긴 사람들, 예술가들은 결코 시간이 지워버릴 수 없는 빛을 계속하여 발한다. 그들은 주체(행위 결정권 소유자)로서는 이미 죽었지만, 여전히 객체로서 살아남아, 인류의 문명과 더불어 영속할 것이다(물론 불명예로서 기억되는 경우도 많다).

성에 의한 인간의 불멸을 생물학적 불멸이라 한다면, 이 같은 경우는 사회학적 불멸이라고 말할 수 있을 것이다. "자기 목숨을 얻는 사람은 잃을 것이요, 나를 위하여 목숨을 잃는 사람은 얻을 것이다"(마태 10:39)라는 예수의 말은 인간의 사회학적 불멸성을 간결하게 표현한 것이라고 이해할 수 있다. 따라서 스스로 아무리 고상하고 순수하더라도 이 세상에 주는 영향(변화의 힘)이 없다면, 우리는 그런 사람을 가리켜 "하찮은" 일생을 살다 갔다고 말할 수밖에 없다.

(3) 영생 - 객체적 불멸의 신학적 차원

"하느님은 사랑이시다"라고 문자적으로 말할 수 있게 되었다. 하느님도 변화의 여지를 지니고 있기 때문이다. 과정 신학에서는 하느님까지도 시간성을 지니고 있다. 그래서 우리가 예배를 드리고 기도를 드리는 것은 하느님 자신에게도 변화를 준다. 중세의 신학과는 달리, 하느님에게 시간성을 회복해 줌으로써, 과정신학은 하느님에게 사랑의 능력도 부활시켰다. 사랑이란 바로 "타자로부터 영향을 받는 능력"을 가리키기 때문이다. 그래서 중세 신학자들은 하느님은 세상의 어느 누구도 사랑하지 않으며, 단지 그것들의 원인인 하느님 자신을 사랑한다고 변명했었다.

그러나 이제는 달라졌다. 인간적인 방식으로 표현하면, 하느님의

'생각'에는 총체적으로 변화가 없지만, 하느님도 '경험'과 '구체적 전략'에 있어서는 '변화'를 겪는다. 그래서 과거의 교회의 생각과는 달리 우리의 행동이 하느님 자신에게도 영향을 끼친다는 말을 할 수 있게 되었다. 즉 하느님은 우리의 잘못에 대해서는 분노하시고 고통스러워하시며, 잘한 일에 대해서는 기뻐하시고 축복해 주신다. 이 세상의 만물들이 감정을 지니고 있듯이, 하느님도 감정(느낌, 영향 받을 가능성)을 지니고 있다. 이것은 하느님의 권력의 약함이 아니라 강함, 사랑의 강함을 뜻한다. 그리고 그의 사랑은 가없고 순수하다. 따라서 우리가 뭔가 하느님 보시기에 옳은 일을 한다면, 우리의 수고, 우리가 이룩한 "가치"를 하느님은 기억하시고, 간직하시고, 기뻐하실 것이다. 우리가 자녀를 위해 수고한다면, 그것은 그 자녀들의 생애 동안 살아남을 수 있을 것이다. 우리가 한 정권을 위해 수고한다면, 그 정권이 존속하는 동안 우리의 수고는 기억될 것이다(단순히 기억만 되는 것이 아니라, 계속 변화를 일으키게 된다). 그러나 자녀들도 정권도 결국 일정한 시간 속에서 변화를 거듭하다가 마침내는 "이름"을 바꾸어야 할 만큼 큰 죽음을 맞이하게 되고, 그렇게 되면 이 세상을 향한 우리의 모든 수고(기여)도 망각의 나라에 함께 매장되고 말 것이다.

그러나 하느님의 경우는 다르다. 우리를 향한 그의 기억과 사랑은 영원하다. 세상, 이 세상을 무너뜨리고, 하느님이 다른 한 세상을 만드실 수는 있지만, 지금의 하느님이 하느님 자신의 주체성을 상실하고 다른 신으로 변화되어 가거나 사멸해 버리는 일은 일어나지 않는다.

따라서 우리가 만일 삶의 과정에서 하느님을 기쁘게 했다면, 우리가 하느님의 사랑에 의해서 포용된다면, 우리는 "하느님 안에서 불멸할" 것이다. 이 세상의 시간적 타자들 안에서 객체적으로 살아 있는 불멸과는 달리, 하느님의 영원성 안에서 불멸할 것이다. 오그덴의 말을 인용해 보자.

> …… 만물의 죽음과 덧없음에도 불구하고, 그것들의 종국적 운명은 그들을 향한 하느님의 사랑에 의해서 영생토록(everlastingly) 포용된다는 것이다. 따라서 인간은 적어도 현세에서 믿음과 사랑을 통하여, 하느님 안에 있는 그 자신(인간)의 영원한 생명을 이미, 여기서 공유할 수 있다.36)

모든 존재들 중에서 하느님만이 참으로 영원하다(시간에 종속되지 않는다). 그러므로 우리의 객체적 불멸성은 피조물에 대한 경우와 하느님에 대한 경우를 서로 구별할 수 있다. 하느님 이외의 존재들에 대한 우리의 관계는 문자 그대로 영원할 수가 없다: 그러나 하느님의 사랑 안에서 우리는 문자 그대로 영원할 수가 있다. 이 하느님의 사랑을 이길 수 있는 것은 아무것도 없다. 만물의 시간성, 곧 죽음이 우리를 향한 하느님의 사랑만은 중단시킬 수 없다. 그러므로 우리는 하느님의 사랑의 최후 승리와 영생을 믿을 수밖에 없지 않은가?

6. 진실한 소망과 욕망의 투영

이제 남은 문제는 이것이다: 기독교가 인류에게 주는 희망은 무엇인가? 생물학적 죽음을 극복할 수 있는 비밀 통로가 있다는 것인가? 많은 사람들이 그렇게 생각하고 기독교를 믿어 왔다. 그러나 그것은 예

---

36) Ogden, 앞의 책.

수의 신앙이 아니다. 성서의 메시지가 아니다. 포이에르바하가 살아 있다면, 죽음을 극복하고자 하는 인간들의 "자연스런"(?) 욕망을 오늘의 기독교가 거짓되이 충족시켜 주고 있다고 비판할 것이 분명하다. 죽음을 극복하고자 하는 욕망은 생물체들의 자연스런 욕망이 아니라 문화적 편견, 특히 희랍 문화의 편견일 뿐이다. 일찍이 아브라함과 이삭과 야곱, 그리고 석가모니와 소크라테스는 결코 생물학적 죽음을 극복하고자 하지 않았다. 예수 그리고 바울까지도 그런 죽음을 극복하려 하지는 않았다. 오히려 그들은 "죽음까지도 유익하다"고 했다. 우리들의 실학자, 신후담과 안정복은 죽음을 극복하고 싶어 하지 않았다. 단지 의롭게, 의미 있게 살고자 했을 따름이다.

오늘날의 교회가 성서의 내용을 악용하거나 기독교의 잘못된 유산을 무비판적으로 계승함으로써, 기독교 신앙이 인간의 "마지막 원수인 죽음"을 정복한다고 가르치고 있다.37) 이것은 심히 유감스러운 일이다.

죽음을 정복한다는 것이 과연 무엇을 의미하는지 다시 생각해 보자. 즉 그것이 과연 하느님을 믿는 신앙인지 아니면 더러운 인간의 욕망의 투영인지 다시 생각해 보자. 신학자 오그덴은 분명히 말한다. "인간의 개인적 불멸은 기독교 희망의 본질적 요소가 아니다."38) 신앙이라는 것은 하느님을 의뢰하는 것을 가리키며, 기독교 신앙이란 예수 그리스도

---

37) Cobb의 영향을 받고 있는 신학자들은 소위 "주체적 불멸" 사상을 집요하게 전개하고 있는데, 이것은 철학적으로나 신학적으로나 혼란만 가중시키고 있다. J. B. Cobb., Jr. and D. R. Griffin, *Process Theology* (Philadelphia: Westminster, 1976), pp. 123f. D. R. Griffin, *God and Religion in the Postmodern World* (New York: SUNY, 1989), pp. 83ff. M. H. Suchocki, *The End of Evil* (New York: SUNY, 1988), pp. 81ff. 이것 때문에 Cooper는 이들을 자기 자신과 같은 신판 이원론자로 매도하고 있다. Cooper, 앞의 책, pp. 231-241.

38) Ogden, 앞의 책.

안에서 계시된 하느님을 의뢰함을 가리킨다. 그렇다면, 기독교인들의 희망은 예수 그리스도 안에서 계시된 하느님의 사랑이 이 세상을 온전하게 다스리게 되는 "하느님 나라"에 대한 약속이요, 그 하느님의 사랑 안에서 우리 자신들이 또한 영생하리라는 약속이다.

자연적인 죽음을 극복하겠다는 인간적인 욕망이 옳으냐 그르냐 하는 것은 우리가 논할 문제가 아니다. 우리가 아무리 그것을 중요하게 여긴다고 할지라도, '기독교' 신앙이 우리에게 줄 수 있는 메시지는 그런 문제에 대한 해답이 아니라 하느님과 우리의 관계에 대한 것일 뿐이다.

자녀를 몹시 사랑하는 한 어머니가 죽어 가는 자식이 누워 있는 병실 밖에서, "내가 대신 죽을 수만 있었으면……" 하고 탄식을 했다. 독일의 어떤 신학자는 40년 전에 비행기 사고로 죽은 약혼녀를 가슴속에 간직한 채 아직도 홀로, 그리고 기쁘게 살아간다. 사랑-그것을 경험한 사람들은 "하느님의 사랑이 기독교 희망의 근거요 대상이다"[39]라는 오그덴의 말뜻을 이해할 것이다. 아무에게서도 사랑을 받아보지 못한, 사랑을 모르는 사람들은 "하느님이 당신을 사랑 하십니다"라는 말보다는 "당신은 죽지 않습니다"라는 거짓된 말을 더 좋아할 것이 분명하다. 그리고 그 거짓된 말에다 희망을 걸 것이다. 그러나 사람이 참으로 사랑을 알고 나면 달라질 것이다. 내가 사랑하는 이, 나를 사랑하는 이, 곧 하느님과 그 사랑이 영원하다는 것이 참으로 큰 위로가 되며 소망이 될 것이다. 이것을 참으로 믿는다면, 아무도 우리가 '주체로서' 죽는다는 그 한 사실 때문에 인생이 허무하다고 말하지는 않을 것이다.

---

39) 위의 책, p. 202.

예수: "하느님 안에서는 모든 사람이 살아 있습니다"(누가 20:38).
요한: "사랑 안에 있는 사람은 하느님 안에 있습니다"(요한일서 4:16)

12장

상생(相生)의 영성

병아리와 새끼오리를 함께 품어 주는 암탉을 배우라.

1. 출발하는 이야기

　나는 초등학교를 네 군데나 옮겨 다녔다고 했다. 이것은 적어도 내게는 초등학교 동창생이 한 사람도 없다는 것을 의미한다. '동창생'이란 함께 딩굴던 역사와 거기에 얽힌 정감이 있어야 맛이 살아나는 말이기 때문이다. 그래서 나는 한국 사람들의 심성을 특징적으로 표현해 주는 말이 한(恨)이라고 하는 일반적인 이해에 다소 불만이 있다. 한보다 더 깊은 곳에 정(情)이 있을 것이기 때문이다. 고향에 대해서도 모교(母校)에 대해서도 아무런 정을 느끼지 못하는 사람은 그것들 때문에 올 수 있는 한도 또한 느끼지 못하는 법이다. 이리저리 방황하면서 살아야 했던 나의 어린 시절을 뒤돌아보면서 느끼는 심정이다. 남들이 고향을 찾아간다고 야단이고 동창생을 만났다고 야단일 때, 나는 그냥 그 자리를 피해버린다. 이방인이 되기 때문이다. 그러나 이렇게 떠돌며 살아왔기에, 남들이 쉽게 누리지 못한 아름다운 경험들도 있었다. 그런 경험들은 나의 깊은 곳에 숨어 있다. 아니 숨어서 일하고 있다. 맑은 밤하늘의 은하수, 그것은 나의 작음과 우주의 광대함에 대한 신비를 느끼게 해주며, 동해 바다 위를 훔치듯 슬그머니 떠오르던 보름달, 그것은 조용한 엄숙함의 위력을 잊지 못하게 만들어 준다. 이런 아름다운 추억들 중, 오늘 이 복잡한 포스트모던(근대 이후) 시대에 와서 새삼스레 생각나는 경험은 다음과 같은 것이다.

강원도 태백산맥 뿌리로부터 동해의 가슴으로 흘러 들어가는 한 작은 개천이 있었다. 내가 초등학교를 다닐 때의 이야기이다. 우리는 집에서 오리들을 키우고 있었다. 그런데 이상하게도 오리는 자기 알을 부화시키지 못한다. 그래서 우리는 달걀을 품고 있는 암탉에게 달걀보다 조금은 큰 오리 알들을 넣어 준다. 그러면 암탉은 똑같은 애정으로 오리 알을 품는다. 그리고 21일이 지나면 노란 털을 달고 있는 오리새끼들이 알을 깨고 나온다. 암탉은 병아리와 오리새끼들을 함께 데리고 다니며, 모이를 먹여주고, 운동을 시키며, 하나의 개체로서 살아갈 수 있는 생존 훈련을 시킨다. 그러다가 한 달쯤 지나면 뜻밖의 일이 벌어지게 된다. 먹이를 찾아다니던 암탉이 병아리들을 데리고 우연히 개천가에 이른다. 그런데, 이게 웬일인가? 병아리와 똑같이 생긴 오리새끼들이 물을 보고는 본능적으로 뛰어든다. 암탉은 걱정을 하는 듯, 왔다 갔다 하다가, 곧 체념해 버린다. 자기가 그 동안 키운 저 녀석들은 자기 새끼들이 아니란 것을 알아버린 탓이다.

그래도 암탉은 우리를 원망하지 않았다(?) 그리고 그 후에도 암탉은 계속 오리새끼들을 데리고 다녔다. 그들이 어미 닭을 떠나기까지는.

나는 처음 이 광경을 보고, 저 어미 닭이 얼마나 놀랐을까 생각해 보았다. 발가락 사이에 물갈퀴가 있으니, 오리새끼와 병아리는 쉽게 구별될 수도 있다. 그러나 지능이 모자라는(?) 암탉은 자연의 명령(질서)과 인간의 장난에 말없이 순응했다. 그러나 지금 생각하면 남의 새끼를 내 새끼와 똑같이 부화시키고, 키울 수 있었던 그 암탉의 "가없는" 넓은 품을 배우고만 싶다. 왜냐하면 이 세계, 특히 한반도는 온갖 형태의 배타적 감정과 구조적 갈등이 사람들을 갈갈이 분열시키고 있는가 하면, 각종 아름다운 명분을 내걸고 출발한 이데올로기(이념)들과 인간 구원을 자부하는 종교들 사이에 서로를 향한 뿌리 깊은 적대감이 지배하고 있기 때문이다. 누군가 말했다. 인류의 마지막 전쟁은 단순한 핵전쟁이 아니라 종교 전쟁, 신들의 전쟁이 될 것이라고. 그리고 만약에 인류의 마지막 전쟁이 종교 전쟁이 될 것이라면, 그 때에는 반드시 그 한 쪽에 기독교인들이 진을 치게 될 것이다. 야훼 하느님과 그리스도 예수의 깃발을 높이 세우고 말이다.

옛 부터 일편단심(一片丹心), 백의(白衣), 절개를 숭상해 온 우리 민족에게 있어서, 특히 우리 기독교인들에게 있어서 이 문제는 2중적으로 심각하다. 민족적, 혈통적, 순수성을 자랑해 온 한민족, 그리고 죽기까지 하느님께 충성하라고 배워 온 순교자의 종교인 기독교, 이 둘이 만나서 하나를 이루었으니 한국 기독교인들의 단심이 얼마나 붉을 것인지는 가히 짐작할 수 있을 것이다. 지금 지구상에서 가장 뜨거운 공산주의자들, 가장 뜨거운 기독교인들, 그들은 바로 한반도의 사람들이다.

그러나 이것은 진짜 한국인의 심성이 아니다. 이것은 진짜 공산주의도, 진짜 기독교도 아니다. 한국인의 색, 백(白)은 모든 동료 색깔을 거부한 물감의 흰색이 아니라 모든 친구들을 포용한 빛의 흰색이어야 할 것이다. 기독교 순교자의 피는 자기의 자존심을 끝까지 고집하다가 공개적으로 처형되는 무모한 독재자의 피가 아니라 자식을 살리기 위해 열차에 뛰어든 어머니의 피, 전우들을 살리기 위해 떨어진 수류탄에 자신의 몸을 덮고 죽은 소대장의 피, 그리고 부상당한 적군을 간호하다가 그를 살리기 위해 자기 몸에서 뽑아주는 위생병의 피, 그런 피여야 할 것 아닌가?

2. 별난 사람의 기질과 영성: 영성의 역사[1]

기독교가 한국에 들어오기 전에도 "영적인" 인간상이 있었다고 생각할 수 있다. 예컨대, 『심청전』에 나오는 효녀 심청의 이야기가 한국적 영성의 전형적인 한 모습을 그리고 있다고 생각된다. 인간의 생각으로는 도저히 일어날 수 없는 일, 곧 심청의 지극한 정성이 아버지 심 봉사의 눈을 뜨게 한다는 이야기의 내용 말이다. 지성(至誠)이면 감천(感天)이다—이것이 한국적 영성의 한 핵심이라고 말할 수 있다. 우리나라의 전해 오는 이야기들 중에는 이 같은 유형의 것이 많이 들어 있는데, 이것은 바로 "한국적" 영성에 대한 간접적 증언이라고 할 수 있을 것이다. 그런데 이 같은 유형의 한국적 영성의 뿌리는 무속 신앙 또는 전래적 민간 신앙에 있다고 보여 진다. 옛 부터 한국의 여인들이 신령님께 기도를 드릴 경우에는 밤새 새벽을 기다렸다가 아직 아무도 범접하지 않은 신성한 우물물을 길어 준비한 깨끗한 물 한 그릇을 반드시 바쳐야 했다.

---

[1] 역사적 배경에 대하여는 다음의 두 사전을 근거로 정리하였음. Karl Rahner, ed., *Sacramentum Mundi: An Encyclopedia of Theology*, 3 Vols. (London: Burns & Oates, 1970), F. L. Cross., ed., *The Oxford Dictionary of the Christian Church* (Oxford: Oxford University Press, 1958, 1974).

지금 생각해보면, 그것은 우리네 신령님이 목이 말랐기 때문이 아니며, 물이 귀해 그것이 값진 것이었기 때문도 아니었다. 신령님은 단지 인간의 정성을 원한다고 하는 신앙심이 한국인의 심중에 있었던 것이다.

반면에, 유교적 뿌리를 지니고 자라온 영성도 있다고 생각된다. 그것은 오랜 수련을 통해 몸에 익힌 덕성이라고도 말할 수 있을 것이다. 예컨대, 독립군들의 이야기 중에 이런 이야기가 전해 온다. 연병장에서 훈련을 마치고 둘러앉아 점심을 먹고 있을 때 일본군의 비행기 공습이 있었다는 것이다. 그러자 모두 허겁지겁 어디론가 흩어졌는데, 월남 이상재 선생만은 가부좌로 앉은 채 점심 식사를 끝냈다는 얘기이다. 이름하여 중심(重心)이 있는 사람의 모습이다. 이 같은 모습이 유교 문화의 특유한 것은 결코 아니지만, 우리나라의 유교 문화는 이 같은 인간상을 형성함에 있어서 긍정적인 공헌을 했다고 말하고 싶다.

그런데 최근 유대인의 삶 속에서도 이런 영성의 모습이 드러났다. 1990년 1월 17일부터 2월 28일까지, 중동 사막에서 벌어졌던 전쟁 중의 이야기 한 토막은 "중심으로서의 영성"에 대한 또 다른 간증이 되고 있다. 중동 전쟁을 종교 전쟁, 인종 전쟁으로 변형시키려는 사담 후세인이 이스라엘을 향해 스커드 미사일을 날려 보내고 있을 때였다. 이럴 수도 저럴 수도 없는 이스라엘 국민들의 일상생활에 가장 큰 힘이 되었던 것은 음악회였다고 한다. 해외에서 일하던 저명한 음악인들이 대거 귀국, 조국을 위해 연일 음악회를 열었던 것이다. 어느 오케스트라 협주회 시간에 스커드 미사일이 날아온다는 사이렌이 울렸고, 관객들은 곧 가스 마스크를 꺼내 썼다.

그러자 연주자들도 이리저리 흩어지고 있었다. 그러나 "지붕 위의 바이올린"이라는 영화에 직접 출연하였던 세계적 음악인 아이작스턴은 잠시 생각한 후, 혼자서 바하의 바이올린 곡을 즉흥 연주했다고 한다.

그러자 모든 관중과 연주자들이 평정을 되찾았다는 것이다. 한 사람의 중심 있는 행동은 실로 위대했다. 이상재 선생이나 스턴은 별난 사람들이었다.

그런데, 위의 두 모델의 영성은 한국인들에게서 종종 발견되는 모습이지만, 서로 배타적인 것은 결코 아니다. 그리고 우리가 여기서 강조하고 싶은 것은 단지 영성의 다양성이다.

그렇다면, 기독교의 영성은 어떤 특징을 지니고 있는가? 기독교 역사를 통해 그것을 살펴보자.

먼저 성서 시대의 영성을 찾아보자. 구약성서는 크게 세 가지 유형의 영성을 알고 있다고 말할 수 있다. 첫째는, 천지창조 이야기 속에 나오는 영성이다. "여호와 하느님이 흙으로 사람을 지으시고, 생기를 그 코에 불어넣으시니, 사람이 생령(生靈)이 된지라"(창세기 2:7). 이것은 가장 원초적인 의미에서의 인간의 영성을 그려 주고 있다. 단순한 에너지, 운동의 힘(희랍적 개념)이 아니라 하느님으로부터 왔으되 사람을 사람 되게 하는 힘, 그것이 인간의 영성이다. 즉 하느님과의 관계에서 본 인간의 본질을 창세기는 '영'이라고 묘사하고 있다. 따라서 영이 없는 인간은 단지 '흙'에 불과하다. 그리고 그 영은 인간의 자연적인 성격이 아니라 '하느님의 것'이다. 따라서 '영'은 언제나 세속의 것과 '구별되는' 거룩한 존재이다. 결국 인간의 인간성, 그것이 곧 영이다. 이런 경우, 보통 사람과 영적인 사람의 구별은 불가능하다. 단지 인간답지 못한 인간과 인간다운 인간이 구별될 수 있다고 말할 수 있을 뿐이다. 둘째, 하느님의 특별한 선물(은사)로서의 영이 있다. 보통 사람들과는 달리, 하느님의 영에 사로잡힌 사람들은 '예언'을 하게 된다. 특별한 일을 행사하게 된다. 예언자들이란 바로 그런 의미에서, 특별히 영적인 사람들이었다(사무엘상 10:6; 사사기 11:12). 그러나 압박과 설움에서부터 하느님의 택한 백성을 해방시킬 "그 날", "여호와의 날"에는 "내가 내 신을 만민에게 부어 주리니, 너희 자녀들이 장래 일을 말할 것이며, 너희 늙은이는 꿈을 꿀 것이며, 너희 젊은이는 이상(異像)을 보리라"(요엘 2:28)고 함으로써, 종말의 시기에는 하느님의 은사로서의 특수한 영(신)이 보편화된다고 말하고 있다. 셋째는, 구약성서의 외경, 「지혜서」 등에 나오는 "영"으로서, 그것은 하느님 자신의 인격화를 가리킨다(지혜서 1:6; 7:22). 즉 인간에게 다가오시는 하느님의 지혜(섭리의 신)를 가리켜 영이라고 했다. 따라서 그리스도인의 삶의 특성에 관하여 질문하고 있는 우리들에게 있어서는 인격화된 하느님의 지혜로서의 영이라는 외경의 이해는 직접적인 관련성이 없다고 할 수 있다. 그러므로 인간의 인간성으로서의 영(보편적인 요소)과 특수한 사명을 위해 선택적으로 부여되는(부가적인) 은사로서의 영, 두 가지의 이해가 우리의 관심의 핵을 이룬다고 할 수 있다. 그러면 신약성서는 영을 어떻게 이해하고 있는가?

우선 신약성서는 구약성서의 영 이해를 그대로 받아들이고 있다고 할 수 있다. 인간은 먼지 또는 육체만이 아니라 '영혼'을 지니고 있으며, 온 천하보다 소중한 '목숨'(영혼)을 지니고 있다(마태 10:28; 16:26). 반면에 예수는 하느님의 특별한 영을 부음 받은 사람이다(마태 3:16). 그러나 신약성서에 있어서는 모든 것이 그리스도 중심으로 수렴되는 특징을 갖는다. 하느님의 영, 그리스도의 영, 성령은 사실상 동일시된다(로마서 8:9f.; 고린도후서 3:17). 이 점에 대해서는 복음서를 제외한 신약성서의 모든 책이 공통적인 신앙을 간직하고 있다고 할 수 있다. 그러나 이미 살펴 본 바대로, 부활의 그리스도는 '영에 사로잡힌 사람'일 뿐 아니라 '영을 부여하시는 이', 곧 창조의 주님으로 고백되며(요한 20:22), 주님 그리스도의 창조 사업은 교회라고 하는 신앙 공동체 곧 성령 공동체의 설립을 통해서(사도행전 2:33)라고 이해되고 있다. 따라서 그리스도 중심으로 사물을 파악하고 있는 신약성서의 시각으로 말하면, 영성(spirituality)이란 곧 그리스도인 됨(그리스도 인성)을 가리키는 전문 용어이다. 그리스도인 곧 그리스도의 사람이란 사실상 '영적인 사람', '영의 사람'과 동의어이다(고린도전서 2:13-15: 9:11; 14:1). 따라서 구약성서의 시각으로 본다면 영적이 아닌 인간이 인간으로 존재하지 못하듯, 신약 성서적으로 말하면 영적인 사람이 아닌 그리스도인이란 말은 모순에 불과하다. 그렇다면 그리스도인 된 우리들의 입장에서 말하면, 영적인 사람의 특성 곧 '영성'이란 인간의 인간 됨, 그리스도인의 그리스도인 됨을 가리키는 말임을 알 수 있다. 그러나 그렇다고 하여, '영적'이라는 말이 지니는 독특한 의미를 상실하는 것은 결코 아니다. 즉 인간의 인간 됨, 그리스도인의 그리스도인 됨이 곧 영성이라면, 그냥 인간 됨, 그리스도인 됨이라고 말할 것이지 왜 하필 '영적'인 사람, '영적인' 그리스도인이라는 말이 나왔겠느냐 하는 질문은 충분히 정당하다.

우리가 여기서 주목해야 할 요소는 '영적' 또는 '영성'이라는 말은 언제나 '다른', '별난' 그래서 속세가 아니라 하느님께 속해 있음을 가리켰다고 하는 사실이다. 모든 인간이 이미 '영적' 존재라고 할지라도, 유대-기독교의 전통이 인간을 영적 존재라고 말할 때는 언제나 다른 존재들과 다른, 구별되는, 별난 존재로서의 인간 또는 별난 사람으로서의 그리스도인을 염두에 두었다. 이 사실을 간과한다면 우리가 굳이 영성을 운운해야 할 이유가 사라지고 말 것이다.

한편, 오늘날에 유행어처럼 되어버린 '영성'이라는 말은 엄격히 말하여 가톨릭의 유산이라고 말해야 한다. 17-18세기의 개신교도들은 오늘 우리가 영성이라고 말하는 것을 경건(piety) 또는 성결(holiness)이라고 해 왔으며, 19세기 개신교도들은 단순히 인격(personality)이라고 말해 왔다. 그러다가 20세기 후반 가톨릭교회가 세계적으로 신앙의 부흥, 활성화의 시기를 맞이함과 더불어, 전 세계의 기독교인들은 '영성'이라는 낯선 용어에 익숙해져 갔다. 가톨릭교회가 신앙의 활성화를 맞이하게 된 것은 교황청이 소재하고 있는 도시, 바티칸 시에서 열린 제2차 회의(1963-1965)의 영향이 크지만, 1960년대의 세계적인 인권 운동의 후속타를 때리며 등장한 개신교의 성령(오순절)운동2)에서 받은 영향은 (적어도 한국 가톨릭의 경우) 적지 않았다.

그러나 개신교의 입장에서 보면 70년대의 교회의 중심 용어는 '성장'이었으며, 80년대에 와서야 비로소 '영성'이라는 말이 유행어처럼 사용되었다고 할 수 있다. 그러면 이 낯선 가톨릭의 용이 '영성'이라는 말은 교회의 역사 속에 언제 등장했는가? 물론 성서에는 신구약 어디에도 이런 말이 나오지 않는다. 영, 영적이라는 말이 아니라 '별난 사람의 기질(특성)'을 가리키는 "영성"이라는 명사형이 등장한 것은, 자료에 의하면, 5-6세기경부터이다. 중세의 전성기였다고 할 수 있는 13세기에 와서는 교회 안에서만이 아니라 문학 작품들 속에서도 이 말이 사용될 만큼 이미 널리 보급되었다. 그러나 오늘날에 사용되고 있는 영성이라는 말의 직접적인 선구는 17세기였다고 보아야 한다. 그런데 이때의 영성이라는 말은 서구의 '근대' 정신에 영향을 받아, 이미 개인주의적, 내면적인 경향을 골격으로 하고 있었다. 즉 하느님께 대한 인간 각자의

---

2) 한국 교회들도 이 시기에 "잠"을 깨고 일어나, 거국적인 부흥운동을 일으켰으며, 이 시기의 특징은 거교단적인 연합 부흥운동이었다는 점이다. 1965년도에는 「전국복음화운동」본부가 조세광 박사를 강사로 대규모의 집회를 열었었다. 그러나 교회 부흥의 새 기운을 마련한 것은 역시 1973년, 여의도에서 있었던 (강사는 빌리 그래함) "5천만을 그리스도에게"라는 주제의 대회였다.

친밀한 관계를 가리키는 하나의 전문 용어가 된 것이다. 이 같은 사정은 17세기 개신교의 경건주의운동과 무관하지 않은 것으로 보인다.

그러면 이제 오늘날의 한국 교회가 추구·실천하고 있는 영성에 직접, 간접으로 영향을 끼치고 있는 역사의 두 인물, 가톨릭의 이그나티우스와 개신교의 쉬페너를 살펴보자.

3. 전근대적/근대적 영성의 전형과 그 반성

가톨릭교회에서는 "영성" 하면, 당연히 성 이그나티우스 로욜라(St. Ignatius Loyola, 1491 또는 1495-1556)를 떠올린다. 그는 1534년, 파리에서 6명의 친구들과 더불어 예수회(Jesuits)라는 수도단을 창설한 활동적 신앙인이었다. 이 수도단은 단내적(團內的)으로는 각자의 영성생활을 추구하지만, 단외적으로는 신학을 연구하며 당시 교회의 커다란 문젯거리였던 개신교의 도전에 대응하며 또 동시에 거기에 걸 맞는 (가톨릭)교회의 내적 갱신, 그리고 해외 선교에 주력한다는 2중적 목표를 두고 출발한 매우 독특한 수도단이었다. 중국에 온 선교사 마태오 리치(Matteo Ricci, 1552-1610)도 바로 이 예수회 소속 선교사였다. 이 수도단원들은 누구나 순명(복종), 정결, 가난 외에 "어디든, 지체 없이 간다"는 제4명 (1540년 결정)을 받들어야 한다.

예수회를 창설한 성 이그나티우스는 본래 직업 군인이었던 사람이다. 그는 팜펠루나 성이 함락되면서(1521) 상처를 입게 되었다. 그리고 이 부상은 그를 그리스도의 군사로 바꾸어 놓고 말았다. 부상을 당하여 요양을 받고 있는 동안 그는 예수의 생애와 성인들의 생애에 대한 전기를 읽으면서 전적으로 다른, 새 인생의 항로를 개척하기 시작하였다.

그 후 그는 만데사라는 작은 마을에 와서 전적인 기도와 고행의 삶을 시작하였다. 그러면서 신비스런 영적 체험을 하게 되었고, 그것을 기반으로 한 권의 책을 저술했다. 이름 하여 『영적 훈련』(1523)이라는 책이었다. 그리고 이 책은 결국 그 후의 모든 가톨릭교도들에게 있어 영성 교과서와도 같이 소중하게 여겨졌다.

이 책은 주로 명상록이다. 이그나티우스는 명상을 통하여 우리가 영혼의 죄와 욕정을 극복하고, 전적으로 하느님께 헌신하는 삶을 준비할 수 있을 것이라고 믿었다. 그는 이 같은 자기 성찰의 프로그램을 네 주간 계속할 수 있도록 만들었다. 첫째 주간은 자기 자신이 지은 죄와 그 결과에 대한 명상이 중심을 이룬다. 둘째 주간은 예수 그리스도의 생애에 대한 명상이 주가 된다. 그리고 셋째와 넷째 주간은 각각 그리스도의 수난과 부활을 주제로 자기반성을 계속한다. 그러면서 전 기간 동안 금욕 생활을 한다. 명상을 통해서 자기 영혼의 죄와 욕정을 정복할 뿐 아니라, 주님의 생애를 본받으려는 일념으로 하느님의 말씀에 대한 정확한 이해를 추구한다. 이러한 "영적 훈련"은 그 후 널리 사용되었으며 기간은 자유로이 조정되었다. 가톨릭에서는 지금도 피정(避情, retreat-이 말 자체가 다분히 중세적 영적 전통을 뜻한다. 영성="정을 피함") 프로그램을 시행할 때 주로 이그나티우스의 영성 훈련 전통을 따른다.

한편, 개신교는 17세기 후반에 들어서면서, 시들어 버린 종교 개혁 시대의 신앙적 열성을 회복하려는 일단의 운동을 독일과 영국을 중심으로 전개한다. 이름 하여 "경건주의" 운동이었다.

그리고 한국 개신교에 지금도 지대한 영향을 끼치고 있는 신앙의 유산이 있다면, 바로 17세기 유럽 개신교의 경건주의 전통이다. 이 전통은 미국으로 건너가면서 "대각성 운동"을 일으켰고, 한국의 선교는

18세기 말과 19세기 초에 일어난 '제2차 대각성 운동', 그리고 1875-1914년 어간에 일어난 '제3차 대각성 운동'의 결과라고 할 수 있다. 그리고 바로 이 같은 '근대적' 경건주의의 초석을 놓은 사람이 바로 독일 루터파 목사 쉬페너(Philipp Jakob Spener, 1635-1705)이다. 목사였지만 평신도의 교회생활의 중요성을 크게 강조함으로써, 많은 성직자들의 혐오를 받았다. 그러나 그는 미래의 경건주의의 운동에 있어서 많은 평신도들의 적극적인 참여를 가능케 하는 튼튼한 기반을 이미 마련하였다고 할 수 있다. 그는 주로 프랑크푸르트에서 목회하였는데, 자기 집을 집회 장소로 사용하는 독특한 신앙생활의 형태를 도입하였다. 엄격한 교리와 종교 의식에 굳어 있던 당시의 교회로서는 이 같은 '가정 교회' 운동이 몹시 눈에 거슬렸을 것이다. 그는 한 주간에 두 번씩, 자기 집에서 "경건회"(Collegia Pietatis)를 가졌다. 그리고 그는 이 경건회의 영성 훈련을 위하여 소책자를 발간하였다. 『경건한 욕망』(Pia Desideria, 1675)이라는 책이다. 경건을 위한 6가지 훈련으로서 그가 제시한 것은 다음과 같다. (1) 개인의 신앙심 앙양을 위한 집중적인 성경 연구, (2) 영적인 사제직을 수행하기 위한 평신도들의 보다 적극적인 신앙 실천, (3) 기독교의 교리보다는 실천 곧 '사랑의 실천'에 힘씀, (4) 종교적 쟁론에 임하여는 논리로써 상대를 정복하기보다는 공감 어린 진리 표현으로써 상대의 마음을 사로잡도록 할 것, (5) 신학교 교수와 학생들에게 있어서 보다 높은 수준의 신앙생활을 실시할 것,[3] (6) 교리의 전달이 아니라 인격 함양을 겨냥하는 설교의 갱신.

가톨릭에서 떨어져 나오면서 자기 존재의 신학적 기반을 마련하려고 애썼던 종교개혁의 제2세대들(멜랑흐톤, 칼빈)은 개신교 교리의 체

---

[3] 실제로 그는 1694년 Halle 대학을 창립하였으며, 이 대학은 그 후 유럽의 경건주의 운동 중심지가 되었다.

계화에 심혈을 다 기울였다. 그러나 교리는 "체계화"되기가 무섭게, 사람들 위에 군림하였고, 마침내 정통의 척도가 되어 버렸다. 교회의 지도자(성직자)들은 신앙이 아니라 교리(지식)를 설교하고 말았다. 이 같이 경직화된 주지주의적 개신교(정통주의)에 도전하면서, 신앙의 내면성과 실천성을 강조하고 나온 것이 바로 17세기의 경건주의 운동이었다.

우리는 개신교 경건주의 운동의 한 특징은, 가톨릭의 그것과 비교하여, "명상"이 아니라 "성경 공부"에 있었다고 말할 수 있다. 그리고 바로 이 같은 특징적 차이는 지금도 지속되고 있다.

이 운동과 감리교회를 시작한 웨슬리의 관계를 잠시만 살펴보자. 독일의 경건주의 창시자 쉬페너 목사와 영국 교회의 감리교 운동 창시자 웨슬리 신부 사이에는 독일의 평신도 진젠도르프 백작(Count von Zinzendorf, 1700-1760)이 있다. 웨슬리에게 "뜨거운" 감동을 선사한 모라비안의 경건주의자 뵐러(Peter Böhler)는 바로 진젠도르프 백작이 이끄는 평신도 운동단의 소속원이었다. 진젠도르프는 그의 대부(代父) 쉬페너 목사의 경건주의 운동을 평신도 중심으로 확산시킨 장본인이다. 진젠도르프 백작에게 있어서 종교란 "마음의 종교", "감정의 종교"였다. 그가 이것을 강조한 것은 당시 유럽의 교회를 배경으로 할 때에만 제대로 이해된다. 즉 인간의 앙상한 이성, 지식, 형식적 종교 의식이 아니라 마음, 살아 움직임, 감정, 그런 것이 기독교 신앙의 본바탕이 되어야 한다는 반성과 강조였다.

이 같은 전근대적/근대적 기독교 영성의 특성은 오늘에 와서 보면 무엇이었다고 할 수 있는가? 물론 가톨릭의 저명한 실천신학 교수 누웬(Henri J. Nouwen)의 말대로 "과거의 영성의 모델을 오늘의 교회 모델의 관점에서 판단한다는 것은 공정하지 않다."4) 그러나 그것을 심판하려는 것이 아니라, 오늘 우리의 상황에서 "계승"한다고 할 때, 반성해야 할 점이 무엇이겠는가 말이다. 누웬 자신의 지적대로, 과거의 영성 모델은 그 시대와 문화에 따라서 상대적인 것이기 때문에, 오늘 우리들이 다른 형태의 영성을 추구하고 실천한다 하더라도 그것은 정당할 뿐 아니라 오히려 요청적이기도 하다.

이제 우리가 지금까지 살펴 본 과거의 기독교 영성의 모델을 오늘의 입장에서 반성한다면, 다음과 같은 몇 가지 문제점이 있음을 시인할 수밖에 없다.

첫째, 영성을 특별히 강조하지도 않았으며, 특별한 관심을 기울이지도 않았던 제도화된 교회(교권주의자들, 정통주의자들)는 기독교 신앙의 생동감을 교회라는 제도의 틀, 또는 교리라는 신조의 틀 안에 감금시키려는 오류를 늘 범해 왔다. 즉 교회 생활을 충실히 한다는 것, 그 자체가 기독교인의 내적인 삶의 핵심이라는 이해였다. 이 같은 교권주의(교회의 제도적 권위를 강조하는 입장)와 교리주의는 감리교 운동의 창시자 웨슬리를 '교회'에서 추방시키고 마는 오류를 범하기도 한 것이다. 웨슬리 신부가 영국 교회에서 추방된 주요 이유는, 그가 "성령"에 사로잡힌 삶, 곧 영성을 강조했기 때문이다. 지극히 당연해 보이는 웨슬리의 설교가 파문의 대상이 되었던 것은, 그 당시 교회의 지도자들이 보기에는 그것이 자기들의 권위에 대한 도전, 불신으로 여겨졌기 때문이다. 말하자면 웨슬리의 말은 "교회에 나가는 것으로는 부족합니다"라는 뜻으로 받아들여졌고, 그렇다면 인간의 구원을 위해서는 교회 생활 외의 그 무엇이 더 필요하다는 얘기가 된다. 따라서 성령을 강조하던 웨슬리

---

4) Segundo Galilea, *The Way of Living Faith: A Spirituality of Liberation* (San Francisco: Harper & Row, 1988)의 "서문", p. 8.

가 자기의 교회에서 추방된 역사적 사실은 기독교 자체 속에서도 영성이 제대로 인정받지 못했던 적이 많았음을 단적으로 입증해 준다.

둘째, 전근대적/근대적 영성은 위험하리만큼 개인주의와 내면주의에 빠져 있었다. 교회라고 하는 공동체에 대한 도전 세력으로 등장했던 크고 작은 영성 운동들은 교회에 대한 깊은 애정에도 불구하고, 하느님과 나와의 직접적이고, 개인적이고, 은밀한 관계를 늘 강조해 왔다. 특히 17세기 이후에 등장한 유럽의 계몽주의, 과학이라고 하는 신사조의 비판 정신, 그리고 기독교 국가들끼리의 지루한 전쟁(1618-1648: 소위 "30년 전쟁")은 합세하여 신앙의 자리를 공공 생활의 장에서부터 각자의 내면 깊은 곳으로 추방시켜 버렸다. 아무도 간섭할 수 없는 영혼 깊은 곳의 사정이 기독교 영성이라고 생각했던 것이다. 가톨릭 신학자 메츠(Johannes B. Metz)의 말을 빌면, 신앙의 사사화(私事化, privatization) 과정을 겪게 된 것이다.5)

셋째, 이 같은 유형의 기독교 영성의 보다 깊은 곳에는 이원론적 세계관, 이원론적 인간론이 자리 잡고 있다. 즉 하느님과 세계는 엄격히 구분되며, 영과 육도 역시 엄격히 구분되어 있다는 생각이다. 하느님께서 세계를 창조하셨으며, 타락한 세계를 구원하시기 위해 그의 아들이 인간의 '육신'으로 되었다는 성육신(成肉身), 그리고 이 세계 속에서 계속 활동하시는 성령의 임재를 믿는 것처럼 보이지만, 신앙인들의 실생활은 그 같은 것을 부정하는 쪽으로 나아갔던 것이다. 개인주의적, 내면적인 근대의 영성은 결국 탈속적(脫俗的: a-worldly) 영성이었다고 할 수 있다.

그러면, '오늘' 우리 '한국인'에게 하느님의 영, 그리스도의 영, 성령

---

5) Johannes B. Metz, *Theology of The World* (London: Burns & Oates, 1969), p. 109.

에 사로잡힌 자의 삶의 특질은 어떠해야 하겠는가? 함께 고민하며 풀어가 보자. 이를 위해 먼저 "해방의 영성"에게서 우리가 배울 수 있는 것을 생각해 보자.

4. 불의한 땅에서 만난 하느님 – 해방의 영성

1968년 메델린이라는 도시에서 열린 제2차 남미주교회의를 기점으로 폭발한 가톨릭 신학, 그것을 오늘날 "해방신학"이라고 부른다. 1965년에 폐회된 바티칸 회의의 결과를 구체화시켜 빈곤의 땅 남미에서 꽃피어난 것이 해방신학이다. 물론 해방신학의 배경에는 재발견된 마르크스주의와 역시 재발견된 기독교의 종말론 사상이 큰 몫을 차지했다.[6]

해방신학은 부자들의 눈으로 보고, 부자들의 머리로 생각하며, 부자들을 부러워하던 신학이 말해 오던 '구원'이란 말을 학대받고 억압받는 가난한 자의 '해방'이란 말로 전환하였다. 그래서 과거의 신학이 부자들의 구원을 목표로 하였다면, 이제 해방신학은 가난한 자들의 해방을 목표로 하고 있다. 그런데 남미 지역에서 발생한 새로운 신학함의 자세, 해방신학은 그 밖의 제3 세계 지역은 물론이요 부자들의 나라 유럽과 미국의 신학에도 커다란 영향을 끼쳤다. 그리고 우리들, 정치·경제적으로만이 아니라 문화적으로도 제3 세계[7]인 한국 교회들의 입장에서 이것을 반성해보자.

---

[6] 해방신학에 대한 간단한 설명을 위해서는 다음을 참조하라. 홍정수 『감리교 교리와 현대신학』 (조명문화사, 1990), 24, 25장.

[7] 남미는 문화적으로는 기독교 문화권에 속해 있으며, 인종적으로는 백인우월권에 속해 있다. 따라서 원주민들과 그들의 문화, 여성은 극히 최근에 이르기까지 마치 "없는 것"(nothing)으로 취급되어 왔다.

기독교인의 영성이란, 형식적으로 말하면, 언제나 변함없이 우리를 먼저 사랑해 주시는 자비로운 "하느님의 뜻과의 일치", 역사 속에서 구체적으로 살아가셨던 "예수 그리스도를 따름", 그리고 "성령에 의하여 인도되는 삶"을 가리키는 것이 확실하며, 그래서 삼위일체적이라고 할 수 있다.[8] 그리고 이 같은 영성을 터득하는 변함없는 (훈련)방식은 "기도와 명상(성서 연구)과 행동(노동, 실천)"이라고 할 수 있다. 그러나 이 같은 일반적인 형식적 영성 이해와 실천 방식은 시대에 따라, 문화에 따라 크게 달라져 왔으며, "가난한 자"의 땅을 아프도록 민감하게 의식하면서 기독교 신앙을 생활해야 했던 남미 기독교 신자들은 저들 나름의 독특한 영성 모델을 찾아내고 말았다.

남미 해방 신학의 기수로 알려져 있는 페루 태생의 가톨릭 신학자 구티에레즈(Gustavo Gutiérrez)는 1971년에 한 권의 책, *A Theology of Liberation* 『해방신학』(Maryknoll: Orbis, 1973 영문판)을 냈으며, 이 책은 해방신학의 결정판 역할을 해냈다. 그러나 그가 이 책을 저술할 때에만 해도 억압받는 가난한 자를 해방하려는 해방신학과 그 운동이 추구·실천하는 영성이 과거의 영성 모델과 얼마나 다른지 그 자신도 잘 모르고 있었다. 그래서 그 자신은 "해방의 영성"을 "이그나티우스적 영성"과의 연속선상에서 이해하였었다. 구티에레즈의 이해에 의하면, 고대 교회의 영성은 "세상으로부터 물러나 있는 수도원적, 은거적 생활을 특징으로 하는 관상 생활(Contemplative life)"이 주류를 이루고 있었으나, 오늘날의 교회의 영성은 점차로 이그나티우스적 영성으로 "전환"하게 되었다고 보았다. 이그나티우스적 영성이란 "행동하는 관상"(contemplation in action)의 삶으로서, 관상 생활의 결실들을 이웃에게 나누어주

---

8) Galilea, 앞의 책, pp. 19-20, 28, 34-35.

려는 행동을 수반한다. 그리고 이것은 근래에 와서 "평신도의 영성"과 "세계 속에서 벌이는 기독자의 활동이 지니고 있는 영성적 가치"의 재발견으로 이어지고 있다고 했다.9)

그러나 구티에레즈가 그리고 있는 바 남미인들이 재발견한 영성의 특징은 전근대적/근대적인 이그나티우스의 영성 모델과는 사뭇 다르다. 그 차이를 우리는 다음과 같이 세 가지로 정리하고자 한다.

(1) 세계(속세)적 영성

전근대적/근대적 영성의 특성이 "세상"을 등지고 사는 영성이었다는 것은 잘 알려져 있는 사실이다. 그러나 자연과학의 발전과 문화의 세속화, 인간의 비판 정신의 성숙은 마침내 하느님과 세계, 성과 속을 더 이상 이원론적으로 나누어 생각할 수 없게 만들었다. 즉 "물질"을 매개하지 않고는 인간의 영, 정신은 표현될 수 없다는 사실을 발견한 것이다.

우리는 과거에 이 물질 세계 곧, 하느님께서 만드셨다고 고백해 왔던 그 "세계"를 하느님과 대립 관계에 설정해 놓고 있었다. 그래서 참 인간의 길, 참 그리스도인의 길은 "세속"에 빠지지 않는 성스러운 생활이었다. 그러나 이제 인간은 육체를 지니고 있고, 날마다 일용할 양식을 먹어야 하며, 딱딱한 흙덩이 위에서 살아간다고 하는 평범한 사실을 깨닫게 되었다. 그런 세계와 상관없는 하느님은 더 이상 진짜 신이 아님을 알게 되었다. 따라서 해방신학은 (형이상학적, 세계관적, 인간론적) 이원론을 단호히 거부함으로써, 영성 속의 "세계성"(worldliness)을 재발견

---

9) Gutierrez, *A Theology of Liberation*, p. 7.

하게 되었다. 이제는 "세계 없이는 인간의 구원도 존재할 수 없음"10)을 깨닫게 되었다.

1738년에 영국 교회로부터 설교권을 박탈당한 웨슬리가 "세계는 나의 교구다"라고 외쳤던 그 유명한 말도 비로소 제대로 이해되기 시작한 것이다. 즉 교회, 수도원, 영혼 따위의 비밀 장소가 아니라 우리 인간들이 날마다의 일상생활을 구체적으로 엮어나가는 그 곳, 속세, 세계 한가운데서 우리가 "하느님을 만난다"는 사실을 재발견한 것이다.

그렇다면, 탈속적인 영성, 세계 도피적 영성―불교식으로 말하면 소승(작은 수레)적 영성―은 이제 적극적인 영성, 대승적 영성으로 그 자리를 바꾸게 된 것이다. 즉 우리가 이 세계 안에서 생각하고 행동하는 그것이 우리의 영성의 질(質)을 결정한다. 우리가 이 세계를 외면한다면, 우리의 기도와 명상과 성경 공부는 바리새적 위선과 무의미한 공허에 떨어지고 말 것이다. 예수의 생애를 하느님의 아들, 그리스도의 것으로 되게 했던 그것이 바로 영성이었다고 한다면, 그의 영성은 "더러운" 영성이라고 감히 표현할 수 있다. 즉 속세와 단절되어, 때 묻지 아니한 사람의 신령한 삶이 아니라 죄 많은 세상을 "자기 몸"으로서 끌어안은 더러운 자의 삶을 그가 살았기 때문이다. 일편단심과 순수성에 집착해 온 한국인의 전통적 영성은 세상을, 원수를 끌어안는 예수의 영성과는 이 점에 있어서 엄청나게 다르다.11)

여기서 한국 교회가 남미의 가톨릭 신자들이 재발견한 영성 속의 세계성을 배워야 하는 이유가 있다. 즉 '세계 없는 구원'을 꿈꾸어 왔던

---

10) Edward Schillebeeckx, *Jesus in Our Western Culture: Mysticism, Ethics and Politics* (London: SCM, 1987), p. 8.

11) 그런 의미에서 진정한 거듭남, 진정한 회개는 2중적인 차원을 지니고 있다 할 수 있다. 즉 세상에서부터 하느님께로 향한 거듭남과 하느님으로부터 다시 세상을 향한 거듭남이 그것이다.

소승적 영성은 순수성-콤플렉스에 걸린 나머지, 대인 관계, 사회생활 속에서도 언제나 배타성을 수반하고 등장한다. 한반도의 공산주의자들, 한반도의 기독교인들이 지구상에서 가장(?) 열성적으로 배타성을 휘두르고 있는 것은 우연한 일치가 아니다. 그것은 바로 왜곡된 일편단심, 순수성-콤플렉스 때문인 것이다.

그렇다고 남미의 가톨릭 신자들이 이념이나 타종교, 또는 타인종에 대해서 우리들보다 "포용적"이라는 말은 절대로 아니다. 그들은 그들 나름대로의 강한 배타성, 순수성-콤플렉스를 앓고 있다. 여기서 주목하고자 하는 바는, 고대의 기독교 영성 본질과 비교해 볼 때, 오늘날의 해방 영성이 원초적으로 세계-포용적이라는 사실이다. 한편, 사회적, 역사적 상황이 전혀 다른 우리들로서는 그들의 "세계-포용적 영성"을 다른 방식으로 구현할 수밖에 없음도 또한 잊지 말아야 한다.

(2) 가난한 자들과의 연대/투쟁

남미의 해방 신학자들은 제1차 주교회의(1968년) 이후 10년 동안 자기들의 신앙을 실천해 보았다. 구티에레즈가 말한 바와 같이, 무수한 남미의 가톨릭 신자들은 이웃, 동포, 곧 '가진 자들의 착취' 때문에 가난해진 자들과 연대(solidarity)하면서, 그들을 스스로의 운명과 역사의 주인이 되게 하기 위하여 모든 형태의 억압과 지배에 대항하여 싸우는 투쟁(protest, resistance)에 헌신(commitment)하였었다.[12] 그리고 나서 한 가지 중요한 사실을 발견하였다. 가난한 이웃을 해방시키기 위한 연대/

---

12) Gutiérrez, 앞의 책, pp. 299f. 그리고 이 같은 주제의 영성을 여성신학과 연관시킨 멋진 작품은 다음이다. Sharon Welch, *Communities of Resistance and Solidarity: A Feminist Theology of Liberation* (Maryknoll: Orbis, 1985).

투쟁에서의 헌신은 바로 이 불의한 세계 한가운데서 '하느님'을 만나고, '그리스도'를 따르며, '성령의 임재'에 사로잡히는 경험이 되었다고 하는 사실이다. 이것은 매우 놀라운 경험이었다. 사변적, 이론적 명상에서 얻은 결론이 아니라 속세 한가운데서 경험한 하느님 만남의 사건이었다. 과거의 정통주의자들과는 달리 이들이 바른 교리(ortho-doxy)가 아니라 바른 행실(ortho-praxis)을 매우 중요하게 여기는 이유도 바로 여기에 있다. 즉 그들은 하느님을 다시 발견한 것이다. 전혀 예기치 않은 곳에서 말이다. 1971년에 나온 구티에레즈의 책 『해방신학』만 해도, 이웃 인간에 대한 사랑과 헌신이 주님과의 만남에 있어서 장애물이 될 수도 있다는 의구심을 떨쳐 버리지 못하고 있었다.13) 미사를 집전하다 말고, "마지막으로 해방된 민중과 더불어 축배의 잔을 들기까지 나는 미사 집전을 중단 하겠다"고 말하고, 총을 들고 게릴라들과 더불어 싸우다가 전사한 토레스(Camilo Torres) 신부, 그의 판단에 의하면, 이 불의한 세계 속에서는 하느님의 임재(현존)가 아니라 부재(不在)만을 경험할 수 있을 뿐이었다. 그러나 해방 투쟁에의 실제적 참여는 놀랍게도 다른 판단을 내리도록 도와주었다. 그리하여 남미의 해방꾼들은 1979년, 프에블라에서 열린 제3차 주교회의 이후로는 자신 있게 "해방의 영성"을 말하기 시작하였다.14)

그들은 이제 스스로 하느님을 만나는 새로운 방식을 터득했다. 곧 가난한 자들의 해방을 위한 연대/투쟁, 그것은 전근대적/근대적 그리스도인들이 기도와 명상과 걸식 행각을 통해서 만났던 하느님을 새롭게

---

13) Gutiérrez, 앞의 책, p. 204.

14) "프에블라는 메델린의 배신이다"라는 쉴레벡스의 혹독한 비판도 있다. 분도출판사 편집부 편, 『해방신학의 올바른 이해』 (왜관), p. 76. 그는 이것을 미국 CIA의 음모 섞인 개입과 연관시키고 있다. p. 99.

만나게 해주었다. 그들에게 있어서 신앙이란 곧 "그리스도를 따름"(following the Christ)을 의미하게 되었다. 믿는다는 것, 그것은 곧 그리스도의 발자취를 오늘에 "따라감"을 의미한다. 이 불의한 세상 한가운데서 어떻게 하느님께 찬양을 올릴 수 있는가15) 걱정할 필요가 없어진 것이다. 이 세상의 불의 때문이 아니라, 이 세상의 불의를 외면하고, 그럼으로써 바로 그것에 동조해 왔기 때문에 그 동안 우리가 하느님을 만나지 못하고 있었던 것이다. 세상의 고난을 몸소 짊어지신 그리스도께서는 이미 고통당하고 있는 사람들 속에서 함께 신음하고 계셨던 것이다. 그래서 그들은 가난한 자들과의 연대를 형성하고, 그들을 해방시키기 위해 함께 투쟁하자마자 뜻밖에도 이미 거기에 계신 하느님, 그리스도, 성령을 만날 수밖에 없었던 것이다.

이제 그들은 어떤 상황 속에서도 하느님을 만나는 방법, 그리스도를 따르는 방법을 터득하게 되었다. 결국 그들의 연대/투쟁은 하느님으로부터 선사되는 "환희"로 가득 차게 되었다고 고백한다. 가난, 비인간, 착취, 소외, 죽음—그 한가운데서 그들은 "이 세상과는 전혀 다른 또 다른 세계" 곧 하느님의 다스림(하느님 나라)에 대한 희망을 경험하였다.16) 이 세상 한가운데서, 이 세상과는 전혀 다른 세계를 경험한 이들은 진실로 "별난" 사람들의 삶을 살고 있다. 지배와 이기심이 판치는 세상 속에서 전혀 다른 삶을 살아봄으로써 그들은 이미 다른 세상에 들어가고 말았다.

전근대적/근대적 영성이 단순 논리적으로 이 세상을 도피했다면, 해방의 영성은 변증법적으로 이 세상을 초극해 나간다. 즉 바로 이 세상

---

15) Gustavo Gutiérrez, *We Drink from Our Own Wells* (Maryknoll: Orbis, 1984), p. 7 참조.

16) Gutiérrez, 앞의 책. pp. 114f.

한가운데서, 이 세상과는 전혀 다른 방식으로 살아감으로써 그리스도인들의 그리스도인 됨을 체험하게 되었다. 이들의 체험은 분명 이 세계 "안에서" 일어나는 것이지만, 이 세계에 속한 것, 이 세계와 동일한 것은 결코 아니다. 이 삶은 비록 저 세상에 속한 것이 아니지만 역시 "다른" 세상에 속한 것이다. 그런 의미에서 이것은 매우 분명하게 "영적인" 삶이다.

(3) 공동체적, 정치적 영성

전근대적/근대적 영성이 비록 수도원이나 "경건회" 등과 같은 공동체로써 매개되기는 했지만, 그들이 생각하는 영성이란 어디까지나 각자가 하느님과 맺는 내밀한 관계였다. 공동체로 모이는 것은 각자의 개인적 영성을 도와주기 위해서이며, 기도와 명상의 시간은 주로 제각기 흩어져 조용히 하느님께로 나아가는 형식을 취하기가 일쑤였다. 그러나 이제 이 세계 한가운데서 가난한 자들과 연대하여 해방의 투쟁에 헌신하는 영성은 개인적으로 하느님을 만나거나, 남몰래 내밀하게 하느님께 나아가는 방식만으로는 결코 구현되지 않는다. 그들이 이해하는 대로의 이 시대에서는 아픔을 당하고 있는 형제의 고통에 함께 동참하는 길을 통과하지 아니하고는 "그리스도를 뒤따를" 수도, "아버지 하느님의 뜻에 복종할" 수도 없다. "성령께 사로잡힌 자"라면, 자기의 사사로운 이익을 넘어서서, 공공연하게, 함께 투쟁의 전선에 참여해야 한다.

결국 연대/투쟁은 해방꾼들의 모임(남미의 경우는 교회와는 다른 의미에서, 그것을 "기초 공동체"라고 부르고 있다. 교회는 성직자가 지배하는 공동체이나 기초 공동체는 민중이 함께 하느님의 성령을 받들어 모신다)을 만들어냈다. 따라서 전근대적/근대적 영성 모델에서 차지하던 수도원이나 경건회 등과는 아주 달리, 해방의 영성에 있어서는 공동체의 삶 자체가 하느님의 영, 그리스도의 영을 만나게 해 주는 매개체(기독교 신학은 이럴 경우, 그것을 "성례전적"이라고 말한다. 보이지 않는 하느님의 은총을 매개하는 보이는 방편이라는 뜻에서이다) 역할을 한다. 이 점은 매우 중요하다. 한국에는 교회도 많고, 교인도 많지만, 교인들은 여전히 개인주의적으로 행동한다. 그러나 개인주의적인 행동(실천) 방식으로는 오늘의 세상 속에서 그리스도가 가셨던 발자취를 따를 수 없다는 사실을 남미의 신도들은 뼈아프게 체험했다. 그러면 그 이유는 어디에 있는가? 우리가 남미 해방 운동 속에서 발견된 영성을 "정치적" 영성이라고 부르는 이유도 바로 여기에 있다. 즉 그들의 역사가 보여 주는 바에 의하면, 오늘날 우리들의 삶은 복잡한 정치 구조, 특히 국제 질서에 의해서 구석구석 지배를 당하고 있다. 오늘날의 사회를 두고, 그래서 "정치화된 삶의 시대"라고 말하기도 한다. 과거와는 달리, 우리들의 개인적 결단의 영역은 아주 하찮은 문제들에 국한됨과 동시에, 막강해진 정치적 힘이 우리들의 생활을 샅샅이 통제하고 있기 때문이다. 우리나라에서도 개인의 신상기록이 전산 처리되기 시작하였다. 이것은 국민을 보다 효율적으로 통제하기 위해서이다. 그 뿐인가? 정부는 땅값과 자동차 운행, 농산물과 TV시청 시각, 공기와 물의 불순도, 묘지의 크기까지 조정한다. 이러한 권력 행사들 중 어떤 정책은 소리 없이, 때로는 서서히 사람의 생명을 빼앗아 가는 반인간적인 것들이다. 특히 다국적 기업의 성격을 띠고 있는 각종 공해산업의 경우는 그 정도가 심각하다.

이런 때에 우리가 "선한 사마리아인"이 되고자 한다면, 여의도(국회)나 세종로(행정부)와 맞붙어 싸울 수밖에 없으며, 그 싸움은 개인주의나 내면적 접근이 아니라 연대적, 공동체적 전술을 사용할 수밖에 없다. 즉 정치적 압력(혹은 혁명)단체 역할을 통하지 않고서는 형제에 대한 우리들의 사랑을 표현할 길이 없다. 그렇다면 이 같은 해방의 영성은 곧 "정치적" 영성이다. 하느님을 만난다는 핑계로 자기의 내면이나 기도원으로 도피하는 것은 결코 허용될 수 없다.

그렇다고 이 같은 해방의 영성이 기도와 명상, 그리고 성서 연구를 뒷전으로 밀쳐둔다고 생각하면 그것은 큰 오해이다. 그들은 단지 기도와 명상, 연대/투쟁 사이에 계속적인 순환 운동이 일어나야 한다고 말하고 있는 것이다. 함께 모여 투쟁하고, 함께 모여 반성하였다 하여 각자가 자기를 살피는 조용한 시간, 사적인 시간은 없어도 좋다는 것이 아니다. 조용한 시간, 사적인 시간에도 저들이 살피는 것은 바로 하느님의 정의를 구현하고, 그것을 통해서 억눌린 형제들을 해방시키기 위해 자신을 살피는, 독특하고 새로운 전망에서 그렇게 힐 뿐이나.

5. 포스트모던/한국적 영성 – 상생(相生)의 영성

(1) 포스트모던/한국이라는 자리

한국이라는 말의 의미는 엄청나게 다양하게 사용되고 있다. 지질학자, 정치학자, 인류학자, 종교학자, 언어학자, 사학자, 문학자 등 다양한 사람들이 각각 달리 '한국'을 그리고 있다. 한국을 그린 그 많은 그림들 중 "이것이 절대적이다"라고 말할 수 있는 것은 없다. 여러 그림들이 그 특정 시각의 범위 안에서 제각기 옳을 수가 있기 때문이다. 예컨대, 정치학자가 본다면 한국은 분단의 나라, 종속의 나라이다. 그러나 법적으로 본다면 엄연히 독립된 나라일 것이며, 인류학자가 볼 때는 한족과

여진족의 혈통을 독특하게 계승하고 있는 민족일 것이다.

그런데 여기서 우리는 한국을 어떻게 그릴 것인가? 기독교인으로서 또는 성실한 포스트모던 시대의 한 사람으로서 한국을 어떻게 그릴 것인가? 남미의 사람들은 정치적으로는 독립된 나라들, 그러나 경제적으로는 종속된, 빈곤의 나라들, 아니 착취당한 "계급"이라고 자기들을 그렸다. 우리도 남미 사람들이 스스로를 이해하고 있듯이 그렇게 우리 자신들을 이해해야 할까? 즉 정치적 독립과 경제적 종속의 나라-이것이 우리나라 한국의 상황의 주요한 특성을 유감없이 드러내 주는가 말이다.

내 생각으로는, 그런 특성이 없지는 않지만 우리나라는 "종속"이라는 경제학적 변수와는 다소 다른 변수를 지니고 있다고 보아야 한다. 첫째, 우리는 민족적 순수성에 대한 강한 긍지와 더불어 "우리와 다른 것들"에 대한 강한 배타성을 지니고 살아왔다. 그리고 이 같은 점은 유교의 형식적 생활 철학에 의해서 더욱 고양되었다고 생각된다. "이런들 어떠하리 저런들 어떠하리……" 하고 노래한 정치적 현실주의자 이방원을 혐오하면서, "봉래산 제일봉에 낙낙장송 되었다가 …… 독야청청 하리라"고 노래했던 정몽주는 숭상해 왔다. 보기에 따라서는 이방원은 혁명가로서 신질서의 수립자이나 정몽주는 부패한 권력에 대한 맹목적 충성자일 수도 있는데 말이다. 그리고 이 같은 한국인의 문화적 풍토, 정신적 기질은 기독교에 의해서 더 한층 강화되었다고 본다. 처음부터 박해와 순교의 얼음장을 꿰뚫고 싹터 나온 보리 이삭과도 같은 것이 한국의 기독교였다. 불교, 유교, 또는 전통적 민간 신앙과의 냉정한 단절을 요구해 온 초기의 선교사들에 의해서 우리의 선배들의 영성은 암암리에 배타적인 성격으로 형성되어 갔다. 순수한 것, 곧은 것-그것이 곧 언제나 옳은 것이라는 신앙을 갖게 된 것이다.

둘째, 그럼에도 불구하고, 한국의 역사는 우리 사회가 여러 가지 의미에서 "다원화 된" 사회임을 말해 주고 있다. 이것은 첫 번째 특성과는 상호 모순될 수 있는 소지를 안고 있다. 그러나 과거의 한국 역사가 주로 통시적(通時的: diachronic) 다원성을 지니고 있었다면, 오늘의 한국 사회는 공시적(共時的: synchronic) 다원성까지 보여주고 있다는 점에서 변화가 생겼다고 할 수 있다. 즉 정치적으로 서로 다른 왕조들이 한국 땅을 지배해 왔는가 하면, 그 때마다 국가의 이념도 달라져 왔다. 그러면서도 비록 삼국이 동시에 존재하던 시대에도 우리는 상호 교류보다는 "충성"이라는 이름으로 독자성(순수성)을 강요해 왔다. 나아가 종교적으로 보더라도 그 시대마다 하나의 으뜸 종교가 있었는가 하면, 한편으로, 긴 시간을 놓고 보면, 한반도에는 여러 종교들이 존재해 왔었다. 한 시대에는 하나의 지배자(이념이나 종교)가 있었으나 긴 역사 속에서는 그것들의 헤게모니(주도권)가 바뀌어 왔다. 우리는 이것을 통시적 다원주의 현상이라고 부른다. 그러나 지금은 서로 다른 종교와 이념들이 한반도에 공시적으로 활동하고 있고, 이런 현상은 공시적 다원주의라고 한다. 그리고 이 같은 공시적 다원성은 포스트모던 사회의 주요 특성의 하나이다. 이 지구는 지금 어떤 영역을 선정하든 거기에는 서로 다른 주장들이 대등한 가치를 인정받고 있음을 볼 수 있다. 심지어는 자연과학의 영역에도 여러 다른 학설들이 공존하는 세상이다. 이 같은 포스트모던적 다원성 중에서 우리가 여기서 관심하는 것은 (정치)이념적-종교적 다원성이다.

이같이 종교적, 이념적 다원주의 사회/시대에 들어왔음에도 불구하고 한국인들, 특히 기독교인들과 공산주의자들은 자기들의 종교나 이념을 절대시하려는 배타적 성향을 짙게 간직하고 있다. 이것은 역사의 교훈을 망각한 소치이다. 종교적으로나 이념적으로나 하나의 종교, 하나의 이념이 한국 사회를 영속적으로 지배하리라는 것은 부질없는 꿈에 불과하다. 적어도 다원화된 사회/시대 속에서 상대를 계속 적대시하면서 홀로 주인 행세를 할 수는 없을 것이다.

셋째, 민족적 순수성에 대한 헛된 자부심과 형식적 충(忠)의 정신은 엄연히 다원화된 이 시대 속에서도 시대감각을 잃은 채 계속하여 자기(개인이나 집단 모두) 절대화의 길을 치닫고 있다. 나에게 나의 임군이 있고, 나의 주님이 있다면, 나 아닌 사람들에게도 임군과 주님이 있다. 그러나 우리는 서로 남의 처지와 생각을 무시하고 있어서, 결국은 하나의 민족공동체의 일원들이면서도—종교와 이념을 빙자하여—서로 상극(相克) 관계를 맺고 있다.

한편, 아직 우리나라의 근세에 있어서는 종교 전쟁이 발발하지 않았지만, 종교인들 사이의 험악한 다툼은 종종 벌어진다. 주로 불교도와 기독교도 사이의 싸움이다. 자비도 사랑도 헤게모니 싸움 앞에서는 힘을 잃고 마는 것이 우리네 사정인 모양이다. 즉 남미의 계급적 모순과 갈등이 우리들에게 있어 결코 사소한 것은 아니지만, 우리 민족은 정치 이념과 종교의 문제에 있어서 심각한 상극 관계에 놓여 있다. 기독교인들의 경우에는 2중적으로 그것이 심각하다. 온 나라가 통일의 꿈을 노래하지만, 민족의 상생상화(相生相和)를 소망하지만, 자본주의에 편승하고 있는 기독교인들은 다른 종교인들을 거부할 뿐 아니라, 무신론자들인 공산주의자들에 대해서는 2중적인 적대감을 숨겨두고 있다. 그런데 이 같은 대립은 정치적 논리나 종교적 신앙에 기초해 있다기보다는 순수성과 충(忠)에 매달려온 한국인의 심성, 아니 한국인의 감정에 기초해 있다.17)

감정, 서구 사람들이 생각하는 감정은 시시때때로 바뀌는 변덕이지만, 우리네 한국 사람들에게 있어서 감정이란 누적된 역사적 경험과 그것에 대한 고통스러운 기억이다. 따라서 하루아침에 이렇게 또는 저렇게 바뀔 수 있는 성질의 것이 아니다. 오히려 머리로, 논리로는 수긍이 갔고, 선거와 전쟁에서는 설복이 되었다고 하더라도, 여전히 남아 우리를 조정하는 근저 마음, 그것이 감정이다. 그러므로 우리가 살고 있는 지금의 한국 사회는, 서로 순수성과 충성을 자랑하는 다양한 집단들 사이의 골 깊은 '감정' 대립, 그리고 그것의 결과로 빚어진 사회적 갈등과 민족적·정치적 분단의 고통을 앓고 있다고 그릴 수 있을 것이다. 바로 이 상황은 우리에게 있어서는 정통의 기준도 교리(ortho-doxy)나 행동(Ortho-praxis)이 아니라 그것보다 훨씬 더 깊은 곳에 자리 잡고 있는 감정(Ortho-pathy)18)이라고 할 수 있을 것이다. 그것까지 통해야 비로소 우리가 "하나"가 되는 것 아니었던가? 그러나 여기서 한 가지 유의할 것은 감정이 서로 "통 한다"는 것이 수학적 일치(획일성)를 의미하는 것이 아니라는 점이다. 감정이 서로 통한다는 것은 기본이 서로 "통"하기에 여러 가지 차이를 포용할 수 있음을 가리킨다. 따라서 우리는 이 같은 감정의 상통을 "심미적 조화"(審美的 調和)라고 말할 수 있다. 미(美)의 세계에서는 서로 다르기 때문에 오히려 보다 강도 높은 조화를 이룰 수도 있다. 연인들의 사랑처럼. 이것이야말로 다원적인 일치라고 할 수 있을 것이다. 감정의 상통이 이렇게 이해되지 못한다면, 우리가 추구하려고 하는 '정통'은 그 어떤 유형의 정통성보다도 더 잔인한 상극적인 태도를 견지하게 될 것이다. 그러면 이 같은 감정 대립의 사회/시대 속에서 그리스도인으로서의 우리가 이 세상과 다르게, 곧 '영적으로' 살아

---

17) 지역감정은 이 모든 분열을 더욱 악화시키고 있다.
18) 이것은 나의 지도교수 Runyon 박사가 웨슬리와 쉴라이에르마허를 연결시키면서 언급하신 개념이다.

가는 길은 무엇일까?

(2) 암탉의 영성

상극(相克)의 사회/시대 속에서 우리가 "하느님의 뜻을 받들어", "성령의 인도하심을 따라", "그리스도의 삶을 뒤따름"은 무엇을 뜻할 것인가? 이것이 바로 포스트모던적, 한국적 영성 문제에 대한 우리의 질문이다.

다시 한 번 전통적인 기독교 영성의 모델을 생각해 보자. 전근대적/근대적 영성은 그 시대, 그 문화에서는 훌륭한 인간적, 그리스도인적 삶의 방식이었겠지만, 분명히 말하건대, 그것은 세상을 등지며, 타인(또는 우리와 다른 정치 이념이나 종교)을 거부하는 영성이었다. 탈 세상적, 배타적 영성이었다. 20세기 중반까지 세계의 신학계를 주도했던 스위스의 신학자 칼 바르트(Karl Barth, 1886-1968)까지도 배타적인 영성의 길을 갔다. 그는 세상 모든 "종교"는 "신께 이르려는 인간의 노력"이라 하여, 단호히 거부했었다.19) 하느님의 "계시", 하느님이 선취권을 가지고 인간에게로 다가오는 계시만이 참 종교이며, 신을 찾아 나서는 인간의 모든 노력 곧 "종교"는 거짓된 것이요, 인간 교만의 징표일 뿐이라고 보았다.20)

그러나 이제는 그런 주장이 설 자리가 없는 다원주의 사회/시대에 우리가 돌입했다. 우리가 만일 그런 주장을 계속하면서, 우리의 신앙

---

19) Karl Barth, *Church Dogmatics* (Edinburgh: T. & T. Clark, 1956), 1-2, pp. 20ff.

20) 이 같은 "종교" 이해는 그가 Marx에게서 배운 것이다. 그리고 "인간의" 노력에 대한 잔혹한 거부감은 두 번에 걸쳐 일어난 세계 대전 때문에 나온 것이다.

이외의 것은 거짓된 종교일 뿐이라고 우긴다면, 우리의 상대방도 똑같은 논리로 우리를 몰아붙일 수 있다는 것을 이제는 알게 되었다. 학자들은 이렇게 성숙한 이해를 "종교 신학에 있어서의 코페르니쿠스(1473-1543)적 전환"이라고 부른다.21) 말하자면 우리와 같은 권리를 당당히 주장할 수 있는 타인들이 존재하는 세상이 되었음을 자각하게 되었다.

그렇다면, 세상에 다른 이념, 다른 종교, 다른 생각을 신봉하는 사람들이 존재한다는 것을 모르거나 인정하지 않고 살았던 시절의 영성을 "어린아이의 영성"이라고 말할 수 있을 것이다. 어린아이들은 충분한 반성 작용을 못하기 때문에, 나와 타인을 혼동하거나 타인의 권리 주장을 인정하는데 매우 서툴다.

반면에 근대 말기의 영성, 해방의 영성은 "청년의 영성"이라고 말할 수 있을 것이다. 청년은 타자를 식별할 줄 안다. 나 이외의 세계가 엄존한다는 것을 안다. 그래서 나 이외의 세계에 대해서 사랑 하던가 정복하던가 하는 힘든 결단을 수행하게 된다. 남미의 해방 신학 운동은 "정복"을 선택한 것이다. 그들에게 있어서 타인은 존재하지 않는다. 단지 "가진 자들"이라는 제도, 계급, 구조가 존재할 뿐이다. 물론 못 가진 자들도 아직은 사람이 아니다(non-person). 사람대접을 못 받기 때문이다. 그러나 자기들을 사람대접해 주지 않는 압제자들도 "사람"이 아니다. 그들은 단지 불의(不義)일 뿐이다. 그래서 무시할 수도 없다. 미워하기만 할 수도 없다. 정복해야 한다. 그러기 위해서 투쟁한다. 투쟁, 그것이 그래서 저들의 영성이다. 불의와 더불어 야합하는 "세상"과는 달리, 저들은 불의에 대항하여 투쟁한다. 저들은 "다르다". 그러므로 저들이 저들 나

---

21) Wilfred Cantwell Smith, *The Faith of Other Men* (New York: Harper Torchbooks, 1962), p. 124.

름으로 영적 삶을 살아간다는 것만은 확실하다.

그러나 한반도에서는 어떻게 해야 사람다우며, 또 그리스도의 뒤를 따르는 것일까? 한반도의 대립과 분열은 선과 악, 의와 불의의 모순이 아니라, 이념과 이념, 종교와 종교, 사람과 사람, 지역과 지역 사이의 상극 관계이다. 여성들이 해방을 한답시고, 남성들을 지구상에서 제거한다거나 남성들을 여성들의 손아귀 속에 몰아넣는다면, 그 결과로서 무엇이 남겠는가? 지배자의 성(性)만 바뀐 억압 사회, 혹은 여자들만의 세계?

그러므로 "한국"에 대한 우리의 그림이 옳다면, 우리는 오리알까지 지성으로 품어, 하나의 개체로 성숙시켜 줄 수 있는 넓은 사랑의 힘을 지니고 있는 암탉의 영성을 선택할 수밖에 없다. 이것은 순수성과 배타성의 영성이 아니라 자기 변혁과 포용성의 영성이다. 이것이 하나의 영성인 이유는, 지금 "세상"은 그런 길을 가고 있지 않기 때문이다. 살벌한 상극의 길을 도도히 행진해 가고 있는 것이 "세상"의 삶 방식이다. 그러나 그리스도의 제자 된 사람들이라면 암탉의 품을 본받아, 타(他)를 품을 수 있어야 하리라. 그것도 지성껏.

그렇다면 이 같은 영성이 비록 세상과는 다르다고 할지라도, "그리스도를 따름"이라고까지 말할 수 있을까? 핵전쟁이 서로를 괴멸시킬지도 모른다는 두려움에서 할 수 없이 휴전 협정에 조인하고, 억지로(거짓된) 평화에 이르려하는 잔재주, 값싼 실용주의는 아닐까? 온 인류가 공멸(共滅)하더라도, "오직 예수 그리스도"를 선택하여 끝까지 싸워야 죽어서라도 천국에 갈 것이 아닌가? 일편단심!? 아니다. 영성이라는 것이 세상을 등지고, 불순한 것을 기피하여 산이나 사막에 은거하여 조용히 살아가거나 최소한 육의 일을 죽이는 금욕 생활을 영위하는 것이라면, 그렇게 살아야 마땅할 것이다. 그러나 우리의 영성이 단순한, 일반적인 영성이 아니라 앞서가신 예수 그리스도의 삶을 뒤따르는 것이라면, 세상을 등지고 살아서는 안 된다. 그는 하늘이 아니라 "이 땅에" 관심을 두고 살았다. 이 땅에서 태어났고, 거기서 설교했고, 거기서 죽었으며, 그리로 다시 오겠다고 했다. 그 뿐인가? 그의 기도는 이러하지 않았던가! "하늘에 계신 우리 아버지……(당신의)뜻이 땅에서 이루어지소서." 세상을 등지고, 땅을 등지고 사는 것은 그리스도를 따르는 길이 아니다. 그 반대이다.

나아가 그는 "죄인들"의 친구였다. 그래서 사람들은 그를 더러운 자로 여겼다. 바리새인들은 깨끗하고 순수했다. 스승 세례자 요한도 깨끗하고 순수했다. 그러나 그리스도 예수는 그렇게 살지 않았다. 그렇게 했더라면 사람들이 그를 영웅으로 만들었을 것이며, 그는 적어도 "성공"했을 것이다. 즉 명예와 인기를 얻었을 것이다. 그러나 그는 단명(短命)했다. 그리고 따르는 자 없었다. 거의 없었다. 그는 너무나도 달랐다. 아무도 좋아하지 않는 사람들, 반민족주의자 마태를 제자로 삼는가 하면, 곧 자기를 처형할 점령군의 중대장의 아들, "원수"의 아들을 대가 없이 치료해 주기도 했다. 종교 의식적으로 부정한 여인, 피 흘리는 여인의 교제도 끝내는 받아들였다. 그래서 사람들이 생각한 그, 곧 그의 "영혼"은 끊임없이 거듭나고 있었다. 늘 달라지는 사람, 그러나 언제나 하느님의 뜻을 받들어 인간을 지성으로 사랑하며, 적을 "용서"하는 상생(相生)과 포용의 삶을 살았다. 이것이 그에게는 불가능한 일이 아니었다. "내 짐은 쉽고 가볍다"고까지 자랑할 수도 있었다. 왜! 그는 성령에 사로잡혀 있었기 때문이다. 즉 "신들린 사람"이었던 것이다.

에모리 대학에서 마지막 수업을 하고 있을 때였다. 남미의 멕시코 신학대학과 에모리 대학을 오가며 끊임없이 새로운 것을 추구하는 정열의 신학자 제닝스(Theodore Wesley Jennings, Jr)[22]는 영성을 설명하면서

이런 질문을 했다:

> 제군들, "영적인 말"(spiritual horse)을 머리 속에 상상해 보라. 어떻게 생겼는가? …… 그리고 "신들린 말"(spirited horse)을 상상해 보라. 그 놈은 어떻게 생겼는가?

그렇다. "영적인 말", 그것은 유령과 같아서 살과 뼈가 없는 신비스런 환상일 뿐이다. 그러나 "신들린 말", 그 놈은 살아 움직이고, 갈퀴를 흩날리며 어디론가 힘차게 달리고 있는 말이다. "영적"이란 기독교의 용어는 바로 그런 것을 뜻한다는 것이다.

예수 그리스도, 그의 삶은 암탉과도 같이 자기 아닌 타자를 품고, 보살필 뿐 아니라, 그 일을 위해 신들린 말처럼 돌진해 갔다. 이것이 사실이라면, 다원화된 사회 속에서 아직도 상극의 중병을 앓고 있는 한반도에서 "그리스도를 따라 사는 삶(기독자의 영성)"이란 바로 나, 우리 아닌 것을 포용하는 모험(위험)을 향해 신들린 말처럼 돌진해 가는 삶이다. 곧 상생(相生)의 영성이다. 이 같은 상생의 주지(主旨: motif)는 예수의 삶 속의 기저음(基低音)이었을 뿐 아니라, 한반도의 사람들의 피 속에도 면면히 이어져 온 영성적(靈性的) 전통이라는 점은 이미 앞(제6장)에서 지적한 바와 같다. 그리고 여기서 한 가지 더 주의할 점은 한국인의 상생 영성이 이미 무속적 지성(至誠)과 유교적 중심(重心)을 바탕으로 하고 있다는 엄연한 역사적 사실이다. 그러므로 오늘의 한반도에서 그리스도를 따라 사는 삶의 특징은 타(他)를 지성(至誠)으로 포용하는 일

---

22) 그의 최근 저서는 *Good News to the Poor: John Wesley's Evangelical Economics* (Nashville: Abingdon, 1990)이 있다. 이것은 나의 지도 교수 Runyon 박사님께 헌사된 책으로서, 해방 신학의 시각에서 웨슬리의 경제신학을 비판적으로 계승하는 작업을 전개하고 있다.

에 한결같은[重心 있는] 상생적(相生的) 삶에 있다고 말할 수 있다.

성서에 의하면 성령의 최초의 은사는 "하나 되게 하는" 언어(사도행전 2:4f.)였으며, 최상의 은사는 사랑(고린도전서 13:13)이라고 했다. 그리고 새 세계를 열 새로운 영, 성령을 나누어주신 부활의 예수 그리스도의 첫 번 사업은 하느님의 특권(마태 28:18f.)인 죄 용서의 힘을 모든 제자들에게 분배하는 것(요한 20:22-23)이었다. 이것보다 더 분명한 기독교의 메시지가 또 있을까! 그리고 상극의 땅 한반도에서 이것보다 더 절실히 요구되는 초능력(이 세상 사람의 능력을 뛰어넘는다는 뜻에서)이 또 있을까?

한반도와 그리스도 예수는 이제 우리로 "어른의 영성"을 지니라고 당부한다. 어른은 타인과 더불어 살 수 있는 능력을 지니고 있는 사람, 그러면서도 여전히 자기 변혁을 감행하며, 새 것을 배워 나가는 겸허한 사람을 가리킨다. 그리고 이들은 바로 한반도에 세워질 하느님 나라의 주역들이다.

여기서 우리는 이런 질문을 갖게 될 것이다. 그렇다면 어른의 영성을 몸에 익히기 위해서 우리는 어떤 "훈련"을 쌓을 것인가? 이에 대한 답변은 또 한 권의 책으로라야 충분할 것이다. 그러나 이 정도는 말할 수 있다. 어린이의 영성 훈련인 기도와 명상을 버려서는 안 되며, 청년의 영성 훈련인 연대/투쟁을 버려서도 안 된다. 그것과 더불어 우리는 우리의 적, 우리에게 낯선 자들을 포용하기 위하여, 먼저 그들을 만나는 만남(대화와 토의), 그리고 그것의 결과로서 주어지는 상호변혁을 연습해야 한다. 나아가 이런 일이 지금까지 일어나지 못하였던 우리의 내적, 외적 이유들을 발견하는 비판적 반성 작업을 해야 하며, 우리의 두려움에도 불구하고 하느님의 뜻(평화)이 우리의 감정 대립을 극복하고 만

은총의 경험, 또 우리의 지극한 정성(지성)에도 불구하고 실패할 수밖에 없었던 뿌리 깊은 죄악의 경험들을 함께 나누는 "이야기(간증) 집회"를 열어야 할 것이다. 이 같은 "이야기 집회"는 앞으로 혁명적 투쟁만큼이나 소중하게 될 것이다. 그것이 역사의 왜곡을 바로잡으며 또한 바로잡으려는 몸부림의 역사의 흐름을 이어나가면서 새로운 전통, 새로운 문화, 새로운 공동체 혼을 형성하는 데 밑거름이 될 것이기 때문이다.

6. 마라나다!

유대인들 곧 구약성서의 사람들은 이 세상에서 하느님의 정의가 평화를 이룩하는 심판과 구원의 날, 곧 "야훼의 날"을 희망하며 살아왔다. 그리고 그리스도 예수는 계속하여 "그 뜻이 이 땅에서 이루어지소서"라고 기도했으며, 그의 제자들은 그의 스승의 기도를 계승하고 있다. 우리들은 입으로는 "주(님의) 기도"를 외우지만, 사실 생각으로는 이렇게 기도하곤 한다:

> 이 땅에서 못다 이룬 우리의 뜻이 (아무쪼록 하느님, 당신의 능력으로) 저 세상, 하늘에서라도 이루어지게 하옵소서.

그래서 우리는 "천당에 간다"고 말한다. 그러나 성서의 이야기는 다르다. 우리가 가는 게 아니다. 천당에 가는 게 아니다. 이 땅에 하느님의 뜻이 이루어질 그 날이 다가오고 있다는 것이다. 아니 (완성은 되지 않았지만) 그리스도 예수에게서 이미 "야훼의 날"은 시작되었다는 것이다. 천국, 하늘의 나라가 아니라 하느님의 나라가 이 땅에서 이루어지기 시작했다는 것이다. 그것이 "부활"이다. 순간적인 부활이 아니라 점진적인 부활, 역사 너머의 부활이 아니라 역사 내의 부활이라고 말할 수 있을 것이다. 하느님 나라의 계속적인 도래이다. 그리고 그 완성이 "주님의 다시 오심"이요, 그 날이 "야훼의 날"이 된다. 그 때에는 세상이 "달라질" 것이다. 이 세상이, 우리가 지금 살고 있는 바로 이 세상이. 지금 살아 있는 사람은 죽을 것이며, 지금 죽은 자는 살아날 것이다. 지금 높은 데 있는 자는 낮아질 것이며, 지금 낮은 데 있는 자는 높아질 것이다. 그것을 생각하면, 지금 통곡하는 자, 한숨짓는 자가 정말로 행복한 자이다. 지금 웃는 자는 진실로 불행한 자이다. 매우 위험한 처지에 있기 때문이다. 이로써 우리의 선배들이 했던 기도의 의미를 알게 된다. 그들이 왜 "우리를 속히 데려 가옵소서"라고 기도하지 않고, 오히려

마라나다! (주여, 어서 오시옵소서)(요한계시록 22:20)

라고 기도했는지를.

참고문헌

김기승. 『역사학보』 114집. 1987.
김석규. 『한국신화와 무속연구』 일조각, 1987.
김인회, 최종민. 『황해도 내림굿』 열화당, 1986.
대순종교문화연구소. 『대순사상의 현대적 의의』 1988.
분도출판사 편집부 편. 『해방신학의 올바른 이해』 왜관, 1984.
송석구. 『한국의 유불사상』 사상사, 1988.
증산교본부. 『大巡典經』 1979.
원불교학교 교재연구회 편. 『圓佛敎學槪論』 원광대학출판부, 1989.
『圓佛敎用語辭典』 원불교출판사, 1980.
유동식. 『한국 무교의 역사와 구조』 연세대학교 출판부, 1975, 1986.
유병덕. 『원불교와 한국사회』 시인사, 1986.
윤사순, 고익진 편. 『한국의 사상』 열음사, 1988.
이윤석. 『임경업전 연구』 정음사, 1985.
『웨스트민스터 신앙고백』 이종성 역, 대한기독교서회, 1970.
전경연 편. 『靈魂不滅과 죽은 자의 부활』 향린사, 1965.
조명기 외 33인. 『한국사상의 심층연구』 우석, 1988.
천도교중앙총부. 『천도교 개관』 1988.
천도교중앙총부. 『천도교 운동사』 1990.
최동희. 『西學에 대한 韓國實學의 反應』 고대민족문화연구소, 1988.
KNCC 인권위원회. 『1970년대 민주화운동』 (1). 1987.
한국역사연구회 편. 『3·1민중해방운동연구』 청년사, 1989.
홍정수. 『감리교 교리와 현대신학』 조명문화사, 1990.
홍정수. 『多宗敎와 基督論』 조명문화사, 1990.
황루시. 『한국인의 굿과 무당』 문음사, 1988

기독교대한감리회 본부. 『교리와 장정』 1984년 판.
대한예수교장로회 총회. 『표준예식서』 1989.
대한예수교장로회 총회 출판국. 『예식서』 1987.
세계신학연구원. 『한몸』 2호, 1989
_____. 『한몸』 4호, 1989
_____. 『세계의 신학』(구 한몸) 10호, 1991

Armirtham, Sam and S. Wesley Ariarajah, eds. *Ministerial Formation in a Multifaith Milieu* (Geneva: WCC, 1986).
St. Augustine. *City of God* (New York: Penguin Books, 1967, 1977).
Barth, Karl. 『죽은 자의 부활: 고린도전서 15장 연구』 황장욱 역, 한국신학대학 출판부, 1979.
_____. *Dogmatics in Outline* (London: SCM, 1949, 1966).
_____. *Learning Jesus Christ through the Heidelberg Catechism* (Grand Rapids: William B. Eerdmans, 1964.
_____. *Church Dogmatics* I-2 (Edinburgh: T. & T. Clark, 1956).
Bonhoeffer, Dietrich. 『옥중서간』 고범서 역, 기독교서회, 1967, 1987.
Brown, Robert McAfee. *Is Faith Obsolete?* (Philadelphia: Westminster, 1974).
Buber, Martin. *I and Thou* (New York: Charles Scribner's Sons, 1958).
Burnham, Fredric B., ed. 『포스트모던 신학』 세계신학연구원 역, 조명문화사, 1990).
Bühlmann, Walbert. *The Coming of the Third Church: An Analysis of the Present and Future of the Church* (Maryknoll: Orbis,1977).
Cargas, H. J. and B. Lee, eds. *Religious Experience and Process Theology* (New York: Paulist Press, 1976).
Cobb, J. B., Jr. and D. R. Griffin. *Process Theology* (Philadelphia:

Westminster, 1976).

Cobb, J. B., Jr. *God and the World* (Philadelphia: Westminster, 1969).

_____. "Two Types of Postmodernism", *Theology Today*, July, 1990.

Cooper, John W. *Body, Soul and Life Everlasting* (Grand Rapids: William B. Eerdmans, 1989).

Drucker, Peter F. 『새로운 현실』 김용국 역, 시사영어사, 1989.

Drummond, R. H. *Toward a New Age In Christian Theology* (Maryknoll: Orbis, 1987).

Dussel, E. 『공동체 윤리』 김수복 역, 분도출판사, 1990.

Ebeling, Gerhard. *The Study of theology* (Philadelphia: Fortress, 1978).

Echegaray, Hugo. *The Practice of Jesus* (Maryknoll: Orbis, 1984).

Evans, G. R. *Old Arts and New Theology: The Beginnings of Theology as an Academic Discipline* (Oxford: Clarendon, 1980).

Fackenheim, Emil L. *God's Presence in History* (New York: Harper & Row, 1972).

Faivre, Alexandre. *The Emergence of the Laity In the Early Church* (New York: Paulist, 1990).

Farley, Edward. *Ecclesial Man* (Philadelphia: Fortress, 1975).

_____. *Ecclesial Reflection* (Philadelphia: Fortress, 1982).

_____. *Theologia: The Fragmentation and Unity of Theological Education* (Philadelphia: Fortress, 1983).

Ford, Lewis S. *The Emergence of Whitehead's Metaphysics, 1925-1929* (Albany: SUNY Press, 1984).

Galilea, Segundo. *The Way of Living Faith: A Spirituality of Liberation* (San Francisco: Harper & Row, 1988).

Gogarten, Friedrich. 『우리 시대의 절망과 희망』 맹용길 역,

기독교서회, 1977.
Griffin, D. R. *God and Religion in the Postmodern World* (New York: SUNY, 1989).
Gutiérrez, Gustavo. *A Theology of Liberation* (Maryknoll: Orbis, 1973).
_____. *We Drink from Our Own Wells* (Maryknoll: Orbis, 1984).
Hartshorne, Charles. *Insights and oversights of Great Thinkers* (Albany: SUNY, 1983).
_____. *The Divine Relativity* (New Haven: Yale University, 1948, 1978).
Hartshorne, C. and Schubert M. Ogden. *The Credibility of 'God'* (New Concord: Muskingum College, 1967).
Hick, John. "Whatever Path Men Choose Is Mine" *Christianity and Other Religions* ed. by John Hick & Brian Hebblethwaite. (Philadelphia: Fortress, 1980, 1981).
Hodgson, Robert C. and Robert King, eds. *Christian Theology* (Philadelphia: Fortress, 1982, 수정판 1985).
Hough, Joshep C. Jr. and Barbara G. Wheeler, eds. *Beyond Clericalism* (Atlanta: Scholar Press, 1988).
Hough, Joshep C. Jr. and John B. Cobb Jr. *Christian Identity and Theological Education* (Chicago: Scholars, 1985).
Jennings, Theodore Wesley, Jr. *Good News to the Poor: John Wesley's Evangelical Economics*(Nashville: Abingdon, 1990).
Jüngel, Eberhard. *God as the Mystery of the World* tr. by D. Guder (Edinburgh: T. & T. Clark, 1987).
Kasper, Walter. 『예수 그리스도』 박상래 역, 분도출판사, 1977.
Kaufman, Gordon D. *The Theological Imagination: Constructing the Concept of God* (Philadelphia: Westminster, 1981).
Kaufman, Gordon D. *An Essay on Theological Method* (Missoula:

Scholar, 1979).
Küng, Hans. 『교회란 무엇인가』 이홍근 역, 분도출판사, 1978.
Lazareth, William H. *Growing Together in Baptism, Eucharist and Ministry: A Study Guide* (Geneva: WCC, 1983).
Leclerc, Ivor. *Whitehead's Metaphysics Sussex* (Harvester Press, 1965).
Libanio, Juan B./ MaClāra L. Bingemer 『그리스도교 종말론』 김수복 역, 분도출판사, 1989.
Lindbeck, George A. *The Nature of Doctrine: Religion and Theology in a Postliberal Age* (Philadelphia: Westminster, 1984).
Lucas, George R. Jr. ed. *Hegel and Whitehead* (New York: SUNY, 1986).
Luther, Martin. 『소교리문답서 해설』 지원용 역, 컨콜디아, 1981.
Mascall, E. L. *He Who Is* (Norwich: Fletcher & Son, 1966).
Metz, Johannes B. *Theology of the World* (London: Burns & Oates, 1969).
Mellert, Robert B. 『과정신학입문』 홍정수 역, 기독교서회, 1989.
Newman, J. H. Cardinal. *The Idea of University* (New York: Holt, 1964).
Niebuhr, H. Richard. *The Purpose of the Church and Its Ministry* (New York: Harper & Row, 1956, 1977).
Ogden, Schubert M. "Evil and Belief in God", *Perkins Journal of Theology* (Dallas: SMU, Summer, 1978).
_____. *On Theology* (San Francisco: Harper & Row, 1986).
Pannenberg, Wolfhart. *The Apostles' Creed* (London: SCM, 1977).
_____. *Jesus-God and Man* (Philadelphia: Westminster, 1968).
_____. *Theology and the Philosophy of Science* (Philadelphia: Westminster, 1976).
Parent, Rémi. *A Church of the Baptized: Overcoming the Tension Between the Clergy and the Laity* (New York: Paulist,

1987).
Pegis, Anton C. *Introduction to St. Thomas Aquinas* (New York: Modern Library, 1945).
Plato. 『소크라테스의 변명』 황문수 역, 문예출판사, 1973.
Rahner, Karl. *Theological Investigations* (New York: Crossroad, 1981), Vol-17.
Reuther, R. R. *To Change the World* (New York: Crossroad, 1981).
―――――. 『메시야 王國』 서남동 역, 한국신학연구소, 1982
Russell, D. S. 『신구약 중간 시대』 임태수 역, 컨콜디아, 1977.
Schillebeeckx, Edward. *Interim Report* (London: SCM, 1980).
―――――. *Jesus in Our Western Culture : Mysticism, Ethics and Politics* (London: SCM, 1987).
Schleiermacher, Friedrich. *The Christian Faith* (Edinburgh: T. & T. Clark, 1948).
―――――. *Brief Outline on the Study of Theology* (Atlanta: John Knox, 1966).
Shiner, Larry. *The Secularization of History: An Introduction to the Theology of Friedrich Gogarten* (New York: Abingdon, 1966).
Smith, Wilfred Cantwell. *The Faith of Other Men* (New York: Harper Torchbooks, 1962).
―――――. *Towards a Worlds Theology: Faith and the Comparative History of Religion.* (Philadelphia: Westminster, 1981).
―――――. *Spiritual Formation in Theological Education.* (Geneva, 1987).
Stewart, David and Algis Mickunas. *Exploring Phenomenology.* (Chicago: American Library Association, 1974).
Suchocki, M. H. *The End of Evil* (New York: SUNY, 1988).
Sullivan, Francis A., S. J. *The Church We Believe In* (Mahwah:

Paulist, 1988).
Swidler, Leonard. *The Eucharist in Ecumenical Dialogue* (Temple University, 1976), *Journal of Ecumenical Studies*, 1976년, 봄, 특별호.
Swidler, L. ed. *Toward a Universal Theology of Religion* (Maryknoll: Orbis, 1987).
Tillich, Paul. 『신의 존재론적 탐구』, 『기독교와 세계 종교』 정진홍 역, 기독교서회, 1969.
_____. *The Courage To Be* (New Haven: Yale University, 1952).
Welch, Sharon. *Communities of Resistance and Solidarity : A Feminist Theology of Liberation.* (Maryknoll: Orbis, 1985).
Whitehead, A. N. *Process and Reality.* Corrected ed. (New York: Free Press. 1978).
Wilckens, U. 『부활』 박창건 역, 성광문화사, 1985.
Wood, Charles M. *Vision and Discernment: An Orientation in Theological Study.* (Atlanta: Scholas, 1985).
Britanica Encyclopaedia Ma. Vols. 6, 8, 1982.
Cross, F. L. ed. *The Oxford Dictionary of the Christian Church* (Oxford: Oxford University Press, 1958, 1974).
The Interpreter's Dictionary of the Bible (Nashville: Abingdon, 1962), Supplementary Volume.
Rahner, Karl. ed. *Sacramentum Mundi: An Encyclopedia of Theology,* 3 Vols (London: Burns & Oates, 1970).

지은이 **홍정수 박사**는 중학생 때 강원도 철암장로교회에서 예수님(믿는 사람들)을 만났다. 그 후 감리교에서 성장하여, 감리교신학대학교와 동 대학원을 졸업하고, 미국 에모리대학교에서 철학박사 학위를 받고, 감리교신학대학교에서 10년 동안 조직신학 교수로 재직하면서 동녘교회를 개척했다.

오늘날 한국인들이 이해할 수 있는 예수를 소개할 일념으로 1988년에 〈세계신학연구원〉(한국기독교연구소의 전신)을 세워 목회자들을 위한 심포지움을 개최하는 한편 계간지 『세계의 신학』을 발행하기 시작했다. 특히 광주사태 이후 무자비한 공권력에 맞선 학생들의 저항운동을 목격하고, 1991년 대학생들과 노동자들의 분신사태 속에서 예수의 죽음과 부활을 재해석하여 "동작동 기독교와 망월동 기독교"(1991)를 발표했다. 결국 부흥사들이 조작하고 교권주의자들이 결탁한 종교재판에 의해 1992년에 한국감리교회와 맺은 일체의 인연을 박탈당했다. 그 후 20년 동안 미국 로스앤젤레스에서 한아름교회의 담임목사로 섬기는 한편, 2004년에 〈갈릴리신학대학원〉을 세워 "예수 목회"를 가르치고 있다. 한국교회의 일반적인 4영리 목회(공포의 심리학)와 성공과 번영의 목회(욕심의 전술)는 예수의 정신을 배반한 것일 뿐만 아니라 목회자 자신을 구원하지(행복하게 해주지) 못한다고 믿기 때문이다.

기독교 신학의 핵심 주제들을 알기 쉽게 풀어쓴 이 책에서 저자는 자신의 경험을 토대로 하여 신앙, 하느님, 예수의 삶과 가르침, 십자가와 부활, 성령, 교회, 성찬, 종말에 대해 설명한다. 특히 "예수의 보혈의 공로에 의한 구원"을 설득력 있게 해명할 뿐 아니라 예수가 삶과 가르침을 통해 보여준 상생(相生)의 길을 한국 사상사 속의 상생의 전통과 연결시키는 동시에 상생을 실천하기 위한 교회의 과제를 천명함으로써 한국적 신학의 독창적인 기초를 놓았으며, 한국교회의 갱신을 위한 실천방향을 제시한다.

저자는 이 책 이외에도 1980년대의 "눈감지 못하는 죽음들"에 대한 신학적 성찰로 쓴 『개벽과 부활』을 비롯해서 『감리교 교리와 신학』, 『다종교와 기독론』, 『포스트모던 예수』, 『사도신경 살아내기』를 발표했으며 『상생신학』, 『읽을거리 포스트모던 신학』을 편집했다.